モダン・エコノミックス 2

ミクロ経済学 II

奥野正寛
鈴村興太郎

岩波書店

は し が き

　本書は，ミクロ経済学の中級テキストブックである．すでに出版された第Ⅰ巻では，完全競争的な市場経済において企業・家計といった個々の経済主体が行なう経済的意思決定の基礎理論を，伝統的なアプローチと最近重視されるようになった双対性アプローチの両面から解説した．また，生産者余剰と準レント，消費者余剰，補償変分と等価変分といった厚生経済学上重要な概念や，不確実性の下での経済主体の意思決定に関する基礎理論についても解説を与えた．

　この第Ⅱ巻では，まず完全競争市場において各経済主体が分権的に行なう個別的意思決定が，社会全体として整合性と効率性をもつために満足されるべき条件を述べ，代表的資源配分メカニズムである「価格メカニズム」の静学的・動学的性能を評価する（第Ⅳ部「均衡と効率」）．次に完全競争の条件が満たされない独占・寡占・独占的競争の3つの市場構造において，個別的経済主体間の戦略的相互依存関係に焦点を当てつつ，分権的市場経済が示す性能を事実解明的・規範的に吟味する（第Ⅴ部「不完全競争」）．これら2つの部においては，完全競争的および不完全競争的な市場における価格メカニズムの機能が考察の中心とされる．これに対して第Ⅵ部（「市場の失敗と厚生経済学」）は，外部効果・公共財などのさまざまな理由から，市場メカニズムの働きに機能障害——市場の失敗——が生じる場合にこれを補正するメカニズムを考察し，また人々の間に望ましい資源配分のあり方に関して評価の対立が生じる場合に，この対立を止揚して社会的意思決定を下すためのメカニズムを考察することにあてられる．われわれの意図は，このような分析を通じて，ミクロ経済学を「代替的な資源配分メカニズムの理論的考察に携わる経済学の一分野である」とみなす本書の視点を強調することにある．

　第Ⅱ巻では，第Ⅰ巻で解説した双対性アプローチがどのように実際の経済分析に応用されるかを明らかにするために，いくつかの応用の実例を挙げることを試みた．また，最近のミクロ経済学において分析用具としてのゲーム理論の

重要性が増していることを考慮して，ゲーム理論，特に非協力ゲームの理論を，均衡概念の背景に至るまで解説しておいた．

　本書の第Ⅰ巻は1985年1月に出版された．当初の計画では引き続き第Ⅱ巻を出版する予定でいたが，2人の著者の学務多忙とそれに引き続く国内・国外での研究・講義のため，予想外に大幅な遅延を来してしまった．この間，多くの同僚諸氏ならびに熱心な読者諸兄姉から，第Ⅰ巻に対して詳細な批判やコメントを頂戴し，また遅筆な著者たちに対して本書第Ⅱ巻の執筆の督促・激励を頂戴した．これらの方々に，心から遅延のお詫びとご好意に対する感謝を申し上げたい．

　また，第Ⅰ巻の場合と同じく，著者たちの共同執筆作業は多くの方々の助言と協力なしには完結しなかった．特に，草稿を詳細に検討し，多くの貴重な助言を下さった清野一治（学習院大学），小西秀樹（東京大学大学院）の両氏，草稿の浄書と索引の作成にご協力頂いた今井七重さん，高橋美鹿子さん，塔島ひろみさん（東京大学奥野研究室）と真岩啓子さん（一橋大学鈴村研究室）に厚くお礼申し上げたい．最後に，遅筆な両著者を激励して本書の完成に導いて下さった岩波書店の杉田忠史氏と竹田行之氏に心から謝意を表わしたい．

1988年初夏　　奥野正寛・鈴村興太郎

目 次

はしがき

第IV部 均衡と効率

第15章 価格機構と資源配分 ……………………… 3
- 15.1 はじめに ………………………………… 3
- 15.2 価格のパラメーター機能の前提条件 ………… 4
- 15.3 第IV部の構成 …………………………… 5

第16章 分権的資源配分の社会的整合性 ………… 9
- 16.1 契約曲線と競争均衡 ……………………… 9
- 16.2 純粋交換経済 …………………………… 13
- 16.3 同次性・連続性・ワルラス法則 …………… 15
- 16.4 競争均衡の存在(1) ……………………… 18
- 16.5 競争均衡の存在(2) ……………………… 20

第17章 厚生経済学の基本定理 ………………… 25
- 17.1 パレート効率性 ………………………… 25
- 17.2 競争均衡配分のパレート効率性 …………… 27
- 17.3 パレート効率的配分の実現 ……………… 29
- 17.4 基本定理の意味 ………………………… 33

第18章 自発的交渉のコアと競争均衡 …………… 37
- 18.1 競争均衡配分に対するエッジワース的見方 … 37
- 18.2 コアと競争均衡配分 ……………………… 38
- 18.3 エッジワースの極限定理 ………………… 40

第19章 競争的市場価格の調整プロセス ………… 47
- 19.1 「見えざる手」の動学的性質 ……………… 47

19.2　ワラルス的模索過程の性能：粗代替経済 ・・・・・・・・ 48
　19.3　不均衡価格のもとでの取引：物々交換過程 ・・・・・・ 52
　19.4　完全競争経済における価格調整 ・・・・・・・・・・・ 55

第20章　生産経済の一般均衡 ・・・・・・・・・・・・・・・・ 61
　20.1　純粋交換経済の2つの解釈 ・・・・・・・・・・・・・ 61
　20.2　私的所有制経済の競争均衡 ・・・・・・・・・・・・・ 62
　20.3　厚生経済学の基本定理 ・・・・・・・・・・・・・・・ 66
　20.4　コアと競争均衡 ・・・・・・・・・・・・・・・・・・ 71
　20.5　価格の動学的調整 ・・・・・・・・・・・・・・・・・ 73

第21章　双対性と一般均衡 ・・・・・・・・・・・・・・・・・ 76
　21.1　単純化された生産経済の一般均衡 ・・・・・・・・・・ 76
　21.2　2部門生産経済の一般均衡 ・・・・・・・・・・・・・ 76
　21.3　一般均衡の図解 ・・・・・・・・・・・・・・・・・・ 79
　21.4　パレート効率的配分の図解 ・・・・・・・・・・・・・ 83
　21.5　ヒックスの合成財の定理 ・・・・・・・・・・・・・・ 89

第22章　部分均衡と一般均衡 ・・・・・・・・・・・・・・・・ 94
　22.1　一般均衡分析と部分均衡分析 ・・・・・・・・・・・・ 94
　22.2　短期競争均衡の効率性：部分均衡分析 ・・・・・・・・ 95
　22.3　比較静学：部分均衡と一般均衡 ・・・・・・・・・・・ 98
　22.4　部分均衡の動学(1)——ワラルスとマーシャルの調整過程 ・ 106
　22.5　部分均衡の動学(2)——くもの巣過程と合理的期待 ・・・ 110

第23章　競争均衡パラダイムの拡張と限界 ・・・・・・・・・・ 118
　23.1　先物市場と均衡モデルの形式的拡張 ・・・・・・・・・ 118
　23.2　不確実性と条件付き債券市場 ・・・・・・・・・・・・ 120
　23.3　競争均衡パラダイムの限界 ・・・・・・・・・・・・・ 124
　23.4　不完全競争 ・・・・・・・・・・・・・・・・・・・・ 125
　23.5　市場の失敗 ・・・・・・・・・・・・・・・・・・・・ 126
　23.6　パレート効率性の限界 ・・・・・・・・・・・・・・・ 129

第 V 部　不完全競争

第 24 章　完全競争と不完全競争 ・・・・・・・・・・・ 135
24.1　市場構造と独占力 ・・・・・・・・・・・・・・・ 135
24.2　規模の経済と製品差別化 ・・・・・・・・・・・ 136
24.3　第 V 部の構成 ・・・・・・・・・・・・・・・・・ 138

第 25 章　独占と資源配分の効率性 ・・・・・・・・・ 142
25.1　独占力と限界収入 ・・・・・・・・・・・・・・・ 142
25.2　独占と資源配分の歪み ・・・・・・・・・・・・ 145
25.3　平均便益曲線と規模の経済性 ・・・・・・・・・ 149
25.4　差別価格 ・・・・・・・・・・・・・・・・・・・ 151
25.5　二部料金と情報の非対称性 ・・・・・・・・・・ 155
25.6　自己選択と非線形料金 ・・・・・・・・・・・・ 159
25.7　限界費用価格規制とその問題点 ・・・・・・・・ 162
25.8　次善料金――ラムゼイ・ルール ・・・・・・・・ 164

第 26 章　寡占と相互依存関係 ・・・・・・・・・・・ 173
26.1　寡占と企業の相互依存関係――協力と競争 ・・・ 173
26.2　ゲームの理論とナッシュ均衡 ・・・・・・・・・ 176
26.3　クールノー＝ナッシュ均衡 ・・・・・・・・・・ 181
26.4　シュタッケルベルグ均衡 ・・・・・・・・・・・ 188
26.5　ベルトラン＝ナッシュ均衡 ・・・・・・・・・・ 190

第 27 章　寡占競争の効率性とコンテスタビリティ ・・ 195
27.1　クールノーの極限定理と資源配分の効率性 ・・・ 195
27.2　規模の経済と参入の社会的費用 ・・・・・・・・ 198
27.3　サステイナブルな産業構造 ・・・・・・・・・・ 200
27.4　コンテスタビリティの理論 ・・・・・・・・・・ 206

第 28 章　2 段階競争と戦略的行動 ・・・・・・・・・ 212
28.1　脅しと完全均衡 ・・・・・・・・・・・・・・・ 212

28.2　企業行動の非可逆性と戦略的参入障壁 ・・・・・・・・ 215
　　28.3　サンク・コストと部分ゲーム均衡の変化 ・・・・・・・ 219
　　28.4　コミットメントと戦略的参入阻止・・・・・・・・・・ 224
　　28.5　戦略的代替と戦略的補完 ・・・・・・・・・・・・・ 225
　第29章　繰り返し競争と結託 ・・・・・・・・・・・・・・・ 236
　　29.1　協力ゲームとカルテル ・・・・・・・・・・・・・・ 236
　　29.2　繰り返し競争と暗黙の結託 ・・・・・・・・・・・・ 238
　　29.3　フォーク定理と名声 ・・・・・・・・・・・・・・・ 243
　第30章　製品差別化と特性アプローチ ・・・・・・・・・・・ 249
　　30.1　特性アプローチ ・・・・・・・・・・・・・・・・・ 249
　　30.2　立地モデル ・・・・・・・・・・・・・・・・・・・ 253
　　30.3　局地化された競争 ・・・・・・・・・・・・・・・・ 256
　　30.4　局地化されない製品競争 ・・・・・・・・・・・・・ 259

第VI部　市場の失敗と厚生経済学

　第31章　ミクロ経済学の事実解明的アプローチ
　　　　　と規範的アプローチ ・・・・・・・・・・・・・・・ 269
　　31.1　はじめに ・・・・・・・・・・・・・・・・・・・・ 269
　　31.2　第VI部の構成・・・・・・・・・・・・・・・・・・ 270
　第32章　外部性とコースの定理 ・・・・・・・・・・・・・・ 274
　　32.1　はじめに ・・・・・・・・・・・・・・・・・・・・ 274
　　32.2　外部性のもとでのパレート効率的配分 ・・・・・・・ 275
　　32.3　市場の失敗への対処法(1)：外部性の内部化・・・・・ 278
　　32.4　市場の失敗への対処法(2)：一般化 ・・・・・・・・ 283
　　32.5　市場の失敗への対処法(3)：難点 ・・・・・・・・・ 285
　　32.6　市場の失敗への対処法(4)：司法的・行政的介入 ・・・ 291
　　32.7　コモン・プールの外部性 ・・・・・・・・・・・・・ 293
　第33章　公共財・リンダール均衡・クラーク機構 ・・・・・・ 299

33.1　はじめに ・・・・・・・・・・・・・・・・・・・ 299
  33.2　公共財のパレート効率的配分(1)：限界条件 ・・・・・・ 300
  33.3　公共財のパレート効率的配分(2)：図解 ・・・・・・・ 303
  33.4　リンダール均衡 ・・・・・・・・・・・・・・・・・ 305
  33.5　フリー・ライダー問題とクラーク機構 ・・・・・・・ 309
  33.6　多数決投票と公共財供給 ・・・・・・・・・・・・・ 315

第34章　補償原理と「新」厚生経済学 ・・・・・・・・・・・ 324
  34.1　はじめに ・・・・・・・・・・・・・・・・・・・ 324
  34.2　厚生経済学の「新」と「旧」・・・・・・・・・・・・ 325
  34.3　序数的厚生分析の基礎(1)：効用可能性フロンティア ・・ 327
  34.4　序数的厚生分析の基礎(2)：スキトフスキー・
       フロンティア ・・・・・・・・・・・・・・・・・・ 330
  34.5　強い補償原理と弱い補償原理 ・・・・・・・・・・・ 334
  34.6　補償原理の論理的性能 ・・・・・・・・・・・・・・ 338
  34.7　集計的補償変分と補償原理 ・・・・・・・・・・・・ 345
  34.8　効率と衡平との分離：補償原理の意味 ・・・・・・・ 347

第35章　効率と衡平 ・・・・・・・・・・・・・・・・・・ 353
  35.1　はじめに ・・・・・・・・・・・・・・・・・・・ 353
  35.2　羨望と衡平 ・・・・・・・・・・・・・・・・・・ 354
  35.3　効率と衡平のジレンマ ・・・・・・・・・・・・・・ 356
  35.4　平等＝等価配分 ・・・・・・・・・・・・・・・・ 359
  35.5　厚生評価と社会的選択 ・・・・・・・・・・・・・・ 361

第36章　社会厚生関数と集団的選択 ・・・・・・・・・・・ 366
  36.1　はじめに ・・・・・・・・・・・・・・・・・・・ 366
  36.2　社会厚生関数 ・・・・・・・・・・・・・・・・・ 366
  36.3　社会厚生関数の構成可能性：アロウの一般可能性定理 ・・ 369
  36.4　厚生判断の情報的基礎と社会厚生関数 ・・・・・・・ 377
  36.5　社会的選択と個人的誘因：ギバードの一般可能性定理 ・・ 380

36.6　個人と組織：ギバードの定理の含意 ・・・・・・・・・ 384

おわりに ── ミクロ経済学の課題と展望 ・・・・・・・・ 391

　　1　市場と組織 ・・・・・・・・・・・・・・・・・・・・ 392
　　2　戦略的行動と限定合理性 ・・・・・・・・・・・・・・ 395
　　3　福祉とはなにか ・・・・・・・・・・・・・・・・・・ 398
　　4　無知のヴェイルと社会的選択ルール ・・・・・・・・・ 400
　　5　厚生と権利 ・・・・・・・・・・・・・・・・・・・・ 401

数学付録 II ・・・・・・・・・・・・・・・・・・・・・・ 409

　　0　はじめに ・・・・・・・・・・・・・・・・・・・・・ 409
　　1　不動点定理 ・・・・・・・・・・・・・・・・・・・・ 409
　　2　微分方程式 ・・・・・・・・・・・・・・・・・・・・ 416
　　　　A　連立微分方程式システム　　B　均衡と安定

参　考　文　献 ・・・・・・・・・・・・・・・・・・・・・ 421
人　名　索　引 ・・・・・・・・・・・・・・・・・・・・・ 427
事　項　索　引 ・・・・・・・・・・・・・・・・・・・・・ 432

［第 I 巻目次］

第 I 部　ミクロ経済学の対象と方法
第 II 部　生産者行動の理論
第 III 部　消費者行動の理論

第 IV 部　均衡と効率

第15章　価格機構と資源配分

15.1　は じ め に

　第Ⅰ巻第Ⅰ部の付論(「読者への注意」)で述べたように，本書は個別経済主体の意思決定に関する理論を述べる第Ⅰ巻と，各経済主体による個別的意思決定の社会全体としての整合性と効率性について述べる第Ⅱ巻によって構成されている．このプランに従って，第Ⅳ部(「均衡と効率」)では，中央計画当局などの意識的コントロールのない理想化された分権的な経済を考察し，価格というシグナルに基づいて合理的な経済主体が利己的に行動する結果生み出される資源配分を，社会全体としての整合性と効率性という基準に照らして評価する．

　第Ⅳ部でわれわれが示そうとするのは，経済主体相互の直接的なコミュニケーションや，経済全体を見わたして調整や統制を行なう主体・機構が存在しなくとも，価格機構によって分権的に達成される資源配分は以下のような驚くべき性質をもつことである．

　(1) 価格機構は，各財の需要と供給が経済全体として一致するという意味で「整合的」な資源配分を「市場均衡」(market equilibrium)として実現できる[1]．すなわち，経済資源の整合的な配分は，経済全体を見わたして調整機能を果たす経済主体が存在しなくとも，価格のパラメーター機能に基づいて自動的かつ分権的に達成されうるのである．

　(2) しかも，価格機構によって実現される資源配分——以下ではこれを「競争均衡配分」(competitive equilibrium allocation)と呼ぼう——は，単に整合的であるのみでなく，ある意味でそれ以上の社会的な改善の余地をもたない「効率的」(efficient)な配分である．つまり，競争均衡配分から出発して経済の誰か1人の消費者の経済状態をさらに改善しようとすれば，与えられた資源の制約の下では別の消費者の経済状態を必ず犠牲にせざるをえないという意味で，

競争均衡配分は「パレート効率的」である．

(3) さらに，一部の個人がグループを作ってこの経済から独立し，グループに属するメンバーの満足を（独立以前の経済の競争均衡配分におけるより）高めようとしても，そのような分派行動は決して成功しない．この意味で，分権的な価格機構は，経済の統合化の機能をも「無政府的」に果たしている．

競争均衡配分のもつこれらの特徴を他に先駆けて強調した経済学者にちなんで，(1), (2), (3) をそれぞれ「競争均衡配分のワルラス的見方」，「競争均衡配分のパレート的見方」，「競争均衡配分のエッジワース的見方」と呼ぶことにしよう．第Ⅰ巻第3章（「資源配分メカニズムとしてみた価格機構」）でも述べたように，価格機構のもつこのような驚くべき性質を理解することは，ミクロ経済学を学ぶうえで決定的に重要であるといってよい．

15.2 価格のパラメーター機能の前提条件

価格機構の成果がどれほど目ざましいものであろうとも，これらの成果が実際に達成できるのは，実はかなり厳しい条件が満足される場合に限られる．これらの条件は，基本的に3つのクラスからなる[2]．

(A) ［完全競争］(perfect competition)

(1) 各財・サービスの市場において成立する価格に関する情報は，すべての経済主体に瞬間的にしかも無費用で伝達されるため，すべての経済主体はどのような取引機会が存在するのかを完全に知りつくしている．その結果，すべての経済主体と取引に対して同一の価格が，各財・サービスに対して支配する．

(2) 各経済主体は市場のサイズに比較して十分に小さく，そのため各主体の行動が市場の総需要・総供給に与える影響は無視できるほど小さい．従って，各経済主体の需要・供給行動は，財・サービスの市場価格に対してそれとして認められるほどの影響をもちえず，各主体は市場価格を所与とみなして行動する[3]．

(3) 利潤機会を発見して新規に企業を設立したり，また損失を生む事業から

撤退したりすることに対する技術的・制度的障害は存在せず，利潤機会を実現する可能性は誰に対しても平等に開かれている．

(B) ［市場の普遍性］(universality of markets)

すべての財・サービスに対して所有権(property rights)が確立されており，その所有権ないし使用権——所有権の移転はともなわないが，ある期間にわたってその財・サービスを排他的に使用することを主張しうる権利——を売買する整備された市場が存在する．どの経済主体もこれらの市場に平等に参加でき，誰であれ市場で成立する対価さえ支払えば，どの財・サービスをも排他的に所有したり使用したりすることができる．

(C) ［凸環境］(convex environment)

(1) 各生産主体(企業)の生産可能集合は，閉凸集合である．
(2) 各消費主体(消費者)の選好関係は，連続な凸選好順序である．

これらの条件のうち(C.1)および(C.2)については，第Ⅰ巻第Ⅱ部および第Ⅲ部において，それぞれ詳細に解説しておいた[4]．

15.3　第Ⅳ部の構成

はじめに，単純化のため「純粋交換経済」(pure exchange economy)と呼ばれる状況を考える．この経済では，企業による財の生産活動は存在せず，各消費者が現に保有している各財の量——財の「初期保有量」(initial holdings)——だけが利用しうる財のすべてである．従って，問題とされる経済活動は，より有利な財の組み合わせを実現しようとして消費者間で行なわれる交換活動だけとなる．

このような単純な状況を前提として，第16章(「分権的資源配分の社会的整合性」)，第17章(「厚生経済学の基本定理」)，第18章(「自発的交渉のコアと競争均衡」)は，それぞれ競争均衡配分のワルラス的，パレート的，エッジワース的見方を説明することにあてられる．

さて，競争均衡配分に対するこれらの見方は，そのいずれも競争的価格機構

が均衡においてどのような性質を示すかを考察するという意味で，アダム・スミスの「見えざる手」(invisible hand)の静学的性能に関わっている．これに対して第19章(「競争的市場価格の調整プロセス」)は，いわば見えざる手の動学的性能を明らかにしようとする．競争均衡配分を達成する均衡価格とは，各財の市場需要と市場供給がちょうど一致する価格である．そのような価格は，数学的にはすべての財・サービスについての超過需要関数の値がゼロであるという，きわめて複雑な連立方程式体系の解であって，誰一人として前もってその値を知ることは不可能である．では，見えざる手はどのようにしてこの均衡価格を発見できるのだろうか．これが問題なのである．

古典的な「需要・供給の法則」(law of demand and supply)によれば，市場における超過需要の発生はその財の価格の上昇をもたらし，逆に超過供給の発生はその財の価格の下落をもたらす．見えざる手の動学的性能とは，この「法則」が手探りのうちに均衡価格を発見するという仮説として定式化できる．第19章はこの仮説の正確な表現と，その当否の検討にあてられる．

第20章(「生産経済の一般均衡」)では，企業による財の生産活動を明示的にとりいれて，第16-19章で純粋交換経済について述べたテーマを簡潔に再述する．第21章(「双対性と一般均衡」)では，本書第Ⅰ巻で詳しく解説した双対性理論を応用して2部門経済の一般均衡分析を，主として図解に基づいて解説する．この章ではまた，多部門経済を(例えば)2部門経済に単純化できるための条件を明らかにするヒックスの合成財の定理を解説する．ここでもまた，読者は双対性アプローチの有用性に対する認識を深めることになるはずである．

分権的経済の機能を，経済全体の整合性・効率性・統合性という視角から考察しようとすれば，第16-20章で行なうように，異なる財・サービスの間の連関性を需給両面で考慮した上で，すべての財・サービスの需給を同時に考察する分析——「一般均衡分析」(general equilibrium analysis)——が必要である．この理論は，経済を構成するさまざまな市場の間の波及とフィードバックを考慮しつくした「正しい」アプローチであることは確かであるが，その正しさの代償として分析は複雑・精妙にならざるをえない．当面の関心が，例えばある

特定の産業というように経済のごく一部に限られている場合にまで，波及の因果連鎖を果てしなく追いかけて経済全体に考察を及ぼすことがつねに必要か否かは，多分に疑問の余地がある．第22章（「部分均衡と一般均衡」）は，このような観点から均衡モデルを単純化しようとする「部分均衡分析」(partial equilibrium analysis)について解説する．

この章ではまた，経済の基礎的データ，例えば消費者の選好や生産者の技術あるいは政府の政策になんらかの変化が生じたとき，変化の前後において成立する一般均衡を比較して，資源配分および価格体系におよぶ影響を明らかにする「変化の法則」(law of change)を解説する．ここで解説する分析手法は，一般に「比較静学分析」(comparative static analysis)とよばれている．

最後に第23章（「競争均衡パラダイムの拡張と限界」）は，15.2で述べた(A)［完全競争］，(B)［市場の普遍性］，(C)［凸環境］の3つの条件に即して第IV部で扱った競争均衡という概念がどこまで現実経済を解明しうるかを吟味し，第V部（「不完全競争」）と第VI部（「市場の失敗と厚生経済学」）における考察への出発点を提供することにあてられる．

第15章 注

1) ミクロ経済学では，「均衡」(equilibrium)という概念はここで述べた市場均衡——各財に対する需要と供給が一致すること——という意味の他に，システムの「停留状態」(state of rest)——変数間の関係が力のバランスを保ち，システムがその状態から移動する内在的傾向が存在しないこと——という意味も込めて用いられることが多い．この2つの均衡概念は本来別個のものであるが，本書の範囲内ではことさら区別をする必要は認められない．しかし，市場不均衡の理論——例えばBenassy, J.-P., *The Economics of Market Disequilibrium,* New York : Academic Press, 1982——においてはこの両者の区別は本質的に重要である．

2) これらの条件の大雑把な意味は，すでに第I巻第3章（「資源配分メカニズムとしてみた価格機構」）で触れておいた．

3) 各経済主体のこのような行動は，しばしば「価格受容的行動」(price-taking behavior)と呼ばれている．なお，この仮定に関しては本書第I巻の第4章をも参

照せよ．

4) 本書の解説をできるだけ簡略にするため，以下では条件(C)をさらに限定した条件に置き換えて議論を進める．しかし，価格機構が15.1で触れた驚くべき性質を達成できるか否かにとって決定的に重要なのは，基本的に条件(A), (B), (C)であり，本書で使う(C)を限定した条件は，必要以上に強いものである．

第 16 章 分権的資源配分の社会的整合性

16.1 契約曲線と競争均衡

　まず，きわめて単純化された経済における競争均衡を，視覚的に理解することから始めよう．2種類の財1, 2と，2人の消費者1, 2だけからなる経済を考える．財の生産を行なう企業はこの経済には存在せず，消費者 i が現に保有する第 j 財の量を $w_j{}^i (i, j=1, 2)$ で表わすことにすれば，

$$(16\text{-}1) \qquad w_j = \sum_{i=1}^{2} w_j{}^i \qquad (j=1, 2)$$

がこの経済で消費可能な第 j 財の総量である．

　さて，点 O_1 を原点とする座標平面上に，点 O_2 を原点とする座標平面を180°回転させたものを重ね合わせ，2組の座標軸が囲む四角形の底辺の長さが w_1，高さが w_2 となるようにしよう(16-1図)．ここで作られた四角形を「エッジワースの箱」(Edgeworth's box)と呼ぶ．エッジワースの箱の中の点 w は，点 O_1 を原点とする座標平面上の点としてみれば，ベクトル $w^1 = (w_1{}^1, w_2{}^1)$ ——すなわち消費者1の「初期保有ベクトル」(initial holding vector)——を，また点 O_2 を原点とする座標平面(ただし，180°回転させたあとの)上の点としてみれば，ベクトル $w^2 = (w_1{}^2, w_2{}^2)$ ——消費者2の初期保有ベクトル——を表わしている．同様に，エッジワースの箱の内部の任意の点は，財の総量 $w_j (j=1, 2)$ を2人の消費者に分け与える実行可能な方法を示していることになる．この意味で，エッジワースの箱の内部の任意の点を，以下では簡潔に「配分」(allocation)と呼ぶことにする．

　さて，点 w を通り，原点 O_1 に向かって消費者1の無差別曲線 I_1^0 を描こう．同様にして，点 w を通り，原点 O_2 に向かって消費者2の無差別曲線 I_2^0 を描く．2つの曲線 I_1^0, I_2^0 は，一般的に16-1図のようなレンズ形の領域を囲うことになる．この領域内の任意の点は，配分 w と比べて消費者の一方の効用を

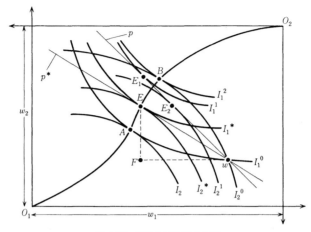

16-1図 契約曲線と競争均衡

低めることなく他方の消費者の効用を高め，しかも実行可能な別の配分を示している．従って，2人の合理的な消費者が，初期保有ベクトル w を維持するよりはむしろ財の交換取引によって一層望ましい経済状態を達成しようとするときには，実行される取引は必ずこのレンズ形の領域内の点に向かうことになる．とはいえ，レンズ形の領域内には無数に多くの点が含まれているから，取引方法についてもっと具体的な規定をしないかぎり，どの取引が実現されるかはわからない．

いま，2人の消費者が次のような取引の方法に合意するものとしよう[1]．すなわち，

(T_1) 取引の開始に先立ち，中立的な競売機構を作り，各財の価格がつねに市場で公開されるようにする；

(T_2) 各消費者は市場価格を与えられたものとして行動し，この価格で評価した予算制約のもとで自己の効用を最大にする需要量と初期保有量との差，すなわち彼の超過需要量を競売機構に報告する；

(T_3) 競売機構は，現行価格のもとで超過需要の状態にある財の価格を引き上げ，逆に超過供給の状態にある財の価格を引き下げるように市場価格を改訂

する；

　(T₄) 消費者間の実際の取引は，経済全体として各財の需給が一致する市場均衡価格の下でのみ行なわれる．

　16-1図は，この競売機構による取引を例示している．いま，ルール(T₁)に従って競売機構が試みに設定する価格 $p=(p_1, p_2)$ が，図中の直線 p で示されるものであるとしよう．この直線は傾きが $-p_1/p_2$ で，しかも初期保有点を通る．このとき，消費者1の所得は $M^1=p_1w_1^1+p_2w_2^1$ であり，この直線が彼の予算線になる．同様に，消費者2にとって(O_2 の原点から見た)この直線は，彼の予算線である．従って，ルール(T₂)に従う消費者1(あるいは消費者2)の需要量は，図中の点 E_1(あるいは点 E_2)で示される．

　このとき市場は，第1財に対する超過供給と第2財に対する超過需要が発生する不均衡状態にある．競売機構は，ルール(T₃)に従って第1財の価格を引き下げ，第2財の価格を引き上げるように価格を改訂する．実際に行なわれる取引は，このような市場不均衡が存在しない状態，すなわち点 E で示される需給一致した市場均衡の状態で定められる．この状態で成立する価格 $p^*=(p_1^*, p_2^*)$ を「競争均衡価格」(competitive equilibrium price)，点 E が表わす配分を「競争均衡配分」(competitive equilibrium allocation)と呼ぶ．

　点 E は，原点 O_1 から見れば予算線 p^* のもとで消費者1が効用を最大にする状態を示しているし，また原点 O_2 から見れば予算線 p^* のもとで消費者2が効用を最大にする状態を示している．このように，点 E においては2人の消費者が同じ価格 p^* のもとでそれぞれの効用を最大にしており，しかも財の需給が経済全体として一致しているわけである．初期配分 w から競争均衡配分 E への移動は，消費者1が wF だけの第1財を，そして消費者2が EF だけの第2財を相手に引き渡すことによって行なわれるが，均衡価格 p^* で評価すればこれは明らかに等価交換になっている．

　競争均衡配分においては，点 w を通る予算線 p^* は2人の消費者の無差別曲線 I_1^*, I_2^* の共通接線となっている．この点 E のように，2人の消費者の無差

別曲線が互いに接する点の軌跡――16-1図の曲線 O_1AEBO_2 ――を「契約曲線」(contract curve)と呼ぶ。契約曲線上の各点は，その点から出発してエッジワースの箱の内部でどの方向へ移動しても，少なくとも一方の消費者の効用を必ず低下させてしまうという性質――パレート効率性――をもっている。この性質の厳密な定義とその競争均衡との関わりについては，第17章(「厚生経済学の基本定理」)で詳しく述べることにしよう。

　厳密に言えば，契約曲線の重要な性質はパレート効率的な配分の軌跡であるということに尽きる。ある点(配分)において2人の消費者の無差別曲線が互いに接するという性質は，その点が契約曲線の上に位置するための十分条件ではあっても必要条件ではないことに注意すべきである。例えば，16-2図の配分 A においては消費者1の無差別曲線 I^1I^1 と消費者2の無差別曲線 I^2I^2 とは通常の意味で「互いに接する」状態にはないが，配分 A から出発して消費者1(あるいは消費者2)の効用を引き上げようとすれば消費者2(あるいは消費者1)の効用を引き下げるほかはないという意味で，これはパレート効率的な配分になっていることに注意したい。

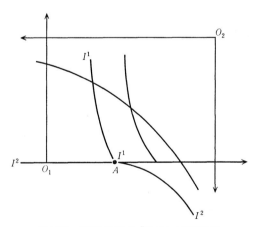

16-2図 無差別曲線の「接点」と契約曲線

16.2 純粋交換経済

本節では,財が m 種類あり,n 人の消費者より構成される一般的な「純粋交換経済」(pure exchange economy)を考察し,前節で $m=n=2$ という特殊ケースに即してやや直観的に解説した競争均衡の概念を,改めて正確に理解することにしよう.

消費者 i の初期保有ベクトルを $w^i = (w_1^i, w_2^i, \cdots, w_m^i) \in \mathbf{R}_+^m$ と書こう.そのとき,経済全体として消費可能な財の総量は,ベクトル

(16-2) $$\sum_{i=1}^n w^i = (\sum_{i=1}^n w_1^i, \sum_{i=1}^n w_2^i, \cdots, \sum_{i=1}^n w_m^i)$$

で与えられる.この総量を n 人の消費者に分け与える実行可能な方法を,前節と同じく配分とよぼう.すなわち,配分とは

(16-3) $$\sum_{i=1}^n x^i \leqq \sum_{i=1}^n w^i, \quad x^i \in \mathbf{R}_+^m \qquad (i=1, 2, \cdots, n)$$

を満足する mn ベクトル $x = (x^1, x^2, \cdots, x^n) \in \mathbf{R}_+^{mn}$ にほかならない.

消費者 i の選好を表現する効用関数を,$u^i: \mathbf{R}_+^m \to \mathbf{R}$ と書こう[2].各消費者は,初期保有ベクトル w^i をそのまま消費すれば $u^i(w^i)$ だけの効用を確保できる.しかし彼は,通常,他の消費者と財を交換することによって一層高い効用を実現しようと努めるだろう.以下では,その交換取引は前節の (T_1)-(T_4) に従って行なわれるものと仮定する.

ルール (T_1) に従って競売機構が設定する価格ベクトルが $p = (p_1, p_2, \cdots, p_m)$ であるならば,その下での消費者 i の所得は,

$$M^i(p) = \sum_{j=1}^m p_j w_j^i$$

で与えられる.ルール (T_2) により,消費者 i はこの所得制約の下での効用を最大化する消費計画,すなわち

(16-4) $$d^i(p, M^i(p)) = \underset{x \in B(p, M^i(p))}{\arg\max} u^i(x)$$

を計算し,それと彼の初期保有ベクトルとの差,すなわち彼の超過需要ベクトルを競売機構に報告する[3].この報告をとりまとめ,競売機構は各財 j に対す

る「集計的超過需要」(aggregate excess demand)

$$(16\text{-}5) \quad z_j(p) = \sum_{i=1}^{n} d_j^i(p, M^i(p)) - \sum_{i=1}^{n} w_j^i \qquad (j=1, 2, \cdots, m)$$

を計算し，ルール(T_3)に従って，$z_j(p)>0$（あるいは $z_j(p)<0$）である第 j 財の価格を引き上げ（あるいは引き下げ）るよう価格の改訂を行なう．こうして改訂された価格を新たなシグナルとして，消費者による最適消費計画の改訂と競売機構への報告がなされ，以下このような情報交換プロセスが継続される．ルール(T_4)により，消費者間の実際の取引は，この情報交換プロセスの均衡においてのみ実行される．

ここでひとつ注意を要する事実がある．それは，$z_j(p)$ の正負に応じて p_j を調整すると言っても，価格は必ず非負の実数でなくてはならないから，すでに $p_j=0$ であってなお $z_j(p)<0$ である場合には，それ以上に第 j 財の価格を引き下げることはできないという点である．この点に注意すれば，ルール(T_1)-(T_4)に従う取引過程の均衡——競争均衡——に，次のような正確な定義を与えることができる．

(E_1) 競争均衡価格とは，
$$(16\text{-}6) \quad z_j(p^*) \leq 0 \qquad (j=1, 2, \cdots, m)$$
$$(16\text{-}7) \quad \sum_{j=1}^{m} p_j^* z_j(p^*) = 0$$
を満足する価格ベクトル $p^* \in \mathbf{R}_+^m$, $p^* \neq 0$ のことである[4]；

(E_2) 競争均衡配分とは，競争均衡価格 p^* に応じて
$$(16\text{-}8) \quad x^{i*} = d^i(p^*, M^i(p^*)) \qquad (i=1, 2, \cdots, n)$$
によって定義される配分 $x^* = (x^{1*}, x^{2*}, \cdots, x^{n*})$ のことである．

価格機構によって達成される資源配分の性質の第1は，社会的な整合性である．つまり，ルール(T_1)-(T_4)に従う分権的な取引過程は，社会的に整合性をもつ配分を実現することができる．言い換えれば，すべての市場で需給を一致させる価格——競争均衡価格——が存在するのである．第15章でわれわれが「競争均衡配分のワルラス的見方」と呼んだのは，まさにこの点——すなわち，

分権的な経済であっても，競争的な価格シグナルという見えざる手に誘導されて，社会全体として整合性をもつ資源配分が中央計画機構などによる意識的なコントロールなしに実現しうるという洞察——にほかならない．

16.3 同次性・連続性・ワルラス法則

本書第I巻第III部で解説した消費者行動の理論は，競争的価格機構が整合的な資源配分を実現しうることを確かめるために必要な情報を，われわれに提供してくれる．

はじめに，消費者iの財jに対する需要関数$d_j^i(p, M^i)$は，価格ベクトル$p = (p_1, p_2, \cdots, p_m) \gg 0$と所得$M^i > 0$に関する0次同次関数であったことを思い出そう[5]．ところで，所得M^iは，純粋交換経済では価格ベクトルの1次同次関数$M^i(p) = \sum_{j=1}^{m} p_j w_j^i$で内生的に与えられるから，需要関数$d_j^i(p, M^i(p))$は価格ベクトル$p \gg 0$だけの0次同次関数であることになる．従って，(16-5)式で定義される財jに対する集計的超過需要関数$z_j(p)$も，価格ベクトル$p \gg 0$の0次同次関数である．

以下では，この性質が(単に正ベクトル$p \gg 0$に対してのみならず)任意の非負・非0の価格ベクトル$p \geq 0, p \neq 0$に対して成立するものとしよう[6]．

(H) [集計的超過需要関数の0次同次性]
集計的超過需要関数$z_j(p)$ $(j = 1, 2, \cdots, m)$は，任意の価格ベクトル$p \geq 0, p \neq 0$の0次同次関数である．

この仮定の下では，価格の絶対水準は均衡の性質に対してなんら影響をもたない．そこで，分析の便宜上われわれは価格ベクトルを何らかの方法で「基準化」(normalize)することができる．

しばしば用いられる価格基準化の方法は，いずれかの財，例えば第m財を「価値基準財」(numeraire)として採用し，すべての財の価格をこの基準財で表

現すること——すなわち，財 j を1単位引き渡すとき，何単位の基準財をそれと引き換えに受け取ることができるかをもって，財 j の基準化された価格と考えること——である．この方法の下では，基準化された価格体系は常に $(p_1, p_2, \cdots, p_{m-1}, 1)$ という形をとる．

価格基準化のもう一つの有用な方法は，すべての財を対称的にとり扱い，各財を1単位ずつ含む財のバスケットの市場価値額が常に1になるように価格を基準化することである．この方法のもとでは，基準化された価格体系はつねに次のような集合 S ——$\boldsymbol{R}^m$ 内の「基本単体」(fundamental simplex)——の要素として表わされる[7]：

$$(16\text{-}9) \qquad S = \{p = (p_1, p_2, \cdots, p_m) \in \boldsymbol{R}_+^m \mid \sum_{j=1}^{m} p_j = 1\}$$

16-3図は，$m=3$ の場合について，この2つの基準化方法を例示したものである．与えられた価格ベクトル $p = (p_1, p_2, p_3)$ を，第3財を価値基準財として基準化するということは，原点から点 p を通ってひいた半直線が $p_3 = 1$ という平面を貫通する点 p^1 を見出すことにほかならない．また，p を第2の方法で基準化するということは，同じ半直線が点 $(1, 0, 0)$, $(0, 1, 0)$, $(0, 0, 1)$ を頂点としてもつ三角形 S を貫通する点 p^2 を見出すということにほかならない．以下で

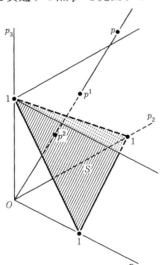

16-3図 価格の基準化

は，この第2の基準化方法を用いて議論を進めよう．

　消費者行動の理論から得られるもう一つの重要な性質は，需要関数 $d_j^i(p, M^i(p))$ $(i=1, 2, \cdots, n; j=1, 2, \cdots, m)$ が価格ベクトル $p \gg 0$ と所得 $M^i(p)>0$ の連続関数であること[8]，従ってまた集計的超過需要関数 $z_j(p)$ $(j=1, 2, \cdots, m)$ は価格ベクトル $p \gg 0$ の連続関数であるということである．この性質も（単に正ベクトル $p \gg 0$ に対してのみならず）任意の非負・非0の価格ベクトル $p \geqq 0$，$p \neq 0$ に対して成立するものとしよう．性質(H)に留意すれば，この性質は次のように表わすことができる．

(C) ［集計的超過需要関数の連続性］
　集計的超過需要関数 $z_j(p)$ $(j=1, 2, \cdots, m)$ は，任意の（基準化された）価格ベクトル $p \in S$ の連続関数である．

　消費者行動の理論によって得られる第3の性質は，「ワルラス法則」(Walras' law) と呼ばれる次の重要な性質である．

(W) ［ワルラス法則］
　集計的超過需要関数 $z_j(p)$ $(j=1, 2, \cdots, m)$ は，任意の（基準化された）価格ベクトル $p \in S$ に対して
$$(16\text{-}10) \qquad \sum_{j=1}^{m} p_j z_j(p) = 0$$
という関係式を，p が均衡価格であるか否かに関わりなく恒等的に満足する．

　すでにわれわれは，正の価格ベクトル $p \gg 0$ と正の所得 $M^i>0$ $(i=1, 2, \cdots, n)$ に対しては，
$$(16\text{-}11) \qquad \sum_{j=1}^{m} p_j d_j^i(p, M^i) = M^i \qquad (i=1, 2, \cdots, n)$$
が常に成立するということ——すなわち，最適消費計画において消費者はその所得を全額財の購入のために支出すること——を知っている[9]．純粋交換経済では $M^i = \sum_{j=1}^{m} p_j w_j^i$ であることと(16-5)式に注意すれば，(16-11)式を $i=1, 2,$

…, n について集計することによって，われわれは(16-10)式を導出することができる．このように，仮定(W)は，正の価格ベクトルに対しては消費者の効用最大化行動から自動的に得られる恒等式を任意の非負・非0の価格ベクトルに対しても拡張して仮定するものにほかならない．

競争均衡価格の存在について考察するための準備はこれですべて整った．

16.4　競争均衡の存在(1)

もう一度 $m=n=2$(2財・2消費者)の純粋交換経済を考えてみよう．この場合には，前節で導入した仮定(C)[連続性]と仮定(W)[ワルラス法則]が価格機構による資源配分の整合性——競争均衡の存在——を保証する十分条件であることを直観的に理解することができる．

16-4図を見よう．初期保有の点 w を通り，2人の消費者の無差別曲線 I_1^0, I_2^2 の接点を通過する予算線 p^0 をひこう．さらに，この予算線と接する消費者1(あるいは消費者2)の無差別曲線 I_1^1(あるいは I_2^3)を見出し，その接点を C(あるいは A)と書こう．同様にして，w を通り，無差別曲線 I_1^2, I_2^0 の接点を通

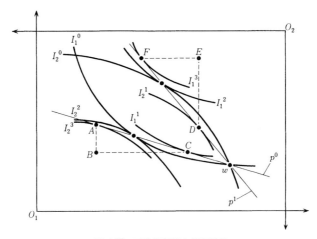

16-4図　不均衡価格と超過需給

過する予算線 p^1 をひき,それと接する消費者1(あるいは消費者2)の無差別曲線 I_1^3(あるいは I_2^1)の接点 F(あるいは D)を見つけよう.2つの予算線を定めている価格ベクトル p^0, p^1 は,基準化することによって

(16-12) $$p_1 + p_2 = 1$$

を満足するようにできる.

無差別曲線がそれぞれの原点に向かって凸であることから,16-4 図に描かれているように,価格 p^0(あるいは価格 p^1)の下では BC だけの第1財に対する集計的超過需要(あるいは EF だけの第1財に対する集計的超過供給)が発生する.

(16-12)式により,任意の価格ベクトル p はその第1成分 p_1 が定まれば完全に定まるから,$z_j(p)$ は事実上 p_1 だけの関数であると考えてさしつかえない.この点に注意して,横軸に p_1 を,縦軸に $z_1(p)$ をとった 16-5 図を描こう.p_1^0(あるいは p_1^1)では第1財に対する集計的超過需要(超過供給)があったから,それぞれ $z_1(p)$ の値は正(あるいは負)であり,16-5 図はそのように描かれている.

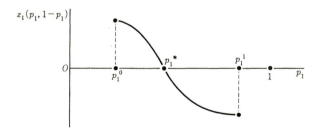

16-5図 競争均衡の存在

ところで,条件(C)[連続性]により,p_1 の値が p_1^0 から p_1^1 へと連続的に増加するとき,関数 $z_1(p)$ の値は当初の $z_1(p^0) > 0$ から終点の $z_1(p^1) < 0$ へと連続的に変化していく.このことは,16-5 図の p_1^* のように,p_1^0 と p_1^1 との中間に

(16-13) $$z_1(p_1^*, 1-p_1^*) = 0$$

を満足する p_1^* が必ず存在することを意味している.しかるに条件(W)[ワルラス法則]によれば,

(16-14) $$p_1^* z_1(p_1^*, 1-p_1^*) + (1-p_1^*) z_2(p_1^*, 1-p_1^*) = 0$$

が必ず成立している．$0 < p_1^0 < p_1^*$ に注意すれば，(16-13)式と(16-14)式は実は $z_2(p_1^*, 1-p_1^*) = 0$ の成立をも意味していることに注意したい．従って，価格ベクトル $(p_1^*, 1-p_1^*)$ は，求める競争均衡価格にほかならないことになる．

16.5　競争均衡の存在(2)[10]

集計的超過需要関数の連続性とワルラス法則が競争均衡の存在を保証する十分条件であるという事実は，一般的な場合にも同様である．この事実は以下のようにして確認できる．

基準化された任意の価格ベクトル $p = (p_1, p_2, \cdots, p_m) \in S$ において，財 j の超過需要 $z_j(p)$ を考えよう．価格改訂のルール (T_3) によれば，$z_j(p) > 0$（あるいは $z_j(p) < 0$）であるとき p_j は上方（あるいは下方）に修正されるのであった．ところで，もしすでに p_j が 0 であれば p_j をさらに下方に修正する余地はないのだから，ルールを少し手直しして $z_j(p) > 0$ であれば p_j は引き上げられるが $z_j(p) \leq 0$ であれば p_j の値はもとのままに維持されるものとしてみよう．このように修正された価格改訂ルールの一例は，関数

$$(16\text{-}15) \qquad \theta_j(p) = \max\{0, z_j(p)\} \qquad (j = 1, 2, \cdots, m)$$

を定義したうえで価格 p_j を $p_j + \theta_j(p)$ へと修正することによって与えられる．しかし，単に $p \in S$ を $p + \theta(p)$，$\theta(p) = (\theta_1(p), \theta_2(p), \cdots, \theta_m(p))$ へと改訂しただけでは，p に加えられる修正は――p がすでに均衡価格ベクトルであってそれ以上の調整の余地が存在しないのでないかぎり――常にその成分を引き上げる方向に作用するから，最初は S 内に基準化されていた価格ベクトルは，一般に集合 S からはみだすことになる．この点に注意して，価格 p_j を

$$(16\text{-}16) \qquad \zeta_j(p) = \frac{p_j + \theta_j(p)}{1 + \sum_{k=1}^{m} \theta_k(p)} \qquad (j = 1, 2, \cdots, m)$$

へと改訂するように再調整することにする．

(16-16)式が定義する関数 $\zeta_j(p)$ $(j = 1, 2, \cdots, m)$ は，明らかに，(a) $\zeta_j(p) \geq 0$ $(j = 1, 2, \cdots, m)$，(b) $\sum_{j=1}^{m} \zeta_j(p) = 1$ という 2 つの性質をもっている．このことは，ベクトル $\zeta(p) = (\zeta_1(p), \zeta_2(p), \cdots, \zeta_m(p))$ は，任意の $p \in S$ に対して必ず集合 S に属すること

を意味している. また, その構成方法をみれば, 関数 $\zeta_j(p)\,(j=1,2,\cdots,m)$ は p の連続関数であることがわかる. 従って, 関数 ζ は集合 S から集合 S への連続関数となり, ブラウワーの不動点定理によって不動点 $p^*\in S$ をもつことになる.

不動点 p^* は, 以上の価格改訂ルールを適用しても全く修正を受けずに維持される価格ベクトルなのだから, その意味からみて均衡価格の資格をもつように思われる. そしてこの予測は正しいのである. この事実を確認しよう.

まず, 関数 $\zeta(p)$ の定義により, 不動点 $p^*\in S$ においては

(16-17)
$$p_j^* = \frac{p_j^* + \theta_j(p^*)}{1 + \sum_{k=1}^{m} \theta_k(p^*)} \qquad (j=1,2,\cdots,m)$$

という関係が成立する. そのとき, 明らかに

(16-18)
$$p_j^* \sum_{k=1}^{m} \theta_k(p^*) = \theta_j(p^*) \qquad (j=1,2,\cdots,m)$$

であるが, この両辺に $z_j(p^*)$ を乗じ, その結果を $j=1,2,\cdots,m$ について集計すれば

(16-19)
$$\{\sum_{k=1}^{m}\theta_k(p^*)\}\sum_{j=1}^{m}p_j^*z_j(p^*) = \sum_{j=1}^{m}z_j(p^*)\theta_j(p^*)$$

を得ることができる. (W)[ワルラス法則]によりこの左辺は0であり, 従って

(16-20)
$$\sum_{j=1}^{m} z_j(p^*)\theta_j(p^*) = 0$$

が成立しなければならない. ところで, (16-20)式で加え合わされている各項は $z_j(p^*)\leq 0$ の場合には0, また $z_j(p^*)>0$ の場合には $\{z_j(p^*)\}^2>0$ となっている.

従って, (16-20)式は実は

(16-21)
$$z_j(p^*) \leq 0 \qquad (j=1,2,\cdots,m)$$

が成立しなくてはならないことを意味している. この事実は, 価格ベクトル p^* は競争均衡価格の定義 (E_1) のうち(16-6)式を満足することを示している. 一方, p^* が定義 (E_1) の(16-7)式を満足することは, (W)[ワルラス法則]より明らかである. こうして不動点 p^* が均衡価格ベクトルになるという予測が確認されたことになる.

最後に2つの注意を与えておきたい. 第1に, 均衡価格は必ずしも一意的には存在しない. 集計的超過需要関数の0次同次性によって, $p^*\in S$ が均衡価格ベクトルであるならば, 任意の正数 $\alpha>0$ に対して αp^* もまた均衡価格ベクトルとなるから, 基準化されていない均衡価格はもちろん無数に存在する. それのみでなく, 基準化された均衡価格ベクトルも, 一般には複数個存在することがありうる. 16-6図は純粋交換経済における複数均衡の可能性を例示したも

のであり，p^*, p^{**} は2つの基準化された均衡価格ベクトルである．第I巻第III部で述べた消費者行動の理論は，16-6図のような状況を排除するなんの根拠も提供しない．特殊な場合を除き，均衡価格ベクトルの一意性は，一般には保証されないというべきなのである[11]．

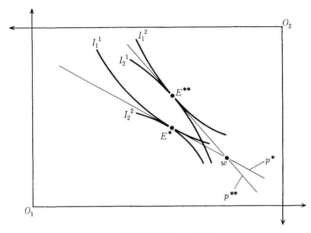

16-6図 複数均衡の可能性

第2に，すべての非負・非0の価格ベクトルに対して条件(C)［連続性］と(W)［ワルラス法則］を仮定することは，それほど一般性をもつ仮定であるとはいえない．$z_j(p)$ が連続関数であり集合 S がコンパクトな集合であるということから，任意の j について

(16-22) $$p^0 = \arg\max_{p \in S} z_j(p)$$

を成立させる価格ベクトル $p^0 \in S$ が必ず存在するということになるが[12]，このことは，どの消費者の需要関数も上に有界であるという事実を意味している．従って，たとえ $p_j = 0$ という状況であっても，消費者は第 j 財を無限に多くは需要しないことになる．しかし，この事実は消費者の選好が飽和しないという仮定[13]および消費者が効用の最大化を求めて行動するという仮定と両立しないのである．この問題を処理する工夫をも含め均衡の存在に関する一層の研究

は，数理経済学の専門書，専門論文に委ねなくてはならない[14]．

第16章 注

1) 実際には，2人の消費者の間の取引が，ここで述べる競売機構のような「無人格的」(impersonal)な媒介機構を経由して行なわれることはまずありえない．直接に相対交渉を重ねれば，相手の選好や駆け引き能力，契約の履行に際しての信頼性など，相手に関する私的情報を収集して行くことが可能であり，このような知識は自分に有利な取引を実現するためにしばしば有益であるからである．しかし，多数の消費者の間でこのような直接相対取引を実行しようとすれば，自分の欲する財を持ち，しかも自分が提供しうる財を欲する消費者を発見することはきわめて困難であるし，他人に関する有益な私的情報を収集することもほとんど現実性をもたない．価格機構という無人格的なシグナル体系に従って取引を行なうことがもたらす利益は，まさしくこのような多数人経済において明らかになるのである．従って，ここで述べる2人の消費者のモデルは，本来は多数の消費者のモデルではじめて意味をもつ考え方を，分かりやすく述べるための説明上の工夫にすぎないと理解すべきである．

2) 効用関数の概念について復習を要する場合には，本書第Ⅰ巻10.4節を参照されたい．

3) 集合 $B(p, M^i(p))$ および関数 $d^i(p, M^i(p))$ の意味については，必要に応じて本書第Ⅰ巻10.2節および11.1節を再読されたい．第Ⅰ巻においては消費者の所得は外生的なパラメーターとして取り扱われ，本節では所得は「初期保有ベクトルを現行価格で評価した価額」として内生化されているが，この差異は予算集合および需要関数の定義に本質的な影響を及ぼさない．

4) (16-6)式を考慮すれば，(16-7)式は，「もしある財 j に対して $z_j(p^*)<0$ が成立すれば必ず対応する価格 $p_j^*=0$ である」という「自由財のルール」(rule of free goods)を表現している．

5) 本書第Ⅰ巻の166ページと178ページを参照せよ．

6) このように財の価格がゼロとなる可能性を認めると，ある価格ベクトル p に対しては所得 $M^i=\sum_{j=1}^{m}p_j w_j^i$ はゼロとなる場合がある．以下では単純化のために $w_j^i \gg 0 (i=1,2,\cdots,n; j=1,2,\cdots,m)$ であること，すなわちどの消費者もあらゆる財を初期に保有していることを仮定して，この問題を回避したい．これは確かに極端な

仮定だし，所得がゼロとなる可能性を排除するもっと納得しやすい前提も知られているが，本書ではそこまでの深入りは避けておきたい．

7) 集合 S については，巻末の数学付録IIの1（「不動点定理」）をも参照せよ．

8) 本書第I巻の166ページと178ページを参照せよ．

9) 本書第I巻の166ページと178ページを参照せよ．

10) 本節は数学的にいくぶん上級の議論を含んでいる．初めての読者はこの部分を省略して先に進んでも理解に途切れが生じないようにしてある．とはいえ，利用される数学定理に対しては巻末の数学付録IIの1（「不動点定理」）でやさしく解説しておいたので，ゆっくりと読めば決して越えられない難関ではないはずである．また，本節を省略される場合でも，節末の2つの注意だけは読んでおくことが望ましい．

11) 第19章（「競争的市場価格の調整プロセス」）で検討する「粗代替経済」（gross substitutes economy）は，均衡価格ベクトルが一意性をもつ特殊例となっている．

12) 本書第I巻の数学付録I，「最大値・最小値の存在定理」（272ページ）を参照せよ．

13) 消費者の選好に対する条件（A_4）（本書第I巻，147ページ）を参照せよ．

14) 興味ある読者は，Arrow, K. J., and F. H. Hahn, *General Competitive Analysis*, San Francisco : Holden-Day, 1971（福岡正夫・川又邦雄訳『一般均衡分析』岩波書店，昭和51年）; Debreu, G., *Theory of Value*, New York : John Wiley & Sons, 1959（丸山徹訳『価値の理論』東洋経済新報社，昭和52年）; McKenzie, L. W., "The Classical Theorem on Existence of Competitive Equilibrium," *Econometrica*, vol. 49, 1981, pp. 819-841；二階堂副包『現代経済学の数学的方法』岩波書店，昭和35年などを参照せよ．

第17章　厚生経済学の基本定理

17.1　パレート効率性

　経済に存在する財の総量 $\sum_{i=1}^{n} w^i$ を n 人 ($n \geq 2$) の消費者に分配する2つの配分方法 $x=(x^1, x^2, \cdots, x^n)$, $y=(y^1, y^2, \cdots, y^n)$ を考えよう．1人の合理的な消費者にとっては，x と y のどちらが彼にとって好ましいかという問いに答えることはきわめて容易である．配分 x のもとで彼が受け取る財ベクトル x^i が，配分 y のもとで彼が受け取る財ベクトル y^i よりも高い効用を与えるとき，配分 x は配分 y よりも彼にとっては好ましいと言えるからである．

　これに対して，n 人の消費者から構成される社会全体にとって2つの配分 x, y のいずれが「社会的に」好ましいかという問いには，はるかに答えることがむつかしい．財の総量は限られているから，すべての消費者を限りなく満足させることはもとより無理である．限りある財を無駄なく利用して，すべての消費者の満足の程度をできるだけ大きくしようとしても，限界的な1単位の財を「なぜ彼にではなく彼女に与えることが社会的に正当なのか」とたずねられたら，すべての消費者を完全に納得させる理由を述べることは容易ではない．

　このように，社会的に「望ましい」財の配分を判定する基準を与えることは，分配の公正に関する価値判断を抜きにしてはできない[1]．しかし，すでに述べたようにすべての人々を完全に納得させる社会的判定基準を構築することは非常に困難である．そこで，「少なくともここまではほとんどの人々が承認するだろう」と思われる部分的な基準に基づいて，ひとまず財の社会的配分に関する分析を予備的に進めておくことにしよう．このような趣旨で経済学者が伝統的に用いてきた予備的な社会的判定基準こそ「パレート原理」(Pareto principle) にほかならない．

　表現を簡潔にするため，すべての消費者の集合を $N=\{1, 2, \cdots, n\}$ と書き，配

分全体の集合を A で表わそう．そのとき，以下の条件が満足されるならば，配分 $x=(x^1, x^2, \cdots, x^n) \in A$ は配分 $y=(y^1, y^2, \cdots, y^n) \in A$ よりも「パレートの意味で好ましい」(Pareto superior)といい，xP_0y という記号で表わすことにする[2]：

$$(17\text{-}1) \qquad u^i(x^i) > u^i(y^i) \qquad (i=1, 2, \cdots, n)$$

(17-1)式の意味は明らかだろう．すなわち，xP_0y が成立するのは「配分 y から配分 x へ移ることにより，経済内のすべての消費者の状態を同時に改善することができる」場合である．

さて，配分 $x \in A$ に対して，$x'P_0x$ を満足する別の配分 $x' \in A$ が存在するならば，配分 x に固執することは明らかに社会的な資源を浪費していることになる．従って，限りある資源を有効に用いて消費者の経済状態をできるだけ改善しようとするかぎり，われわれは少なくともパレートの意味でそれより好ましい配分を見出すことがもはや不可能な「極大満足」(maximal satisfaction)の状態に到達している必要がある．このような極大満足の配分を，「パレート効率的な配分」(Pareto efficient allocation)と呼ぶ．

この概念の直観的な意味は，16-1図のエッジワースの箱型図から容易に読みとれる．この図では，2人の消費者の無差別曲線の接点の軌跡——すなわち契約曲線——上のどの配分もパレート効率的である．その配分から出発して一方の消費者の効用を高めようとすると，他方の消費者の効用は必然的に低められてしまうからである．この図はまた，パレート効率的配分は一般に無数に存在していることをも示している．

第Ⅰ巻第2章(「資源配分の諸問題」)でも注意したように，ある配分がパレート効率的であるからといって，その配分がなんらかの倫理的な意味で社会的に「最適」(optimal)な配分であるということにはならない．例えば独裁者がすべての財を占有している状態(例えば，16-1図の点 O_1 や O_2 で示される配分)でさえ，他の何れかの消費者の状態を改善しようとすればこの独裁者から財を取り去らねばならずそれは貪欲な独裁者の効用を低下させるから，実はパレート効率的配分なのである．

17.2 競争均衡配分のパレート効率性

16-1図(エッジワースの箱型図)をもう一度見よう．前章(16.1節)で見たように，競争均衡配分 E は契約曲線の上に位置し，従ってパレート効率的である．この事実は，競争的な価格シグナルに誘導される分権的な経済は，ただ単に社会全体としての整合性をもつのみでなく，実はパレートの意味で社会的に効率的な配分を実現できることを示唆している．第15章でわれわれが「競争均衡配分のパレート的見方」と呼んだのは，この事実にほかならない．

この重要な結論は「厚生経済学の基本定理」(fundamental theorem of welfare economics)と呼ばれる命題の前半部分にほかならない．この定理を正確に述べれば次のようになる[3]．

厚生経済学の基本定理(Ⅰ)
競争均衡配分は，存在すれば必ずパレート効率的である．

前章で考察した m 財，n 消費者の純粋交換経済を考えよう．配分 $x^* = (x^{1*}, x^{2*}, \cdots, x^{n*}) \in A$ が競争均衡配分であれば，競争均衡価格ベクトル p^* が存在して

$$(17\text{-}2) \qquad x^{i*} = \arg\max_{x \in B(p^*, \sum_{j=1}^{m} p_j^* w_j^i)} u^i(x) \qquad (i=1, 2, \cdots, n)$$

が成立している．いま仮に x^* がパレート効率的でなかったとすれば，x^* よりもパレートの意味で好ましい配分 $y = (y^1, y^2, \cdots, y^n) \in A$，すなわち

$$(17\text{-}3) \qquad u^i(y^i) > u^i(x^{i*}) \qquad (i=1, 2, \cdots, n)$$

を満足する配分 y が存在することになる．(17-2), (17-3)の両式により，

$$(17\text{-}4) \qquad \sum_{j=1}^{m} p_j^* y_j^i > \sum_{j=1}^{m} p_j^* w_j^i \qquad (i=1, 2, \cdots, n)$$

が得られる[4]．(17-4)式の不等式を $i=1, 2, \cdots, n$ にわたって加えれば，

$$(17\text{-}5) \qquad \sum_{j=1}^{m} p_j^* \sum_{i=1}^{n} y_j^i > \sum_{j=1}^{m} p_j^* \sum_{i=1}^{n} w_j^i$$

を得る．一方，y は配分であるから，

$$
(17\text{-}6) \qquad \sum_{i=1}^{n} y_j^i \leqq \sum_{i=1}^{n} w_j^i \qquad (j=1, 2, \cdots, m)
$$

を満足していなくてはならない．番号 j に対する(17-6)式の両辺に $p_j^* \geqq 0$ を乗じ，その結果を $j=1, 2, \cdots, m$ について集計すれば

$$
(17\text{-}7) \qquad \sum_{j=1}^{m} p_j^* \sum_{i=1}^{n} y_j^i \leqq \sum_{j=1}^{m} p_j^* \sum_{i=1}^{n} w_j^i
$$

が従うが，明らかに(17-5)と(17-7)の両式は矛盾する．従って，競争均衡配分 x^* はパレート効率的でなければならない．

この証明においては，競争均衡配分の定義――(17-2)式――以外には特別の性質を利用していない．特に消費者の選好の凸性はまったく利用されていない．従って，競争均衡が存在するかぎり，たとえ消費者の選好が非凸であったとしても，競争均衡配分はやはりパレート効率的なのである．

この重要な事実は，17-1図に例示されている．この図においては消費者1の選好は非凸であるが，点 E_1 は競争均衡配分であり競争均衡価格ベクトル p^* が存在する．このとき明らかに配分 E_1 はパレート効率的である．

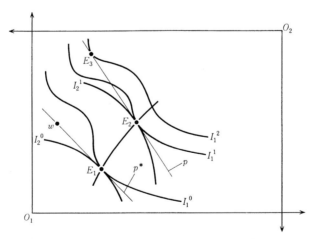

17-1図 非凸選好と厚生経済学の基本定理（Ⅰ）

17.3 パレート効率的配分の実現

　すでに述べたように，競争均衡配分は効率的ではあっても必ずしも公正な配分ではない．厚生経済学の基本定理の後半部分は，政府が適切な政策をとれば，どのような（従って公正な）効率的配分をも価格機構によって分権的に達成できることを主張する．

　17-2図のエッジワースの箱型図で，契約曲線 O_1AO_2 上の任意の点 A をとろう．配分 A は，この経済における無数のパレート効率的配分のうちの任意のひとつである．点 A で接する2人の消費者の無差別曲線 I_1^0, I_2^0 が各々の原点に向かって凸状をしているならば，われわれは点 A を通る I_1^0, I_2^0 の共通接線を引くことができる．この接線の勾配を定めるベクトルを $p=(p_1, p_2)$ と書き，これをパレート効率的配分 A に対応する「効率価格」(efficiency price)ベクトルと呼ぼう．正確に述べれば，配分 A に対応する効率価格ベクトルとは，

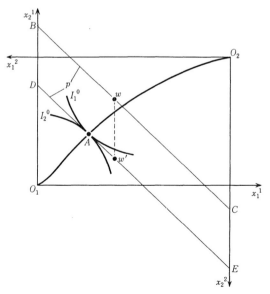

17-2図　厚生経済学の基本定理(II)

直線 DAE と直交するベクトルを適当に基準化したものである．直線 DAE は右下がりだから，効率価格ベクトルは正ベクトルとなる．

さて，効率価格ベクトルが定める価格線は，一般にはこの経済における初期保有の点 w を通過しないだろう．このとき，w を通過し，p が定める価格線 DAE と平行な線を引き，点 B, C を求めよう．効率価格ベクトルを（第2財を価値基準財に選んで）基準化し，$p_2=1$ であるようにすれば，O_1B（あるいは O_2C）は，効率価格ベクトルで評価した初期保有 $w=(w^1, w^2)$ の下での消費者1（あるいは消費者2）の所得額を価値基準財で表示したものになっている．他方 O_1D（あるいは O_2E）は，効率価格ベクトルで評価した配分 A の下での消費者1（あるいは消費者2）の消費額を，価値基準財で表示したものになっている．

いまここで，「一括型の税と補助金」(lump-sum tax and subsidy)による所得再分配政策を実行し，ちょうど $BD=ww'$ だけの所得を消費者1から消費者2へと移転するものとしよう[5]．この再分配政策は経済の初期保有ベクトルを w から w' へと変更することに等しい．この新たな初期保有点からみれば，当初任意に選んだパレート効率的配分 A は，効率価格ベクトル p を競争均衡価格ベクトルとする競争均衡配分となっている．すなわち，任意のパレート効率的配分は，所得を適当に再分配することによって競争均衡として実現することができるのである．これが厚生経済学の基本定理の後半部分のエッセンスにほかならない．

上で用いた論法からも明らかなように，この命題は，消費者の選好の凸性に本質的に依存している．17-1図をもう一度見よう．この図の点 E_2 はパレート効率的配分である．ところが，E_2 で接する無差別曲線 I_1^1, I_2^1 の共通接線を競争価格に見たてて上と同じ所得再分配を行なおうとしても，無差別曲線 I_1^1 が非凸であるためにその試みは成功しない．価格線 p のもとで消費者1の効用を最大にする点は E_3 であり，これは同じ価格線のもとで消費者2の効用を最大にする点 E_2 とは一致しない．従って，当初のパレート効率的配分を価格機構によって分権的に実現しようとする試みは失敗してしまうのである．

この事実に留意して，基本定理の後半部分を述べておこう．

厚生経済学の基本定理(II)

すべての消費者が凸選好をもっているならば[6]，任意のパレート効率的配分は，一括税・補助金による所得の適切な再分配によって競争均衡配分として実現することができる．

単純化のため，以下では $x_j^i > 0$ $(i=1, 2, \cdots, n\,; j=1, 2, \cdots, m)$ を満足するパレート効率的配分 $x = (x_j^i)$ について定理を証明しよう．定理の成立にとってこの仮定は不可欠ではないが，証明はそれにより本質を損なうことなく簡単化されるからである[7]．また，証明の決め手となるのは凸集合の分離定理[本書第Ｉ巻，数学付録３Ｂ]である．

さて，パレート効率的配分 $x = (x_j^i)$ を競争均衡配分として実現できることを示したい．そのためには適当な価格ベクトル p が存在して

$$(17\text{-}8) \qquad x^i = d^i(p, \sum_{j=1}^{m} p_j x_j^i) \qquad (i=1, 2, \cdots, n)$$

が成立することを示しさえすればよい．(17-8)式が成り立つということは，各消費者 i が価格ベクトル p と所得 $\sum_{j=1}^{m} p_j x_j^i$ のもとで効用を最大化していることを意味するが，$x = (x_j^i)$ はもともと配分なのだから，これで x が競争均衡配分になることが言えるからである．以下の証明はこの方針に従っている．

まず，各 i に対して集合

$$(17\text{-}9) \qquad G^i(x^i) = \{y^i \in \boldsymbol{R}_+^m \mid u^i(y^i) \geqq u^i(x^i)\} \qquad (i=1, 2, \cdots, n)$$

を定義しよう．選好の凸性により，$G^i(x^i)$ は凸集合になる．

次に，財の総存在量ベクトル $\sum_{i=1}^{n} w^i$ だけから成る集合を $\{\sum_{i=1}^{n} w^i\}$ と書き，新たな集合

$$(17\text{-}10) \qquad G(x) = \{\sum_{i=1}^{n} w^i\} - \sum_{i=1}^{n} G^i(x^i)$$

を定義する[8]．凸集合の代数和は凸集合であるから $G(x)$ は凸集合となる．

この凸集合 $G(x)$ に対して凸集合の分離定理(2)が適用可能であることを確認したい．いま仮に，$G(x)$ が正ベクトル v を含むものとしよう．そのとき，(17-10)式から $v = \sum_{i=1}^{n} w^i - \sum_{i=1}^{n} y^i \gg 0$ を成立させる $y^i \in G^i(x^i)$ $(i=1, 2, \cdots, n)$ が存在することになる．従って，各消費者 $i=1, 2, \cdots, n$ に $y^i + v/n$ という財ベクトルを与えることは

実行可能であり，しかも $u^i(y^i+v/n)>u^i(y^i)\geqq u^i(x^i)$ $(i=1,2,\cdots,n)$ が成立することになる．これは配分 x のパレート効率性と矛盾する結果である．こうして凸集合 $G(x)$ は正ベクトルを含まず，凸集合の分離定理(2)によって $G(x)$ と $\boldsymbol{R}_+^m$ とは非負の法線ベクトル p をもつ超平面によって分離できることになる．すなわちある非負・非 0 のベクトル p が存在して

(17-11) $\qquad v\in G(x)\quad$ならば$\quad \sum_{j=1}^{m}p_j v_j\leqq 0$

が成立する．

集合 $G(x)$ の定義に注意すれば，(17-11)式は

(17-12)
$$y^i\in G^i(x^i)\quad (i=1,2,\cdots,n)\quad\text{ならば}\quad \sum_{j=1}^{m}p_j\sum_{i=1}^{n}w_j^i\leqq \sum_{j=1}^{m}p_j\sum_{i=1}^{n}y_j^i$$

を意味している．ところで構成の仕方によって $x^i\in G^i(x^i)$ $(i=1,2,\cdots,n)$ であるから，(17-12)式は $\sum_{j=1}^{m}p_j\sum_{i=1}^{n}w_j^i\leqq\sum_{j=1}^{m}p_j\sum_{i=1}^{n}x_j^i$ の成立を意味する．また $x=(x_j^i)$ は配分であることから $\sum_{i=1}^{n}x_j^i\leqq\sum_{i=1}^{n}w_j^i$ $(j=1,2,\cdots,m)$ が従うが，p の非負性に注意すれば，これから $\sum_{j=1}^{m}p_j\sum_{i=1}^{n}x_j^i\leqq\sum_{j=1}^{m}p_j\sum_{i=1}^{n}w_j^i$ が得られることになる．これらの結果を利用して，(17-12)式は

(17-12*)
$$y^i\in G^i(x^i)\quad (i=1,2,\cdots,n)\quad\text{ならば}\quad \sum_{j=1}^{m}p_j\sum_{i=1}^{n}x_j^i\leqq \sum_{j=1}^{m}p_j\sum_{i=1}^{n}y_j^i$$

と書き改めることができる．

ここで任意の番号 $i\in\{1,2,\cdots,n\}$ を取り出し，この i 以外の全ての番号 $k\in\{1,2,\cdots,n\}$ に対しては $x^k=y^k$ として(17-12*)を適用してみると

(17-13) $\qquad u^i(y^i)\geqq u^i(x^i)\quad$ならば$\quad \sum_{j=1}^{m}p_j x_j^i\leqq \sum_{j=1}^{m}p_j y_j^i$

であることがわかる．すなわち，x^i は $u^i(y^i)\geqq u^i(x^i)$ を満足する全ての消費計画のうちで，価格ベクトル p で評価された支出額を最小化するのである．

本書第Ⅰ巻の第12章(「支出関数と双対性」)を学んだ読者は，われわれが目標とする(17-8)式と，今示された(17-13)式とが非常に密接に結びついていることに気づくはずである．事実，所得 $\sum_{j=1}^{m}p_j x_j^i$ と価格ベクトル p がともに正である場合には，本書第Ⅰ巻第Ⅲ部の「対応定理(i)」によって(17-8)式と(17-13)式とは同値となり，証明はここで終る．われわれの仮定 $x_j^i>0$ $(i=1,2,\cdots,n;\ j=1,2,\cdots,m)$ によって所得 $\sum_{j=1}^{m}p_j x_j^i$ が正であることは保証されているが，価格ベクトル p は一般には 0 成

分を含んでいるかもしれない．議論がもう少し続くのはそのためである．

さて，

$$(17\text{-}14) \qquad \sum_{j=1}^{m} p_j z_j^i \leq \sum_{j=1}^{m} p_j x_j^i \qquad (i=1, 2, \cdots, n)$$

を満足する任意の消費計画 $z^i \in R_+^m$ をとろう．t は $0 < t \leq 1$ を満足する任意の実数とすれば，p で評価した所得 $\sum_{j=1}^{m} p_j x_j^i$ が正であることにより，$z^i(t) = (1-t)z^i$ は

$$(17\text{-}15) \qquad \sum_{j=1}^{m} p_j z_j^i(t) < \sum_{j=1}^{m} p_j x_j^i \qquad (i=1, 2, \cdots, n)$$

を満足することになる．

いま仮に，$u^i(z^i(t)) \geq u^i(x^i)$ が成立したものとしよう．そのときには $z^i(t) \in G^i(x^i)$ だから (17-13) 式によって $\sum_{j=1}^{m} p_j z_j^i(t) \geq \sum_{j=1}^{m} p_j x_j^i$ となって (17-15) 式に矛盾する．このことは $u^i(z^i(t)) < u^i(x^i)$ $(i=1, 2, \cdots, n)$ が成立することを意味している．効用関数の連続性により，これから $u^i(z^i) \leq u^i(x^i)$ $(i=1, 2, \cdots, n)$ が従う．z^i は (17-14) 式を満足するかぎりで任意の消費計画だったから，これで求める (17-8) 式が示されたことになる．

17.4　基本定理の意味

厚生経済学の基本定理は，資源配分メカニズムとしての競争的価格機構が効率的な配分を達成できるという信頼の根拠を，理論的に明らかにした命題である．この定理の第1命題によれば，競争的価格シグナルに誘導された個別経済主体の最適化行動の結果として経済全体として各財の需給が一致する状態が生み出されれば，そのような資源利用の方法は経済厚生の観点からもまた極大満足の状態——パレート効率的配分——になっている．この意味で，価格シグナルだけに依存する分権的な最適化行動は，あたかも「見えざる手」(invisible hand) に誘導されるかのごとく，社会全体として無駄のない配分を達成できるのである．

すでに強調したように，この第1命題は第15章で述べた条件 (C) [凸環境] にまったく依存していない．競争均衡は，非凸な環境であっても，存在しさえすれば必ずパレート効率的な資源配分を達成するのである．一方，基本定理の第

2命題は，凸環境の条件にきわめて本質的に依存している．むしろ，社会的に効率的な資源配分を，その効率性を犠牲にすることなく限られた情報だけに依存しつつ分権的な価格機構によって実現しようとすれば，いかに厳格な環境的諸条件が必要とされるかを明らかにする点にこそ，基本定理の第2命題の意義があるというべきかもしれない．それらの条件が厳しいものであることは，競争的価格機構のもとではいかにわずかな私的情報の公開しか必要とされず，しかも私利追求という利己的行動がいかに寛大に認められているかを考えてみれば，むしろ当然のことだといってよい．

このように，厚生経済学の基本定理は，競争的価格メカニズムの厚生的意義に関して多くのことを明らかにする．しかし，この定理の意味を過大に理解し価格機構に対して過大な信頼を寄せることは，十分警戒して避けなくてはならない．

一見したところ，基本定理の第2命題は，凸環境の条件のもとでの経済運営について次のような示唆を与えているように見える．すなわち，公正で効率的な資源配分を実現しようとする政府が，所得の初期分配について公正さの観点から適切な配慮を払いさえすれば，あとは価格機構という分権的な機構にすべてを任せてよい．競争的価格機構は，非人格的・分権的・「無政府的」に，目標とされる効率的配分を実現するだろう，と．

しかし，基本定理の第2命題はこのような期待を裏切るものであり，この事実を理解することは基本的な重要性をもっている．

注意を要する点は，効率的配分に対応する効率価格ベクトルは，私的経済単位はいうに及ばず政府にとっても既知のデータではなく，分権的に——手さぐりで——発見するほかはないという事実である[9]．基本定理それ自体はそのような発見の可能性をまったく保証していない．さらに，効率価格ベクトルがわからないかぎり，公正な配分を分権的に達成するために各消費者に配当すべき所得額もわからず，税・補助金の額もわからないのである．しかも，適切な価格を模索するプロセスが16.1節の(T_1)-(T_4)で記述されるようなものであるかぎり，基本定理を支える条件は均衡価格の発見を保証するためには明らかに

不十分である。この点についての詳しい解説は，第 19 章(「競争的市場価格の調整プロセス」)で与えられる．

第 17 章 注

1) 社会を構成する諸個人の価値判断から社会的な判定基準を作り上げるという問題は「社会的選択」(social choice)の問題と呼ばれ，厚生経済学の難問のひとつとされている．この問題については第Ⅵ部(「市場の失敗と厚生経済学」)で立ち入って解説する．

2) P_0 は配分の集合 A 上の二項関係——本書第Ⅰ巻，数学付録Ⅰ参照——である．読者は練習問題として P_0 が (R_3) [推移性]を満足することを確認せよ．

「パレートの意味で好ましい」という関係については，(17-1)式のかわりに

(17-1*)　　　$\begin{cases} \forall i \in N : u^i(x^i) \geq u^i(y^i) \\ \exists i \in N : u^i(x^i) > u^i(y^i) \end{cases}$

が成り立つときに xP_0^*y であるとする定義の方がより普通に用いられている．この定義によれば，配分 x が配分 y よりパレートの意味で好ましいのは，全ての個人が配分 x のもとで配分 y のもとにおけると少なくとも同程度の満足を得ており，しかもある個人は配分 x を配分 y よりも強い意味で選好している場合である．一般的にいって，xP_0y ならば xP_0^*y であるが，逆は必ずしも成立しない．しかし，消費者の選好が本書で設けた仮定を満足し，財も(本書で仮定したように)無限に分割可能であるならば，実は xP_0^*y であれば配分 x をわずかに修正した配分 x' で $x'P_0y$ を満足するものを構成できる(読者はエクササイズとしてその構成法を考えよ)．この意味で，P_0 と P_0^* との差異は大きくはない．本書では解説の簡単化のために P_0 を採用することにしたのである．

3) 厚生経済学の基本定理の意義に関しては，Koopmans, T. C., "Allocation of Resources and the Price System," in his *Three Essays on the State of Economic Science*, New York: McGraw-Hill, 1957, pp. 3-126 および Sen, A. K., "The Concept of Efficiency," in Parkin, M., and A. R. Nobay, eds., *Contemporary Issues in Economics*, Manchester: Manchester University Press, 1975, pp. 196-210 の参照が有益である．

4) $u^i(y^i) > u^i(x^{i*})$ であるから，y^i は予算集合 $B(p^*, \sum_{j=1}^{m} p_j^* w_j^i)$ に属するはずはない．もし属するとしたら(17-2)式が与える x^{i*} の定義と矛盾してしまうからで

ある．従って(17-4)式が成立することになる．

5) ここでいう「一括型の税と補助金」とは，税ないし補助金の額が経済主体の行動の結果に依存して変化しない税・補助金のことである．これに対して，例えば一部の財に物品税を賦課すれば，その税額は販売量と購入量の多寡に応じて異なるものとなり，従って財の売り手と買い手は税額分だけ異なる価格に直面することになる．その結果，市場均衡でも各経済主体の限界代替率は均等にはならず，資源配分の効率性はそれによって妨げられることになる．「一括型の税と補助金」は，このような資源配分の歪みを生まない税・補助金にほかならないのである．

6) 凸選好の仮定については，本書第Ⅰ巻の150ページと155-157ページを参照せよ．定理の成立のためにはこれより弱い凸性の仮定で十分だが，この点には立ち入らない．

7) ただし，(17-10)式で定義される集合$G(x)$と正象限を分離する超平面の法線ベクトル(有効価格ベクトル)pで$x^i=(x_j^i)$を評価した価額$\sum_{j=1}^{m} p_j x_j^i$がどの$i=1, 2, \cdots, n$に対しても正になることは，なんらか別の仮定によって保証してやる必要がある．さもなくば，実は厚生経済学の基本定理(Ⅱ)が成立しないことが起こるからである．例えば16-2図に描かれた状態では，配分Aはパレート効率的ではあるが，この配分に対応する効率価格は第1財の価格を0とするため，消費者1に対して配分Aが与える財ベクトルを効率価格で評価した価額(消費者1の「所得」)は0となってしまう．そのとき，この予算制約のもとでは消費者1の効用は点Aにおいて最大化されず，従って配分Aは競争均衡として実現されえないことになる．

8) ここで$\sum_{i=1}^{n} G^i(x^i)$は集合$G^i(x^i)$ ($i=1, 2, \cdots, n$)の代数和である．本書第Ⅰ巻29ページを参照せよ．

9) もし仮に，中央計画当局ないし政府が計算によって効率価格ベクトルを発見しようとすれば，経済の基礎的な私的情報——資源の保有状況・選好・技術——を全部中央に収集して解析する必要が生じてくる．しかし，膨大な量の，しかも私的に拡散・所有されている情報を収集し解析するためには，莫大な資源の投入が必要とされるだろうし，また私的な経済主体のプライバシーの公開をも要求することになるだろう．この点について詳しくは，鈴村興太郎『経済計画理論』筑摩書房，昭和57年の第1章を参照せよ．

第18章　自発的交渉のコアと競争均衡

18.1　競争均衡配分に対するエッジワース的見方

　競争的価格機構が果たす資源配分上の役割に関しては，これまでに2つの理解の仕方を説明した．第1に，競争的価格機構は，分権的な社会における各財およびサービスに対する需給の調節機構であり，この調節機構が健全に働くからこそ競争均衡価格が存在し，整合的な均衡配分が達成されるというワルラス的見方があった．第2に，競争価格機構は，効率的な資源配分を分権的に，しかもわずかな情報の下で達成するためのシグナル機構であって，競争均衡価格の存在は，効率的な資源配分が分権的に実現されているという事実を簡潔に特徴づけるものにほかならないというパレート的見方があった．

　本章では，競争的価格機構の役割に対する第3の見方——エッジワース的見方——を説明する．この見方の基本的発想はきわめて明快なものである．

　契約自由の原則に立つ分権的経済では，多数の消費者が初期に保有する財を相互に交換し，それによってさらに高い効用を実現しようとするとき，特定の取引契約の方法に拘束されたり，特定の取引相手との契約を強制されたりすることはない．当事者間の自発的合意さえ成立すれば，どのような交換取引であれ，自由に結ぶことができるはずである[1]．このような自発的交換契約の可能性は，一般に無数に多く存在するだろう．しかし，そのような契約のうち，一部または全部の当事者が，別の人々とのさらに有利な交換契約の可能性を見出すことによってキャンセルされることが生じないような契約は，可能な契約のうちのごく一部に限られる．しかもこの意味で「安定的」な交換契約は，競争的価格機構の下での交換契約と一見なんの関わりももたない．

　しかし，競争均衡価格の下で競争均衡配分を実現する交換取引契約は，まさにそのような「安定的」取引契約になっているのである．さらに驚くべきこと

に,「安定的」取引契約によって実現される配分は,経済の規模が十分大きければ競争均衡配分と一致してしまう。すなわち,規模が十分に大きく各消費者が大海の一滴のように微力な経済では,いかなるグループも彼らの経済状態をそれ以上に改善できる交換契約を他に見出せないような配分は,実のところ競争均衡配分に限られる。この事実は,「エッジワースの極限定理」(Edgeworth's limit theorem)と呼ばれている[2]。

18.2 コアと競争均衡配分

18-1図はエッジワースの箱であり,点 E は競争均衡配分を示している。点 w が示す初期保有点に留まれば,消費者 i は w^i が生む効用 $u^i(w^i)$ を確保できる。従って,彼がそのかわりに自発的に合意する交換契約は,彼に少なくとも $u^i(w^i)$ だけの効用を与える消費計画を保証するものでなくてはならない。この事実に注意すれば,前節で安定的な取引契約によって実現される配分と呼んだものは,18-1図の契約曲線 O_1AEBO_2 のうち,点 w を通る無差別曲線 I_1^0, I_2^0 が囲うレンズ状領域内の部分,すなわち線分 AEB に属する配分にほかならないことがわかる。なぜなら,AEB に属する配分に対しては,可能なすべてのグループがどんな代替的な交換取引を考えても,グループ構成員がその代替的取引の方を選好してもとの配分を阻止することはありえないからである。

集合 AEB は,後でより一般的な場合について定義される交換経済の「コア」(core)の特殊ケースにほかならない。そして18-1図は,競争均衡価格 p^* をもつ競争均衡配分 E が,まさしくコア AEB に属していることを示している。

この結論の一般性を確かめるため,16.2節で定義された純粋交換経済を考えよう。そして(16-3)式で定義される配分の集合を(17.1節と同じく)記号 A で示すことにする。さて,ある配分 $x \in A$ がこの経済のコアに属するということは,次の性質が成り立つことを意味している:

消費者の一部ないし全部が集まって「結託」(coalition)を構成して,その内

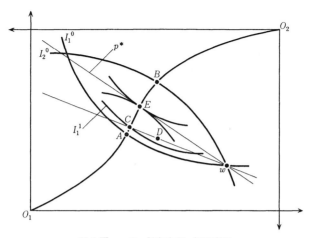

18-1 図 コア・競争均衡・極限定理

部だけでどのような交換取引を行なったとしても，結託に属するすべての消費者の効用を高めることは不可能である．

この概念を正確に表現しておこう．消費者全員の集合 N の任意の部分集合 S に対して，ある消費計画の組 $y^i \in \mathbf{R}_+^m (i \in S)$ が存在し，提案された配分 $x = (x^1, x^2, \cdots, x^n) \in A$ に対して次の2つの性質を満足するものとしよう：

(18-1 a) $$\sum_{i \in S} y^i \leqq \sum_{i \in S} w^i ;$$

(18-1 b) すべての $i \in S$ について $u^i(y^i) > u^i(x^i)$ が成立する．

このような性質をもつ結託 S と消費計画の組み合わせ $y^i (i \in S)$ が存在すれば，結託 S は配分 $x \in A$ を受け入れてそのメンバーが各々 $u^i(x^i) (i \in S)$ を享受するよりも，彼らの内部だけで実行可能な交換取引を行なって別の消費計画 $y^i (i \in S)$ を実現すれば，配分 x に比べて S 内のすべてのメンバーの状態を改善できる．この場合，配分 x は結託 S の反対によって実現されえない．経済のコアとは，どのような結託を考えてもそのメンバーの状態を改善するような内部取引の可能性が決してない配分の集合にほかならない．

コアに属する配分は，特に，(i) すべての消費者を構成員とする結託 N によ

っても，また，(ii) ひとりの消費者 i だけから成る「結託」$\{i\}$ $(i\in N)$ によっても改善されることはない．従って，コアに属する配分は必ずパレート効率的であるし，また各消費者 i に少なくとも $u^i(w^i)$ だけの効用を保証することになる．

さて，競争均衡配分に関するエッジワース的見方の核心は，次の命題に含まれている．

コア定理 (Core Theorem)
競争均衡配分はコアに属する．

証明は容易である[3]．$x=(x^1, x^2, \cdots, x^n)\in A$ を任意の競争均衡配分とする．そのとき，競争均衡価格ベクトル p^* が存在し，$u^i(y^i) > u^i(x^i)$ を満足する任意の消費計画 $y^i \in R_+^m$ に対しては，明らかに

$$(18\text{-}2) \qquad \sum_{j=1}^{m} p_j^* y_j^i > \sum_{j=1}^{m} p_j^* x_j^i \qquad (i\in N)$$

が成立する．

さて，x がコアに属さないとすれば，(18-1)式を成立させる結託 S が存在する．そのときには，(18-1b)式および(18-2)式によって

$$(18\text{-}3) \qquad \sum_{j=1}^{m} p_j^* \sum_{i\in S} y_j^i > \sum_{j=1}^{m} p_j^* \sum_{i\in S} w_j^i$$

が従うが，これは明らかに(18-1a)式と両立不可能である．従って，x はコアに属さなければならない．

厚生経済学の基本定理（I）の場合と同じく，コア定理の証明も凸選好の条件を必要としていない．従って，競争均衡が存在するかぎり，たとえ消費者の選好が非凸であっても，競争均衡配分はやはりコアに属するのである．

18.3　エッジワースの極限定理

コア定理によれば，競争均衡配分はどのような結託による「分派」活動によ

っても決して覆されることのない「安定的」な配分である。この事実は確かに競争均衡配分の重要な特徴のひとつである。しかし，18-1図からも明らかなように，コアは一般に競争均衡配分以外にも多くの配分を含むから，コアに属するという事実それ自体は，競争均衡配分のもつ決定的な特徴であるとはいえない。それでは，「結託による分派活動に関する安定性」という視角から見れば，競争均衡配分はどんな性質によって特徴づけられるのだろうか。この問いに対する解答こそ，エッジワースの極限定理にほかならない。

さて，経済の規模が大きいという性質は，どう表現したらよいだろうか。ここではエッジワース自身の着想に従って，ある純粋交換経済の「複製」(replica)を考えよう。すなわち，出発点の純粋交換経済は n 種類の消費者タイプより成り，各タイプ i の消費者は初期保有ベクトル w^i と効用関数 u^i によって特徴づけられるものとする。そして，任意の自然数 r に対して，各タイプの消費者を r 人ずつ含む純粋交換経済を「r 重の複製経済」と呼び，E^r と書くことにする（特に，E^1 は出発点の純粋交換経済にほかならない）。この考え方によれば，経済の規模が大きくなるということは，複製経済 E^r の重複度 r が限りなく増大することとして表現される。

r 重の複製経済 E^r における配分に関して，ひとつの有用な性質が知られている。はじめにこの性質を説明しておこう。単純化のため，以下では各タイプの効用関数が厳密な意味での擬凹性を満たすことを仮定する。

複製経済 E^r における第 i タイプの第 q 番目の消費者が受け取る財ベクトルを，$x^{iq}(i=1,2,\cdots,n; q=1,2,\cdots,r)$ と書くことにする。そのとき：

平等処遇定理(Equal Treatment Property)

r 重の複製経済 E^r のコアに属する配分 $(x^{11},\cdots,x^{iq},\cdots,x^{nr})$ は，同一タイプの消費者には同一の消費計画を与える。すなわち，$x^{iq}=x^{iq'}(i=1,2,\cdots,n; q, q'=1,2,\cdots,r)$ が成立する。

E^r のコアに属する配分 $(x^{11},\cdots,x^{iq},\cdots,x^{nr})$ が同じタイプの消費者に同一の消費

計画を与えないとしよう．そのとき，各タイプ i について x^{i*} は x^{iq} ($q=1, 2, \cdots, r$) のうち彼にとって選好上最悪の消費計画であるとする．すなわち

(18-4) $$u^i(x^{iq}) \geq u^i(x^{i*}) \qquad (i=1, 2, \cdots, n; q=1, 2, \cdots, r)$$

である[4]．平等処遇が成立していない以上，少なくともひとつの i に対して(18-4)式は厳密な不等式で成立するはずである．

さて，複製経済 E^r における配分の定義により，

(18-5) $$\sum_{i=1}^{n} \sum_{q=1}^{r} x^{iq} \leq r \sum_{i=1}^{n} w^i$$

が成立するので，その結果として

(18-6) $$\sum_{i=1}^{n} \frac{1}{r} \sum_{q=1}^{r} x^{iq} \leq \sum_{i=1}^{n} w^i$$

を導くことができる．

いま，各タイプの消費者のうちで x^{i*} を与えられているものを1人ずつ選び，その各々に消費計画 $(1/r) \sum_{q=1}^{r} x^{iq}$ を与えることを試みる．まず，(18-6)式により，そのような財の与え方は選び出した n 人の消費者の初期保有量の制約内で実行可能である．さらに，効用関数の強い意味の擬凹性により，選び出されたすべての消費者 (i, q) に対して $u^i((1/r) \sum_{q=1}^{r} x^{iq}) \geq u^i(x^{i*})$ が成立し，しかも少なくともひとりの (i, q) に対してはこの不等式は等号なしで成立する．そこで，この特定の消費者 (i, q) からある財の消費量を微小量だけとりそれを選び出された他のすべての消費者に分け与えると，効用関数の連続性と単調性によって，選び出された消費者を全員配分 $(x^{11}, \cdots, x^{iq}, \cdots, x^{nr})$ におけるよりも改善できることになる．従って，この n 人の結託は当初の配分 $(x^{11}, \cdots, x^{iq}, \cdots, x^{nr})$ を改善しうる．しかしこれは，当初の配分が E^r のコアに属するという前提と矛盾してしまう．従ってわれわれは平等処遇定理を認めざるをえないのである．

この定理は複製経済 E^r のコアを簡潔に表現する方法を与える．すなわち，E^r のコア内の配分は，必ず $(\overbrace{x^1, \cdots, x^1}^{r}, \overbrace{x^2, \cdots, x^2}^{r}, \cdots, \overbrace{x^n, \cdots, x^n}^{r})$, $x^i \in \boldsymbol{R}_+^m$ ($i \in N$) という形をとるから，この配分を各タイプごとに一定に決まる n 個の消費計画の組 $(x^1, x^2, \cdots, x^n)$ によって表現することができる．しかも，この縮約された消費計画の組は，明らかに出発点の経済 E^1 の配分と考えることもできる．この事実に留意して，E^1 の配分の集合 A の部分集合 $C(E^r)$ ($r=1, 2, \cdots$) を

次のようにして定義する:

(18-7) $[(x^1, x^2, \cdots, x^n) \in C(E^r)] \iff$
$[(\overbrace{x^1, \cdots, x^1}^{r}, \overbrace{x^2, \cdots, x^2}^{r}, \cdots, \overbrace{x^n, \cdots, x^n}^{r})$ は

複製経済 E^r のコアに属する]

　さて, 任意の自然数 r をとろう. いま, ある (E^1 における) 配分 $(x^1, x^2, \cdots, x^n)$ が $C(E^{r+1})$ に属するとすれば, E^{r+1} の配分 $(\overbrace{x^1, \cdots, x^1}^{r+1}, \overbrace{x^2, \cdots, x^2}^{r+1}, \cdots, \overbrace{x^n, \cdots, x^n}^{r+1})$ は E^{r+1} 内のどんな結託によっても阻止されることはない. 従って特に, この配分が各タイプの消費者をたかだか r 人しか含まない結託によって阻止されることはありえない. この事実は, E^r の配分 $(\overbrace{x^1, \cdots, x^1}^{r}, \overbrace{x^2, \cdots, x^2}^{r}, \cdots, \overbrace{x^n, \cdots, x^n}^{r})$ が E^r のコアに属すこと, あるいはさらに (18-7) 式によれば, $(x^1, x^2, \cdots, x^n)$ が $C(E^r)$ に属することを示している.

　この性質は任意の自然数 r に対して成立するのだから, (18-7) 式で定義される集合 $C(E^r)$ $(r=1, 2, \cdots)$ は, $C(E^1) \supset C(E^2) \supset \cdots \supset C(E^r) \supset C(E^{r+1}) \supset \cdots$ という収縮する集合の列を構成することになる. 直観的にいえば, 複製経済においても阻止されえない配分の可能性は, 経済の規模が大きくなるにつれて次第に小さくなっていくのである. それでは, どんなに大きな経済においても——どんなに大きな r に対する複製経済 E^r においても——必ずコアに属する配分とは, どんな性質をもつ配分だろうか.

エッジワースの極限定理 (Edgeworth's Limit Theorem)

　すべての r に対して $C(E^r)$ に属す配分 $x \in A$ は, 競争均衡配分である.

　以下では, オリジナルな経済が 2 人の消費者と 2 財よりなる場合——$m=n=2$ の場合——について直観的に理解しやすい証明を与えておこう[5].

　18-1 図において, 競争均衡とは一致しないコア AEB に属する任意の配分, 例えば C をとる. 初期保有点 w と配分 $C=(C^1, C^2)$ を通過する直線をひけば, 点 C を通る消費者 1 の無差別曲線 I_1^1 が点 C においてこの直線に接することはありえない. もし接したとすれば, 契約曲線の定義によって点 C を通る消費者 2 の無差別曲線

もまたこの直線に接することになる．従って，配分 C は実はこの直線を均衡予算線とする競争均衡配分となり，C の選び方に反するからである．そこで，無差別曲線 I_1^1 は点 C 以外にもこの直線との交点をもつことになる．

いま，第 2 の交点が点 C と点 w との中間に位置する場合――18-1 図に描かれた状況――を考えよう[6]．このとき，C と w の中間に，直線 Cw 上の点 $D=(D^1, D^2)$ で $u^1(D^1)>u^1(C^1)$ を満足するものを見つけることができる[7]．点 D は線分 Cw 上にあるので，適切な正数 $0<\theta<1$ が存在して

(18-8) $$D^1 = \theta w^1 + (1-\theta) C^1$$

と表わすことができる．効用関数は連続なので，(18-8)式における θ は，実は有理数であるものと仮定できる[8]．そこで $\theta = s/t$ (s, t は正の整数；$s<t$) とおこう．

さて，t 重の複製経済 E^t を考え，18-2 図に示す結託を構成してみる．まず，

$$tD^1 + (t-s)C^2 = t\{(s/t)w^1 + (1-s/t)C^1\} + (t-s)C^2$$
$$= sw^1 + (t-s)(C^1+C^2)$$
$$= tw^1 + (t-s)w^2$$

なので，この図に示された財の割り当て方法は，結託メンバーの初期保有量の制約内で実行可能である．しかも，仮定によって $u^1(D^1)>u^1(C^1)$ なので，この結託は複製経済 E^t の配分 $(\underbrace{C^1, \cdots, C^1}_{t}, \underbrace{C^2, \cdots, C^2}_{t})$ を改善できる．従って $C \notin C(E^t)$ が結論される．この対偶をとれば，すべての r に対して $C(E^r)$ に属する配分は，E^1 の競争均衡配分にほかならないことがわかる．

特　性	タ　イ　プ	
	1	2
人　数	t	$t-s$
初期保有ベクトル	w^1	w^2
結託内で与えられる財ベクトル	D^1	C^2

18-2 図　配分 C を阻止する結託

最後に，エッジワースの定理の意義について，ひとつの注意を述べておこう．多数の消費者を含む経済においては，消費者はお互いに他の消費者のもつ資源や選好に関してきわめて不完全な知識しかもちえない．従って，現状に不満な消費者が相互に利益を生む結託を形成しようとしても，結託を結ぶべき相手を

発見したり結託の利益をどう分配するかについて交渉することは，決して容易ではない．また，そのような発見や交渉そのものが，かなりの資源の支出を必要とする．場合によっては，そのような取引費用が結託の潜在的利益をはるかに上回ることさえ考えられる．従って，大きな経済においては，競争均衡配分以外の配分が実際に結託の形成によって改善される必然性はむしろ非常に低いというべきである．

従って，エッジワースの定理にもかかわらず，競争均衡配分以外の配分が，実際に自発的交渉によって排除されるとは考えにくい．むしろ，この定理の重要性は次の点を論理的に明らかにした点にあるというべきである．すなわち，競争価格機構を使わずに行なわれる自発的取引交渉が，たとえ取引費用をまったく必要としないというもっとも有利な状況で行なわれたとしても，競争均衡配分は決してそれによって覆されることはないという驚くべき特徴をもっているということである．

第18章 注

1) 特に，すべての消費者が第16章の(T_1)-(T_4)のような取引ルールに従って行動しなくてはならない理由は存在しない．そのような取引ルールが，なぜ合理的な経済主体によって自発的に受け入れられるのかは，説明を要する重要な問題である．ここでは深入りできないが，本章で解説するエッジワースの理論は，その説明の重要な一部を成すものである．

2) エッジワースの古典は Edgeworth, F. Y., *Mathematical Psychics*, London : Kegan Paul, 1881 だが，現代経済学の中にエッジワース的見方を定着させるうえで最大の貢献をした研究は，Debreu, G., and H. Scarf, "A Limit Theorem on the Core of an Economy," *International Economic Review*, vol. 4, 1969, pp. 235-246 である．

3) 読者は，以下の証明のロジックが，厚生経済学の基本定理(I)の証明のロジックと本質的に同一であることに気づくだろう．

4) $x^{i1}, \cdots, x^{iq}, \cdots, x^{ir}$ のうちで選好上最悪なものが複数個あれば，そのうちの任意のものを x^{i*} とすればよい．

5) 一般的な証明は，注2)であげた Debreu-Scarf の論文を参照されたい．

6) 問題の交点が w から見て C より遠方に位置する場合にも，適当な修正を行なえば，以下の論法はそのまま通用する．この事実の確認は，読者の練習問題として残しておこう．

7) ここで C^1, D^1 は，それぞれ配分 C, D において消費者1が得る財ベクトルを示している．以下で登場する w^1, w^2, D^2 の意味も同様である．

8) どんな実数も有理数の無限列の極限であるから，実数 θ にいくらでも近い有理数が存在する．θ をそのような有理数でおきかえても，点 D はほんのわずか線分 Cw 上を動くだけなので，$u^1(D^1) > u^1(C^1)$ という不等式を依然として維持することができる．

第 19 章　競争的市場価格の調整プロセス

19.1　「見えざる手」の動学的性質

　前3章では，競争的価格機構がその均衡においてどのような性質を示すかを検討し，アダム・スミスが「見えざる手」と呼んだ価格機構の静学的性質を3つの異なる見方から解説した．本章では，「見えざる手」の動学的性質を検討しよう．すなわち，伝統的に「需要・供給の法則」と呼ばれてきた価格の動学的調整過程が競争均衡価格を発見できるのか，より正確には経済がどのような条件を満たせば価格調整過程は均衡価格を発見できるのかを検討する．

　競争価格機構の意義に関するワルラス的，パレート的のいずれの見方にとっても，「見えざる手」の動学的性質を調べることは重要な意義をもっている．すべての財・サービスの需給を同時に一致させる均衡価格が「存在」するといっても，そのような均衡価格を競争市場における需給調節メカニズムが実際に達成できるのでなければ，整合的な資源配分が「見えざる手」に導かれて無政府的に実現されるという結論の現実的意味は少ない．また，競争的価格機構は効率的な資源配分を分権的・情報節約的に実現させるシグナル機構であるといっても，効率的配分に対応する効率価格を「発見」する分権的・情報節約的な調整プロセスが市場経済に内在しているのでないかぎり，この主張の意義は疑わしい．

　こうした背景を念頭において，われわれはまず，第16章で導入された取引ルール(T_1)–(T_4)が記述する価格の調整過程の動学的性能を調べる．この調整過程は，ワルラスによって「模索過程」(tâtonnement process)と呼ばれた価格調整の仕組を定式化したものにほかならない．ついでわれわれは，模索過程以外の——すなわち不均衡価格の下でも取引の実行を許す——調整過程を検討することにしよう．

19.2 ワルラス的模索過程の性能:粗代替経済

16.1節で述べた競売機構による需給調整メカニズムを動学的に定式化してみよう.ルール(T_1)に従って,競売機構が出発点で試みに設定する価格ベクトルを$p(0)=(p_1(0),p_2(0),\cdots,p_m(0))\in R^m$と書こう.この価格に対して各消費者は,ルール$(T_2)$に従って需要量$d_j^i(p(0),\sum_{k=1}^{m}p_k(0)w_k^i)$ $(i=1,2,\cdots,n;j=1,2,\cdots,m)$を計算し,彼の超過需要量を競売機構に報告する.この報告に基づいて競売機構は各財の集計的超過需要$z_j(p(0))=\sum_{i=1}^{n}d_j^i(p(0),\sum_{k=1}^{m}p_k(0)w_k^i)-\sum_{i=1}^{m}w_j^i$を計算し,$z_j(p(0))>0$(あるいは$z_j(p(0))<0$)ならば第$j$財の価格を引き上げ(あるいは引き下げ)る.これがルール(T_3)であり,このような価格調整に応じて各財の需給が適応的に調整された末にすべての財の需給を一致させる均衡価格が発見されるときにのみ,ルール(T_4)に従って実際の取引が実行される[1].

価格ベクトル$p(0)$から出発するこの価格調整過程は,数学的には$p(0)$を初期状態とする(自律系の)微分方程式

$$(19\text{-}1) \qquad \frac{d}{dt}p_j(t) = z_j(p_1(t),p_2(t),\cdots,p_m(t)) \qquad (j=1,2,\cdots,m)$$

として表わされ[2],t時点での価格は,その解$p(t)=p(t;p(0))$として表わされる[3][4].ただしここで$(d/dt)p_j(t)$は時点tにおける財jの価格の変化速度を表わしている.

このように定式化された模索過程が実際に競争均衡価格を試行錯誤の末に達成できるか否かは,数学的には微分方程式(19-1)の解$p(t;p(0))$ $(0\leq t<\infty)$が(16-6),(16-7)の両式で定義される競争均衡価格に収束するか否かということと同値である.

はじめに集計的超過需要関数$z_j(p)$が次の条件に従う場合を考察する:

$$(\text{GS}) \qquad \frac{\partial}{\partial p_k}z_j(p) > 0 \qquad (j\neq k;\; j,k=1,2,\cdots,m)$$

条件(GS)は,「粗代替性」(gross substitutability)の仮定として知られている[5].

(GS)を定義する式の左辺は,スルツキー分解によって代替項と所得項に分解できる[6].しかし,代替項も所得項も,財の連関性の性質や上級財・下級財などの性質によって正負いずれの符号をもとりうる.従って,標準的消費理論の中には,集計的超過需要関数が条件(GS)を満足することを保証するものはどこにも含まれていない.むしろ,条件(GS)はかなり制約的な要求であることに注意しなければならない.

ところで,集計的超過需要関数 $z_j(p)$ $(j=1, 2, \cdots, m)$ は0次同次関数であったから,オイラーの定理により

$$\sum_{k=1}^{m} p_k \frac{\partial}{\partial p_k} z_j(p) = 0 \qquad (j=1, 2, \cdots, m)$$

が成立する[7]が,条件(GS)のもとでは $p_j(\partial/\partial p_j) z_j(p) = -\sum_{k \neq j} p_k(\partial/\partial p_k) z_j(p) < 0$ であるから

$$(19\text{-}2) \qquad \frac{\partial}{\partial p_j} z_j(p) < 0 \qquad (j=1, 2, \cdots, m)$$

が成立する.すなわち,各財の集計的超過需要は,その財自身の価格が上昇するとき必ず減少する.

さて,条件(GS)のもとでは,(1)競争均衡価格は適当な基準化のもとに一意的に存在し,(2)ワルラス的模索過程はこの均衡価格に(大域的)に収束することが知られている.この定理[8]はもちろん財の数 m が任意の場合について成立するが,ここでは $m=3$ の場合につき,直観的に理解しやすい説明を与えておこう.

以下では,第3財を価値基準財(numeraire)にとるという方法で価格を基準化する.従って,価格ベクトルは必ず $p=(p_1, p_2, 1)$ という形をとることになる.そのとき,ワルラス法則により

$$(19\text{-}3) \qquad p_1 z_1(p_1, p_2, 1) + p_2 z_2(p_1, p_2, 1) + z_3(p_1, p_2, 1) = 0$$

が恒等的に成立するため,第1財,第2財の市場だけを考察すれば十分である.なぜならば,第1財と第2財の市場において需給の一致をもたらす価格は,(19-3)式

により第3財の市場をも均衡させるからである．

さて，第1財の価格が p_1 であるとき，$z_2(p_1, p_2, 1)=0$ を成立させる第2財の価格を $p_2=f(p_1)$ と書こう[9]．また，第2財の価格が p_2 であるとき，$z_1(p_1, p_2, 1)=0$ を成立させる第1財の価格を $p_1=g(p_2)$ と書く．そのとき，任意の p_1, p_2 に対して

$$(19\text{-}4) \qquad z_1(g(p_2), p_2, 1) = 0, \qquad z_2(p_1, f(p_1), 1) = 0$$

が成立する．

曲線 $p_2=f(p_1)$（あるいは曲線 $p_1=g(p_2)$）は，第2財（あるいは第1財）の需給を一致させる (p_1, p_2) が描く軌跡にほかならない．この意味で，$p_1=g(p_2)$, $p_2=f(p_1)$ をそれぞれ第1財，第2財の個別均衡曲線と呼ぶ．明らかに，これら2つの個別均衡曲線の交点は求める均衡価格を与えることになる．

まず個別均衡曲線 $p_2=f(p_1)$ の性質を調べよう．(19-4) の第2式を p_1 で微分すれば

$$(19\text{-}5) \qquad f'(p_1) = -\frac{z_{21}}{z_{22}}$$

が得られ[10]，条件 (GS) と (19-2), (19-5) の両式によれば $f'(p_1)>0$ が従う．すなわち個別均衡曲線 $p_2=f(p_1)$ は右上がりである．また，関数 $f(p_1)$ の弾力性を $\eta^f(p_1)$ と書けば，オイラーの定理から得られる $p_1 z_{21}+p_2 z_{22}+z_{23}=0$ と (19-5) 式より

$$(19\text{-}6) \qquad \eta^f(p_1) = 1+\frac{z_{23}}{z_{22}f(p_1)} < 1$$

を導くことができる．ただしここで不等号は条件 (GS) と (19-2) 式によるものである．まったく同様の考察により，個別均衡曲線 $p_1=g(p_2)$ は右上がりであり，また関数 $g(p_2)$ の弾力性 $\eta^g(p_2)<1$ という事実も確かめられる．

19-1図は p_1, p_2 をそれぞれ横軸，縦軸に測った平面に2つの曲線 $p_2=f(p_1)$, $p_1=g(p_2)$ を描いたものである．弾力性に関する考察から，これらの2曲線は1度しか交わらない[11]．そして先に注意したように，この交点で定まる p_1^*, p_2^* が競争均衡価格ベクトル $(p_1^*, p_2^*, 1)$ を与えることになる．

2つの曲線は，19-1図の (p_1, p_2) 平面を4つの領域に分割する．そしてその4つの領域のそれぞれで，模索過程は異なる価格調整パターンを示す．

例えば，価格ベクトル (p_1^0, p_2^0) が第IV領域内にあるとしよう．点 $(g(p_2^0), p_2^0)$ を考えると，個別均衡曲線 $p_1=g(p_2)$ の定義から，この点では——正確にいえば価格ベクトル $(g(p_2^0), p_2^0, 1)$ では——第1財の集計的超過需要は0である．従って，$p_1^0 > g(p_2^0)$ と条件 (GS) により次式が成立する．

$$(19\text{-}7) \qquad z_1(p_1^0, p_2^0, 1) < z_1(g(p_2^0), p_2^0, 1) = 0$$

このことは，点(p_1^0, p_2^0)において，模索過程が第1財の価格を引き下げるように作用することを意味している．一方，点$(p_1^0, f(p_1^0))$を考えると，個別均衡曲線$p_2 = f(p_1)$の定義から$z_2(p_1^0, f(p_1^0), 1) = 0$であり，$p_2^0 < f(p_1^0)$と条件(GS)から

(19-8) $\qquad z_2(p_1^0, p_2^0, 1) > z_2(p_1^0, f(p_1^0), 1) = 0$

が得られる．このことは，点(p_1^0, p_2^0)においては模索過程が第2財の価格を引き上げることを意味している．

これと同様な考察をⅠ，Ⅱ，Ⅲと名づけた各領域内の点に対しても行なえば，模索過程による価格調整の方向に関して19-1図の右側のパネルに要約された知識を得ることができる．この図を観察すれば，初期価格がどこに位置していてもワルラス的模索過程が定める価格の変動経路は必ず競争均衡価格ベクトル$(p_1^*, p_2^*, 1)$に収束せざるをえないことが明らかである．すなわち，模索過程は，条件(GS)が満たされるかぎり競争均衡価格ベクトルを実現できるのである．

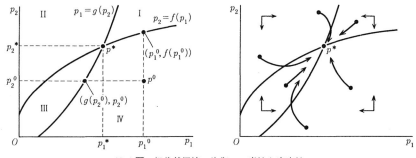

19-1図 粗代替経済の均衡の一意性と安定性

このように，粗代替性の条件(GS)のもとでは，ワルラス的模索過程は競争均衡価格を「市場」を通して実現できるし，また実現されるべき競争均衡価格も（基準化すれば）一意的である[12]．この結論は，「不安定性の究極的原因として唯一可能なのは，所得効果の強い非対称性である．大多数の財の間の適度な代替性は，この原因が不安定性を引き起こすことを妨げるのに十分であろう」というヒックスの洞察[13]を基本的に支持するものだといってよい．

しかしながら，所得効果が極端に強く支配する状況では，単に条件(GS)が満足されないのみならず，模索過程が実際に競争均衡価格を実現できない実例が

知られている[14]．これら不安定例の実例は，それぞれなんらかの意味でやや病理的な特徴——所得効果の極端な非対称性・ギッフェンの逆説の成立など——を備えている．この事実からすれば，「安定性の条件は極めて容易な条件であって，われわれが考察することになりそうなほとんどいかなる体系においても，その条件が満足されると仮定することは，至極もっともなことである」という判断[15]には，それなりの説得力があるというべきだろう．

とはいえ，ワルラス的模索過程は競争均衡価格を「市場」を通じて実現するメカニズムとして一般的な適用可能性をもっていないという結論は，本章の冒頭で述べた観点からすればきわめて重大である．模索過程のもつこのような難点は，取引ルール(T_1)-(T_4)の適当な修正によって取り除けるものだろうか．それともこの難点は，競争的価格メカニズムにもっと深く根ざすものなのだろうか．

19.3　不均衡価格のもとでの取引：物々交換過程

取引ルール(T_4)に明示的に現われているように，ワルラス的模索過程の特徴は財の需給に不一致が生じる不均衡の状態では財の交換契約は実行されず，実際の取引が行なわれるのはすべての財の需給が一致する均衡状態においてだけだという想定にある．しかし現実の経済では，需給が一致していない不均衡価格のもとでも財の交換が行なわれ，価格の調整と財の交換とが同時的に進行していると考えられる．

ところで，信用取引の存在を許さず，物々交換だけが可能な交換ルールならば，ある財を入手しようとする消費者はそれと等価値の別の財を引き換えに手渡さなくてはならない．従って，取引の経過の中で各消費者の所得は一定に維持されることになる．

さて，調整過程における任意の時点 t において消費者 i が持つ財 j の量を $w_j^i(t)$ と書き，市場全体の財保有パターンを $w(t)=(w_1^1(t), \cdots, w_m^1(t), \cdots, w_1^n(t), \cdots, w_m^n(t))$ と書こう．まず，価格の調整はやはり超過需要(超過供給)

の正負に従って行なわれるとしよう．一方，消費者の持つ財の量の調整はどのように行なわれるだろうか．市場が不均衡にあり超過需要や超過供給が発生しているのだから，各経済主体が希望する需要や供給は実際には実現されず，「割り当て」(rationing)が行なわれることになる．例えば，ある財に超過需要が存在すれば，供給側の経済主体は希望する量を売ることができるかもしれないが，需要側は誰かが希望通りの需要を実現できないことになろう．

このように，各経済主体が実際に市場で売却したり市場から購入できる量は，市場全体の超過需要と超過供給の量と，彼自身の需要量・供給量に依存して決まる割り当てによって決定されることになろう．これらの量自体，市場で成立している価格と市場全体の財保有パターンの関数だから，結局各経済主体が市場で売却したり市場から購入できる量は，市場価格と財保有パターンに依存すると言ってよい．つまり，不均衡価格のもとでの取引を認める調整過程は，一般に

$$\frac{d}{dt}p_j(t) = z_j(p(t), w(t))$$

(19-9)
$$\frac{d}{dt}w_j^i(t) = f_j^i(p(t), w(t))$$

$$(i=1, 2, \cdots, n\,;\,j=1, 2, \cdots, m)$$

と書ける[16]．ただし，ここで交換ルールを示す関数 f_j^i は，所得が交換過程を通じて一定に留まるという条件により

(19-10) $$\sum_{j=1}^{m} p_j(t) f_j^i(p(t), w(t)) = 0 \qquad (i=1, 2, \cdots, n)$$

という制約に従わなくてはならない[17]．

この調整過程では，財の保有量は取引の経過の中で刻々と変化してゆくため，(19-9)式の均衡は各財の需給均衡条件

(19-11) $$\sum_{i=1}^{n} d_j^i(p^*, \sum_{k=1}^{m} p_k^* w_k^{i*}) = \sum_{i=1}^{n} w_j^{i*} \qquad (j=1, 2, \cdots, m)$$

を満足する価格ベクトル $p^*=(p_1^*, p_2^*, \cdots, p_m^*)$ と財の保有量ベクトル $w^*=(w_1^{1*}, \cdots, w_m^{1*}, \cdots, w_1^{n*}, \cdots, w_m^{n*})$ との組として定義されなくてはならない．

さて，ワルラス的模索過程の場合には取引ルール(T_4)が課されているため，

均衡価格 $p^* = (p_1{}^*, p_2{}^*, \cdots, p_m{}^*)$ と均衡配分

$$d^1(p^*, \sum_{j=1}^{m} p_j{}^* w_j{}^1), d^2(p^*, \sum_{j=1}^{m} p_j{}^* w_j{}^2), \cdots, d^n(p^*, \sum_{j=1}^{m} p_j{}^* w_j{}^n)$$

は調整過程の時間経路とはかかわりなく静学的均衡条件

(19-12) $\qquad \sum_{i=1}^{n} d_j{}^i(p^*, \sum_{k=1}^{n} p_k{}^* w_k{}^i) = \sum_{i=1}^{n} w_j{}^i \qquad (j=1, 2, \cdots, m)$

によって定まった．これに対して，不均衡価格のもとでの取引を認める調整過程——以下では表現を簡素化するためにこれを「非模索過程」(nontâtonnement process)と呼ぶ——の場合には，不均衡における取引の実行によって財の保有パターンが変化するため，到達される均衡は調整過程の時間経路に応じて変化し，特に初期保有のパターン $(w^1(0), w^2(0), \cdots, w^n(0))$ に対応する競争均衡とは，一般に一致しない．

19-2図はこの事実を例示したものである．点 w は初期保有点，直線 AB は試行的な価格線を示している．この価格のもとでは第1財に対して BC だけの超過供給，そして第2財に対して AC だけの超過需要が発生する．その結果，いずれの調整過程においても第1財の価格を引き下げ，第2財の価格を引き上げる改訂が行なわれる．模索過程の場合には，改訂後の価格線も初期保有点 w を通過し，点 D が模索過程の均衡配分を示すことになる．他方，非模索

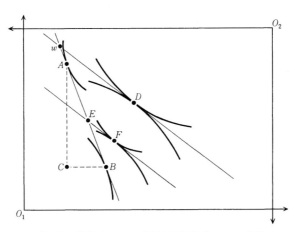

19-2図 模索プロセスの均衡と非模索プロセスの均衡

過程の場合には，不均衡価格線 AB のもとでも交換取引は実行される．このため，交換の結果として新たに確立された財の保有点は初期保有点と異なることになる．例えば点 E が(なんらかの交換取引ルールのもとで実現された)新たな財の保有点としよう．等価交換の要求により，点 E は価格線 AB の上に位置しなければならない．直線 EF は非模索過程における改訂後の価格線であり，19-2図はたまたまこれが均衡価格線になっている場合を描いている．このように，非模索過程の均衡 F は，一般に模索過程の均衡 D と一致しないことになる[18]．

この事実に注意すれば，「不均衡における取引ルールが適切に特定化されれば(粗代替性のような制約的な条件を課さなくても)非模索過程は競争均衡価格を発見できる」とはいっても，だからといって競争経済における「見えざる手」の動学的性能が満足できるものだという結論を下すことはむつかしい．なぜならば，非模索過程の均衡は取引経路に依存して初期保有の状況に対応する競争均衡の状態とは異なるものになるから，パレート効率的配分の中で「望ましい」ものを選び，初期保有の適当な再分配を行なったうえであとは非模索過程としての競争機構の見えざる手が望ましい競争均衡を「無政府的」に発見するのに委ねようとしても，このような競争機構は目標として選ばれたパレート効率的配分とは異なる配分に到達してしまう可能性が高いからである．

19.4　完全競争経済における価格調整

ここで改めて，15.2節で解説した完全競争の概念を思い出してみよう．とりわけ重要なのは価格受容的行動の仮定である．この仮定により，完全競争市場ではどの経済主体も価格を自分の行動とは独立な与件と考えて，ただそれに適応的な行動をとるのみであるとされていた．

ところで問題は，模索過程にせよ非模索過程にせよ，完全競争市場においては誰が，どんな動機から価格を調整しているのかという疑問である[19]．この疑問をあらかじめ念頭におき，われわれは(模索過程にせよ非模索過程にせよ)あ

る無人格的な競売機構の存在を前提とし，価格の調整はこの競売機構が行なうというフィクションを用いたのである．

この競売機構に多少とも現実的に対応するのは，理想的に組織された取引所において財の需給バランスに応じて価格を調整する「競り人」(auctioneer)だろう．しかし，「理想的に組織された取引所」を備えた財は，実際には非常に稀だと言わなければならない．従って，ほとんどすべての財について，現実の市場は競争的価格調整過程で想定されるものとはかなりかけ離れているのである．

しかも，仮に理想的な取引所を考えるとしても，価格を所与と考えて行動する普通の経済主体と，価格を変更しようとする競り人とは，どのような関係にあると理解すべきだろうか．すべての経済主体が価格を所与として行動するという完全競争市場においては，価格に関して合理的決定を行ないうる主体は論理的に存在しえないことになるのではなかろうか．それでもなお，不均衡においては「価格は動く」のだから，つきつめていえば「完全競争が支配しうるのは，ただ均衡においてのみである」[20]と結論せざるをえなくなる．

しかも理想的な取引所が存在しない財の多くは，売り手が自らその価格をつけることになる．つまり，すでに均衡が実現されているのでないかぎり，市場では売り手の数だけ異なる価格が成立し，市場不均衡の状況では各財に対して単一の価格が市場で成立すると期待することは一般にできないことになる[21]．他方，買い手は市場で実現されているすべての価格を知ることはできないから，市場の価格を十分に調査できるほど時間と資源を持っていない需要者や，不幸にも調べた価格のすべてが高い売り手のものだった需要者は，相対的に高い価格をつけている売り手から買うことになってしまう．

逆に，このような状況を知っている売り手の側からは，多少高い価格をつけても買ってくれる人は減りこそすれゼロになりはしないことになる．つまり，価格を高くすれば需要は減るし，低くつければ需要が増えるわけである．このようにして，不均衡状態では売り手は多かれ少なかれ独占力を持つことになる．この見地からは，模索過程や非模索過程のように，不均衡にある市場の調整を各財ごとに単一の価格がシグナルとして発信されるという形式で記述すること

自体, もともと不適切であるということになる.

それでは, 不均衡状態において支配しうる競争——「不完全競争」(imperfect competition)——は, どのような価格調整過程を生むのだろうか. そしてその調整過程は, 模索・非模索過程と比較してどのような特質をもっているのだろうか. 実のところ, 不完全競争のもとでの価格のダイナミックスに関して, 一般的な承認を得ている理論はまだ確立されていないのである[22].

このように,「見えざる手」の動学的機能に対するわれわれの理解は, その静学的機能に対する理解と比較してきわめて不完全であるというのが現状である.

第19章 注

1) ワルラスの模索過程に関しては, Walras, L., *Éléments d'économie politique pure*, édition définitive, 1926(久武雅夫訳『純粋経済学要論』岩波書店, 昭和58年)の他に, Patinkin, D., *Money, Interest and Prices*, 2nd ed., 1965 の Supplementary Note B, "Walras' Theory of Tâtonnement," pp. 531-540 および Jaffé, W., "Walras' Theory of Tâtonnement: A Critique of Recent Interpretations," *Journal of Political Economy*, vol. 75, 1967, pp. 1-19 が詳しく有益な論文である.

2) ある時点 t で $p_j(t)$ の値がすでに 0 であり, しかもその財に超過供給があり $z_j<0$ が成立するとき, この微分方程式に従えば価格 p_j は次の瞬間には負になってしまう. この問題を避けるためには, (19-1)式の右辺を例えば(16-15)式の右辺のように書き換えねばならない.

3) ワルラスの模索過程を, 微分方程式を用いて(19-1)式のように表現した最初の経済学者はサミュエルソンである. 彼の貢献は Samuelson, P. A., *Foundations of Economic Analysis*, Enlarged ed., Cambridge, Massachusetts: Harvard University Press, 1983 にとりまとめられているが, 彼は集計的超過需要関数の0次同次性やワルラス法則などのもつインプリケーションを明らかにしてはいない. 現代的な安定分析に対して最も重要な貢献を与えたのは, Arrow, K. J., and L. Hurwicz, "On the Stability of Competitive Equilibrium, I," *Econometrica*, vol. 26, 1958, pp. 522-552 および Arrow, K. J., H. D. Block and L. Hurwicz, "On the Stability of Competitive Equilibrium, II," *Econometrica*, vol. 27, 1959, pp. 82-109 である.

4) 微分方程式に関する必要最小限の解説は，本書巻末の数学付録 II の 2 に与えてある．

5) 本書第 I 巻 202 ページで，われわれは個別消費者の需要関数に即して粗代替・粗補完という概念を導入した．ここでは，集計的超過需要関数に関して粗代替の概念を用いるのだから，正確にはここで導入された条件 (GS) は集計的粗代替性と呼ぶべきかもしれない．

(集計的) 粗代替性を経済学に最初に導入したのは，Hicks, J. R., *Value and Capital*, Oxford: Clarendon Press, Revised ed., 1946 (安井琢磨・熊谷尚夫訳『価値と資本』[全 2 冊] 岩波書店，昭和 26 年) および Mosak, J. L., *General Equilibrium Theory in International Trade*, Bloomington, Indiana: Principia Press, 1944 である．

6) 純粋交換経済における集計的超過需要関数は (16-5) 式で定義される．スルツキー方程式 (本書第 I 巻 196 ページの (12-36) 式を参照) を適用して，本書第 I 巻第 12 章と同じ記号を用いれば，偏導関数 $(\partial/\partial p_k) z_j(p)$ を

$$\sum_{i=1}^{m} \frac{\partial}{\partial p_k} h_j^i(p, V^i(p, \sum_{l=1}^{m} p_l w_l^i))$$
$$+ \{w_k^i - d_k^i(p, \sum_{l=1}^{m} p_l w_l^i)\} \frac{\partial}{\partial M^i} d_j^i(p, \sum_{l=1}^{m} p_l w_l^i)$$

と書き直すことができる．この第 1 項は，財 j と財 k が多くの消費者にとって補完的であれば負であるかもしれない．また第 2 項は，所得効果の符号と財の初期保有のパターンに応じて，正負いずれの符号をもとりうる．

7) 本書第 I 巻の数学付録 I，281 ページを参照せよ．

8) 本章の注 3) であげた Arrow-Hurwicz 論文および Arrow-Block-Hurwicz 論文を参照せよ．

9) 条件 (GS) のもとでは，各 p_1 に対して $z_2(p_1, p_2, 1) = 0$ を成立させる p_2 は (存在するとすれば) 1 つしかない．なぜなら，もし p_2^*, p_2^{**} が両方ともこの性質をもち $p_2^* < p_2^{**}$ であるとすれば，(19-2) 式によって

$$0 = z_2(p_1, p_2^*, 1) > z_2(p_1, p_2^{**}, 1) = 0$$

という矛盾が生じてしまうからである．

10) ここで z_{2j} は関数 z_2 を p_j で偏微分したものを，点 $(p_1, f(p_1), 1)$ で評価した値 ($j=1, 2$) を示している．

11) 読者はエクササイズとしてこの事実を確認されたい．

12) 読者は複数均衡の可能性を示す16-6図を検討し,粗代替性(GS)のもとではこのような状況が発生しえないことを確認せよ．

13) Hicks, 前掲書, pp. 72-73(邦訳, 第Ⅰ冊, 100ページ)を参照せよ．ヒックスが所得効果の強い非対称性と呼ぶのは，条件(GS)の意味を説明するために注6)において与えた$(\partial/\partial p_k)z_j(p)$の分解に即していえば，$w_k^i > d_k^i(p, \sum_{l=1}^{m} p_l w_l^i)$を満足する「財$k$の供給者」$i$に対しては$(\partial/\partial M^i)d_j^i(p, \sum_{l=1}^{m} p_l w_l^i) < 0$が成立し，一方 $w_k^i < d_k^i(p, \sum_{l=1}^{m} p_l w_l^i)$を満足する「財$k$の需要者」$i$に対しては$(\partial/\partial M^i)d_j^i(p, \sum_{l=1}^{m} p_l w_l^i) > 0$が成立するという状況である．また，ヒックスが安定性という用語で意味するのは必ずしも模索過程を表現する微分方程式の安定性ではない．しかし本書ではこの点には立ち入らない．

14) そのような実例に興味をもつ読者は，たとえばScarf, H., "Some Examples of Global Instability of the Competitive Equilibrium," *International Economic Review*, vol. 1, 1960, pp. 157-172 を参照されたい．

15) Hicks, 前掲書, p. 72(邦訳, 第Ⅰ冊, 100ページ).

16) 関数f_j^iの背後にある割り当てのルールとして，どのようなものが自然であるかには，ここでは立ち入らない．関心のある読者は，不均衡調整過程を極限まで押し進め，価格はまったく調整されず不変であるが，不均衡価格の下で需給の調整が割り当ての下に行きついた状態を考察する「固定価格均衡」(fixed price equilibrium)理論を参照されたい．固定価格均衡については，Benassy, J.-P., "Developments in Non-Walrasian Economics and the Microeconomic Foundations of Macroeconomics," in W. Hildenbrand, ed., *Advances in Economic Theory*, Cambridge: Cambridge University Press, 1982, pp. 121-145 および，そこに挙げられている文献を参照せよ．

17) 関数f_j^iに対しては，(19-10)式に加えてもうひとつ重要な制約が課される．それは，純粋交換経済では各財の総量は一定なので，

$$\sum_{i=1}^{n} f_j^i(p(t), w(t)) = 0 \qquad (j=1, 2, \cdots, m)$$

という制約が満足されなくてはならないというものである．

18) 具体的な非模索過程としては，Negishi, T., "On the Formation of Prices," *International Economic Review*, vol. 2, 1961, pp. 122-126 や Hahn, F. H., and T. Negishi, "A Theorem on Non-Tâtonnement Stability," *Econometrica*, vol. 30, 1962, pp. 463-469 などを参照せよ．

19) Scitovsky, T., *Welfare and Competition*, Homewood, Illinois : Richard D. Irwin, 1951, p. 6 および Koopmans, T. C., *Three Essays on the State of Economic Science*, New York : McGraw-Hill, 1957, p. 179 を参照せよ.

20) Arrow, K. J., "Toward a Theory of Price Adjustment," in Abramovitz, M., et al., *The Allocation of Economic Resources*, Stanford : Stanford University Press, 1951, p. 41 を見よ.

21) よく知られた「無差別の法則」(law of indifference)あるいは「一物一価の法則」によれば,同一時点においては各財に対してただひとつの市場価格しか成立しえない.しかしこの法則は,もしある財に対して同時に複数の価格が成立するならば価格差を利用して利益を得ようとする「裁定行為」(arbitrage)が登場し,そのため均衡においては価格差は消滅せざるをえないという根拠に立っている.従って,不均衡における価格差の存在は,この法則となんら矛盾しない.

無差別の法則に関して興味をもつ読者は,Jevons, W. S., *The Theory of Political Economy*, London : Macmillan, 1871(寺尾琢磨訳『経済学の理論』日本経済評論社,昭和56年)の第Ⅳ章および根岸隆『経済学の歴史』東洋経済新報社,昭和58年の第7章を参照せよ.

22) 最近におけるひとつのまとまった成果として,Fisher, F. M., *Disequilibrium Foundations of Equilibrium Economics*, New York : Cambridge University Press, 1983 が挙げられる.

第20章 生産経済の一般均衡

20.1 純粋交換経済の2つの解釈

　第IV部でこれまで考察してきた純粋交換経済に対しては，実は2つの異なる解釈の方法がある．

　第1の方法は，各消費者の財の初期保有量を，文字通り過去から継承した固定的な財ストックであると考えるものである．この財ストックの賦存パターンを消費者間の自発的な交換取引によって変更し，一層満足できるパターンに到達することが，この解釈のもとでの純粋交換経済の活動様式にほかならない．

　第2の方法は，経済が「定常状態」(stationary state)にあり，毎期毎期同量の財のフローが経済外から各消費者に賦与されると考えるものである．この財フローの構成は必ずしも各消費者の嗜好に適合したものではないため，消費者間で相互に有利な交換を求めて取引を行なう余地が残されている．その可能性を実現することが，この解釈のもとでの純粋交換経済の活動様式にほかならない．

　第1の解釈は，過去の大画家の作品とかヴィクトリア時代の家具など，(偽造による「供給」増加を除けば)その供給が絶対的に固定した状況における経済活動の描写に対応している．これに対して，第2の解釈は，例えば捕虜収容所に国際赤十字から毎週届く財のバスケットのうちで，タバコは吸わないがビスケットをもっと欲する捕虜が，愛煙家と交渉してタバコとビスケットを交換取引するような状況を描写したものと考えればよい[1]．

　このいずれの解釈によるにせよ，財の賦存量が絶対的に固定されている純粋交換経済は，ほとんどの財が企業の生産活動によって供給されている実際の市場経済とは，あまりにもかけ離れている．従って，財の生産活動を明示的に取り入れた分析を行なわないかぎり，競争的市場経済の分析としては，明らかに

不完全である[2]．

本章では，生産を含む競争的市場均衡が，純粋交換経済の競争的市場均衡の分析に基づいてどのように行なわれるのかを解説する．

20.2 私的所有制経済の競争均衡

本書第I巻の第II部(「生産者行動の理論」)で説明したように，市場経済において活動する企業は，その生産活動を行なうためにさまざまな生産要素を市場において購入しなくてはならない．これらの生産要素のうちのあるもの——生産される生産要素＝中間生産物——はそれを生産する企業から購入されるであろうし，別のもの——生産されない生産要素＝本源的生産要素——はそれを保有する主体から購入されるであろう．

一方，企業はその生産物の市場における販売によって利潤を獲得するだろうが，この利潤は企業の所有者に最終的に帰属することになるだろう[3]．

従って，生産を含む経済モデルにおける資源の循環を完全に記述しようとすれば，われわれはそのモデルにおける本源的生産要素の所有状況と，企業に対する利潤請求権(すなわち株式保有による企業に対する所有権)の分配状況を特定化する必要がある．以下でわれわれは「私的所有制経済」(private ownership economy)と呼ばれるモデルを考えるが，この経済においては，本源的生産要素も企業の所有権も消費者に帰属するものと想定される[4]．

さて，m種類の財・サービス，n人の消費者，s個の企業が存在するものとしよう．純粋交換経済の場合とは異なり，これらm種類の財・サービスには，中間生産物も本源的生産要素もすべて含まれることに注意しなくてはならない．

まず，消費者iの状況を考えよう．彼は$w^i=(w_1^i, w_2^i, \cdots, w_m^i)$だけの財・サービスの初期保有ベクトルと，効用関数$u^i$をもっている．私的所有制経済では，彼はそれに加えて各企業kに対する利潤請求権θ_k^iをもっている．すなわち，価格ベクトル$p=(p_1, p_2, \cdots, p_m)$のもとでの企業$k$の利潤を$\pi^k(p)$と書くとき，消費者$i$は企業$k$の株式の持ち分に応じて$\theta_k^i \pi^k(p)$だけの利潤を(配当と

して)請求できる権利をもっていることになる．企業の所有権は究極的には消費者に帰属するのだから，$\theta_k^i \geqq 0 \, (i=1,2,\cdots,m; k=1,2,\cdots,s)$ および $\sum_{i=1}^{m} \theta_k^i = 1$ $(k=1,2,\cdots,s)$ が成立していなくてはならない．そして，価格 p のもとでの消費者 i の所得は

$$(20\text{-}1) \qquad M^i(p) = \sum_{j=1}^{m} p_j w_j^i + \sum_{k=1}^{s} \theta_k^i \pi^k(p) \qquad (i=1,2,\cdots,n)$$

と表現できることになる．この所得の制約のもとに，各消費者 i は「効用」を最大にする消費計画 $d^i(p, M^i(p)) \, (i=1,2,\cdots,n)$ を実行しようとする．

次に，企業 k の状況を考えよう．本書第Ⅰ巻の第 5 章(「技術と生産関数」)で説明したように，企業 k は技術的に可能な投入ベクトル $x=(x_1, x_2, \cdots, x_m)$ と産出ベクトル $y=(y_1, y_2, \cdots, y_m)$ との組み合わせ (x, y) の全体から成る生産可能集合 Y^k をもっている[5]．集合 Y^k は，$\boldsymbol{R}_{+}^{2m}$ 内の強い意味の凸・閉集合であって，桃源境の不可能性の前提を満足するものとする[6]．また，企業 k が全く生産を行なわないという可能性を認め，$(0,0) \in Y^k$ を仮定しておくことにする．ところで，市場価格が $p=(p_1, p_2, \cdots, p_m)$ であるならば，利潤最大化行動をとる企業 k は

$$(20\text{-}2) \qquad (x^k(p), y^k(p)) = \arg\max_{(x,y) \in Y^k} \sum_{j=1}^{m} p_j (y_j - x_j) \qquad (k=1,2,\cdots,s)$$

で定義される最適生産計画 $(x^k(p), y^k(p)) \in Y^k$ を実行しようとするだろう．そのとき，企業 k が実現する利潤は次式で与えられる．

$$(20\text{-}3) \qquad \pi^k(p) = \sum_{j=1}^{m} p_j \{y_j^k(p) - x_j^k(p)\} \qquad (k=1,2,\cdots,s)$$

仮定 $(0,0) \in Y^k$ により，明らかに $\pi^k(p) \geqq 0$ である．そして $x^k(p)$ と $y^k(p)$ はそれぞれ企業 k の要素需要関数と生産物の供給関数を示している．

各消費者と各企業の行動についてこれだけの知識を前提にすれば，私的所有制経済における競争均衡を定義するのはきわめて容易である．

まず，第 j 番目の財・サービスに対する集計的超過需要関数 $z_j(p)$ は

$$(20\text{-}4) \quad z_j(p) = \sum_{i=1}^{n} d_j^i(p, M^i(p)) + \sum_{k=1}^{s} x_j^k(p) - \sum_{i=1}^{n} w_j^i - \sum_{k=1}^{s} y_j^k(p)$$

$$(j=1,2,\cdots,m)$$

によって定義することができる．ここで，右辺の第1項は消費者による消費需要の総計，第2項は企業による生産要素需要の総計，第3項は消費者(＝本源的生産要素の所有者)による財・サービスの供給の総計，第4項は企業による生産物供給の総計である．この関数に基づいて，私的所有制経済の競争均衡を次のように定義することができる：

(E_1^*) 私的所有制経済の競争均衡価格とは，(20-4)で定義される集計的超過需要関数 $z_j(p)$ ($j=1, 2, \cdots, m$)に関して

(20-5) $\qquad\qquad z_j(p^*) \leqq 0 \qquad\qquad (j=1, 2, \cdots, m)$

(20-6) $\qquad\qquad \sum_{j=1}^{m} p_j^* z_j(p^*) = 0$

を成立させる価格ベクトル $p^* \in \boldsymbol{R}_+^m$, $p^* \neq 0$ のことである；

(E_2^*) 私的所有制経済の競争均衡配分とは，競争均衡価格 p^* に対応して $d^i(p^*, M^i(p^*))$ によって定義される各消費者 i の消費計画($i=1, 2, \cdots, n$)と，$(x^k(p^*), y^k(p^*))$ によって定義される各企業 k の生産計画($k=1, 2, \cdots, s$)との組のことである．

ところで，企業による生産物供給関数と要素需要関数は価格の0次同次関数であり[7]，また利潤関数は価格の1次同次関数である[8]．そこで，(20-1)式の所得の定義に留意すれば，消費需要関数 $d_j^i(p, M^i(p))$ は価格の0次同次関数となる．

また，すでに注意したように $\pi^k(p) \geqq 0$ ($k=1, 2, \cdots, s$)であることに留意すれば，純粋交換経済の場合と同じく $z_j(p)$ は連続性の条件(C)を満足すると仮定することができる[9]．

最後に，(20-4)式の $z_j(p)$ に p_j を乗じてその結果を $j=1, 2, \cdots, m$ について集計すれば，われわれは

$$\sum_{j=1}^{m} p_j z_j(p) = \sum_{i=1}^{n}\sum_{j=1}^{m} p_j \{d_j^i(p, M^i(p)) - w_j^i\} - \sum_{k=1}^{s}\sum_{j=1}^{m} p_j \{y_j^k(p) - x_j^k(p)\}$$

$$= \sum_{i=1}^{n}\sum_{j=1}^{m} p_j \{d_j^i(p, M^i(p)) - w_j^i\} - \sum_{i=1}^{n}\sum_{k=1}^{s} \theta_k^i \pi^k(p)$$

$$= \sum_{i=1}^{n} \{\sum_{j=1}^{m} p_j d_j^i(p, M^i(p)) - \sum_{j=1}^{m} p_j w_j^i - \sum_{k=1}^{s} \theta_k^i \pi^k(p)\} = 0$$

を得ることができる[10]．このことは，純粋交換経済の場合と同じく，私的所有制経済の集計的超過需要関数もまたワルラス法則(W)を満足すると考えてよいことを示している．

　以上の考察によって，私的所有制経済の集計的超過需要関数は，実は純粋交換経済のそれと全く同じ数学的形式を備えていることが確認された．従って，16.5節の分析は，そのまま私的所有制経済における競争均衡の存在を保証するものと読みかえることができる．

　この場合にもまた，第16章末尾の2つの注意は，そのまま私的所有制経済にも妥当することはいうまでもない．しかし，それに加えて生産活動を含む私的所有制経済に固有な注意をさらに2つ与えておこう．

　第1の注意は，(20-2)式による要素需要関数 $x^k(p)$ と供給関数 $y^k(p)$ の定義に関係している．われわれが仮定したように生産可能集合 Y^k が強い意味の凸集合であるならば，(20-2)式による $x^k(p), y^k(p)$ の定義になんら問題はない．しかし，技術が規模に関する収穫不変という性質をもち[11]，従って Y^k が錐になる場合には[12]，要素需要関数と生産物供給関数は一価関数ではない．このことは次のようにしてわかる．もし仮に $(x^*, y^*) \in Y^k$ が

$$(x^*, y^*) = \arg\max_{(x,y) \in Y^k} \sum_{j=1}^{m} p_j(y_j - x_j)$$

を満足するならば，任意の正数 $\lambda > 0$ に対して $(\lambda x^*, \lambda y^*) \in Y^k$ なのだから，実は最適生産計画 $(x^*, y^*) \in Y^k$ が稼得する利潤は0となる．なぜならば，もし仮に (x^*, y^*) が稼得する利潤が正であれば任意の $\lambda > 1$ に対して実行可能な生産計画 $(\lambda x^*, \lambda y^*) \in Y^k$ は (x^*, y^*) よりもさらに高い利潤を生むことになり (x^*, y^*) の最適性との矛盾が生じてしまうし，(本書第I巻第5章の仮定 (A_1) により) $(0, 0) \in Y^k$ なので，(x^*, y^*) が負の利潤を生むことはありえないからである．ところで，最適計画 (x^*, y^*) が生む利潤がこのように0であれば，任意の $\lambda > 0$ に対して $(\lambda x^*, \lambda y^*) \in Y^k$ もまた(最大利潤0を生む)最適計画となる．こうして，規模に関する収穫不変の経済では，要素需要関数と生産物供給関数は実は要素需要対応と供給対応として取り扱われなくてはならないのであ

る[13]．均衡解の存在問題の数学的な取り扱いは，それに応じて複雑になる[14]．

第2の注意は，均衡における利潤の存在に関係している．上で見たように，規模に関する収穫不変の経済においては均衡における利潤は必ず0となるが，生産可能集合が強い意味の凸集合である場合には，均衡において利潤は一般に正となる．その場合，次のような疑問が生じるかもしれない．第15章で述べられた完全競争の条件(3)によれば，正の利潤機会があれば誰でも新規に企業を設立して参入できるはずである．従って，利潤が正であるかぎり，新たな企業の生産開始によって財・サービスの需給バランスは絶えず覆されることになる．このことは，完全競争の仮定と均衡における正の利潤の存在とが両立しえないことを示すものではないか，と．

この疑問に対する標準的な解答は次のようなものである．企業を設立し，未知の分野に危険を承知で参入するためには，ある特殊な——そしてその供給が稀少な——才幹が必要とされる．この才幹を「企業者機能」(entrepreneurship)と呼べば，完全競争の条件(3)は，企業者機能をもつ個人が企業を設立して参入することを制度的に妨げる要因が存在しないことを要求しているにすぎない．この機能の担い手はもともと稀少なのだから，正の利潤が存在しても新たな参入が必ず生じるはずだとはいえないし，また均衡における正の利潤は，企業者機能に対する報酬（企業者レント）であると考えることができる[15]．

われわれも，ひとまずこの説明を受け入れて進むことにしよう．しかし，20.4節（「コアと競争均衡」）において，われわれは再びこの問題に戻ってくる必要に迫られることになる．

20.3　厚生経済学の基本定理

競争均衡配分とパレート効率的配分との「同値性」を主張する厚生経済学の基本定理は，生産を含む経済においても基本的修正を必要とすることなく成立する．

まず，生産活動を含む配分とは，各企業に対する実行可能な生産計画のリス

トと，そのもとで各財・サービスの需給バランスを維持しつつ各消費者に割り当てることが可能な消費計画のリストとの組のことをいう．

このような配分全体のなかで，それよりもパレートの意味で好ましい消費計画のリストを実現させる配分が存在しえないものを，パレート効率的配分と呼ぶ．

さて，「私的所有制経済の競争均衡配分は，存在するかぎり必ずパレート効率的である」．これが生産経済における厚生経済学の基本定理（Ⅰ）である．しかもこの定理は，消費者の選好や企業の生産可能集合がたとえ非凸であったとしても，競争均衡が存在するかぎり依然として正しいのである．

この事実を簡潔に確認しておこう．実行可能な消費計画のリスト$(c^{1*}, c^{2*}, \cdots, c^{n*})$と実行可能な生産計画のリスト$((x^{1*}, y^{1*}), (x^{2*}, y^{2*}), \cdots, (x^{s*}, y^{s*}))$は，私的所有制経済の競争均衡配分であるとする．そのとき，競争均衡価格p^*が存在して

(20-7) $\quad\quad\quad c^{i*} = d^i(p^*, M^i(p^*)) \quad\quad\quad (i=1, 2, \cdots, n)$

(20-8) $\quad\quad\quad x^{k*} = x^k(p^*), \quad y^{k*} = y^k(p^*) \quad\quad (k=1, 2, \cdots, s)$

が成立する．いまこの配分がパレート効率的ではないとすれば，別の実行可能な配分$(c^{10}, c^{20}, \cdots, c^{n0}), ((x^{10}, y^{10}), (x^{20}, y^{20}), \cdots, (x^{s0}, y^{s0}))$が存在して

(20-9) $\quad\quad\quad \forall i \in N : u^i(c^{i0}) > u^i(c^{i*})$

を満足することになる．そのときには

(20-10) $\quad\quad\quad \forall i \in N : \sum_{j=1}^{m} p_j^* c^{i0} > M^i(p^*)$

が成立しなくてはならない[16]．不等式(20-10)を辺々加え合わせれば，所得の定義式(20-1)，利潤の定義式(20-3)および$\sum_{i=1}^{n}\theta_k^i = 1 (k=1, 2, \cdots, s)$により

(20-11) $\quad \sum_{i=1}^{n}\sum_{j=1}^{m} p_j^* c_j^{i0} > \sum_{i=1}^{n}\sum_{j=1}^{m} p_j^* w_j^i + \sum_{k=1}^{s}\sum_{j=1}^{m} p_j^* \{y_j^k(p^*) - x_j^k(p^*)\}$

を得ることができる．

ところで，$(x^k(p^*), y^k(p^*))$は価格p^*のもとでの利潤最大化計画であり，また(x^{k0}, y^{k0})は実行可能計画なのだから，

(20-12) $\quad \sum_{j=1}^{m} p_j^* \{y_j^k(p^*) - x_j^k(p^*)\} \geq \sum_{j=1}^{m} p_j^* (y_j^{k0} - x_j^{k0}) \quad\quad (k=1, 2, \cdots, s)$

が成立するはずである．(20-11)，(20-12)の両式から

(20-13) $$\sum_{i=1}^{n}\sum_{j=1}^{m}p_j{}^*c_j{}^{i0} > \sum_{i=1}^{n}\sum_{j=1}^{m}p_j{}^*w_j{}^i + \sum_{k=1}^{s}\sum_{j=1}^{m}p_j{}^*(y_j{}^{k0}-x_j{}^{k0})$$

が従うことになる．

一方，配分の定義から

(20-14) $$\sum_{i=1}^{n}c_j{}^{i0} \leq \sum_{i=1}^{n}w_j{}^i + \sum_{k=1}^{s}(y_j{}^{k0}-x_j{}^{k0}) \qquad (j=1,2,\cdots,m)$$

が成立していなくてはならないが，価格の非負性により(20-13)，(20-14)の両式は明らかに矛盾する．

従って，われわれは競争均衡配分のパレート効率性を承認せざるをえない．

逆に「生産を含む私的所有制経済における任意のパレート効率的配分は，適切な一括型の税・補助金による所得再分配を行なうことにより，競争均衡配分として実現することができる」．これが生産経済における厚生経済学の基本定理(II)である．この定理は，消費者の選好と企業の生産可能集合の凸性の前提に本質的に依存していることに注意しなくてはならない．

生産経済における厚生経済学の基本定理(II)の証明は，第17章で純粋交換経済の場合に適用した方法をわずかに修正することにより，ほとんど同様にして与えることができる．この事実の確認は読者のエクササイズとして残しておこう．

最後に，消費者の効用関数が微分可能であり，また企業の効率生産集合が微分可能な生産関数 $\Gamma^k(x,y)=0$ ($k=1,2,\cdots,s$)で表現できるケースに対して，パレート効率的配分を特徴づける限界条件を導出しておくことにしよう[17]．応用の観点からは，この限界条件は非常に重要である．

さて，ある配分がパレート効率的である場合には，例えば消費者 $2,3,\cdots,n$ の「効用」をその配分が保証する水準に維持したままで，残る消費者1の「効用」をその配分のもとにおける以上に高めようとしても，資源と技術の制約のもとにおいてはそれは不可能である．もしそのような消費者1の「効用」の引き上げが可能であれば，当初の配分は実はパレート効率的でなかったことになるからである[18]．逆に，消費者 $2,3,\cdots,n$ をある「効用」水準に留めたうえで，

実行可能な配分を全て考慮に入れて残る消費者1の「効用」をできるだけ高くしたときに最大点において成立する配分は，明らかにパレート効率的である．

この考察によれば，任意のパレート効率的配分は次の制約条件下の最大問題の解にほかならないことがわかる：「制約条件

(20-15) $\quad u^i(c^i) = \bar{u}^i \quad (i=2, 3, \cdots, n)$

(20-16) $\quad \sum_{i=1}^{n} c_j^i = \sum_{i=1}^{n} w_j^i + \sum_{k=1}^{s} (y_j^k - x_j^k) \quad (j=1, 2, \cdots, m)$

(20-17) $\quad \Gamma^k(x^k, y^k) = 0 \quad (k=1, 2, \cdots, s)$

のもとで，$u^1(c^1)$ を最大化せよ．ただし，$\bar{u}^i$ は適当に指定された消費者 $i(=2, 3, \cdots, n)$ の『効用』水準である」．

これ以降の表記法を簡潔にするため，財の番号の集合 $J=\{1, 2, \cdots, m\}$ を

J_1 = 最終消費財の番号の集合

J_2 = 中間生産物の番号の集合

J_3 = 本源的生産要素の番号の集合

と分割することにしよう．$J=J_1\cup J_2\cup J_3$ である．この記法は，上記の最適化問題を特徴づけるのに役立ってくれる．

ラグランジュの未定乗数法[19]によれば，この制約条件下の最大化問題は，次のような制約条件なしの最大化問題に書き換えられる：「ラグランジュ形式

$$L = u^1(c^1) + \sum_{i=2}^{n}\lambda_i\{u^i(c^i) - \bar{u}^i\} - \sum_{j=1}^{m}\mu_j\{\sum_{i=1}^{n}c_j^i - \sum_{i=1}^{n}w_j^i - \sum_{k=1}^{s}(y_j^k - x_j^k)\}$$
$$+ \sum_{k=1}^{s}\nu_k\Gamma^k(x^k, y^k)$$

を最大にする配分 $\{(c^1, c^2, \cdots, c^n), ((x^1, y^1), (x^2, y^2), \cdots, (x^s, y^s))\}$ を求めよ．ただし，$\lambda_i(i=2, 3, \cdots, n)$，$\mu_j(j=1, 2, \cdots, m)$，$\nu_k(k=1, 2, \cdots, s)$ はラグランジュ未定乗数である」．

この最適化問題の内点解は，(20-15)，(20-16)，(20-17) の3条件に加えて，以下の限界条件によって特徴づけられる．

(20-18) $\quad \lambda_i \dfrac{\partial}{\partial c_j^i} u^i(c^i) = \mu_j \quad (i=1, 2, \cdots, n\,;\,j \in J_1 \cup J_3)$[20]

$$(20\text{-}19) \quad \nu_k \frac{\partial}{\partial x_j{}^k} \Gamma^k(x^k, y^k) = \mu_j \quad (k=1, 2, \cdots, s\,;\, j \in J_2 \cup J_3)$$

$$(20\text{-}20) \quad -\nu_k \frac{\partial}{\partial y_j{}^k} \Gamma^k(x^k, y^k) = \mu_j \quad (k=1, 2, \cdots, s\,;\, j \in J_1 \cup J_2)$$

条件(20-18)式は,消費者 i による財 $j(j \in J_1 \cup J_3)$ の消費が効率的であるための条件である.特に,$j \in J_3$ については,この条件は本源的生産要素 j に対する留保需要の効率性を要求していることに注意しよう.条件(20-19)式と(20-20)式は,それぞれ企業 k による生産要素 $j \in J_2 \cup J_3$ の投入レベルおよび生産物 $j \in J_1 \cup J_2$ の産出レベルの効率性を要求するものである.

これらの限界条件の経済学的意味は,本書第Ⅰ巻で用意した次の諸概念を用いれば,一層明瞭になるだろう[21].

消費者 i にとっての,財 j の財 l に対する限界代替率:

$$MRS_{jl}{}^i(c^i) = \frac{\partial}{\partial c_j{}^i} u^i(c^i) \Big/ \frac{\partial}{\partial c_l{}^i} u^i(c^i)$$

$$(i=1, 2, \cdots, n\,;\, j, l \in J_1 \cup J_3)$$

企業 k にとっての,生産要素 j の生産要素 l に対する技術的限界代替率:

$$MTS_{jl}{}^k(x^k, y^k) = \frac{\partial}{\partial x_j{}^k} \Gamma^k(x^k, y^k) \Big/ \frac{\partial}{\partial x_l{}^k} \Gamma^k(x^k, y^k)$$

$$(k=1, 2, \cdots, s\,;\, j, l \in J_2 \cup J_3)$$

企業 k にとっての,生産要素 j の生産物 l に対する限界生産性:

$$MP_{jl}{}^k(x^k, y^k) = -\frac{\partial}{\partial x_j{}^k} \Gamma^k(x^k, y^k) \Big/ \frac{\partial}{\partial y_l{}^k} \Gamma^k(x^k, y^k)$$

$$(k=1, 2, \cdots, s\,;\, j \in J_2 \cup J_3\,;\, l \in J_1 \cup J_2)$$

企業 k にとっての,生産物 j の生産物 l に対する限界変形率:

$$MRT_{jl}{}^k(x^k, y^k) = \frac{\partial}{\partial y_j{}^k} \Gamma^k(x^k, y^k) \Big/ \frac{\partial}{\partial y_l{}^k} \Gamma^k(x^k, y^k)$$

$$(k=1, 2, \cdots, s\,;\, j, l \in J_1 \cup J_2)$$

そのとき,(20-18)-(20-20)の限界条件式は以下のように要約できる:

(20-21) $\quad MRS_{jl}{}^i(c^i) = MRS_{jl}{}^{i'}(c^{i'}) = \dfrac{\mu_j}{\mu_l}$

$$(i, i'=1, 2, \cdots, n\,;\,j, l \in J_1 \cup J_3)$$

(20-22) $\quad MP_{jl}{}^k(x^k, y^k) = MP_{jl}{}^{k'}(x^{k'}, y^{k'}) = \dfrac{\mu_j}{\mu_l}$

$$(k, k'=1, 2, \cdots, s\,;\,j \in J_2 \cup J_3\,;\,l \in J_1 \cup J_2)$$

(20-23) $\quad MTS_{jl}{}^k(x^k, y^k) = MTS_{jl}{}^{k'}(x^{k'}, y^{k'}) = \dfrac{\mu_j}{\mu_l}$

$$(k, k'=1, 2, \cdots, s\,;\,j, l \in J_2 \cup J_3)$$

(20-24) $\quad MRT_{jl}{}^k(x^k, y^k) = MRT_{jl}{}^{k'}(x^{k'}, y^{k'}) = \dfrac{\mu_j}{\mu_i}$

$$(k, k'=1, 2, \cdots, s\,;\,j, l \in J_1 \cup J_2)$$

これらの条件の経済学的意味をなじみ深い用語で理解するためには，ラグランジュ乗数 μ_j の解釈に注意をはらうことが役に立つ．第Ｉ巻の数学付録Ｉの末尾で説明したように，$\mu_j (j \in J_1 \cup J_2)$ は，財 j の供給が限界的に増加したとき消費者１の「効用」に生じる限界的増加を示している．同様に，$\mu_j (j \in J_2 \cup J_3)$ は，要素 j の供給の限界的増加がもたらす消費者１の限界的「効用」増加を示している．この意味で，全ての $j \in J$ に対して，μ_j は消費者１の限界「効用」で表現された財・サービス j の価格であると考えることができる．

このように，$\mu = (\mu_1, \mu_2, \cdots, \mu_m)$ をパレート効率的配分に対応して定まる効率価格ベクトルと理解すれば，条件(20-21)-(20-24)式は，それぞれ消費者の「効用」最大化，企業の費用最小化および利潤最大化の条件に対応するものであることが理解できるだろう．

20.4　コアと競争均衡

生産を含む経済におけるコアの概念は，解釈上のいくつかの難問を含んでいる．試みに，純粋交換経済において用いたものと同じ論法を進めてみよう．ある配分のもとでの「効用」の分配に不満をもつ消費者のグループが，結託を形成してその配分を改善しようとするものとせよ．純粋交換経済の場合ならば，

結託が孤立系として実現できる代替案の可能性は非常に明確である．すなわち，その結託のメンバーの初期保有量をもち寄って，それを結託メンバーに再分配する全ての可能性を考えればそれでよい．しかし，生産経済においては，結託が孤立系としてなにを代替的に実現しうるかは必ずしも明瞭ではない．もし仮に，純粋交換経済の場合と同じく結託メンバーの初期保有量の再分配に考慮を限れば，当初の配分は生産活動による財の供給増加を考慮に入れて定められていたのだから，この結託が当初の配分を改善しうる可能性はきわめて少ないものとなるだろう．従って，生産経済における結託は，配分を改善する手段として結託内での生産活動の可能性をもつと考える必要がある．

　この考え方に立って，生産経済のコア定理と極限定理を確立するいくつかの試みがなされてきた．例えば，ひとつの試みは同一の生産可能集合がどの結託に対してもひとしく(そして同時に)利用可能であると考える[22]．もうひとつの試みは結託内の各メンバーは企業に対する利潤請求権に応じて企業の生産可能集合を部分的に所有するものと考え，従って結託 S は $\sum_{i \in S} \sum_{k=1}^{s} \theta_k^i Y^k$ という生産可能集合を排他的に所有するものと想定する[23]．これらの定式化に基づいて生産経済のコア定理と極限定理を形式的に確立することは可能だが，ここではむしろこのような機械的処理に含まれる問題点を指摘することにしたい．それは，本章20.2節の末尾で述べた完全競争の前提と均衡における正の利潤の存在との両立可能性の問題に関係している．

　この両立可能性の問題は，企業を設立するためにはその供給が絶対的に稀少な企業者機能の担い手が必要とされると考えることにより，20.2節においてはひとまず解決された．しかし，ありとありうべき結託が同じ生産可能集合に等しくアクセスをもつとか，利潤請求権に応じてどの企業をどんな割合でも利用しうるものと考えると，われわれは企業者機能という「救いの神」(deus ex machina)の手を借りていったんは封じ込めたパンドラの箱を，再び開かねばならなくなる．

　このような難問を解決するためには，私的所有制経済における企業＝生産可能集合という形式的な取り扱いを越えて，企業の形成と組織に関するはるかに

詳細な理論が必要となるだろう．そのような理論は，まだ完全に説得力をもつものとしては完成されていないし，また本書の範囲を大きく越えるため，ここでは問題の所在を指摘するに留めなくてはならない．

20.5　価格の動学的調整

「見えざる手」の動学的機能に関しては，純粋交換経済においてすらわれわれの理解は著しく不完全であるという事情が，第19章（「競争的市場価格の調整プロセス」）の末尾において指摘された．実のところ，そこで指摘された「不完全競争のもとでの価格のダイナミックス」の検討という課題は，企業による生産活動を含む経済においてこそ，一層重要性をもつというべきである．ここでもまた，そのような検討は不完全競争のもとにおける企業の理論の充実と平行的に行なわれる必要がある．不均衡のもとでの価格の動学的調整の理論は，不均衡のもとでの不完全競争的企業行動の理論として展開されなくてはならないのである[24]．

第20章　注

1）　Radford, R. A., "The Economic Organization of a POW Camp," *Economica*, vol. 12, 1945, pp. 189-201 は，捕虜収容所における自発的交換取引がどのようにして編成され，交換活動の効率化のためにどのような財が「交換の媒介物」（medium of exchange）として採用されて行くかを描いたきわめて興味深い論文である．

2）　だからといって，純粋交換経済の分析に価値がないという意味では決してない．実際，本章で示すように，生産を含む競争的市場経済の分析は純粋交換経済の分析に適当な修正と拡張をほどこすことによって得られるのである．そうであれば，まず単純なモデルに即して分析の基本的ロジックを透明に理解しておくのはむしろ当然の処置であるというべきである．

3）　以下の利潤請求権に関する考え方の経済学的基礎に関しては，本書第Ⅰ巻の第4章を参照せよ．

4) 以下で説明される私的所有制経済の概念は，基本的に Arrow, K. J., and G. Debreu, "Existence of an Equilibrium for a Competitive Economy," *Econometrica*, vol. 22, 1954, pp. 265-290 によるものである．

5) 第Ⅰ巻第5章においては，生産要素の総数が n 個，生産物の総数が m 個あるものとし，生産可能集合 Y を，R_+^{n+m} の部分集合として定式化した．これに対して本章では，財・サービスの総数を m で表わし，この中には生産要素も生産物も全部列挙されているものとして取り扱っている．この2つの表現方法には別に本質的な差異はない．本章のような取り扱いにおいては，投入ベクトル x の座標のうちこの生産計画において産出される財に対応するものは全部 0 であり，また産出ベクトル y の座標のうちこの生産計画において投入される財・サービスに対応するものは全部 0 であると考えさえすればよい．この取り扱い方法は，本章のように全企業の活動を同時に考慮して市場均衡の状況を記述するためにはきわめて好都合であるし，またこれによって，特に混乱が生じる恐れもないものと思われる．

6) これらの仮定の意味について復習を必要とする読者は，第Ⅰ巻の第5章を再読せよ．

7) 本書第Ⅰ巻の第6章を参照せよ．

8) (20-3)式において $x_i^k(p)$ と $y_j^k(p)$ は p の 0 次同次関数であることから，この事実は明らかである．

9) 第16章の末尾で注意したように，純粋交換経済の場合においてすら，この連続性の条件(C)は完全に満足できるものとは言い難い．しかし，ここでの目的は私的所有制経済の分析を純粋交換経済の分析と全く同じ形式に帰着させることができることを示す点にあるため，この問題にはあまりこだわらないことにしたい．

10) この計算の過程で，(20-3)式と $\sum_{i=1}^{n}\theta_k^i=1 (k=1, 2, \cdots, s)$，それに最適消費計画は所得を支出しつくすという性質を用いている．

11) 本書第Ⅰ巻の50ページを参照せよ．

12) 本書第Ⅰ巻の数学付録Ⅰの3(「凸集合」)を参照せよ．

13) 対応の概念については，本書第Ⅰ巻の数学付録Ⅰの4(「関数と連続性」)を参照せよ．

14) 興味をもつ読者は，第16章の注14)に挙げた文献を参照せよ．

15) この点に関しては，本書第Ⅰ巻の第8章をも参照せよ．

16) (20-9)式から(20-10)式を導出する論法は，(17-3)式から(17-4)式を導出し

た論法と全く同様である．

17) 効率生産集合と生産関数については，本書第Ⅰ巻の 5.5 節を参照せよ．

18) もしひとりの消費者の「効用」を引き上げることができるのであれば，その個人から十分少量の財をとりあげて残りの消費者に均等配分することによって，結果的にはすべての消費者の「効用」を引き上げることが可能となる．

19) ラグランジュの未定乗数法については，本書第Ⅰ巻の数学付録Ⅰ，6 の C 節に解説が与えられている．

20) 表現の簡素化のため，$\lambda_1 = 1$ と定めた．

21) これらの概念の復習を必要とする読者は，本書第Ⅰ巻の第 5 章と第 10 章を再読しなくてはならない．

22) Debreu, G., and H. Scarf, "A Limit Theorem on the Core of an Economy," *International Economic Review*, vol. 4, 1963, pp. 235-246 ; Arrow, K. J., and F. H. Hahn, *General Competitive Analysis*, Amsterdam : North-Holland, 1971（福岡正夫・川又邦雄訳『一般均衡分析』岩波書店，昭和 51 年），Chapter 8 を参照せよ．

23) Nikaido, H., *Convex Structures and Economic Theory*, New York : Academic Press, 1968, Chapter V, §17 を参照せよ．

24) そのような理論の現状については，さしあたり Fisher, F. M., *Disequilibrium Foundations of Equilibrium Economics*, New York : Cambridge University Press, 1983 を参照せよ．

第21章　双対性と一般均衡

21.1　単純化された生産経済の一般均衡

　前章では，m種類の財・サービス，n人の消費者，s個の企業から成る私的所有制経済の一般均衡を考察した．読者の理解を補強するため，本章では大幅に単純化された生産経済を考察して，均衡と効率に関する主要な性質を図解することにしたい．その過程において，本書第Ⅰ巻で解説した双対性アプローチの有用性を再度例示することになろう．

　本章のもうひとつの目的は，前章で考察したような多種類の財・サービスを含む経済を本章のような少数の財・サービスより成る経済に単純化し，しかもその結果として分析に歪みをもたらさないためには，どのような条件が満足されていればよいかを明らかにすることにある．その条件は，有名なヒックスの「合成財の定理」(composite commodity theorem)によって与えられるが，本章におけるこの定理の解説も，双対性アプローチの効果的な適用に基づいている[1]．このように，本章は一般均衡分析の枠内において双対性アプローチの有用性を示す役割を担っているのである．

21.2　2部門生産経済の一般均衡

　本章でわれわれが考察しようとする経済は，次の諸仮定によって単純化された生産経済である．

　(a) 財はA, Bの2種類しか生産されない．しかもこれらの財は最終消費財であって，中間生産物としては使用されない．また，財の初期賦存量は0である．

　(b) 本源的生産要素は土地(T)と労働(L)の2種類しか存在せず，しかもそ

れらの供給量は絶対的に固定されている．さらに，消費者は土地と労働に対して留保需要をもたない[2]．

(c) 財 A, B はそれぞれその財の生産に特化した産業によって生産される．各産業における代表的企業をそれぞれ企業 A，企業 B と呼べば，両企業とも規模に関する収穫不変な生産関数をもっている．しかも，企業 A における土地・労働比率は，企業 B におけるそれより常に大きい[3]．

(d) 消費者は 1, 2 の 2 人しか存在しない．しかも，各消費者の選好はホモセティックな効用関数によって表現される[4]．

さて，それぞれの産業は完全競争的であるものと仮定し，両消費財の価格を p_A, p_B，土地サービスと労働サービスの価格（地代と賃金）を r, w で表わすことにする．さらに S_j, T_j, L_j はそれぞれ第 j 財の総供給量，第 j 産業の総土地需要量および総労働需要量であり，h_j^i は第 i 消費者の第 j 財への補償需要量であるものとする（$i=1, 2$；$j=A, B$）．

仮定(b)により，この経済では生産要素に対する留保需要は存在しないため，各消費者の効用は両消費財の消費量だけに依存している．また，第 i 消費者は土地と労働を T_0^i, L_0^i ずつ所有し，（留保需要が存在しないため）市場価格のいかんにかかわらずそのすべてを市場に供給する．

これだけの準備のもとに，この経済の一般均衡を記述しよう．はじめに，仮定(c)のもとでは両産業における費用関数は生産量に依存しない単位（平均）費用関数 $c^j(r, w)$（$j=A, B$）によって表わすことができることを思い出そう．また，規模に関する収穫一定の下では，$c^j(r, w)$ は限界費用をも表わすことに注意しよう．このとき，$c^j(r, w)$ の r に関する（あるいは w に関する）偏微係数が第 j 産業の単位生産量当たりの土地需要（あるいは労働需要）を表わすことに注意すれば

$$(21\text{-}1\text{a}) \qquad T_j = S_j \frac{\partial}{\partial r} c^j(r, w) \qquad (j=A, B)$$

$$(21\text{-}1\text{b}) \qquad L_j = S_j \frac{\partial}{\partial w} c^j(r, w) \qquad (j=A, B)$$

が成立する．そして，生産要素に対する総需要は消費者による生産要素の総供給に一致しなくてはならないから

(21-2 a) $\qquad T_A + T_B = T_0$

(21-2 b) $\qquad L_A + L_B = L_0$

が成立する．ただしここで $T_0 \equiv \sum_{i=1}^{2} T_0^i$ および $L_0 \equiv \sum_{i=1}^{2} L_0^i$ である．

財市場の需給均衡については，仮定(a)によって各財は最終消費財であることに注意すれば，各財は企業によって供給されるが，各財はすべて消費者によって需要されることになる．さて，企業 j の利潤関数を $\Pi^j(p_j, r, w)$ $(j=A, B)$，消費者 i の支出関数を $E^i(p_A, p_B; u^i)$ $(i=1, 2)$ と書くことにしよう．ここで u^i は消費者 i の効用水準である．そのとき，企業 j の供給については

$$\frac{\partial}{\partial p_j} \Pi^j(p_j, r, w) = S_j \qquad (j=A, B)$$

が，また消費者 i の財 j に対する補償需要については

$$\frac{\partial}{\partial p_j} E^i(p_A, p_B; u^i) = h_j^i \qquad (i=1, 2; j=A, B)$$

が成立しなくてはならない[5]．ところで，各財の市場均衡を論じるためには，われわれは後者の式に登場する補償需要量ではなく，消費者が実際に市場で購入する需要量を考える必要がある．しかし，本書第Ⅰ巻第12章（「支出関数と双対性」）の対応定理(i)によれば，消費者 i が実際に支出する所得額 M^i が効用 u^i を価格ベクトル (p_A, p_B) のもとで確保するための最小支出額 $E^i(p_A, p_B; u^i)$ と一致する場合には，補償需要量 h_j^i は市場需要量と一致する．従って，条件

(21-3) $\qquad M^i = E^i(p_A, p_B; u^i) \qquad (i=1, 2)$

のもとに，各財の需給均衡の条件は

(21-4) $\qquad \sum_{i=1}^{2} h_j^i = S_j \qquad (j=A, B)$

で与えられることになる．そして(21-3)式に登場する所得 M^i は，$M^i \equiv r T_0^i + w L_0^i + \sum_{j=A,B} \theta_j^i \Pi^j(p_j, r, w)$ によって定義される．

最後に，各企業の利潤最大化の条件は，生産物価格と限界費用が一致するという条件

(21-5) $\quad\quad\quad p_j = c^j(r, w) \quad\quad\quad (j=\mathrm{A, B})$

によって与えられ，また

(21-6) $\quad\quad\quad \Pi^j(p_j, r, w) = p_j S_j - r T_j - w L_j \quad\quad (j=\mathrm{A, B})$

および

(21-7) $\quad\quad\quad E^i(p_\mathrm{A}, p_\mathrm{B}; u^i) = p_\mathrm{A} h_\mathrm{A}{}^i + p_\mathrm{B} h_\mathrm{B}{}^i \quad\quad (i=1, 2)$

が成立する．

この経済の一般均衡は(21-1)-(21-7)の総計16本の式を満足する16個の変数の組 $\{(p_j{}^*)_{j=\mathrm{A, B}}, r^*, w^*, (S_j)_{j=\mathrm{A, B}}, (h_j{}^*)_{i=1,2; j=\mathrm{A, B}}, (u^{i*})_{i=1,2}, (T_j{}^*)_{j=\mathrm{A, B}},$
$(L_j{}^*)_{j=\mathrm{A, B}}\}$ によって与えられる．

ところで，$\sum_{i=1}^{2} \theta_j{}^i = 1 (j=\mathrm{A, B})$ を使えば

$$\sum_{j=\mathrm{A,B}} p_j \sum_{i=1}^{2} h_j{}^i = p_\mathrm{A} S_\mathrm{A} + p_\mathrm{B} S_\mathrm{B}$$

が成立せざるをえない．従って，(21-4)式の一方の式が満足されるときには，(21-4)式の残る一方の式は自動的に満足されることになる．これがワルラスの法則であった．こうして，一般均衡を定義する(21-1)-(21-7)の16本の式のうちで独立な式は15本であることになる．一方，需要および供給関数の0次同次性（あるいは，利潤関数および支出関数の$(p_\mathrm{A}, p_\mathrm{B}, r, w)$に関する1次同次性と，それに伴うこれら2つの関数の偏導関数の0次同次性）のために，均衡価格体系$(p_\mathrm{A}{}^*, p_\mathrm{B}{}^*, r^*, w^*)$は基準化しないかぎり一意的には定まらない．従って，独立な15本の均衡条件式によって決定されるべき変数の数も，価値基準財の価格を除いた15個であることになるのである．

21.3 一般均衡の図解

(21-1)式を(21-2)式に代入することにより，われわれは

(21-8 a) $\quad\quad\quad \sum_{j=\mathrm{A, B}} S_j \frac{\partial}{\partial r} c^j(r, w) = T_0$

(21-8 b) $\quad\quad\quad \sum_{j=\mathrm{A, B}} S_j \frac{\partial}{\partial w} c^j(r, w) = L_0$

を得ることができる．以下では，生産面の均衡条件を示す(21-7)と(21-8)の両式を図解することにしよう．

21-1図は，左下端に(あるいは右上端に)産業A(あるいは産業B)の投入物平面の原点をとった，生産に関するエッジワースの箱である．従って，この図に描かれた四角形の底辺の長さは L_0，高さは T_0 にとられている．また，図中の曲線 $I_A I_A$ (あるいは $I_B I_B$) は，産業A(あるいは産業B)の生産量が1単位であるときの等量曲線である．

さて，いま任意の生産要素価格ベクトル (r, w) あるいは生産要素の価格比率 r/w が与えられたとしよう．このとき，1単位の生産を行なうために費用を最小化する各産業の最適投入ベクトルは，図の点 $G_A = (L_A^0, T_A^0)$ および点 $G_B = (L_B^0, T_B^0)$ で与えられる．仮定(c)によって，異なる生産量の下での等量曲線はお互いに原点からみて相似形をしていることに注意すれば，この価格(比率)の下での最適土地・労働比率は，生産量のいかんに関わらず T_A^0/L_A^0，および T_B^0/L_B^0 でなければならない．また，仮定(c)により，同一価格(比率)の下での土地・労働比率は，産業Aの方が産業Bより大きくなっていなければならないことにも注意しよう．

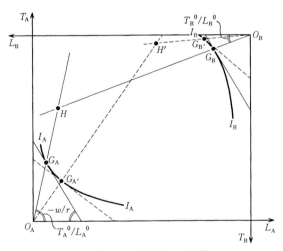

21-1図　生産要素価格と生産量

したがって，(r, w) の下で生産要素市場が均衡するとすれば，産業 A（あるいは産業 B）の均衡要素需要は，直線 $O_A G_A H$（あるいは $O_B G_B H$）上になければならない．つまり（価格比率 r/w が均衡比率であるとすれば），これら 2 つの直線の交点 H が要素市場の均衡を与え，産業 A（あるいは産業 B）の総生産量 S_A（あるいは S_B）は，2 つの線分の長さの比 $O_A H/O_A G_A$（あるいは $O_B H/O_B G_B$）で与えられることになる．

さて，地代が上昇するかあるいは賃金が下落するかした結果として r/w が上昇した（図では w/r が下落した）としよう．このとき，各産業は相対的に高価になった土地を相対的に安価になった労働で代替するため，最適土地・労働比率は低下することになる．この変化は，投入比率を表わす直線 $O_A G_A H$（あるいは $O_B G_B H$）の $O_A G_A' H'$（あるいは $O_B G_B' H'$）へのシフトとして表わされる．この結果，新たな均衡は H' へと移ることになる．明らかに H' は H の右上方にあり，S_A は増加し S_B は減少する．つまり，21-3 図のパネル(d)に描かれているように，(21-8)式を満たす生産量比率 S_A/S_B は，地代・賃金比率 r/w の増加関数となるのである．

このことは，次のように考えれば明らかだろう．両産業とも土地を労働で代替するなら，そのままでは土地の超過供給と労働の超過需要が発生してしまうだろう．しかし，われわれはいま生産要素市場が均衡する条件を考えているのだから，超過供給（あるいは超過需要）が発生しているはずはない．生産要素市場が均衡するのならば，両産業の生産量が変化し，より土地集約的な産業 A の生産が増え，逆に労働集約的な産業 B の生産量が減少することによって，土地の超過供給と労働の超過需要が解消されていなければならない．これが生産量比率が地代・賃金比率の増加関数となることの直観的な理由である．

一方，(21-5)式を表わしたのが，21-2 図である．生産物価格 $p_i (i=A, B)$ を所与として，1 単位の生産に必要な最小費用がちょうど p_i となるような要素価格の組み合わせの軌跡——要素価格フロンティア——がそれぞれ c^A（あるいは c^B）として描かれている．要素価格 (r, w) は両産業で等しくならなければならないから，(21-5)式を満たす要素価格の組み合わせは，2 つの要素価格フロン

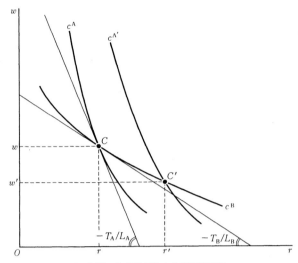

21-2 図 生産物価格と生産要素価格

ティアの交点 C で表わされる．要素価格 (r, w) が与えられたときの要素価格フロンティアの傾きの絶対値は，その価格の下で費用を最小化する最適土地・労働比率を表わしていた[6]．仮定(c)により産業 A の方が産業 B より土地集約的なのだから，21-2 図は C 点において産業 A の要素価格フロンティア c_A の傾きの絶対値が c_B の傾きより大きくなるように描かれている．

さて，A 財の価格 p_A（あるいは生産物価格比率 p_A/p_B）が上昇し，産業 A の要素価格フロンティア c^A が（原点から相似的な）$c^{A'}$ にシフトしたとしよう．この結果，(21-5)式を満たす要素価格の組み合わせは $C = (r, w)$ から $C' = (r', w')$ に変化し，r が上昇し w が低下する．この関係は，21-3 図のパネル(b)に，生産物価格比率 p_A/p_B が増加すれば地代・賃金比率 r/w が上昇するという関係として描かれている[7]．

さて，この関係を本節の前半で説明した関係（あるいは 21-3 図のパネル(d)）にあてはめれば，生産物価格比率の上昇は地代・賃金比率の上昇を生み出し，その結果生産量比率の上昇を生み出すことになる．21-3 図(a)の曲線 SS は，まさにそのような関係を表わすものである．

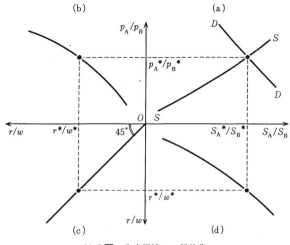

21-3図 生産経済の一般均衡

次に，需要側がどのように図解できるのかを検討しよう．仮定(d)によりこの経済の消費者はホモセティックな効用関数を持っているから，その無差別曲線はすべて原点からみて相似的である．従って，両生産物に対する需要量の比率 S_A/S_B は相対価格 (p_A/p_B) にのみ依存し，相対価格の減少関数として表わせる．21-3図のパネル(a)に描かれた曲線 DD である．

このようにして，経済全体の一般均衡は，21-3図のパネル(a)の SS と DD の交点で均衡生産量比率と均衡相対価格が決まり，パネル(b)またはパネル(d)で均衡要素価格比率が決まることになる．そして均衡要素価格比率が決まれば，21-1図で均衡生産量の絶対水準も決まることになる．

21.4 パレート効率的配分の図解

次に，この2部門生産経済におけるパレート効率的配分のための条件を，図解により明らかにすることにしよう．はじめに，21-4図に描いたように，O_A を原点とする座標平面上に O_B を原点とする座標平面を180°回転させたものを重ね合わせ，2組の座標軸が囲む矩形の底辺の長さが労働の総存在量 L_0 に

等しく，またその高さが土地の総存在量 T_0 に等しいようにしよう．O_A を原点とする座標平面に産業 A の等量曲線 $I_A{}^1I_A{}^1$, $I_A{}^2I_A{}^2$, $I_A{}^3I_A{}^3$, … を書き入れ，O_B を原点とする座標平面に産業 B の等量曲線 $I_B{}^1I_B{}^1$, $I_B{}^2I_B{}^2$, $I_B{}^3I_B{}^3$, … を書き入れる．このような図の描き方は，第 16 章で導入したエッジワースの箱型図と基本的に同じなので，詳しい説明は行なわない．

さて，21-4 図の中の曲線 O_AQO_B は，2 つの産業の等量曲線の接点の軌跡であり，この経済における効率的な生産計画の集合を表わしている．曲線 O_AQO_B 上にない点，例えば R は，生産要素の総存在量を余すところなく 2 産業 A, B に分け与える実行可能な生産方法ではあるが，この点における 2 財の生産量の組み合わせは，明らかに社会的な無駄を含んでいる．なぜなら，たとえば B 財の生産量を維持しつつ，A 財の生産量を増すような生産要素の配分の方法が無数に存在するからである．このような生産効率上の改善の余地を残さない生産要素の配分こそ，曲線 O_AQO_B 上の各点が示す 2 産業への生産要素の割り当て方法にほかならない．

以下では，曲線 O_AQO_B を「生産の契約曲線」(production contract curve)，その上の各点を効率生産点，そして 21-4 図を「エッジワース = ボウリイの箱型図」(Edgeworth-Bowley box diagram) と呼ぶことにしよう．

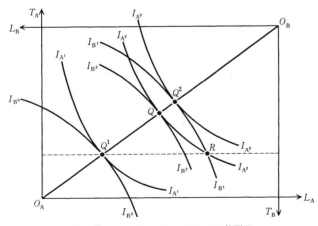

21-4 図　エッジワース = ボウリイの箱型図

さて，生産の契約曲線の上を，点 O_A から Q^1, Q^2 を通って点 O_B にたどりつくまで移動してみよう．この移動の途中では，生産要素の2産業への配分は絶えず変更されるけれども，終始生産の効率性は維持されている．そしてこの移動にともなって，2財の生産量の組み合わせは，生産要素が全部B財の生産に集中される完全特化の状態から，両財が効率的に組み合わされて生産される不完全特化の状態を経て，逆に生産要素が全部A財の生産に集中される完全特化の状態へと変更されることになる．このような効率的な生産量の組み合わせの軌跡を描いたものが，21-5図の曲線 $B_{max}Q^1Q^2A_{max}$ である．この曲線を「生産可能性フロンティア」(production possibility frontier)とか，「社会的変形曲線」(social transformation curve)と呼んでいる．

21-5図においては，生産可能性フロンティアは原点からみて外側にふくらんだ形状を示すように描かれている．従って，財Aの生産をしだいに増加させていくとき，それと引き換えに甘受すべき財Bの減少量は，だんだんその絶対量を増していくことになる．われわれが設けた仮定のもとにおいては，生産可能性フロンティアは実は必然的にこのような形状をとるのである．

まず，21-5図の点 Q^1 における生産可能性フロンティアに対する接線の傾きの絶対値を，(本書第I巻5.7節にならって)「限界変形率」MRT_{AB} と呼ぼう．

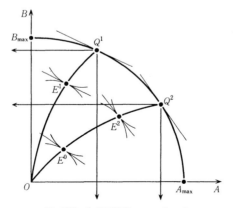

21-5図 生産可能性フロンティア

この値は実は両産業の限界費用の比率 MC_A/MC_B に等しいことが,次のようにしてわかる.

いま,21-4 図の点 Q^1 において,土地の産業間の再配分は不可能だが労働の再配分は可能だという「短期」の状況を考えよう[8]. このとき可能な土地と労働の産業間の再配分は,点 Q^1 を通る水平な点線上に限られる.ところで 21-5 図の生産可能性フロンティアはこのような制約がないもとで効率的な資源配分の軌跡なのだから,この点線上の資源配分は,点 Q^1 を除き一般には非効率的だろう.従って,この点線上の資源配分に対応する両産業の生産量の組み合わせを描けば,21-6 図のように生産可能性フロンティアに点 Q^1 で接する「短期生産可能性フロンティア」を得ることができる.明らかに,点 Q^1 における限界変形率は,短期生産可能性フロンティアの接線の傾きの絶対値——「短期限界変形率」(short-run marginal rate of substitution) $SMRT_{AB}$ に等しい.ところで,短期限界変形率とは,点 Q^1 から出発して(土地の配分は固定したまま)労働を dL だけ産業 B から産業 A に再配分したとき得られる生産量の変化の比率(の絶対値)$-dy_B/dy_A$ にほかならない.ところで産業 B(あるいは産業 A)

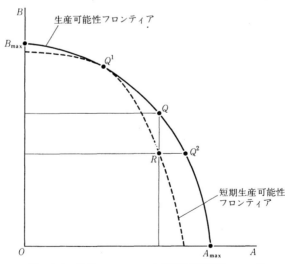

21-6 図 生産可能性フロンティアと短期生産可能性フロンティア

の労働量を $dL>0$ だけ減らす(あるいは増やす)とき, その生産量は $dy_B= MP^B{}_L \cdot (-dL)$ (あるいは $dy_A = MP^A{}_L \cdot dL$)だけ減少する(あるいは増加する)ため, われわれは

$$SMRT_{AB} = MRT_{AB} = -\frac{dy_B}{dy_A} = \frac{MP^B{}_L}{MP^A{}_L}$$

を得ることになる. 一方, (本書第 I 巻 6.2 節で説明したように)各企業の限界費用 $MC_i (i=A, B)$ はある生産要素——例えば労働——の価格 w をその限界生産性 $MP_L{}^i (i=A, B)$ で除したものに等しい. 従って

$$MRT_{AB} = \frac{MP^B{}_L}{MP^A{}_L} = \frac{w}{MP^A{}_L} \Big/ \frac{w}{MP^B{}_L} = \frac{MC_A}{MC_B}$$

が得られたことになる.

ところで, 上で確かめたように経済全体の限界変形率が両産業の限界費用の比率に等しいこと, そして利潤最大化行動の結果として価格と限界費用が等しくなることに注意すれば, 21-3 図(a)の曲線 SS は 21-5 図に描かれたこの経済の生産可能性フロンティア上の各点における生産量比率とフロンティアの傾き(限界変形率)との間の関係を表わしていることになる. こうしてみると生産量比率の上昇に伴ってフロンティアの傾きが逓増するということは, フロンティアが原点からみて外側にふくらんだ形状をもつということに反映されることがわかる.

さて, 21-5 図の生産可能性フロンティア上の任意の点, 例えば Q^1, Q^2 をとろう. これらの点は, それぞれ 21-4 図の効率生産曲線上の点 Q^1, Q^2 における 2 財の生産量を読みとって得られたものであるとする. 次に, O と Q^1, O と Q^2 をそれぞれ 2 つの原点とするエッジワースの箱型図を描く. もちろん O は消費者 1 の, そして Q^1 と Q^2 は消費者 2 の原点であると考えるのである. そのとき, 点 Q^1(あるいは点 Q^2)における 2 財の効率的生産量の組み合わせを, 2 人の消費者に効率的に分配する可能性を描いた契約曲線 OE^1Q^1(あるいは OE^2Q^2)を得ることができる.

このような契約曲線, 例えば OE^2Q^2 上の任意の点 E^0 をとろう. そのとき,

生産点 Q^2 と消費点 E^0 の組み合わせは，パレート効率的配分になっているだろうか．Q^2 は効率的生産点であり E^0 は効率的消費点であるから，一見したところ (Q^2, E^0) はパレート効率的配分であるかに見えるが，それは一般に正しくない．

この事実は次のようにしてわかる．E^0 における2人の消費者の無差別曲線の共通接線の勾配は，彼らの消費の限界代替率 $MRS^1_{AB}(E^0) = MRS^2_{AB}(E^0)$ を示している．また，Q^2 における生産可能性フロンティアへの接線の勾配は，社会的な限界変形率 $MRT_{AB}(Q^2)$ を示している．21-5図ではこの両者は一致せず，$MRS^i_{AB}(E_0) < MRT_{AB}(Q^2)$ $(i=1, 2)$ となっている．

さて，消費の限界代替率（または社会的な限界変形率）は，A財消費の限界的減少をちょうど相殺して同じ効用を維持するために必要なB財消費の限界的増加（またはA財の生産量を限界的に減少させ，それにより解放される生産要素をB財の生産に振り向けたとき得られるB財生産量の限界的増加）を示すものであった．この事実に留意し，いまA財の生産量を微小量 ε だけ減少させたとしよう．そのとき，B財の生産量をちょうど $\varepsilon \times MRT_{AB}(Q^2)$ だけ増加させることができる．ところで，例えば消費者1の消費計画を点 E^0 におけるままに維持し，消費者2の消費計画を次のように変更するものとしよう：A財の消費量を $\varepsilon(>0)$ だけ減らし，B財の消費量を $\varepsilon \times MRS^2_{AB}(E^0)$ だけ増加させる．その結果，2人の消費者はいずれも点 E^0 におけると同じ効用を維持する一方で，B財には

$$\varepsilon \times \{MRT_{AB}(Q^2) - MRS^2_{AB}(E^0)\}$$

だけの余剰が生じるので，これを追加的に分配することによって，2人の消費者の効用を同時に高めることができる．従って，(Q^2, E^0) はパレート効率的ではありえない．

この考察の結果，パレート効率的な生産点と消費点との組み合わせは，消費点における2人の消費者の限界代替率が，生産点における限界変形率に等しいという重要な性質をもっていることが明らかとなった．また，生産点に対応する生産要素の両企業への配分方法は，両企業の技術的限界代替率が一致すると

いう特徴をもっていなくてはならないこともすでに明らかにした．

21-5 図の (Q^1, E^1), (Q^2, E^2) は，パレート効率的な生産点と消費点の組み合わせを例示している．そして 21-4 図の Q^1, Q^2 は，その各々に対して生産要素の2産業への効率的な配分方法を示している．

21.5 ヒックスの合成財の定理

財・サービスの総数が m 個ある一般的な経済を考える場合でも，当面の関心が集中する財以外の $(m-1)$ 個の財の相対価格が不変に留まると考えられるときには，これらの $(m-1)$ 個の財を単一の「合成財」(composite commodity) にとりまとめ，あたかも経済には「分析対象の財」と「合成財」の2種類しか存在しないかのように処理することが可能である．いうまでもなく，分析はこの処置によって大幅に単純化されるうえ，この2財モデルに基づく分析は，本来 m 財モデルに基づく分析と分析対象の財に対してまったく同じ結論を生むことを確認できる．これがヒックスの「合成財の定理」(composite commodity theorem) と呼ばれる有名な命題である．本節では，双対性アプローチを適用してこの命題を簡潔に論証することにしたい．

はじめに，所得 $M > 0$ を m 個の財・サービスに支出する消費者を考えよう．これらの財・サービスの価格は $p_1, p_2, \cdots, p_m$ で表わされる．この消費者の間接効用関数を $V(p, M)$，価格ベクトルを $p = (p_1, p_2, \cdots, p_m)$ と書けば，ロワの恒等式により第 j 財に対するこの消費者の（マーシャルの）需要関数は

(21-9) $\quad x_j(p, M) = -\dfrac{\partial}{\partial p_j} V(p, M) \Big/ \dfrac{\partial}{\partial M} V(p, M)$

$(j = 1, 2, \cdots, m)$

を満足する[9]．

さて，財 $2, 3, \cdots, m$ の価格 $p_2, p_3, \cdots, p_m$ の相互間の比率，すなわちそれらの相対価格が，当面問題とする状況ではなんらかの理由によって不変に留まるものとしよう．そのとき，基準時点における第 j 財の価格を $p_j{}^0$ とすれば，あるパラメーター λ が存在して

$$(21\text{-}10) \qquad p_j = \lambda p_j^0 \qquad (j=2, 3, \cdots, m)$$

が成立することになる．従って，第 j 財の価格の変化は（もしあるとしても）第 k 財の価格と同一の割合でしか生じず，そのため $p_j/p_k = p_j^0/p_k^0$ $(j, k=2, 3, \cdots, m)$ が成立することになるのである．

ここで，財 $2, 3, \cdots, m$ をひとまとめにした合成財（composite commodity）を定義することにしよう．すなわち，財 $2, 3, \cdots, m$ の消費量が各々 $x_2, x_3, \cdots, x_m$ であるとき，この合成財の数量を $p_2^0 x_2 + p_3^0 x_3 + \cdots + p_m^0 x_m$，その価格を λ と定めるのである[10]．そのうえで，この消費者の第 1 財と合成財を対象とする間接効用関数 $V^*(p_1, \lambda, M)$ を新たに

$$(21\text{-}11) \qquad V^*(p_1, \lambda, M) \equiv V(p_1, \lambda p_2^0, \cdots, \lambda p_m^0, M)$$

によって定義する．そのとき，この間接効用関数 V^* は，もともとの間接効用関数 V の性質を継承して以下の性質をもつことが確認されるのである[11]：

（ⅰ）$V^*(p_1, \lambda, M)$ は，$p_1 > 0, \lambda > 0, M > 0$ に関する連続な 0 次同次関数である；

（ⅱ）任意の所得 $M > 0$ に対して，$V^*(p_1, \lambda, M)$ は価格 $p_1 > 0, \lambda > 0$ に関する単調非増加関数である；

（ⅲ）任意の価格 $p_1 > 0, \lambda > 0$ に対して，$V^*(p_1, \lambda, M)$ は所得 $M > 0$ に関する単調増加関数である；

（ⅳ）任意の所得 $M > 0$ に対して，$V^*(p_1, \lambda, M)$ は価格 $p_1 > 0, \lambda > 0$ に関する擬凸関数である．

さて，この新しい間接効用関数 V^* に依拠する分析が，本来の m 財モデルに基づく分析を歪めることなく単純化したものであるためには，以下の 2 つの関係式が成立していさえすればよい．

$$(21\text{-}12) \qquad -\frac{\partial}{\partial p_1} V^*(p_1, \lambda, M) \Big/ \frac{\partial}{\partial M} V^*(p_1, \lambda, M) = x_1(p, M)$$

$$(21\text{-}13) \quad -\frac{\partial}{\partial \lambda} V^*(p_1, \lambda, M) \Big/ \frac{\partial}{\partial M} V^*(p_1, \lambda, M) = \sum_{j=2}^{m} p_j^0 x_j(p, M)$$

ところで，(21-10)式によれば

$$(21\text{-}14) \quad \frac{\partial}{\partial p_1} V^*(p_1, \lambda, M) = \frac{\partial}{\partial p_1} V(p_1, \lambda p_2^0, \cdots, \lambda p_m^0, M)$$

$$(21\text{-}15) \quad \frac{\partial}{\partial \lambda} V^*(p_1, \lambda, M) = \sum_{j=2}^{m} p_j^0 \frac{\partial}{\partial p_j} V(p_1, \lambda p_2^0, \cdots, \lambda p_m^0, M)$$

$$(21\text{-}16) \quad \frac{\partial}{\partial M} V^*(p_1, \lambda, M) = \frac{\partial}{\partial M} V(p_1, \lambda p_2^0, \cdots, \lambda p_m^0, M)$$

が成立するので，(21-12)と(21-13)の両式は，(21-9)，(21-14)-(21-16)より直ちに従うことになる．これで消費者行動の理論の範囲内でのヒックスの合成財の定理の成立が確認できたことになる[12)13)]．

実のところ，このような合成財の定理は生産者行動の理論についても導出できる．例えば，n種類の可変生産要素を用いて1種類の財を生産する企業の行動を考えよう．そのとき，なんらかの理由により$(n-1)$個の生産要素の相対価格が不変に留まるならば，これら$(n-1)$個の生産要素をとりまとめて合成生産要素を定義することにより，あたかもこの生産者が2種類の生産要素から1種類の生産物を生産しているように取り扱うことが可能となるのである[14)]．

合成財・合成生産要素の定理によれば，財1(あるいは生産要素1)の価格変化が他財(あるいは他の生産要素)にほとんど影響しなければ，残る財(あるいは生産要素)を単一の合成財(あるいは合成要素)とみなして分析を行なうことが正当化されることになる．われわれの関心が財1(あるいは生産要素1)の市場に特有な原因に基づく均衡への攪乱の効果を確認しようとすることにあるかぎり，これらの定理を適用することにより，多数財・多数生産要素を含むモデルの分析は著しく単純化されるのであり，そのもたらす便益はきわめて大きいといわなくてはならない．

第21章 注

1) Hicks, J. R., *Value and Capital*, Oxford: Clarendon Press, Revised ed., 1946(安井琢磨・熊谷尚夫訳『価値と資本』[全2冊]岩波書店，昭和26年)は，この

定理を巧妙に駆使して記述の大幅な簡略化に成功している．しかし，この本の数学付録で与えられている合成財の定理の証明は，偏微係数を要素とする行列と行列式の複雑な計算より成っている．この点に関しては，標準的テキストブックにおけるこの定理の証明——例えば Green, H. A. J., *Consumer Theory*, London : Macmillan, Revised ed., 1976, pp. 308-310 あるいは Silberberg, E., *The Structure of Economics*, New York : McGraw-Hill, 1978, pp. 342-345——も同様であり，合成財の定理の単純性とエレガンスにそぐわない．

2) 消費者のある生産要素——例えば労働サービス——に対する留保需要とは，その要素の初期賦存量のうち，要素市場で売却して所得を入手するかわりに自己の消費用に保存しておく部分——例えば余暇——を指している．

3) 企業 j の生産関数を $S_j = F^j(T_j, L_j)$ $(j=A, B)$ と書けば，規模に関する収穫不変性の仮定により，任意の正数 $\lambda > 0$ に対して

$$F^j(\lambda T_j, \lambda L_j) = \lambda F^j(T_j, L_j) \qquad (j=A, B)$$

が成立する(本書第I巻の 50-51 ページを参照せよ)．いまここで $\lambda = 1/L_j$ とすれば，上式は

$$F^j\left(\frac{T_j}{L_j}, 1\right) = \frac{F^j(T_j, L_j)}{L_j} = \frac{S_j}{L_j} \qquad (j=A, B)$$

を与えることになる．この式の最右辺は労働の平均生産性を示している．またこの式の最左辺に現われる T_j/L_j は，「土地・労働比率」あるいは「労働の土地集約度」と呼ばれるものである．従って，生産関数が規模に関する収穫不変性をもてば，労働の平均生産性は土地・労働比率のみの関数として表現されることになる．

4) ホモセティック関数については，本書第I巻の数学付録の5G(「同次関数とホモセティック関数」)を参照せよ．

5) これはシェパードの補題にほかならない．前者の式については本書第I巻第7章7.5節を，また後者の式については第12章12.4節を参照せよ．

6) 本書第I巻第7章(「費用関数，利潤関数と双対性」)の7.2節を参照せよ．

7) ここで述べた生産物価格の変化が要素価格に与える効果は，国際貿易論においてストルパー=サミュエルソンの定理としてよく知られている．例えば，伊藤元重・大山道広『国際貿易』岩波書店，昭和60年の第3章(「ヘクシャー=オリーンの貿易理論」)を参照せよ．

8) ある土地が現在A財の生産に利用されていれば，その土地をB財の生産に転用するためには時間と費用がかかる．現在設置されている設備と機械を取り外し，

それらを別の設備と機械でおきかえることは瞬間的に(そして費用を掛けずに)はできないからである.「短期」の状況とは,このような土地の利用方法を転換できるだけの時間的余裕が与えられない状況と考えておけばよい.

9) ロワの恒等式については,本書第I巻の199-200ページを参照せよ.

10) このように定義された合成財の数量 $\sum_{j=2}^{m} p_j^0 x_j$ は,基準時点の価格 $(p_2^0, p_3^0, \cdots, p_m^0)$ をウェイトとする数量指数にほかならない.

11) これらの性質は,間接効用関数が備えていることを期待される標準的属性である.本書第I巻,190ページを参照せよ. V^* が実際にこれらの性質をもつことは, V のこれに対応する性質に基づいてきわめて容易に確認することができる.読者のエクササイズとして残しておくことにしよう.

12) ここでは,財1以外のすべての財の価格が比例的に動くという最も単純なケースを取り扱った.しかし,われわれの証明を見れば,以下のような一般化が可能であることは明らかだろう:財の番号の集合 $J=\{1,2,\cdots,m\}$ が $J_0, J_1, \cdots, J_T$ (ただし, $J=\bigcup_{t=0}^{T} J_t, J_t \cap J_{t'} = \phi\ (t \neq t';\ t, t'=0,1,\cdots,T)$ と分割され, $p_j = \lambda_t p_j\ (j \in J_t;\ t=1,2,\cdots,T)$ が成立するものとする.そのとき,数量が $x_t = \sum_{j \in J_t} p_j^0 x_j$,価格が λ_t である合成財を各 $t=1, 2, \cdots, T$ に対して定義し,財の個数を $\#J_0 + T$ に減少させることができる.ただし,ここで $\#J_0$ は集合 J_0 内の要素の個数である.本文中の特殊ケースにおいては, $\#J_0=1$ かつ $T=1$ となっている.

13) ヒックスの合成財の定理は,支出関数に関するシェパードの補題(本書第I巻,195ページ)と対応定理(本書第I巻,192-194ページ)を用いても論証できる.興味をもつ読者は,双対性理論の復習も兼ねて証明を試みよ.

14) このことを,利潤関数を使って確かめよ.なお,利潤関数の標準的性質については本書第I巻の114ページを参照せよ.また,注12)において合成財の定理に即して述べたのと全く同じ趣旨の一般化が合成生産要素についても成立することは,詳しく述べるまでもなく明らかだろう.

第22章　部分均衡と一般均衡

22.1　一般均衡分析と部分均衡分析

　前章までに解説された分析方法は，すべての財・サービスに対する需給を同時に考慮し，また経済の一部にだけ発生する不均衡をも，その波及効果とフィードバック効果を全経済のすみずみに至るまで余すところなく追求しつくすという意味で，「一般均衡分析」(general equilibrium analysis)と呼ばれている．この分析の古典的な枠組みを形成したのはワルラス，パレート，エッジワースであり，またその現代経済学への継承と発展に多大の貢献を果したのはヒックスとサミュエルソンであった．

　歴史的にはこれより古く，また現代経済学においても産業組織論や労働経済学など応用経済学の諸分野で支配的な影響をもつ分析方法は，「部分均衡分析」(partial equilibrium analysis)と呼ばれるものである．クールノーおよびマーシャルの名としばしば結びついて論じられるこの方法は，当面関心を集中する経済のある一面だけを取り出し，「その他の事情は一定に留まる」(ceteris paribus)という大胆な想定によって波及とフィードバックの連鎖を方法的に断ち切って孤立させることによって，詳細に考察しようとする．

　もちろん，すべての経済活動は相互に影響を及ぼしあうものであり，経済の一部だけを切り離すことは，厳密には不可能である：「万物は万物に依存する」(Everything depends upon everything else)からである．とはいえ，多くのものは密接な関係にある少数の要因によって支配されるというのもまた事実である．そして，このような密接な関係にある少数の変数に考察の範囲を絞ることが，第一次接近として有効であることに疑いの余地はない．

　このように，一般均衡分析と部分均衡分析という2つの分析方法は，そのいずれかが絶対的に正しく，他の方法は排斥すべきだという関係にあるものでは

なく，分析の目的に応じて両者を適切に使い分ける工夫が必要だというべきであろう．ちょうど，広大なパノラマを眺望しようとすると細部の観察は関心の外におかれ，また細部の顕微鏡的観察をいくらつなぎ合わせても全体の調和の美は実感できないように，われわれの経済観も，一般均衡分析と部分均衡分析との複眼的な基礎を得て，はじめてバランスのとれたものになるというべきであろう[1]．

　本章では，まず部分均衡分析のひとつの典型例をとりあげて解説することにする．第V部(「不完全競争」)では，不完全競争下の産業の部分均衡分析を詳しく論じることになるので，ここでは完全競争的な産業における生産の社会的効率性の条件を，部分均衡分析によって明らかにすることにする．この分析は，20.3節における一般均衡分析によるパレート効率的配分の条件と対応するものである．

22.2　短期競争均衡の効率性：部分均衡分析

　ある財，例えば第1財の市場における短期競争均衡を，部分均衡分析の手法によって分析してみよう．他の事情はすべて一定に留まるものとして，この財に対する需要と供給の不一致は，この財自身の価格 p_1 の変化によってのみ調整されると仮定する．まず，この財の総供給 $S_1(p_1)$ はその財のみを生産する m 個の企業によってなされるものとすれば，

$$(22\text{-}1) \qquad S_1(p_1) = \sum_{k=1}^{m} s_1^{k}(p_1)$$

が成立する．ここで企業 k の供給関数 $s_1^{k}(p_1)$ $(k=1, 2, \cdots, m)$ は短期限界費用曲線の非減少部分に対応しているから[2] p_1 の非減少関数であり，それらの和として得られる市場供給関数 $S_1(p_1)$ も，p_1 の非減少関数となる．次に，この財の総需要 $D_1(p_1)$ は，n 人の消費者の個別需要関数 $d_1^{i}(p_1)$ $(i=1, 2, \cdots, n)$ の総和で与えられる：

$$(22\text{-}2) \qquad D_1(p_1) = \sum_{i=1}^{n} d_1^{i}(p_1)$$

「他の事情は一定に留まる」という仮定のもとで，この財が正常財であることを

も仮定すれば，個別需要関数 $d^i(p_1)$ は p_1 の減少関数となる．従って，それらの和としての市場需要関数 $D_1(p_1)$ も，p_1 の減少関数となる．

22-1 図は市場供給関数 $S_1(p_1)$ と市場需要関数 $D_1(p_1)$ をグラフに描き，その交点 E として短期競争均衡を定めたものである[3]．市場供給関数の定義式 (22-1) と個別供給関数の構成方法を考えれば，短期競争均衡においては

$$(22\text{-}3) \qquad p_1^* = \frac{\partial}{\partial s_1^k} C^k(s_1^k(p_1^*), w) \qquad (k=1, 2, \cdots, s)$$

が成立している．すなわち，短期競争均衡で成立する価格は，その財を生産する限界費用に一致するのである．ただし，ここで $C^k(s_1^k, w)$ は企業 k の短期費用関数，w は可変生産要素の価格ベクトルである．

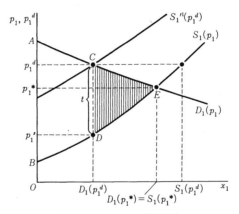

22-1図 市場介入の厚生損失

さて，22-1 図の均衡 E においては，Ap_1^*E の面積分の消費者余剰と Bp_1^*E の面積分の生産者余剰が発生している[4]．そして，自由な競争機構の下での均衡 E は，政府がいかなる形の介入を行なったとしてもそれ以上の消費者余剰と生産者余剰の和を作り出すことができないという意味で，社会的に効率的な価格‐数量の組み合わせになっているのである．

この事実を，当該財に政府が物品税を課するケースについて証明しよう．22-1 図は，政府が第 1 財だけに単位あたり t 円の物品税を課した状況を示している．課税によって，消費者が支払う価格 p_1^d と生産者が受けとる価格 p_1^s は，

政府課税分 t だけ異なることになる．縦軸にとられた価格 p_1 を消費者価格 p_1^d ($=p_1^s+t$)と読めば，需要曲線に変化はないが，供給曲線は t だけ上方にシフトし，図の $S_1'(p_1^d)$ に変化する．この結果新たな均衡は C となる．なぜなら，この消費者価格のもとでは生産者が供給したいと思う数量 $S_1(p_1^d)$ は，消費者が購入したいと思う数量 $D_1(p_1^d)$ を超過する．しかし，生産者は物品税のため，p_1^d から生産物 1 単位あたりの税額 t だけ低い生産者価格 p_1^s ($=p_1^d-t<p_1^d$) を受け取ることになり，市場供給 $S_1(p_1^s)$ が市場需要 $D_1(p_1^d)$ と一致するからである．

その結果，Ap_1^dC の面積分の消費者余剰，Bp_1^sD の面積分の生産者余剰，$Cp_1^dp_1^sD$ の面積分の財政収入が生まれるが，これらの総和は，均衡 E における消費者余剰と生産者余剰の総和より CDE の面積分だけ少ない．この損失分（$=CDE$ の面積）は，市場で成立する均衡価格 p_1^* よりも高い消費者価格を課税によって人為的に設定したことによる「厚生上の損失」(welfare loss)，あるいは課税による「死荷重」(deadweight loss)と呼ばれている[5]．

このように，均衡 E は総余剰を最大にするという意味で社会的な「効率性」をもっており，そのような効率性のための限界条件は，(22-3)式——価格＝限界費用——で与えられることになる．この限界条件は，第 20 章において一般均衡論的に導出した限界条件の，部分均衡版にほかならない．

ところで，われわれが部分均衡分析を行なう上で仮定した「他の事情は一定に留まる」という仮定は，どの程度現実的なものだろうか．再び物品税の課税を例にとれば，課税の結果（他の事情が一定に留まったとしても）この財の消費者価格は上昇し，生産者価格は下落する．このような変化は，少なくとも次のような変化を追加的に生み出すはずである．(1) 消費者価格の上昇は，名目所得を一定とすれば実質所得の低下を生み出す．(2) 消費者価格の上昇は，この財と代替的な財への需要を増加させ，補完的な財への需要を減少させる．(3) 生産者価格の低下は，利潤の減少を通じて所得を低下させる．(4) 生産の減少は，この財の生産に使われている生産要素への需要を減少させる．(5) 政府の得た税収は，補助金として所得を上昇させたり，政府による財・サービスの購

入という形でそれら財・サービスの市場における需要を増加させたりする．
　「他の事情が一定に留まる」という仮定が厳密に正しいためには，このようにして生み出される所得や他の財・サービスへの需給の変化が，第1財への需給になんらフィードバックしないのでなければならない．しかし，これほど厳しい制約が満たされていなくとも，この市場が他財の価格に与える影響が十分小さく，またこの財の所得効果が十分に小さければ，部分均衡分析は近似的に妥当するものと考えてよい．このとき問題になるのは，部分均衡分析がどの程度の精度を期待できる近似的分析方法であるかということであろう．しかし，多くの場合，部分均衡分析の近似度を比較によって知りうるような「正しい」一般均衡論的数量分析は存在しないから，この問題に対する確実な解答はない．われわれは，過大な適用の危険を警戒しつつ，不完全な分析用具であることを承知のうえで，第一次近似として部分均衡分析を利用し続けていくほかはないのである[6]．

22.3　比較静学：部分均衡と一般均衡

　前節では，ある財に対して政府が物品税を課した結果，どのような経済厚生上の変化が生じるかについて考察した．このように，経済にある外生的な変化が生じたとき，変化以前の均衡と変化以後の均衡を比較することによってその変化がもたらす効果を分析する手法を，「比較静学」(comparative statics)と呼ぶ．しかし，前節で使用した分析のフレームワークは部分均衡分析であり，当該財の需要・供給を通じた効果しか分析の対象とはされなかった．この財が経済活動全体に占めるウェイトが小さく，物品税の導入が他の財・サービスの需給にほとんど影響を与えないような場合には，部分均衡に基づく比較静学は税の導入が与える経済活動への第一次効果を考察するために有用である．
　しかし，導入される税が付加価値税のようにその対象が広範にわたり，税の導入の効果が経済のさまざまな側面にまで及ぶときには，部分均衡分析によってはその影響を正しく理解することができない．また，1つの財・サービスだ

けに税を導入する場合にも，税の導入が経済活動全体に与える影響が大きいときには部分均衡分析では不十分である．例えば，労働に対する賃金税のように，労働市場の需要・供給の変化が他の市場に大きな影響を与える場合，労働市場の外で決まるすべての変数が「他の事情にして一定」という仮定によって変化の連鎖から断ち切られてしまっては，経済全体で何が起こるかは明らかにならない．そこで本節では，付加価値税が導入された結果生ずる経済活動への効果を，一般均衡体系がどのように変化するかを通じて分析することにしたい[7]．

具体的には，第21章で考察した2財2要素の生産経済モデルに，2つの異なった形で付加価値税を導入することの結果を分析する．分析の単純化のため，本章ではただひとりの代表的消費者が存在するものと仮定する．具体的な分析を始める前に，いくつかの注意を与えておこう．

第1に，付加価値税によって得られた税収を，政府はどのように使うと考えるべきだろうか．われわれは税の導入の効果を問題にしているのであり，政府支出の効果を分析しようとしているのではない．その意味で，政府支出はできるだけ資源配分に中立的なものを考えるべきである．そこで以下では，われわれは政府は税収をみずからの財・サービスの購入に支出することはなく，消費者に一括型の補助金として移転すると考える．このような取り扱いによって，税収は民間経済主体(消費者)が支出することになり，政府が特定の財・サービスに支出すると考える場合に起こる税導入以外の影響を，分析から排除できる．なお，この仮定によって初めて，生産総額が消費者の支出総額に常に一致する(政府の行動を明示的に考慮しなくともワルラスの法則が成立する)ことになる点にも注意しておこう．

注意すべき第2点は，付加価値税がどこまでの財・サービスをカバーすると考えるべきか，という点である．本来，付加価値税とは経済で生産されるすべての付加価値に課税しようとするものである．しかし，実際の税制においては，その逆進性を低めるため，食料品，医薬品・医療サービスなどの必需品が課税を免除されることが多い．われわれは以下で，すべての生産物が課税される場合と，A産業(非製造業)生産物は非課税となりB産業(製造業)生産物のみが

課税される場合の2つのケースに分けて分析を行なうことにする。

さて,第21章で考察した,付加価値税が存在しないときの一般均衡は次のように表わされる。

$$(22\text{-}4\,\text{a}) \qquad S_A \frac{\partial}{\partial r} c^A(r,w) + S_B \frac{\partial}{\partial r} c^B(r,w) = T_0$$

$$(22\text{-}4\,\text{b}) \qquad S_A \frac{\partial}{\partial w} c^A(r,w) + S_B \frac{\partial}{\partial w} c^B(r,w) = L_0$$

$$(22\text{-}5) \qquad p_j = c^j(r,w) \qquad (j=A,B)$$

$$(22\text{-}6) \qquad S_j = \frac{\partial}{\partial p_j} E(p_A, p_B; u) \qquad (j=A,B)$$

ただしここで,記号の意味はすべて第21章と同じであるが,代表的消費者が1人しかいないという仮定によって,(21-3)-(21-4)式は(22-6)式に単純化されている。しかし,需要量の比率 S_A/S_B はやはり相対価格 p_A/p_B のみに依存し,21-3図でこの経済の一般均衡が表わせることに違いはない。以下,(22-4)-(22-6)式で決まる一般均衡を $(r^*, w^*, p_A^*, p_B^*, S_A^*, S_B^*, u^*)$ で表わすことにする。ただし,価格変数のうちの1つは価値基準財であり,その値は内生的には決定されない。

まず,すべての付加価値に同率で課税する場合を考えよう。いま,t_i を第 i 産業生産物への税率,$\tau_i = 1 + t_i$ とすれば,均衡条件(22-4)-(22-6)式は(22-5)式を

$$(22\text{-}5') \qquad p_i = (1+t_i)c^i(r,w) = \tau_i c^i(r,w) \qquad (i=A,B)$$

で置き換えたものになる。両産業の税率が等しいから,$t_A = t_B$ あるいは $\tau_A = \tau_B$ が成立する。

さて,このとき新たな均衡を $(r^{**}, w^{**}, p_A^{**}, p_B^{**}, S_A^{**}, S_B^{**}, u^{**})$ とし,

$$(22\text{-}7) \qquad r^{**} = r^*, \quad w^{**} = w^*, \quad u^{**} = u^*$$

$$(22\text{-}8) \qquad p_A^{**} = (1+t_A)p_A^*, \quad p_B^{**} = (1+t_B)p_B^*$$

$$(22\text{-}9) \qquad S_A^{**} = S_A^*, \quad S_B^{**} = S_B^*$$

とおいてみよう。相対価格,相対生産(需要)量は一定とし,(消費者)価格だけを税率分増加させるのである。このとき明らかに,均衡条件(22-4),(22-5′),

(22-6)式はすべて満たされる．なぜならば，税の導入によりすべての財の消費者価格が相対的に上昇し，生産要素から得られる実質所得は減少するが，政府の得る税収が消費者に戻されるかぎり実質所得の減少は政府補助金で完全に補塡され，相対価格 p_A/p_B が一定であれば需要も変化しないからである．

この結論は，われわれが仮定した生産要素の供給の要素価格弾力性が 0 であり，供給が一定であることに決定的に依存している．つまり，課税された生産者は，その税負担を消費者や生産要素の供給者に「転嫁」しようとする[8]．このとき，生産要素の供給が非弾力的であるために，税負担は彼らに全額転嫁されるのである．しかし，供給の弾力性がゼロだから，税負担が転嫁されても生産要素の供給量は変化しない．これがすべての付加価値に同率で課税しても実質的に何らの影響も生じない理由なのである[9]．

一方，製造業(産業 B)だけに課税を行なう場合には，$t_A=0$, $t_B>0$ となる．つまり，消費者が B 財を購入するときに支払わねばならない価格は p_B であるのに，生産者が生産物を売却するときに受け取る価格は，消費者価格から税額を差し引いた $c^B(r, w)$ でしかない．従って，消費者にとっての価格比率と生産者にとっての価格比率は，ちょうど税率 $1/(1+t_B)$ だけ乖離する．

このとき，22-2 図で消費者価格ベクトル $(p_A{}^*, p_B{}^*)$ が同じであっても，生産者価格は税率分小さい $p_B{}^*/(1+t_B)$ となり，産業 B の対応する要素価格フロンティアは原点に向かってシフトする．つまり，そもそも $p_A{}^*/p_B{}^*$ に対応していた要素比率 r^*/w^* は，産業 B への課税の結果より低い相対価格 $p_A{}^*/(1+t_B)p_B{}^*$ に対応することになる．この結果，22-2 図のパネル(b)の曲線 RW は，$R'W'$ へ $1/(1+t_B)$ の割合で下方にシフトすることになり，パネル(a)の供給曲線 SS も $S'S'$ へ同じ割合で下方シフトする．新たな均衡は E' になり，税導入前に比べて消費者価格比率は低下，生産者価格比率は上昇，生産量比率は増大することになる．図から明らかなように，このとき地代・賃金比率は上昇する．

以上の一般均衡効果は，次のように解釈できる．付加価値税の導入により B 財の(消費者)価格は上昇し，A 財の(消費者)価格は相対的に低下する．このため，B 財への需要は減退し生産量が低下する一方，A 財への需要が増大し生産

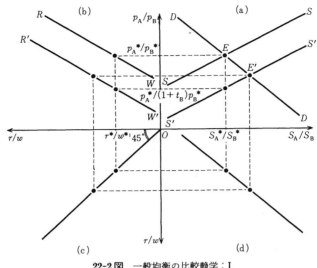

22-2図 一般均衡の比較静学：I

量も増加する。生産要素市場では，産業Bで従来雇用されていた土地・労働が解雇される一方，産業Aの土地・労働の雇用増が発生する。しかし産業Aの方が土地集約的であったから，土地については産業Aの雇用増が産業Bの雇用減を上回り超過需要が発生する一方，労働については逆の現象が起こり超過供給が発生する。この結果，地代が上昇し賃金が低下するから，新たな均衡では従前と比べて地代・賃金比率が上昇することになる。このように，1つの産業の生産物だけに差別的に課税をする場合には，その産業がより集約的に用いている生産要素に対してより大きな税負担が転嫁されるのである。

なお，以上の効果は，より単純な形で22-3図に表わされている。図の点Eは，課税前，あるいは両産業に同率の課税がされた場合の均衡である。この均衡では，2生産物の限界費用の比率である限界変形率が生産物の相対価格で表わされる消費の限界代替率に等しいから，可能な生産量の組み合わせ(生産フロンティア)の中で消費者にとってもっとも望ましい(パレート効率的な)配分が達成されている。このように両産業に同率の税がかけられるときには，消費者価格比率と生産者価格比率との間に乖離は起こらず，資源配分上の非効率性

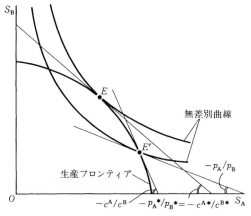

22-3図　一般均衡の比較静学：II

は発生しない(ただし, 課税による税収分を補助金として消費者に戻さなければ, その分だけ消費者の所得は減少するはずである). また土地所有者と労働者の所得分配にも変化はない.

しかし, 1つの産業にだけ課税をする場合には, 限界費用比率と生産物の相対価格, したがって限界変形率と限界代替率は乖離し, 均衡は E' に移る. この結果, 税収を消費者に補助金として払い戻しても, 非効率性が発生した分だけ消費者の(全体としての)効用が低下する. しかもそのとき, 要素価格比率の変化のために所得再分配が起こり, 課税された産業がより集約的に使用している生産要素の供給者は, そうでない生産要素の供給者に比べて一層大きな負担を蒙ることになるのである.

以上の分析は, 数学的には次のように導出できる.

表記の簡略化のため, 単位費用関数 $c(r, w)$ に下付きの小文字を添えたものは, 当該変数に関する偏微係数を表わすことにしよう. 例えば, $c^i_r = (\partial/\partial r) c^i(r, w)$ あるいは $c^i_{rw} = (\partial^2/\partial r \partial w) c^i(r, w)$ ($i = A, B$) 等である. 従って, c^i_r (あるいは c^i_w) は第 i 産業の産出量1単位あたりの土地(あるいは労働)投入量, つまり土地(あるいは労働)投入係数を表わしている. また, η で生産要素の要素価格弾力性を表

わすことにしよう。$\eta^i{}_{rr}=rc^i{}_{rr}/c^i{}_r$, $\eta^i{}_{rw}=wc^i{}_{rw}/c^i{}_r$, $\eta^i{}_{wr}=rc^i{}_{wr}/c^i{}_w$, $\eta^i{}_{ww}=wc^i{}_{ww}/c^i{}_w(i=\mathrm{A, B})$ であり，例えば $\eta^i{}_{rr}$ は土地需要の地代弾力性，$\eta^i{}_{rw}$ は土地需要の賃金弾力性を表わすことになる。また，$c^i{}_r$（あるいは $c^i{}_w$）が (r, w) に関して 0 次同次であることから，

(22-10) $\qquad \eta^i{}_{rr}+\eta^i{}_{rw}=0, \qquad \eta^i{}_{wr}+\eta^i{}_{ww}=0 \qquad (i=\mathrm{A, B})$

が成立する[10]。

さて，$c^i{}_r$（あるいは $c^i{}_w$）を対数全微分し，(22-10)式を使えば，

$$d \ln c^i{}_r = \eta^i{}_{rr} d \ln r + \eta^i{}_{rw} d \ln w = -\eta^i{}_{rw}(d \ln r - d \ln w)$$
$$d \ln c^i{}_w = \eta^i{}_{wr} d \ln r + \eta^i{}_{ww} d \ln w = \eta^i{}_{wr}(d \ln r - d \ln w)$$

が成立することがわかる。次に，第 i 産業の代替の弾力性を σ^i で表わそう[11]。本書第Ⅰ巻第7章で与えた定義に(22-10)式を適用することにより，

$$\sigma^i = -\frac{d(\ln c^i{}_r - \ln c^i{}_w)}{d(\ln r - \ln w)} = \eta^i{}_{rw}+\eta^i{}_{wr}$$

が得られる。

定義により $\eta^i{}_{rw}=wc^i{}_{rw}/c^i{}_r$, $\eta^i{}_{wr}=rc^i{}_{wr}/c^i{}_w$ であり，また $c^i{}_{rw}=c^i{}_{wr}$ が常に成立するから，

(22-11) $\qquad \sigma^i = \eta^i{}_{rw}\left[1+\frac{\theta^i{}_r}{\theta^i{}_w}\right] = \frac{\eta^i{}_{rw}}{\theta^i{}_w}$

$\qquad \qquad \quad = \eta^i{}_{wr}\left[\frac{\theta^i{}_w}{\theta^i{}_r}+1\right] = \frac{\eta^i{}_{wr}}{\theta^i{}_r}$

である。ただしここで，θ は当該生産要素が当該産業の費用に占める割合，すなわち $\theta^i{}_r=rc^i{}_r/c^i$, $\theta^i{}_w=wc^i{}_w/c^i$ 等である。

以上の準備の下で，(22-4)式を対数全微分することにより，

(22-12 a) $\qquad \beta^\mathrm{A}{}_T\left[d \ln S_\mathrm{A}-\eta^\mathrm{A}{}_{rw} d \ln \frac{r}{w}\right]$

$\qquad \qquad +\beta^\mathrm{B}{}_T\left[d \ln S_\mathrm{B}-\eta^\mathrm{B}{}_{rw} d \ln \frac{r}{w}\right]=0$

(22-12 b) $\qquad \beta^\mathrm{A}{}_L\left[d \ln S_\mathrm{A}+\eta^\mathrm{A}{}_{wr} d \ln \frac{r}{w}\right]$

$\qquad \qquad +\beta^\mathrm{B}{}_L\left[d \ln S_\mathrm{B}+\eta^\mathrm{B}{}_{wr} d \ln \frac{r}{w}\right]=0$

が得られる。ただしここで，$\beta^i{}_j$ は第 j 生産要素 $(j=T, L)$ 総量のうち，第 i 産業で雇用されている比率である。従って，$\beta^i{}_T=T_i/T_0=c^i{}_r S_i/T_0$, $\beta^i{}_L=L_i/L_0=c^i{}_w S_i/L_0$ と表わされる。$\beta^i{}_T+\beta^i{}_L=1$ であることおよび(22-11)式に注意して，(22-12 a)式

から(22-12 b)式を引けば,

$$(22\text{-}13) \quad (\beta^A_T - \beta^A_L)\left(d\ln\frac{S_A}{S_B}\right) = [(\beta^A_T\theta^A_w + \beta^A_L\theta^A_r)\sigma^A + (\beta^B_T\theta^B_w + \beta^B_L\theta^B_r)\sigma^B]\left(d\ln\frac{r}{w}\right)$$

という関係が得られる. これが図 22-2 のパネル(d)に示された関係の数学的表現である. 産業 A の方が土地集約的であるという仮定から $\beta^A_T - \beta^A_L > 0$ であり, 右辺の角括弧の中は明らかに正だから, r/w が上昇すれば S_A/S_B も上昇する[12].

一方, (22-5′)式を対数全微分すれば,

(22-14 a) $\quad d\ln p_A = d\ln \tau_A + \theta^A_r d\ln r + \theta^A_w d\ln w$

(22-14 b) $\quad d\ln p_B = d\ln \tau_B + \theta^B_r d\ln r + \theta^B_w d\ln w$

である. そこで, $\theta^i_r + \theta^i_w = 1$ に注意して(22-14 a)式から(22-14 b)式を差し引けば,

$$(22\text{-}15) \quad d\ln\frac{p_A}{p_B} = d\ln\frac{\tau_A}{\tau_B} + (\theta^A_r - \theta^B_r)d\ln\frac{r}{w}$$

となる. 産業 A が B より土地集約的だから $\theta^A_r > \theta^B_r$ であり[13], r/w が 1% 上昇すれば p_A/p_B は $(\theta^A_r - \theta^B_r)$% 上昇することになる. これが 22-2 図のパネル(b)に示された関係である.

最後に, (22-13)式を(22-15)式に代入することにより,

$$(22\text{-}16) \quad d\ln\frac{p_A}{p_B} = d\ln\frac{\tau_A}{\tau_B} + \frac{(\theta^A_r - \theta^B_r)(\beta^A_T - \beta^A_L)d\ln S_A/S_B}{(\beta^A_T\theta^A_w + \beta^A_L\theta^A_r)\sigma^A + (\beta^B_T\theta^B_w + \beta^B_L\theta^B_r)\sigma^B}$$

が得られる. これが 22-2 図のパネル(a)の曲線 SS を数学的に表現したものにほかならない[14].

次に需要面(22-6)式の数学的導出を行なおう. 表記の簡略化のため, 単位費用関数と同様, 支出関数 $E(p_A, p_B; u)$ に下付きの小文字を添えたものは当該変数に関する偏微係数を表わすことにしよう. 従って, E_i は第 i 生産物への補償需要, E_{ii}(あるいは E_{ij})は E_i の p_i(あるいは p_j)に関する偏微係数, E_u は最小支出の効用に関する偏微係数である. また ε で支出関数の弾力性を表わし, λ で需要の所得弾力性を表わすことにしよう. つまり, $\varepsilon_{ii} = p_i E_{ii}/E_i$ (あるいは $\varepsilon_{ij} = p_j E_{ij}/E_i$)は第 i 生産物への補償需要の価格(あるいは交差)弾力性を, $\varepsilon_u = uE_u/E$ は最小支出の効用弾力性を, λ_i は第 i 財の需要の所得弾力性を表わす. 補償需要関数が生産物価格に関し

て0次同次であることから，

$$\varepsilon_{ii}+\varepsilon_{ij}=0$$

が成立する．

さて，第i財への補償需要$E_i=S_i$を対数全微分すれば，

(22-17) $\quad d\ln S_i = \varepsilon_{ii}d\ln p_i + \varepsilon_{ij}d\ln p_j + \lambda_i\varepsilon_u d\ln u$

が得られる．なお，効用関数がホモセティックだから，両財の所得弾力性は常に1に等しい．次に，消費の代替の弾力性をσ^dで表わそう．(22-17)式で$d\ln u=0$と置き，生産の代替の弾力性と同様のステップを踏むことにより，

(22-18) $\quad \sigma^d = -\dfrac{d(\ln E_A - \ln E_B)}{d(\ln p_A - \ln p_B)} = \varepsilon_{AB}+\varepsilon_{BA}$

を得ることができる．

(22-17)式と所得弾力性が1に等しいことを使い，(22-18)式に注意すれば，

(22-19) $\quad d\ln\dfrac{S_A}{S_B} = -\sigma^d\left[d\ln\dfrac{p_A}{p_B}\right]$

が得られる．これが22-2図のパネル(a)に描かれた曲線DDの数学的表現である．

22.4　部分均衡の動学(1)——ワルラスとマーシャルの調整過程

マーシャルの部分均衡分析は，ワルラスの一般均衡分析とは対照的に，終始動学的な体系を念頭において展開されている[15]．部分均衡分析が，すべての財・サービスの市場における需給の同時均衡というワルラス流の静学的概念ではなく，それぞれの市場における不均衡の調整時間を考慮に入れ，短期均衡・長期均衡といった時間に明示的に関連した概念に基づいているのも，この事情を反映しているのである．

本書では，マーシャルの経済動学の理論，あるいはむしろ彼のいわゆる「経済生物学」(economic biology)の理論に深くは立ち入らないが，1財市場の部分均衡の動学に関するマーシャル流の分析をワルラス流の分析と対照することによって，マーシャル理論の感触を伝えておくことにしたい．

まず，22.2節と同じく，財1の市場の短期市場均衡を考えよう．この財の短

期均衡価格 p_1^* と短期均衡数量 x_1^* は，22-1 図に描かれたように需要曲線と供給曲線の交点において決定される．しかし，現実の市場においては価格の変化がこの財の需給を変化させ，なお残る需給の不均衡が価格をさらに変化させるという動学的調整が時間の経過の中で進行し，そのような調整過程が安定的である場合に限って，均衡価格と均衡数量が市場で達成されると考えられる．

市場における調整過程のひとつのモデルは，第 19 章で考察したワルラス的調整過程＝模索過程である．このモデルにおいては，価格は超過需要（あるいは超過供給）が存在すれば引き上げ（あるいは引き下げ）られる．22-4 図に描かれたように，均衡価格よりも低い価格では超過需要が，そして均衡価格よりも高い価格では超過供給が発生するならば，ワルラス的価格調整の過程はやがては均衡価格に収束するだろう．

マーシャルによる不均衡調整モデルを定式化するためには，まず「超短期」という期間と，「需要価格」と「供給価格」という概念を新たに定義しなくてはならない．超短期とは，生産量を調整することが不可能なほど短い期間である．いま，22-5 図で生産者がある数量 x_1 を生産しており，超短期にはこの生産量を変更できないとしよう．従って，超短期の供給曲線は x_1 で垂直となり，均衡価格は $p_1^d(x_1)$ となる．これを，数量 x_1 に対する需要価格とよぶ．また，ちょうど x_1 だけの数量を生産するための限界費用 $p_1^s(x_1)$ を，数量 x_1 に対する供給価格とよぶ．そして $p_1^d(x_1) - p_1^s(x_1)$（あるいは $p_1^s(x_1) - p_1^d(x_1)$）を，超過需要価格（あるいは超過供給価格）と名づける．数量 x_1 を生産しているときの超過需要価格（あるいは超過供給価格）が正であれば，超短期に成立する均衡価格が限界費用を上回る（あるいは下回る）から，生産者はこの財の生産量をさらに増加させる（あるいは減少させる）誘因をもつ．マーシャル的調整過程は，このような考察に基づいて，正の超過需要価格（あるいは超過供給価格）をもつ財の供給量は増加する（あるいは減少する）ものと考える．

22-5 図から見てとれるように，均衡数量よりも大きい供給量においては正の超過供給価格が，そして均衡数量よりも小さい供給量においては正の超過需要価格が発生する場合には，マーシャル的数量調整の過程は，やがては均衡数量

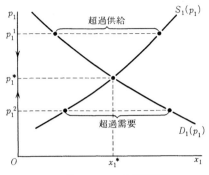

22-4図 ワルラス的調整過程

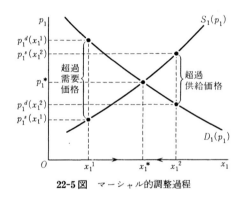

22-5図 マーシャル的調整過程

に収束するものと考えられる．

　ワルラス的調整過程とマーシャル的調整過程とは，まったく異なる調整過程のモデルではあるが，22-4図および22-5図のように供給曲線が右上がりで需要曲線が右下がりである場合には，両プロセスはいずれも安定的であり，両者ともにやがては均衡価格と均衡数量を達成することができる．

　次に，この財を生産する産業への企業の参入・退出の自由が認められる長期の均衡を考察しよう．この場合には，例えば第Ⅰ巻第8章8.4節で説明した金銭的（マーシャル的）外部経済が存在すれば，供給曲線が右下がりになる可能性がある[16]．22-6図と22-7図は，それぞれ需要曲線の勾配が供給曲線の勾配よりゆるい場合ときつい場合とを描いている．前者の場合には，ワルラス的調整

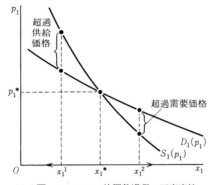

22-6図 マーシャル的調整過程の不安定性

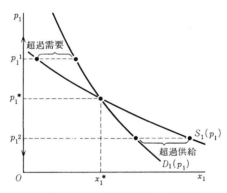

22-7図 ワルラス的調整過程の不安定性

過程は安定的であるがマーシャル的調整過程は不安定である．後者の場合には，逆にマーシャル的調整過程は安定的であるが，ワルラス的調整過程は不安定である[17]．

　ここで，ワルラス的調整過程とマーシャル的調整過程との（単に形式的な差異ではなく）実質的・経済学的な差異について補足的な説明を行なっておこう．第19章でも述べたように，ワルラス的調整過程においては需要量，供給量はともに各時点での価格に対応して瞬間的に調整され，消費者による「効用」最大化と生産者による利潤最大化は，不均衡価格のもとにおいても常に達成されているものと想定されている．これに対して，マーシャル的調整過程においては，

超過需給に対する価格の調整に比較して価格に対する供給(生産)量の調整がはるかに緩慢であると想定されている．

このような相違は，2つの調整過程が対象とする財・サービスの性質に依拠すると考えられる．つまり，生産量を容易に調整できず，しかも大量の在庫を保有することが困難な財・サービスは，生産量(供給量)のフローを瞬時には調整できない．このとき，調整はマーシャル的になるだろう．一方，株式や外国為替，あるいは冷凍された食品などのように，財がストック的な性質をもつときには，価格の変化に応じて市場への供給量が容易に変化する．このような財市場の調整は，ワルラス的に行なわれると考えられる．

22.5 部分均衡の動学(2)──くもの巣過程と合理的期待

均衡への調整過程のモデルは，ワルラス型やマーシャル型以外にも，多くのものが考えられる．ここでは，(1) 各期ごとに市場における需給を一致させる均衡価格が敏速に成立するが，(2) 市場で成立する価格を見て供給量を調整するためにはかなりの時間が必要とされ，(3) しかも将来価格に対する期待は静学的であるような財に対して，有名な「くもの巣過程」(cobweb process)と呼ばれる調整過程を説明しておこう．静学的期待とは，今期市場で成立している価格が来期も成立すると予想する，ナイーブな期待形成方法である．ここで挙げた3つの特徴を備えた典型的な財としては，農産物や畜産物を念頭におけばよい．

供給量の調整の遅れという現象を定式化するためには，時間 t を離散的に取り扱うのが適切である．ある期 t におけるこの財の価格を p_t で表わすとき，その期の需要量と供給量はそれぞれ

(22-20) $\qquad D_t = a + b p_t \qquad (a>0, b<0)$

(22-21) $\qquad S_t = c + d p_t^e \qquad (c<0, d>0)$

で表わされるものとしよう．すなわち，需要量はこの期の価格に敏速に適応し

て定まる．一方，供給量は，前期に予想された今期の価格水準 p_t^e に依存し，しかも静学的期待のためそれは前期の実現価格 p_{t-1} に等しい．この結果，前期に実現した価格は，今期の市場にまでその影響をおよぼすことになる．

この市場の特徴(1)により，需給均衡価格は期内に敏速に成立するのだから，t 期の価格 p_t は

(22-22) $$D_t = S_t$$

によって定められる．(22-20)-(22-22)式を連立させることにより，時間の経過を通じる価格の変動を記述する下記の方程式を得ることができる[18]．

(22-23) $$bp_t - dp_{t-1} + a - c = 0$$

このモデルにおける定常均衡価格 $p^* = p_t (t=0, 1, 2, \cdots)$ は，(22-23)式より，$p^* = (c-a)/(b-d) > 0$ と計算される．この定常均衡価格からの市場均衡価格の乖離を $q_t = p_t - p^*$ と書けば，容易に確認できるように

(22-24) $$bq_t = dq_{t-1}$$

という関係式が成立する．(22-24)式はすべての t について成立するのだから，繰り返し計算によって

(22-25) $$q_t = \left(\frac{d}{b}\right)^t q_0$$

が成立することが知られる．明らかに，$d/b(<0)$ の絶対値が 1 より小さいとき，そしてそのときにのみ，q_t は時間の経過とともに正負に振動しつつ 0 に収束し，市場均衡価格は，定常均衡価格に収束することになる．

22-8 図と 22-9 図は，それぞれ定常均衡への収束が生じる場合と生じない場合について，この調整プロセスを図示したものである．くもの巣過程という名称は，この図中の変動経路がくもの巣に似ていることに由来している．

くもの巣過程を生じさせる 3 つの条件のうち，条件(1)および(2)は市場または財の特質によって決まるものである．これに対して条件(3)は期待形成の方法に関わるものであり，その必然性は明白でない．むしろ，期待の形成も一つの経済行動であり，合理的な経済主体は「合理的に」期待を形成すると考える方が自然である．「合理的期待形成仮説」(rational expectation hypothesis)は，

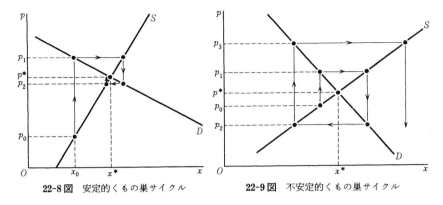

22-8図 安定的くもの巣サイクル　　**22-9図** 不安定的くもの巣サイクル

このような考え方を徹底させたものである[19]。

(22-21)式を再検討しよう。この式の背景には，代表的生産者の生産計画の決定問題がある。これを表わしたものが 22-10 図である。生産者は，$t-1$ 時点で翌期に成立する価格を予測しようとする。もし生産者が翌期の価格が p_t^e であると予測するなら，利潤を最大化するように $S(p_t^e)$ を生産しようとする。ところで，実際に t 期に成立する価格が p_t なら，この生産者は図の $p_t CADp_{SD}$ で囲まれた面積分の生産者余剰(準レント)しか得られない。一方，事前に正しい予測をしていれば，$S(p_t)$ の生産を行ない $p_t BDp_{SD}$ で囲まれた面積分の生産者余剰を得ることができたはずだから，誤った予測のために結局 ACB で囲まれた面積分の生産者余剰(あるいは利潤)を逸してしまったわけである。このように，より正しい予想を行なうことによって合理的な経済主体はより大きな利潤を得られるのであり，従って彼は，より正確な予想を形成するよう努力するはずである。

いま，すべての生産者が合理的であり，しかも彼らは需給が(22-20)式と(22-21)式で決まるということを，そのパラメーター(a, b, c, d)の値を含めて熟知していると仮定しよう。以下代表的な生産者を取り出して，彼の予想形成を 22-8 図を使って検討する。

もしこの生産者が，他の生産者が予想する来期の価格は p_0 であると予想するなら，彼は来期の総供給量は x_0 であり，従って来期に実際に実現する価格は

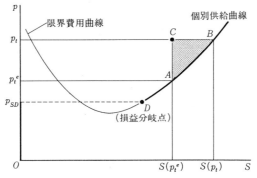

22-10図 誤った予想形成と失われた利潤

p_1 だと予想することになる．しかしこのことは，彼が彼以外の生産者の持っている予想は実現されないと考えていることに等しい．つまり彼は，他の生産者は合理的ではなく，利潤を最大化するような予想を行なっていないと考えていることになる．

しかし，他の生産者も合理的なのだから，彼が来期の価格が p_1 だと予想する——そして他の生産者の予想価格は p_0 であると予想する——はずはない．このような推論を押し進めて行けば，彼は結局，他の生産者の予想価格は p^* であると予想するほかはないことになる．従って，「合理的に」形成される予想価格 p^e は，常に均衡価格 p^* に一致するのである．この結果，生産に遅れがあっても価格の変動は(天候の変化などの不確実性や，嗜好や政策などの外生変数の変化を除けば)存在せず，常に均衡価格が実現されることになる．これが最近マクロ経済学などで主張されるいわゆる「合理的期待」の考え方である．

では，このような予想形成は，現実の合理的経済主体の予想形成をどの程度近似しているのだろうか．この問題を考えるために，まず予想について関連する2つの概念を説明する必要がある．「完全予見」(perfect foresight)と「自己充足的予想」(self-fulfilling expectation)がそれである．完全予見とは，将来実現する価格を予め正確に知ることであり，自己充足的予想とは，予想された価格が実現することである．これら2つの概念と上で説明した「合理的期待」とは同じ概念だと思う読者もいるかもしれない．しかし，その本質はまったく異

なるものである．

完全予見とは，どのような形でそのような予想が作られるかという予想形成の基礎理論なしに，経済主体があたかも神のように将来を予見できると考える．これに対して合理的期待は，自分の利益を最大にすることを目的とする経済主体が，保有している知識の下で最適な予想形成を行なった結果である．このように，合理的期待は，完全予見と異なってなぜある予想が生まれるのかを明らかにする一つの予想形成「仮説」なのである．

では，上で説明した意味での合理的期待は，現実の予想形成を十分に近似しているだろうか．この点を理解するために重要なのは，すべての生産者が，将来価格が(22-20)式と(22-21)式で決まることを，そのパラメーターの値をも含めて熟知しているという仮定の現実性である．

そもそも各経済主体は，価格が需要と供給を一致させる均衡で決定されるということをさえ，知っているだろうか．われわれが考察してきた完全競争的市場機構がもつ決定的な特徴は，「各経済主体は自分の利益だけを考えて分権的に行動し，市場全体の整合性をまったく考えなくとも，実は整合的・効率的な資源配分を保証する競争均衡が達成されるという驚くべき性質を持っている」ということではなかっただろうか．このような「盲目的」な経済主体が，市場の需要関数・供給関数の形状・パラメーターなどを知っていると仮定できるだろうか．あるいはまた，われわれのまわりにいる人々は，将来の株価や地価の予想をするに際してその需要や供給の条件を使って予想を形成しているだろうか．

このように考えると，上で考察した合理的予想(期待)とは，現実を近似するものというよりはむしろ，各経済主体が保有している情報に関して一つの(非現実的で)極端な仮定を置いたとき，利潤を最大化する予想がどのようなものであるかを明らかにするための純粋に理論的な道具だてであることが明らかだろう．無論，現実には完全競争の世界が存在しないからといって厚生経済学の基本定理の意味が失われることがないように，このような極端な仮定から得られる合理的期待もまた経済分析上しばしば有用であり有効である．

しかし，現実的な予想形成という点からは，各経済主体が持っている情報がそれほど完全ではないときに，できるだけ正確な予測を行なうことによって自分の利潤を最大化しようとする経済主体がどのような予想を形成するかを明らかにする必要があるだろう．いわば，情報が不完全である場合の「合理的期待形成」の分析である．しかし，残念ながらこの分野は，未だ満足できる理論を提供できる段階に到達していない．

しかし，各経済主体が不完全な情報しか入手しえないとしても，もし市場の需要や供給の条件が不変に留まり同じ状況が繰り返されるなら，実現された価格の水準やその動きに関する情報が十分に蓄積されることになる．これらの情報が一定の規則性をもつかぎり，それは合理的な経済主体の予想形成に完全に反映されることになろう．その意味で，予想形成が正しい経済モデル((22-20)-(22-21)式)を基にして行なわれないとしても，結果としての予想は規則性をもつ現実の価格を正しく予測することになる．このような予測は，自己充足的な予想となるのである．しかし，このときには予想のあり方が経済モデル自体に影響を与えるから，自己充足的な予想であってもそれが「正しい」経済モデルの均衡である必然性はない．

第22章 注

1) 例えば，ビールの税率の引き上げがその価格に及ぼす効果を調べるために，ワインやウィスキーの市場はいうに及ばず，鉄鋼やトラック，シルクハットの市場に至るまで余すところなく波及とフィードバックの連鎖を追求しないと「正しくない」というのは，いささかバランス感覚を欠くというべきだろう．このような場合には，解答の近似的性格を十分承知のうえで，そのような近似的解答を部分均衡分析によって導出することこそ健全な常識であると考えられる．

2) 本書第Ⅰ巻の第6章，特に87ページを参照せよ．

3) やや病理的な場合として，市場供給曲線と市場需要曲線が決して交わらないとか，価格が正である範囲では交わらないといった状況が考えられる．（読者は，一体どんな性質をもつ財に対してこのような病理現象が起こりそうかを考えてみよ.）以下ではそのような場合を無視することにする．

4) 消費者余剰と生産者余剰の概念については，それぞれ本書第Ⅰ巻の第13章（「厚生変化と消費者余剰」）と第8章（「市場供給関数と長期均衡」）を参照せよ．

5) 厚生上の損失や死荷重が発生するのは，課税の場合だけでなく生産（あるいは消費）補助金や，生産制限などによる量的規制の場合も同様である．読者は，これらの場合の死荷重がどのように表わされるかを検討せよ．

6) 部分均衡分析の信頼度に対するひとつの数量的評価として，興味ある読者はWhalley, J., "How Reliable is Partial Equilibrium Analysis," *Review of Economics and Statistics*, vol. 52, 1975, pp. 299-310 を参照せよ．

7) 本章で展開する分析は，Harberger, A. C., "The Incidence of the Corporate Income Tax," *Journal of Political Economy*, vol. 65, 1962, pp. 506-521 および Mieszkowski, P., "On the Theory of Tax Incidence," *Journal of Political Economy*, vol. 75, 1967, pp. 250-262 等に基づいている．これらの分析の拡張やより一般的な取り扱いについては，例えば Atkinson, A. B., and J. E. Stiglitz, *Lectures on Public Economics*, New York: McGraw-Hill, 1980 を参照せよ．

8) 税法上の納税義務者が実質的に税負担を回避して他の経済主体に負担を負わせる場合には，租税の転嫁(shifting)が生じるという．この概念の一層詳細な説明とその経済分析に関しては，例えば貝塚啓明『財政学』東京大学出版会，昭和63年（第8章「租税の転嫁と帰着」）を参照せよ．

9) 現実の経済では，労働供給の賃金（補償）弾力性はゼロではないと考えられる．その場合には，すべての付加価値に同率で課税しても，資源配分上の歪みが発生する．

10) 0次同次関数に関するオイラーの定理（本書第Ⅰ巻，数学付録281ページ）による．

11) 代替の弾力性については，本書第Ⅰ巻第7章7.4節を参照せよ．

12) 逆に産業Bの方が土地集約的なら r/w が上昇するとき S_A/S_B は下落し，パネル(d)のグラフの傾きは逆転する．

13) A産業の方が土地集約的だから，$c^A_w/c^A_r < c^B_w/c^B_r$ である．従って，$1+c^A_w/c^A_r < 1+c^B_w/c^B_r$，あるいは $(wc^A_w+rc^A_r)/rc^A_r < (wc^B_w+rc^B_r)/rc^B_r$ が常に成立する．オイラーの定理を使えば，これは $c^A/rc^A_r < c^B/rc^B_r$ であり，従って $\theta^A_r > \theta^B_r$ が成立しなくてはならない．逆にB産業の方が土地集約的ならば r/w の上昇は p_A/p_B の下落を伴うことになり，パネル(b)のグラフの傾きも逆転する．

第22章　部分均衡と一般均衡　117

14)　(22-16)式の係数は，B産業の方が土地集約的であったとしても正になる．

15)　興味をもつ読者は，マーシャル自身がこの目標を語った記述として Marshall, A., *Principles of Economics*, London: Macmillan, 9th(variorum)ed., 1961 (馬場啓之助訳『経済学原理』[全4冊]東洋経済新報社，昭和50-52年)の pp. xiv-xv(邦訳第I，xvii-xviii ページ)を参照せよ．

16)　マーシャル的外部性に関するより詳細な議論は，例えば Chipman, J. S., "External Economies of Scale and Competitive Equilibrium," *Quarterly Journal of Economics*, vol. 84, 1970, pp. 347-385 および Panagariya, A., "Variable Returns to Scale in Production and Patterns of Specialization," *American Economic Review*, vol. 71, 1981, pp. 221-230 を参照せよ．

17)　ワルラス的安定条件とマーシャル的安定条件との関係については，Newman, P., *Theory of Exchange*, Englewood Cliffs, New Jersey: Prentice-Hall, 1965 の pp. 106-108; Negishi, T., *General Equilibrium Theory and International Trade*, Amsterdam: North-Holland, 1972 の Chapter 13, および Svensson, L. E. O., "Walrasian and Marshallian Stability," *Journal of Economic Theory*, vol. 34, 1984, pp. 371-379 などの参照が有益である．

18)　(22-23)式は，「定差方程式」(difference equation)と呼ばれる関数方程式の簡単な一例である．

19)　合理的期待仮説の詳細については，Muth, J., "Rational Expectations and the Theory of Price Movements", *Econometrica*, vol. 38, 1961, pp. 315-335 および Sheffrin, S. M., *Rational Expectations*, Cambridge, New York: Cambridge University Press, 1983 を参照せよ．

第23章　競争均衡パラダイムの拡張と限界

23.1　先物市場と均衡モデルの形式的拡張

　第IV部におけるこれまでの考察は，経済の一般均衡を対象としていた．しかし，現実の経済では重要な役割を果たすのに，これまでほとんど触れることができなかった2つの要因がある．動学と不確実性である．ところで，これら2つの要因を含めたより一般的な視点から，以上で展開した一般均衡の概念を形式的に再構成する方法が知られている．まず動学についてこの方法を説明しよう．

　第20章でわれわれは，多数の財・サービス，消費者，企業からなる私的所有制経済の一般均衡を考察した．しかし，経済は1日で終わるわけではない．明日，来月，来年の消費・生産活動は，市場でどのように決定されるのだろうか．

　今日を $t=0$，明日を $t=1$ というように，時間を $t=0,1,\cdots,T$ で表わそう．また，財を考えられるすべての物理的特性 $j=1,2,\cdots,k$ によって区別しよう．従って，毎期(毎時点)の経済活動の対象となりうる財は k 個ある．しかし，同じ物理的特性をもつ財であっても，今日のりんごは1年後には腐ってしまって食べられないから1年後の新しいりんごとは異なる財であると考えられる．また，耐久財であっても今日車を買うのと10年後にしか車を買えないのでは得られる満足が異なる．このように，同じ物理的特性をもっていても違う時点に存在する財は異なる財と考えるべきである．そのとき，われわれが問題とすべき財は時点と物理的特性の組 (t,j) で番号づけられ，全部で kT 個あることになる．

　ところで，厚生経済学の基本定理が成立するための一つの条件は，すべての財についてそれを取引する市場が存在すること(市場の普遍性)だった．将来時点の財を取引する市場は，「先物市場」(futures market)と呼ばれる．6カ月後

のドルを取引する外国為替の先物市場や，春物小麦などの商品先物市場がその例である．従って，一般均衡モデルを動学に拡張した場合の市場の普遍性の条件とは，すべての将来時点，すべての物理的財について先物市場が存在するということにほかならない[1]．

　先物市場の果たす役割は2つの部分から成る．第1は，先物市場を通じて異時点間の資源の再配分が可能になることである．貨幣の先物市場を考えればこのことは明白である．いま，「1年後の貨幣」1円が先物市場で「現在の貨幣」p円という価格で取引されているとしよう．このとき将来の1万円を先物市場で売ることは，$p\times 1$万円を利子率$\frac{1}{p}-1$で借りることに等しい．なぜなら，この取引によって1年後の1万円の代わりに現在の$p\times 1$万円を得ることができるからである．逆に将来の1万円を先物市場で買うことは，$p\times 1$万円を貸すことにほかならない．このように，先物市場は，現在と将来の資源の移転——貸借——を行なう場なのである．異時点間の資源の移転は，貨幣の先物市場だけでなく，財の先物市場によっても可能であることは明らかだろう．

　先物市場が果たす第2の役割は，将来実現する正しい価格体系を明らかにすることにある．いま，貨幣の先物市場が存在し資源の異時点間再配分は可能であるが，財ごとの先物市場は存在しないとしよう．このとき，将来時点での初期保有がパレート効率的である必然性はないから，各時点で直物市場が開かれ経済主体間で財の再配分が行なわれることになる．ところで，将来の直物市場で成立する価格体系はその時点にならなければ確定しない．従って，貨幣の先物市場を通じてどれだけの貸借を行なう必要があるかは，将来の各時点でどのような価格体系が成立し，当該経済主体にとって必要な資源がいくらであると予想するかに依存して変わってくる．各経済主体が予想する価格体系が実際に成立する価格体系と異なる（間違った）ものであるかぎり，実現される資源配分が効率的になる保証はどこにも存在しない．

　すべての財について先物市場が存在していれば，将来需要・供給に関するすべての情報が現在の先物市場に正確に反映されることになり，成立する先物価格体系は，将来直物市場が開かれれば実現するだろう価格体系と一致すること

になる.従って,価格予想の誤りは存在せず,効率的な資源配分が達成されるのである.なお,なんらかの理由ですべての経済主体が将来の(直物市場)価格を正しく予想できる(予想が自己充足的である)なら,貨幣の先物市場さえ存在すれば資源配分は必ずパレート効率的になることも明らかだろう.

23.2 不確実性と条件付き債券市場

本書第I巻第14章で,われわれは不確実性を意思決定者のコントロールがおよばない「自然の状態」θによって定義した.例えば今日($t=0$)と明日($t=1$)だけしかない経済で,明日大地震が起こる状態をθ,大地震が起こらない状態をθ'としよう.そのとき,明日消費する同じ物理的特性をもつ財であっても,θが起こった時とθ'が起こった時とでは異なる財と考えるべきである.各消費者の初期保有や企業の生産量,あるいは消費者の嗜好などが,どちらの状態が起こるかに応じて異なるからである.従って財は,状態θが起こった時の財jというように組(θ, j)によって番号付けられ,起こりうる自然の状態がS個あれば財は全部でkS個あることになる.

では,このとき市場の普遍性はどのように理解されるだろうか.実際にどの状態が起こるかが分からない「事前」に(θ, j)を取引する市場は,「条件付き債券」(contingent claim)の市場と呼ばれる.条件付き債券(θ, j) 1単位は,将来自然の状態θが起きたとき,またそのときにのみ,第j財を1単位受け取る権利として定義される[2].条件付き債券として最もよく知られているのは,保険契約である.100万円の火災保険を購入することは,「将来自分の家が焼失したとき,またそのときにのみ,100万円を受け取る権利」を保険料を払って購入することだと理解できるからである.

もしすべての自然の状態とすべての財に関する条件付き債券の市場が存在すれば,一般均衡モデルは不確実性を含む場合にも拡張でき,厚生経済学の基本定理が成立することになる.条件付き債券市場は,先物市場と同様に各状態間で資源を再配分する(保険を提供する)機能と,各状態が実現すれば成立するで

あろう直物市場価格における価格情報を提供する機能を果たすので，正しい価格予想が行なわれすべての自然の状態に対して貨幣という単一の条件付き債券さえ存在すれば，厚生経済学の基本定理が成立するのである．

23-1図は，条件付き債券市場の役割を明らかにしている．いま，物理的な財は貨幣だけであるとし，将来起こりうる自然の状態は好天(θ)と干ばつ(θ')の2つあるとしよう．2人の消費者($i=1,2$)がおり，消費者1(あるいは消費者2)は好天(あるいは干ばつ)のときには $w_1(\theta)$(あるいは$w_2(\theta')$)の初期保有を持っているが，干ばつ(あるいは好天のとき)の初期保有はゼロであるとしよう．また，各消費者は期待効用定理に従って行動し，好天が起こると考える主観確率は π であるとする．

23-1図の O_1 は消費者1の原点であり，右方(あるいは上方)に好天(あるいは干ばつ)のときの消費量が取られている．点 W はこの消費者の初期保有を表わしており，I_1, I_1' は彼の無差別曲線を表わしている．本書第Ⅰ巻第14章14.4節で明らかにしたようにこれらの無差別曲線は45°線上で $-\pi/(1-\pi)$ の傾きをもつ．さて条件付き債券の価格が $p(\theta), p(\theta')$ でその比率 $p(\theta)/p(\theta')$ が直線 VW の勾配の絶対値で表わされるとすれば，三角形 O_1VW はこの消費者の予算集合にほかならない．従って，彼は最適計画として点 E ——θ, θ' に応じてそれぞれ $x_1^*(\theta), x_1^*(\theta')$ を保証する条件付き債券を購入すること——

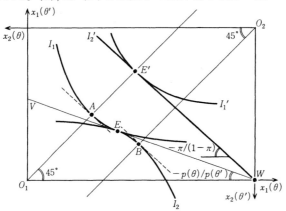

23-1図 不確実性と条件付き債券

を選択する．この結果彼は，好天(あるいは干ばつ)になれば $x_1^*(\theta)$ (あるいは $x_1^*(\theta')$)の権利を行使し，ちょうどそれだけの消費を行なうことができるのである．

さて，図の O_2 は消費者2の原点を表わしている．この結果得られるエッジワースの箱型図で，I_2 は消費者2の無差別曲線であり，45°線 O_2B 上の限界代替率はやはり $\pi/(1-\pi)$ である．明らかに(条件付き債券市場の)一般均衡は E 点で達成されることになる．この結果，好天(あるいは干ばつ)のときにしか財を持たない消費者1(あるいは消費者2)は，条件付き債券市場を通じて干ばつ(あるいは好天)のときにも正の消費ができることになる．また，経済全体としては好天のときの方が干ばつのときよりも財の初期保有が多い23-1図の状況では，両方の消費者が共に干ばつのときの消費を好天のときよりも差し控えるという意味でリスクを分け合う(シェアする)ことになる．

ところで，リスクをシェアする仕方は，各消費者の「絶対的危険回避度」に依存する．例えば，図の I_2 は消費者2が危険回避的である状態を表わしている[3]．これに対して，もし彼が危険中立的であれば，その無差別曲線は $I_2'W$ のように傾きが $-\pi/(1-\pi)$ の直線として表わせる．このとき，条件付き債券市場を通じる均衡は図の E' 点のように危険中立的な消費者2がすべてのリスクを負担する状態となり，危険回避的な消費者1は安全な(どちらの状態が起こっても同一量の消費ができる)消費を選ぶことができることになる．

条件付き債券市場が存在する場合の消費者と企業の行動について，簡潔な解説を与えておこう．以下，各経済主体は期待効用定理に従うと仮定する．起こりうる自然の状態すべての集合を Θ とするとき，消費者は各状態に対する主観確率——$\pi(\theta) \geqq 0$, $\sum_{\theta \in \Theta} \pi(\theta) = 1$——，各状態における(物理的および時間的特性に基づいた財の分類 $j=1, 2, \cdots, m$ に従う)初期保有ベクトル $w(\theta) = (w_1(\theta), w_2(\theta), \cdots, w_m(\theta))$，そして NM 効用関数 u を持つ．各状態について条件付き債券の価格ベクトル $p(\theta) = (p_1(\theta), p_2(\theta), \cdots, p_m(\theta))$ が与えられれば，消費者の予算集合は

(23-1) $\quad B(p, w) = \{x \geqq 0 \mid \sum_{\theta \in \Theta} \sum_{j=1}^{m} p_j(\theta) x_j(\theta) \leqq \sum_{\theta \in \Theta} \sum_{j=1}^{m} p_j(\theta) w_j(\theta)\}$

で与えられる．ただしここで，$x(\theta) = (x_1(\theta), x_2(\theta), \cdots, x_m(\theta))$ は状態 θ の下での消費計画を，p, w, x はそれぞれ $p(\theta), w(\theta), x(\theta)$ をすべての $\theta \in \Theta$ について並べたベクトルである．このとき消費者の最適行動は

$$(23\text{-}2) \qquad \max_{x \in B(p, w)} \sum_{\theta \in \Theta} \pi(\theta) u(x(\theta))$$

の解 x^* として与えられる．

(23-2)式は，次の2点を明らかにしている．第1に，条件付き債券市場の本質的な役割は，異なる状態間の資源(初期保有)を(どの状態が実現するかが未だわからない事前に)消費者の嗜好と主観的確率判断に従って再分配することにある．例えば，好天の場合の資源を使って干ばつの場合の財を購入することができる．この意味で，条件付き債券市場はまさに保険を提供していることになる．

第2に，条件付き債券市場が存在することによって，各消費者はどの状態が実現するかが分からない事前に自分にとって最適な消費計画を選択し，市場を通じてそれを確保することができる．つまり，各消費者は事前に選んだ最適な消費計画 x に対応する条件付き債券を市場で購入する．実際に状態 θ が起これば θ 以外の条件付き債券はすべて無効になるが，消費者は所有している条件付き債権または債務 $x^*(\theta)$ を行使して $x^*(\theta)$ の消費を行なうことが可能である．

同様のことは企業についても成立する．企業の生産計画とは，各状態 θ ごとに定義された投入-産出の組み合わせ $y(\theta) = (y_1(\theta), y_2(\theta), \cdots, y_m(\theta))$ を各状態ごとに並べたベクトル y である．同一の技術知識の下で同量の投入を行なっても，どの自然の状態——好天か台風かなど——が実現するかによって生産量が変わるだろう．従って，$y(\theta)$ と $y(\theta')$ との間には技術的にある関係が成立する．つまり，生産可能集合 Y は $y(\theta)$ ごとにではなく，y 全体について定義されねばならない．このように考えれば，企業の問題は

$$(23\text{-}3) \qquad \max_{y \in Y} \sum_{\theta \in \Theta} \sum_{j=1}^{m} p_j(\theta) y_j(\theta)$$

を解くことである．

ここでも，企業は将来どの状態が起こるかに依存する生産計画をたて，そこで必要な投入量をあらかじめ条件付き債券市場で買っておき，また可能な生産量をあらかじめ売ってしまっていることに注意しよう．つまり企業は，利潤を今日の条件付き債券市場で得てしまい，実際の生産活動は発生した(条件付き)債権・債務関係を清算するためにだけ必要となるのである．

23.3 競争均衡パラダイムの限界

第Ⅳ部におけるこれまでの考察をごく簡単に要約すれば，次のようになる．

(a) 3つの基本的条件，すなわち(A)完全競争，(B)市場の普遍性，(C)凸環境が満たされるかぎり，分権的な価格機構は次のような静学的機能を果たすことができる．

(a.1) 価格機構は，各財・サービスの需給を経済全体として一致させる整合的な資源配分を，競争的市場均衡として実現する[競争均衡の存在定理]（第16章）．

(a.2) 競争的市場均衡において実現する資源配分は，すべての消費者の満足を同時に改善する他の実行可能な配分が存在しないという意味でパレート効率的配分になっている．しかも，どのようなパレート効率的配分も，一括型の税・補助金によって消費者間の所得分配を適当に変更すれば，競争的市場均衡として実現できる[厚生経済学の基本定理]（第17章）．

(a.3) 競争的資源配分は，価格機構を媒介しない取引交渉がどんなグループ間で行なわれようとも，それによって覆されることがない安定的な配分である．しかも，経済の大きさに比較して個々の消費者の大きさが無視できる経済では，安定的な配分は競争均衡配分に限られる[エッジワースの定理]（第18章）．

(b) これに対して分権的な価格機構の動学的機能ははるかにかぎられている．

(b.1) 良く組織された競売機構の存在を前提とするワルラス的模索過程でさえ，粗代替性のような追加的かつきわめて限定的な仮定をおかないかぎり，競争均衡価格を常に達成できるとはかぎらない（第19章，19.2-3節）．

(b.2) 不均衡の下での取引の実行を認める非模索過程は，粗代替性などの仮定なしに競争均衡価格を達成できるかもしれない．しかし，この過程が発見する均衡は取引経路に依存し，同一の初期保有に対応する競争的市場均衡とは一般に異なるものになる（第19章，19.4節）．

このように，競争的市場機構の性能はきわめて限られている．たしかに，条件(A)，(B)，(C)が満たされるかぎりその静学的機能の成果はめざましい．しかしこれら3つの条件はきわめて厳しい要求であり，その排除する経済的状況は広範にわたると言わざるをえない．また，パレート効率性という厚生基準からみれば価格機構の成果は確かにめざましいが，パレート基準の概念内容が実はきわめて狭いという事実にも十分な注意を払う必要がある．以下ではこのような観点から価格機構の適用限界を大摑みに評価し，第Ⅴ-Ⅵ部の分析の方針を述べておくことにしよう．

23.4 不完全競争

基本的条件(A)「完全競争」は，市場にどんな取引機会が存在するかが誰の目にも明らかであってその機会を利用することに何の障害も存在せず，しかも経済内の誰一人としてそのような取引機会を自分に有利に悪用することができないことを要求する．すなわち，市場における情報の伝達が完全で費用をまったく必要とせず，情報を悪用できるほど影響力をもつ経済単位が存在しないことを意味している．

さて，競争的市場経済においては，取引機会を規定する情報は各財・サービスの市場価格にすべて凝縮されており，しかもこの価格シグナルは個々の経済主体の行動から独立なパラメーターであった．しかし，所得または財の初期保有の個人間分配が著しく偏っているときには，巨大な購買力や供給力を持つ経済主体は自分の売買量を調節することによって市場価格に影響を及ぼすことができる．このような「独占力」(monopoly power)をもつ経済主体は，その影響力を考慮にいれて行動することにより，自分の経済的地位を改善することができるのである．

また，基本的条件(C)「凸環境」が満足されない場合については，すでに第16章と第17章で注意を与えておいた．厚生経済学の基本定理(Ⅰ)によれば，たとえ凸環境の条件が満足されなくとも，競争均衡さえ実現されればそれはパレ

ート効率的である．しかし，消費者の選好や企業の技術が凸性の条件を満たさなければ，需要関数や供給関数は非連続となる[4]．競争均衡の存在を一般的に保証するためには集計的超過需要関数の連続性が要求される[5]から，少なくとも間接的には基本定理(I)にとっても凸性の条件は(不可欠ではないまでも)重要である．これに対して，厚生経済学の基本定理(II)にとっては凸環境の条件ははるかに決定的であり，非凸の環境では任意のパレート効率的配分を競争均衡として実現することが不可能になるかもしれない[6]．しかも，生産に関する凸環境の条件は，限界生産性逓減(限界費用逓増)が成立することや，不可分な生産要素・生産技術が存在しないことを要求している．限界費用が逓減したり不可分な生産要素や技術が存在したりすれば「規模の経済性」(economies of scale)が発生し，完全競争の条件(A)が崩壊してしまうことになる．

　独占力をもつ経済主体が存在する場合には，第IV部で考察してきた競争均衡パラダイムが妥当しないことは明らかである．財・サービスの市場価格は，もはや経済のすべての必要情報を凝縮したシグナルの役割を果たせない．独占力をもつ主体どうしは相手の行動によって自分の経済環境が影響されることを知っているから，自分の行動を決定するに際して相手がどのように反応するかという点を考慮して意思決定を行なう．このような状況では，経済主体が直接的な——市場価格を媒介しない——相互依存関係を考慮せずに行動するという競争市場均衡の想定は，均衡概念として不適切である．経済厚生の観点からも，市場均衡が自ずからパレート効率的な配分を実現するという性質は，独占力が存在する場合には維持されえない．独占力をもつ経済主体の最適化行動は，価格比率＝限界変形率あるいは価格＝限界費用というパレート効率的な配分のための限界条件の成立を保証しないからである．第V部(「不完全競争」)は，このような経済における均衡と効率の問題の考察にあてられる．

23.5　市場の失敗

　本章23.1-2節で見たように，すべての将来時点・財について先物市場が存

在し，すべての自然状態・財について条件付き債券市場が存在すれば（「市場の普遍性」が成立すれば），厚生経済学の基本定理は動学や不確実性が存在する世界にも拡張されることになる．しかし，事情はそれほど単純だろうか．

　市場の普遍性の下では，各経済主体は，先物市場・条件付き債券市場で成立する価格を所与として自分にとって最適な（効用・利潤を最大化する）計画をたてる．市場で均衡が成立すれば，彼らは将来必要なすべての取引を今日これらの市場で一挙にすませてしまうはずである．このことは，次の2つの疑問を提起する．第1に，今から5年後の正月に飲むミルクの先物市場や，ミクロ経済学の試験で「優」が取れなかったときの条件付き債券市場は現実の世界に存在するだろうか．先物市場や条件付き債券市場にも市場の普遍性を仮定するのはあまりにも非現実的ではなかろうか．第2に，今日の市場で将来必要となる取引をすべて済ませることができるなら，明日市場が開かれるわけはない．また今日必要な取引は，昨日あるいは昨年すでに済ませたはずではなかろうか．

　このように，先物市場，条件付き債券市場にまで市場の普遍性の仮定を広げることは，あまりにも非現実的である．なぜなら，これらの市場の多くは存在しない——より正確にはこれらの市場の多くは「取引が行なわれない」(inactive)市場である——からである．ある財・サービスの市場で取引が行なわれず市場の普遍性の仮定が崩壊する理由は，大別して2つある．第1の理由は「取引費用」(transaction cost)が大きいことであり，第2の理由は「情報の非対称性」(asymmetry of information)が存在することである．

　まず取引費用について説明しよう．取引をするためには対象となる財を運搬したり取引契約を締結したりするために，費用を必要とする．特に取引の内容が先物や条件付き債券のように，将来に財・サービスの受け渡しをすることを保証する契約の場合には，契約の内容を特定化し契約の履行を保証するために大きな費用が必要とされる．その法的有効性をチェックするために弁護士に相談し，正規の契約書を作成するために司法書士を雇うといったさまざまな費用が必要だからである．

　ところで取引が成立するためには，交換（売買）から得られる利益が取引費用

を上回らなければならない。そうでなければ、取引を行なっても取引費用を差し引けば売り手か買い手の少なくともどちらかの状態が取引以前の状態より悪化してしまうからである。

しかし、先物市場や条件付き債券市場で得られる交換の利益は、直物市場での利益より小さい。なぜなら、先物市場での交換は将来の財・サービスの交換だから、利益の現在価値は(利子率、または割引率によって)割り引かれるからである。条件付き債券の場合にはそれが将来の財・サービスの交換であるだけでなく、将来の自然の状態に依存した取引でもある。従って、その状態が起こるという主観的確率が小さければ、その分だけ交換の利益もまた小さくなる。このように、これらの市場は仮に取引をするインセンティブ(潜在的な交換の利益)が存在しても、取引費用を上回るほど大きくはないことが多い。このときには市場での取引は起こりえず、市場の普遍性の仮定は崩れてしまう[7]。

ある財・サービスについて市場で取引が行なわれない第2の理由は、情報の非対称性である。財の品質やサービスの良さについて、売り手はその程度を知っていても買い手はそれを知らないといったケースが、日常しばしば存在する。しかし、このような不確実性に対してどのような条件付き債券の取引ができるだろうか。高品質の財という条件付き債券(あるいは条件付き財)市場で低品質の財が売られても、情報をもたない買い手はそれを見分けることはできない。良質の労働サービスという条件付きサービスを買った企業は、どのようにして売り手である労働者が勤勉に働くことを強制できるだろうか。

このように、情報の非対称性が存在する場合には、市場が存在しえない。しかも、その結果市場メカニズムにさまざまな機能障害が発生し、市場以外の資源配分メカニズム——組織、慣習など——を通じた資源配分が必要とされることになる[8]。

市場が存在しないという問題は、将来財や条件付き財のようなやや空想的な財に限らず、もっと日常的な財・サービスに対しても指摘できる。例えば、灯台のサービスを考えよう。船舶の安全な航行にとってこのサービスがいかに貴重なものであるかは論を待たないが、だからといってこのサービスの享受者か

ら利用のつど料金を徴収する市場を開設することは，事実上不可能だろう．このような財——「公共財」(public goods)——はその配分を競争的市場機構に委ねることが不可能なのである．

同様に，経済主体の間には市場機構を媒介しない直接的な相互依存性——「外部性」(externalities)——が存在する．例えば消費者をとれば，その選好（あるいはそれを表現する効用関数）は自分の消費ベクトルだけに依存し，他の消費者の消費活動にも企業の生産活動にも直接的には依存しないと本書ではこれまで（暗黙のうちに）仮定されていた．このことは，生産活動から派生する環境汚染が消費者の効用を低める「外部不経済」(external diseconomies)も，隣家の美しい花壇から消費者が効用を得る「外部経済」(external economies)も共に捨象されていることを意味する．現実の経済にはこれら正負の外部性が存在し，それらは市場機構を媒介せずに各経済主体の経済環境に影響を与えている．このとき，市場機構は一般に機能障害を起こす．なぜならば，市場価格比率と均等化される消費の限界代替率（あるいは生産の限界変形率）は消費（あるいは生産）の私的価値しか反映せず，正負の外部性が存在するときには，消費（あるいは生産）の社会的価値が価格によって正しく伝達されないからである．

第Ⅵ部（「市場の失敗と厚生経済学」）の第1の課題は，このような市場の失敗の状況を分析し，資源配分の効率性を高めるための補正的政策を設計することにある．

23.6　パレート効率性の限界

前節で触れた市場の失敗の問題とは別に，競争機構の性能評価に用いられるパレート効率性基準そのものがもつ問題点も，十分に認識される必要がある．

すでに注意したように，パレート効率的な配分は一般に無数に存在する．それらはいずれも，消費者の効用をそれ以上改善できないという意味で効率的な資源配分の方法ではあるが，経済厚生ないし福祉の分配に関しては極端な差異を許容する．しかし，われわれがパレート原理だけに依存するならば，パレー

ト効率的配分を相互に比較することは不可能であるし，パレート原理からは，パレート効率的配分はパレート非効率的配分よりも「良い」配分であるということも従わないのである[9]．

だからといって，パレート原理が福祉分配の問題について発言できないことをさしてその欠陥を言い立てることは，必ずしも正しくない．17.1節でも述べたように，パレート原理は資源配分に関する社会的判断を行なう予備段階において「少なくともここまではすべての人々が承認するだろう」と考えられる部分的基準として採用されたに過ぎないからである．予備的段階を過ぎたいま，われわれは次にいかにしてパレート原理を越えて福祉分配の社会的判定に進むかという疑問を考察すべき段階に到達したのである．

パレート原理を越え，利害対立が存在する状況にも社会的判断を及ぼそうとする試みとしては

(a) 経済的変化から利益を受ける消費者から損失を被る消費者への補償（あるいは変化の実現を断念させるための後者から前者への補償）の支払いを仮説的に考えることにより，利害対立が存在する場合にもパレート原理を適用可能にしようとする「仮説的補償原理」(hypothetical compensation principle)；

(b) あらゆる資源配分を社会厚生の観点から順序付けることは企てず，むしろパレート効率的配分の中からある意味で「公平性」(fairness)の要求を満たすものを選び出そうとする「公平配分アプローチ」；

(c) 分配の正義に関わる社会的価値判断を明示的に組み入れた「社会厚生関数」を導入して，その社会的価値を実現するための条件を明らかにしようとする「社会厚生関数アプローチ」(social welfare function approach)；

を挙げることができる．第Ⅵ部の第2の課題は，これらパレート原理を越えて社会的に最適な資源配分の方法を分析しようとする試みを論理的に整理し，規範的な経済分析の基礎を明らかにすることである．

第23章 注

1) 財をこのように定義する場合の生産可能集合 Y は，財 (t, j) を異なる財 $(t',$

$j)(t'>t)$ に転換する可能性,つまり j を t から t' まで貯蔵することの技術的制約をも表わすことになる.逆に,財 (t', j) を $(t, j)(t'>t)$ に転換することは,時間の非可逆性から不可能であるという技術的制約も含まれる.

2) 条件付き債券の概念は, Arrow, K. J., "The Role of Securities in the Optimal Allocation of Risk-Bearing," *Review of Economic Studies*, vol. 31, 1964, pp. 91-96; および Debreu, G., *Theory of Value* (ch. 7), New York: Wiley & Sons, 1959(丸山徹訳『価値の理論』東洋経済新報社,昭和52年)によって定式化された.なお,厳密には自然の状態 θ とは,今日から世界が終るまでの間で可能な「一つの歴史の流れ」である.詳細は, Debreu の上掲書,または Radner, R., "Competitive Equilibrium Under Uncertainty," *Econometrica*, vol. 36, 1968, pp. 31-58 を参照せよ.

3) 絶対的危険回避度の定義とその無差別曲線との関係については,本書第I巻第14章14.4節を参照せよ.

4) 本書第I巻177ページを参照せよ.

5) 16.5節(「競争均衡の存在(2)」)を参照せよ.

6) 17.3節(「パレート効率的配分の実現」)を参照せよ.

7) 取引費用の存在とその意味についての詳細は, Hahn, F. H., "Equilibrium with Transaction Costs," *Econometrica*, vol. 39, 1971, pp. 417-439 を参照せよ.また,条件付き債券市場の多くで取引が行なわれない場合——非完備市場(incomplete market)——の詳細については, Diamond, P., "The Role of a Stock Market in a General Equilibrium Model with Technological Uncertainty," *American Economic Review*, vol. 57, 1967, pp. 759-773 や Hart, O., "On the Optimality of Equilibrium When the Market Structure is Incomplete," *Journal of Economic Theory*, vol. 11, 1975, pp. 418-443 などを参照せよ.

8) 情報と組織の問題については,紙幅の関係で本書では十分に触れることができないが,関心のある読者は,本書「おわりに」第1節とそこに挙げた文献を参照せよ.また本書にひき続いて執筆予定の『組織と情報の経済理論』(岩波書店)をも参照せよ.

9) たとえば16-1図で E はパレート効率的配分, F はパレート非効率的配分であるが, E は F をパレート優越しない.

第Ⅴ部　不完全競争

第 24 章　完全競争と不完全競争

24.1　市場構造と独占力

　第Ⅳ部では，完全競争の仮定がすべての市場で満たされていることを前提した上で，市場経済機構の資源配分メカニズムとしての機能を考察した．しかし，現実の市場経済においては完全競争の仮定を満たす市場はきわめて稀である．第Ⅳ部でのわれわれの関心も，どのような条件が満たされたときに競争的価格機構と称される資源配分メカニズムが望ましい形で機能するのかという規範的な側面を中心としていた．しかし同時に，現実の市場経済の運行様式を理解するための，粗雑ではあるが有用な第一次近似として，完全競争市場における資源配分を理解したいという事実解明的関心もそこには含まれていた．この第Ⅴ部においては，完全競争という仮定を退け，現実の市場経済をより良く近似すると思われる不完全競争を取り上げ，そこで市場経済機構がもつ資源配分メカニズムとしての問題点を事実解明的・規範的な両面から考察することにする[1]．

　さて，不完全競争の特質は，企業が「独占力」(monopoly power)をもつことにある．すでに本書第Ⅰ巻の第4章で触れたように，個別企業の行動が市場価格に無視できない影響力をもつことが独占力であった[2]．市場経済における企業の独占力は，大別して2つの事情によって発生する．第1は，市場が比較的少数の企業によって占有され，各企業のマーケット・シェアが無視できるほどに小さくはない場合である．第2は，各企業の生産物が「製品差別化」(product differentiation)され互いに異質(heterogeneous)なため，1つの市場で売買される生産物は，互いに密接な代替財ではあるが完全な代替財ではない場合である．前者は，売り手が1企業だけである「独占」(monopoly)のケースと，売り手が少数ではあるが複数である「寡占」(oligopoly)のケースに分けることができる．

24-1表

企業の数	財 の 性 質	
	同 質 (homogeneous)	異 質 (heterogeneous)
1	1財を生産する独占 (monopoly)	複数財を生産する独占 (monopoly)
少数	同質財の寡占 (homogeneous oligopoly)	製品差別下の寡占 (differentiated oligopoly)
多数	完全競争 (perfect competition)	独占的競争 (monopolistic competition)

　これらの条件のどれが満たされているかによって，われわれは市場を24-1表のさまざまな「市場構造」(market structure)に大別することができる[3]．

24.2　規模の経済と製品差別化

　独占力を形成する要因の一つである企業数の少数性は，大別すれば3つの理由に基づいて生じる．

　第1は，その財・サービスを生産するのに不可欠な生産要素が，地理的・歴史的な理由のために少数の経済主体によって保有されている場合である．戦前，世界のボーキサイト資源を独占していたアルコア社や，石油資源の地理的偏在を理由として独占的カルテルを結成した OPEC がその例である．

　第2に，何らかの公益的な理由から，政府がその財・サービスの生産を行なうための許認可(license)を少数の企業にしか与えない場合が考えられる．関税収入を確保するために独占企業として設立されたかつての日本専売公社(現在の日本たばこ産業株式会社)がその例である．なお，そのサービスの質を確保するために設けられた弁護士や医師の免許制度や，研究開発活動のインセンティブを高めるため，開発成果を特許権，著作権などにより保護することによっても独占力が発生する．これらは第1および第2の理由が共存している場合である．

　第3の，そして独占または寡占を作り出す最大の要因は，生産技術の性質で

第24章　完全競争と不完全競争　137

ある．すでに見たように，分権的な価格機構が第IV部で考察した望ましい性質をもつためには，完全競争の条件が成立していることに加えて凸環境の条件が必要である．しかし，多くの財・サービスの生産技術には，「規模の経済性」(economies of scale)が多かれ少なかれ存在する．つまり，生産量を増加させればさせるほど平均費用が逓減するのである．このとき凸環境の条件は崩壊する．

　規模の経済性が発生する大きな理由の一つは，生産活動に大きな固定費用が必要なことである．石油化学，自動車組立などの例をはじめ，装置産業は一般に大規模装置のための固定費用を必要とする．また，研究開発活動が重要な企業活動である先端産業の場合にも，開発が成功するまでに支払われた費用は固定費用となり，規模の経済性を発生させる．さらに，商品イメージ・企業イメージを高めるための広告活動も同様の効果をもっている．

　規模の経済性はまた，限界費用が生産増大とともに逓減することによっても発生する．IC（半導体）産業では，生産の増加とともに生産技術に関するノウハウが蓄積され，製品歩留まり率が向上する．この結果，限界費用は生産量（より正確には累積生産量）が増大するとともに低下するのである．

　ところで，独占力の観点から問題なのは，規模の経済性の市場サイズに対する相対的大きさである．規模の経済性が存在しても，生産量を大きくすればいずれは限界生産性逓減の効果が規模の経済性を上回り，平均費用が逓増し始めるだろう．従って平均費用曲線は普通U字型をするものと考えられる．U字型の平均費用曲線の最低点，つまり平均費用を最小にする生産量は「最小最適規模」(minimum optimal scale)と呼ばれる．最小最適規模が市場のサイズ（需要量）に比して十分大きければ，多数の企業が市場を分け合う場合には1企業あたりの生産量が少なく平均費用は大きくならざるをえない．しかし，十分大きな市場シェアをえた企業は，大量の生産を行ない平均費用を低くすることができる．このような企業は低費用を武器として，零細な企業を市場から駆逐してしまうから，寡占的・独占的市場構造が出現することになる[4]．

　一方，企業は製品差別化によっても意図的に独占力を獲得できる．米や鉄板

などを除いて[5]，多くの財・サービスは，同じ名前を冠せられていても微妙に異なっている．例えば，大きさ，燃費，スタイルが異なれば，同じ自動車であっても厳密には異なる財と考えるべきである．レストランなどの場合には，味，品揃え，店の場所なども同様の効果をもつと考えられる．とはいえ，同じ自動車でありレストランである以上，基本的には消費者の同じニーズを満たすのだから，これらの財・サービスは密接な代替財であることはまちがいない．これらの場合には，企業は品質，スタイル，場所などによって「製品差別化」(product differentiation)を行ない，それによって独占力を意図的に形成しているものと考えられる．

例えば，駅前のソバ屋は道路沿いのファミリー・レストランと密接な代替財を供給してはいるが，自分の価格を上げたからといって需要をすべてファミリー・レストランに奪われはしないし，価格を下げれば客は増えるだろうが，ファミリー・レストランの顧客をすべて奪うことはできない．従って，製品差別化が行なわれている産業では，自分の価格を上げれば需要がある程度減少し下げればある程度増加することになる．この意味で，どんなに企業の数が多くマーケット・シェアが無視できるほど小さくとも，差別化された製品に対する需要は価格に依存し，企業は独占力を持つことになるのである．

24.3　第Ⅴ部の構成

24-1表に挙げられたさまざまな市場構造の中で，われわれは特に，独占，同質財の寡占，および製品差別化の意味の3つに関心を集中する．

独占は市場のシェアが100％で，しかもこの産業に参入しようとする企業（潜在的参入企業）も存在しない市場構造であり，密接な代替財を供給する企業が他にまったく存在しないという意味で完全競争の対極に位置する．このような市場構造を考察することにより，われわれは独占力のもつ経済的意味を純粋な形でとりだして検討することができるのである．第25章は独占のもたらす経済的帰結と独占に対する公的規制のあり方を検討することにあてられる．

複数の，しかし少数の企業群が同質的な財を生産する寡占産業は，不完全競争という市場構造の典型である．独占と異なって複数企業が競争する寡占では，1つの企業の行動が他企業の直面する経済環境の変化を生みだすことになる．このような企業間の相互連関は，寡占企業の行動決定に際して他企業の対応を予め考慮せざるをえないという戦略的側面を生み出すことになる．この戦略的考察こそが寡占産業の経済分析を，競合企業が存在しない独占とも，市場全体によって与えられた「無人格的」(impersonal)な環境だけを考察すればよい完全競争とも，まったく異なったものにするのである．

このような場合には，独占企業や完全競争企業の分析に使用する制約条件付き最適化問題とは異なり，戦略的側面を明示的に扱う分析枠組が必要となる．第26章でわれわれは，このような分析枠組である「ゲームの理論」(game theory)を平易に解説し，以後の分析の中心となるクールノー＝ナッシュ均衡の概念を提示する．第27章では，寡占産業の資源配分の効率性の問題を考察し，この産業への参入・退出に何の障害も存在しないことが効率性のための重要な条件であることを解説する．第28章では，時間を明示的に導入した寡占ゲームを分析することによって，寡占産業で参入障壁が形成される理由を説明する．第29章では，同じ状況が繰り返しおこる寡占ゲームのモデルを使って，競争が行なわれず企業間の共謀が発生する可能性を検討する．

第30章では，製品差別化の経済的意味とその含意を考察する．製品差別化とは，きわめて似通った(お互いが密接な代替財の)生産物グループであるが，個々の生産物に何らかの違いがあり生産物どうしが完全な代替財ではないという状況である．しかし，どの生産物とどの生産物は密接な代替財でありどれとどれとは代替財ではないのか，またそれらの関係を決定する要素は何なのかという点を明らかにしないかぎり，製品差別化の意味と含意を考えることはできない．特に，製品差別化を消費できる財のバラエティの増加という視角から検討することも，この章の主眼の一つである．

第24章 注

1) 不完全競争の理論は，1930年代に Robinson, J., *The Economics of Imperfect Competition*, London: Macmillan, 1933 (加藤泰男訳『不完全競争の経済学』文雅堂，昭和31年) と Chamberlin, E. H., *The Theory of Monopolistic Competition*, Cambridge: Harvard University Press, 1933 (青山秀夫訳『独占的競争の理論』至誠堂，昭和41年) の2冊の書物によって初めて体系的に分析された．

2) 本書第Ⅰ巻38ページを参照せよ．

3) ただし，独占的競争という概念を Chamberlin は前掲書で，製品差別化が存在しながら (代替財を供給する) 競争企業の存在のために純粋独占ではない場合であると定義する．その意味で，彼が定義する独占的競争とは，われわれの分類の「差別化の下での寡占」を含む概念である．ここで用いた (伝統的な) 用語法は，企業数が多く各企業のマーケット・シェアがほぼゼロであれば，各企業の意思決定 (戦略の選択) が他企業に与える影響は無視できるほど小さく，製品差別化に基づく独占力の含意を純粋な形で取り出せるという理解に基づいている．

4) 市場のサイズに比べて規模の経済性が大きい場合を，費用関数が「劣加法性」(sub-additivity) をもつという．いま，この産業で各企業が共通に持っている費用関数を $C(y)$，市場の需要量を Y とするとき，1つの企業だけが需要を独占すれば費用は $C(Y)$ で済む．しかし，n 企業 $(n>1)$ が需要を分け合えば，それぞれの企業は $\sum_{i=1}^{n} y_i = Y$ を満たす生産量の組み合わせ $y=(y_1, y_2, \cdots, y_n)$ を選択せざるをえない．もし，ここで $\sum_{i=1}^{n} y_i = Y$ が成立するすべての正の生産量の組み合わせ y について $C(Y) < \sum_{i=1}^{n} C(y_i)$ を満たすなら，費用関数は Y の生産量の下で劣加法性を満たすという．このとき，Y の需要を賄うためには，2つの企業が同時に生産するよりも1つの企業が独占的に生産した方が平均費用が安くて済むから，産業は自然に独占化する．もし，市場のサイズとして意味のあるすべての生産量の下で劣加法性が成立するなら，この産業は必ず独占化するはずである．このような場合を「自然独占」(natural monopoly) と呼ぶ．劣加法性の詳細と自然独占，およびそれから生じる「破壊的競争」(destructive competition) については，Baumol, W. J., J. C. Panzar and R. D. Willig, *Contestable Markets and the Theory of Industry Structure*, New York: Harcourt Brace Jovanovich, 1982 や Sharkey, W. W., *The Theory of Natural Monopoly*, Cambridge: Cambridge University Press, 1982 などを参照せ

よ．

　単一生産物の場合，平均費用関数が意味のある生産量の下で逓減的である(規模の経済性が存在する)という本文で述べた条件が満たされていれば，その生産量の下で劣加法性が成立する(その逆は必ずしも成立しない)．しかし，企業が複数の生産物を同時に生産している場合には，問題は複雑となる．各生産物をまったく同量ずつ生産するとしても，1つの企業が同時に複数の生産物を生産した方が，複数の企業が単一の生産物を生産する場合よりも総費用が少なくて済むかもしれないからである．このような現象を「範囲の経済性」(economies of scope)と呼ぶ．自然独占，費用関数の劣加法性，範囲の経済性などとそれらの間の関係に関する詳細は，Baumol, W. J., J. C. Panzar and R. D. Willig の前掲書を参照せよ．

　5) 厳密に言えば，米や鉄板でもその銘柄，産地，メーカーなどによって差別化が行なわれている．

第 25 章　独占と資源配分の効率性

25.1　独占力と限界収入

　第Ⅳ部までの分析では，企業（あるいは財・サービスの供給者）は「独占力」(monopoly power)をもたない完全競争企業であると考えた．完全競争企業は自分のマーケット・シェアが微小であり，自分の生産量（供給量）を大きく変化させても市場全体の供給量はほとんど変化しない．このため，企業は市場価格を所与として行動すると考えてきたのである．

　これに対して，独占企業はその生産物を供給する唯一の売り手であり，マーケット・シェアが100％である．このため，自分の生産量（供給量）を変化させれば市場全体の供給量もそれに応じて変化し，市場価格も変化することになる．このように，独占企業は自分の供給量の増減を通じて市場価格をコントロールする力＝「独占力」を持つのである．

　独占力を持たない完全競争企業は，自分がどれだけ生産しそれを市場に供給したとしても，市場価格は一定であると考えている．言い換えると，完全競争企業は市場価格 p でいくらでも買ってくれる需要に直面していると考えて良い．この結果，生産を（したがって供給を）増加させれば，それは1単位あたり p の追加的収入——「限界収入」(marginal revenue)——をもたらすことになる．

　これに対して独占企業の場合には，自分が唯一の売り手だから右下がりの市場需要曲線そのものに直面していることになる．このため生産量（供給量）を増やせば価格が低下する．しかもこの価格の低下は，追加的に増やした生産量からの収入だけでなく高い価格で販売していた従来の生産量からの収入にも影響を与える．つまり，追加的に生産した生産量については（新しい）価格分の追加収入を得られるが，従来生産していた生産量については，価格が低下した分だ

け収入が減少してしまうことになる．この結果，限界収入は価格を下回る．このように，価格と限界収入とが常に一致する完全競争企業とは異なり，独占企業に限らず一般に独占力を持つ企業は必ず価格を下回る限界収入しか獲得できない．この点が独占力を持つ企業の最大の特徴であり，その最も典型的な場合が独占企業にほかならないのである．

いま，独占企業が生産している生産物が1種類であると仮定し，その直面している市場需要関数を $y=d(p)$ としよう．ここで p は当該生産物の価格，y は需要量である．ギッフェンの逆説が成立せず需要が価格の単調減少関数となるならば，$y=d(p)$ の逆関数 $p=P(y)\equiv d^{-1}(y)$ が存在する．需要量 y に対応する「需要価格」p を与える関数 $P(y)$ は，「逆需要関数」(inverse demand function)と呼ばれる．単純化のため，この需要は所得や他の生産物の価格には依存しないと仮定する．

25-1図の右下がりの曲線 EE' は，この逆需要関数を図示した需要曲線である．いま，独占企業が y だけの生産物を市場に供給し，その結果市場で価格 p が成立しているとしよう．このとき独占企業の総収入(total revenue; TR)は $p\cdot y$，あるいは四角形 $OyEp$ の面積となる．さて，独占企業が生産を増加させ $y'=y+\Delta y$ の生産量を供給すれば，価格は $\Delta p(<0)$ だけ変化し $p'=p+\Delta p(<p)$ に低下せざるを得ない．p の価格では y の需要しか存在しないからである．従って，収入は $(p+\Delta p)\cdot(y+\Delta y)$ すなわち四角形 $Oy'E'p'$ の面積に変化する．明らかに収入の変化 ΔTR は図のシャドー領域($yy'E'A$)の面積から濃いシャドー領域($p'AEp$)の面積を差し引いたものに等しい．

さて，2つのシャドー領域の意味を考えてみよう．シャドー領域($yy'E'A$)は新たな生産増 Δy に対応して得られる収入の増分を表わしている．この結果得られる収入増は，生産増1単位あたり(新たな)価格 p' に等しいことが明らかである．生産増 Δy が微小であるかぎり，新たな価格 p' は従来の価格 p とほぼ等しいはずだから，1単位あたりの収入増はほぼ p に等しい．これに対して，濃いシャドー領域($p'AEp$)は $-y\cdot\Delta p$ であり，価格が低下した結果，従来からの生産量 y に対して得ていた収入 $p\cdot y$ が低下するために発生する収入減を表

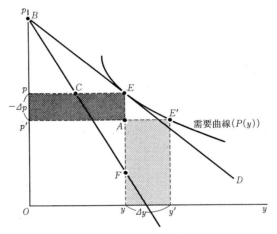

25-1図 独占力と限界収入

わしている。生産増1単位あたりのこの収入減は、$-y \cdot \Delta p/\Delta y = -p(y \cdot \Delta p/p \cdot \Delta y) = -p/\varepsilon$ と表わせる。ただしここで、$\varepsilon = (\Delta y/y)/(\Delta p/p)$ は需要の価格弾力性である。

この結果、独占企業の限界収入 MR は、$p+p/\varepsilon = p(1+1/\varepsilon)$ となる。このことは、次のようにしても確認できる。いま独占企業が y の生産を行なうとすれば、価格は $P(y)$ であり総収入は $TR(y) = y \cdot P(y)$ である。従って、生産量 y の下での限界収入 $MR(y)$ は $TR(y)$ を y について微分した値

$$(25\text{-}1) \quad MR(y) = TR'(y) = P(y) + y \cdot P'(y)$$

$$= P(y)\left\{1 + \frac{y \cdot P'(y)}{P(y)}\right\} = P(y)\left\{1 + \frac{1}{\varepsilon(y)}\right\}$$

と表わすことができる。ただしここで、$\varepsilon(y) = P(y)/y \cdot P'(y) = (dy/y)/(dp/p)$ は需要の価格弾力性である。また、$P'(y) < 0$ だから明らかに $MR(y) < P(y) = p$ が成立する。

ところで、$MR(y)$ の構成要素である $P'(y) = dp/dy$ は需要曲線の接線 BED の傾きに等しいから、$y \cdot P'(y)$ は25-1図の線分 Bp の長さにマイナス1を乗じたものに等しい。そこで、需要曲線の接線と同じ縦軸の接片 B をもち、傾きが2倍の(従って線分 pE を二等分する点 C を通る)直線 BCF が線分 Ey を横切

る点を F としよう。線分 pC と CE は同一の長さをもつから,明らかに三角形 BCp と FCE は合同であり,線分 Bp と EF の長さは等しい。従って,生産量 y の下での限界収入は価格 $P(y)$ に等しい線分 Ey の長さから EF の長さを引いた値,すなわち線分 Fy の長さに等しいことになる。

このように,任意の需要曲線の下で限界収入を求めるには,与えられた生産量の下で需要曲線の接線を引き,その縦軸の切片から傾きを2倍にした曲線が与えられた生産量の下で示す高さを求めればよい。とりわけ,需要曲線自体が直線(例えば図の BED)のときには,同一切片をもち傾きが2倍の直線(図の BCF)が,すべての生産量の下で対応する限界収入を与える直線——「限界収入曲線」——となるという,よく知られた性質が従うのである。

25.2 独占と資源配分の歪み

独占企業は,その生産量や価格をどのように決定するのだろうか。また,決定された生産量や価格は,経済全体の資源配分から見てどのような性質をもつのだろうか。以下,1つの独占企業を取り出し,その生産物の生産・需要量と価格以外のすべての変数は常に一定にとどまるという「部分均衡」の仮定の下で,これらの点を考えよう[1]。

他財の価格や所得を一定としてこの独占企業が生産する財への需要が逆需要関数 $P(y)$ で表わされるとすれば,独占企業の総収入は $TR(y)=yP(y)$ となる。一方,この独占企業のもつ技術知識は,各生産要素の価格が与えられれば費用関数 $C(y)$ によって表わすことができる。このとき,独占企業の利潤最大化問題は

(25-2) $$\max_{y \geq 0} \{TR(y) - C(y)\}$$

となる。

問題(25-2)の最適解を y^* と表わそう。もし y^* が内点解であって $y^*>0$ ならば,$MR(y^*)=MC(y^*)$,つまり y^* の生産量の下で限界収入と限界費用が等しいという1階の条件が成立する。この条件の直観的な意味は,次のようにし

て理解できる．生産量をわずかに増やせば収入は限界収入分そして費用は限界費用分変化するため，利潤は限界収入マイナス限界費用の値だけ変化する．もし限界収入が限界費用を上回れば(あるいは下回れば)生産を増やす(あるいは減らす)ことによって利潤を増やすことができるはずだから，利潤が内点 y^* で最大化されているかぎり $MR(y^*)=MC(y^*)$ という関係が成立せざるをえない．

また，問題(25-2)の2階の条件は，

$$\frac{d}{dy}\{MR(y^*)-MC(y^*)\} < 0$$

と表わされる．すなわち，限界費用曲線の傾きが限界収入曲線の傾きを上回るときに，y^* は利潤を(最小化するのではなく)最大化しているのである．なぜなら逆に限界収入曲線の傾きが限界費用曲線の傾きを上回れば，例えば y^* より生産量を増やすことで限界収入が限界費用を上回ることになり，生産量を増やせば増やすほど利潤が増えることになるからである．

独占企業の最適生産量を特徴づけるこれらの関係は，25-2図にまとめられている．独占企業は，市場需要曲線とそれから得られる限界収入曲線および限界費用曲線が与えられた下で，限界収入と限界費用を一致させしかも2階の条件

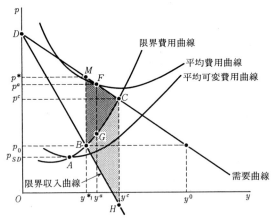

25-2図 独占企業の行動と死荷重

を満たす生産量 y^* を選択する．この生産量 y^* が市場に供給されるとき，価格は需要と供給が一致する水準 p^* に決まるのである．

なお，需要曲線が常に右下がりだから，任意の生産量 y に対応する価格 p は常に一意的に定まっている．従って，企業は自分が生産量 y^* を選択すれば価格が市場において $p^*=P(y^*)$ に定まることを知っているはずである．従って，問題(25-2)においては企業が選択するのは生産量であると考えたが，独占企業の場合には実は企業は価格を選択していると考えても，つまり

(25-3)
$$\max_{p\geq 0}\{p\cdot d(p)-C(d(p))\}$$

という問題を解いていると考えても，同じ結果が得られるのである．

さて，厚生経済学の基本定理(I)が成立したのは，すべての市場において価格が限界費用と一致する結果として，限界代替率(価格比率)と限界変形率(限界費用比率)が一致するためだった．ところが，独占企業が選択する生産量においては価格(p^*)と限界費用(MC^*)は乖離している．このことは，独占企業の存在が非効率な資源配分を生み出すことを意味している．

しかし，もし仮に独占企業がその独占力にもかかわらず完全競争的に行動する——市場価格を所与として行動する——ならば，その生産量は与えられた価格の下で(平均可変費用曲線より上方の)限界費用曲線に対応した生産量となるはずである．従って，25-2図においてこの企業が完全競争的に行動するならば生産量は y^c，価格は p^c となり，価格と限界費用は一致する．

さて，完全競争的な状況(C 点)から独占的な行動に基づく状況(M 点)に移動したとき経済厚生がどのように変化するかを(消費者の厚生変化は消費者余剰の変化で正しく測ることができることを仮定して)考えよう．まず，消費者余剰は面積 Dp^cC から面積 Dp^*M に変化するから，消費者の厚生は面積 p^*p^cCM だけ減少する．一方，生産者余剰は $p^cp_{SD}AC$ から $p^*p_{SD}ABM$ に変化する．独占企業は利潤(生産者余剰マイナス固定費)を M 点で最大化しているから $p^*p_{SD}ABM$ は $p^cp_{SD}AC$ より大きく，生産者余剰は増加している．このことは，次のように考えてもよい．限界収入マイナス限界費用が限界利潤であること(つまり，限界費用マイナス限界収入が限界損失であること)に注意すれば，

図のシャドー領域 BHC が C 点から M 点に移ることによって独占企業の得る生産者余剰の増分であり、これは明らかに正である。しかし、この利潤増は消費者余剰の減少という犠牲によって生み出されたのであり、経済全体の総余剰は明らかに濃いシャドー領域 MBC だけ減少する。このことは、独占企業の利潤最大化行動の結果として資源配分の効率性が失われ、面積 MBC 分の「独占の死荷重」(deadweight loss of monopoly)が発生することを示している。

　部分均衡分析の手法に基づく非効率性の分析は、一般に次のような考察に基づいている。

　まず、部分均衡分析の通常の前提によってこの市場以外の「他のすべての事情は一定にとどまる」ことを仮定すると、ヒックスの合成財の定理が成立し、他の財すべてをひとつの合成財にまとめて扱うことができる[2]。そこでこの合成財の消費量を x、価格を1としよう。消費者が1人だけであると考えれば、その効用関数は $u(x,y)$ と表わされる。ただし y はわれわれが関心を集中する財の消費量である。

　部分均衡分析のもうひとつの通常の前提は、この財の需要の所得効果がゼロであるというものである。このことは、消費者の無差別曲線がすべて y 軸に対してお互いに平行であることにほかならない[3]。この仮定は、効用関数 $u(x,y)$ が

$$(25\text{-}4) \qquad x+v(y)$$

またはその単調変換関数として表わされることと同値であることが知られている。厳密な証明は省くが、この事実は直観的にもほぼ明らかだろう。しかも、効用関数の単調性と擬凹性のためには $v(y)$ が単調増加凹関数であること、つまり $v'(y)>0$、$v''(y)<0$ が成立しなければならない[4]。

　さて、(25-4)式を予算制約 $x+py=M$ の下で最大化する問題を考えてみよう。この問題は

$$(25\text{-}5) \qquad \max_{y \geqq 0}\{M-py+v(y)\}$$

とも表わされる。従って、価格 p の下での需要量 $y=d(p)$ は、問題(25-5)の1階の条件

$$(25\text{-}6) \qquad p=v'(d(p))$$

を満たさねばならない。逆に、逆需要関数 $p=P(y)$ は、

$$(25\text{-}7) \qquad P(y)=v'(y)$$

を満たすことになる．

ここで25-2図における面積 DOy^*M を考えてみよう．式で書けばこの面積は

$$(25\text{-}8) \qquad \int_0^{y^*} P(y)\,dy = \int_0^{y^*} v'(y)\,dy = v(y^*) - v(0)$$

と表わされる．この値 $v(y^*)-v(0)$ は，消費者がこの財を y^* だけ消費することによって得られる「総便益」(gross benefit) と呼ばれる値である．つまり，消費者が (x 財の消費を一定として) y 財の消費を 0 から y^* に増加させたときの効用増を x 財で測ったものが y^* から得られる総便益にほかならない．

このように考えれば，任意の消費量 y の下での需要価格 $P(y)=v'(y)$ は，この財の消費を増やしたときに得られる単位あたりの便益増，すなわち「限界便益」(marginal benefit) を表わしていると考えられる．また，y^* を p^* の価格で消費するときの消費者余剰は，面積 DOy^*M から支出額 p^*y^* を差し引いたものであり，

$$(25\text{-}9) \quad v(y^*) - v(0) - p^*y^* = \{M - p^*y^* + v(y^*)\} - \{M + v(0)\}$$
$$= u(x^*, y^*) - u(M, 0)$$

と表わされる．ただし，ここで $x^* = M - p^*y^*$ である．つまり，消費者余剰は，y 財の消費をゼロから y^* に増加させたときに得られる効用の純増額に等しい．

ところで25-2図において独占企業が選ぶ生産量 y^* の下では，限界便益 p^* が限界費用 MC^* を上まわっている．生産を増加させれば増加1単位あたり p^* の追加的便益を追加的費用 MC^* で獲得できたはずである．このことは，独占者の利潤最大化行動の結果として，生産を増加させることによって得られたはずの単位あたり $p^* - MC^*$ の社会的厚生が失われたことを意味している．この意味において，$p^* - MC^*$ は「限界死荷重」(marginal distortion) と呼ばれる．社会的に最適な生産量は限界便益と限界費用が一致する y^c である．y^* に生産をとどめてしまうことにより，独占者が支配する経済は

$$(25\text{-}10) \qquad \int_{y^*}^{y^c} \{v'(y) - MC(y)\}\,dy$$

だけの本来得られた厚生を失ってしまうことになる．この(25-10)の値こそ，MBC の面積つまり独占の死荷重にほかならない．

25.3 平均便益曲線と規模の経済性

ある産業に規模の経済性が存在するときには，政府が当該産業に介入すべき

いま一つの理由がある。規模の経済性に比べて需要が小さすぎるため，1つの企業が市場を独占しても収入が不足し利潤を挙げることができないが，経済厚生の観点からは当該企業が生産活動を行なった方が望ましいことがあるからである。

25-3図はそのような状況を表わしたものである。与えられた需要・限界収入および限界費用曲線の下で，独占企業は利潤を最大化する生産量として y^* を選ぼうとする。しかし図の平均費用曲線の下では，y^* を生産した時の平均費用 (AC^*) が市場価格 (p^*) を上回るから，収入 $p^* \cdot y^*$ が総費用 $AC^* \cdot y^*$ を下回り利潤は負になってしまう。より一般的に図のように平均費用曲線が需要曲線を常に上回るとき，どのような生産量を選んでも利潤を得ることはできない。このとき，この産業への参入は存在せず既存の企業も退出するから，市場メカニズムの下では長期的にこの財の生産量はゼロになる。このような状況は社会的に最適だろうか。もしこの企業が正の生産をするなら，総余剰を最大にするのは死荷重をゼロにする y^c である。このとき消費者の受け取る総便益は面積 DOy^cC であるが，この値は次のように表わすこともできる。

25-3図の平均便益曲線は，ちょうど需要曲線と限界収入曲線との間に成り立つものと同じ幾何学的関係が，平均便益曲線と需要曲線の間に成立するよう作図されている。つまり，需要曲線が図のように直線であれば，平均便益曲線は

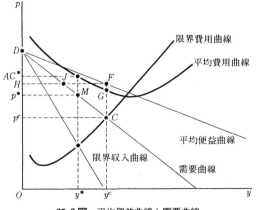

25-3図 平均便益曲線と需要曲線

縦軸の切片が同一で，傾きが需要曲線の傾きの 1/2 である直線である．このとき，任意の生産量に対応する「平均便益」(average benefit)あるいは単位あたり便益が，平均便益曲線の高さに対応する．というのは，y^c での総便益は面積 DOy^cC であるが，これは面積 HOy^cF に等しい．なぜなら，作図から 2 つの線分 HJ と JF の長さは等しいから，2 つの三角形 DHJ と CFJ の面積も等しいからである．このことは，線分 y^cF あるいは OH の長さが C 点における平均便益を表わすことを意味している．

従って，25-3 図の状況で y^c の生産を行なえば，消費者が単位あたり受け取る平均便益が生産者が 1 単位あたり支払わねばならない平均費用を上回ることになり，この財を生産することによって社会は正の総余剰を生み出すことができるのである．しかし，すでに見たように市場機構の私的インセンティブだけでは正の生産は行なわれず，何らかの政府介入が期待されることになる．

25.4 差別価格

第Ⅳ部で考察した完全競争モデルでは，均衡においては「一物一価の法則」が成立していた．情報が完全であることに加えて競争が存在することから，異なる価格で同じ財が販売されていれば，消費者は安い価格をつける売り手だけからその財を購入するからである．

しかし，財によってはまったく同質的でありながら異なる価格で販売されることがある．劇場などの入場料や鉄道・バスの料金が，観客・乗客が大人，学生あるいは子供であることによって異なるのがその例である．このように，ある財が 1 つの企業だけによって独占的に供給されているとき，ある条件が満たされれば「一物一価の法則」は崩壊する．このような場合には，同一の財を異なる消費者のグループに異なる価格で販売する「差別価格」(price discrimination)が可能になるからである．差別価格が可能となる条件とは，次の 3 つである．

(A) 売り手の独占企業が, 各消費者がどのグループに所属するかを識別できること.

(B) 財を消費者間で再販売することが不可能であるか, 少なくとも大きな費用を要すること.

(C) 異なる消費者グループの需要関数が, この財に対して異なる需要の価格弾力性をもつこと.

なぜ(A)と(B)の条件が必要かは明らかだろう. 条件(A)が成立しなければ, 独占企業はグループ間の価格差別を行なえるはずがない. 条件(B)が成立しなければ, 安い価格で購入できる消費者が大量に購入し, 独占企業からは高い価格でしか買えないグループに再販売することで利ザヤを稼ぐことができる. この結果, 後者のグループは独占企業からは購入せず再販売されたものだけを買うから, 差別価格は崩壊してしまうことになる.

これに対して, 条件(C)の意味はそれほど明瞭ではない. そこで以下, 需要者が2つのグループaとb(例えば, 大人と子供)に分かれており, 条件(A), (B)がみたされている市場で利潤を最大化しようとする独占企業の行動を分析しつつ, 条件(C)の意味を解説しよう.

まず, a, b 2つのグループの逆需要関数をそれぞれ $P_a(y_a)$, $P_b(y_b)$ としよう. ここで y_a, y_b はそれぞれのグループへの総供給量である. さらに, グループ i ($i=a, b$) に y_i を供給したときに得られる当該グループからの総収入を, $TR_i(y_i) = y_i P_i(y_i)$ と書こう. 一方, この財は同質的であるから, 生産費用は需要の内訳には依存しない. 従って総費用は総生産量だけに依存する関数 $C(y_a + y_b)$ で与えられる.

このとき, 独占企業の行動は,

$$(25\text{-}11) \quad \max_{y_a, y_b \geqq 0} \{TR_a(y_a) + TR_b(y_b) - C(y_a + y_b)\}$$

という最大化問題の解として表わされる. もし最適解が内点解であるとすれば, (25-11)の1階の条件

$$
\text{(25-12)} \quad \begin{aligned} MR_{\mathrm{a}}(y_{\mathrm{a}}) &= MC(y_{\mathrm{a}}+y_{\mathrm{b}}) \\ MR_{\mathrm{b}}(y_{\mathrm{b}}) &= MC(y_{\mathrm{a}}+y_{\mathrm{b}}) \end{aligned}
$$

が成立しなければならない．ただしここで，$MR_i(y_i)$ は第 i グループからの限界収入，MC は限界費用である．限界費用は両グループに共通だから，(25-12)式に従って両グループからの限界収入もお互いに等しくなくてはならない．

限界収入の定義である (25-1) 式を使えば，この条件は，

$$
\text{(25-13)} \quad MR_i(y_i) = P_i(y_i)\left[1 + \frac{1}{\varepsilon_i(y_i)}\right] = MC(y_{\mathrm{a}}+y_{\mathrm{b}}) \qquad (i=\mathrm{a, b})
$$

と表わされる．ただしここで，$\varepsilon_i(y_i)$ は第 i グループの需要の価格弾力性である．ギッフェンの逆説が成立しないかぎり $\varepsilon_i(y_i)$ が負であることと $P_i(y_i)$ が第 i グループへの価格であることに注意すれば，次のことがわかる．

価格差別の下では，需要が価格弾力的である（ε_i の絶対値が大きい）グループの価格は，非弾力的（ε_i の絶対値が小さい）グループの価格より必ず低くなる．言いかえれば，各グループの ε_i が同じなら，価格差別をする意味がない．これが条件 (C) の意味なのである．

このことを簡単な場合について図示したのが 25-4 図である．ここでは，原点から右方にグループ a の需要，左方にグループ b の需要がとられている．図

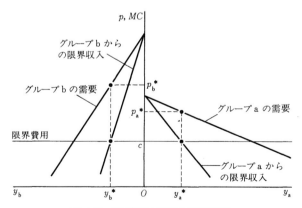

25-4 図 差別価格と需要の価格弾力性

の需要曲線は，グループaの方がbより価格弾力的な状況を示している[5]．単純化のため，限界費用は総生産量 y_a+y_b のいかんにかかわらず c で一定であるとする．

このとき独占企業は，限界収入と限界費用を等しくするようにグループaに対しては y_a^* の生産を，グループbに対しては y_b^* の生産を行なう．この結果，両グループの価格は乖離し，より非弾力的な需要をもつグループの価格が，より弾力的な需要をもつグループの価格を上回ることになるのである．

価格差別はここで考察した2つのグループ間の価格差別だけにとどまらない．伝統的にグループ間の価格差別を「第二種価格差別」と呼ぶ．これに対して，もし独占企業が各消費者の個別需要関数を知っていれば，価格は消費者ごと，あるいは生産物1単位ごとに異なることになる．このとき独占企業は消費者余剰をすべて奪いとることになる．これを「第一種または完全な価格差別」と呼ぶ[6]．

1つの価格しか選ばない単純な独占の場合に比べて，価格差別は独占企業の利潤を増加させる．なぜなら，前者の解く最大化問題は，最大化問題(25-11)に両グループの価格が等しいという $(P_a(y_a)=P_b(y_b))$ 制約条件をつけ加えたものと考えることができるが，制約条件のない最大化問題の最大値が制約条件のついた最大化問題の最適値を下回るはずがないからである．同じ理由から，より多くのグループの間の価格差別を行なえば行なうほど，独占企業の利潤は増加する．このように，独占企業はできるだけ第一種価格差別を行ないたいという希望を持っている．

しかし，消費者を細かく分けることは多くの場合困難である．なぜならば，価格差別を行なうためには需要の弾力性の異なる消費者を識別できなければならない．しかし，子供料金のように子供であるかどうかが一目瞭然であったり，学生割引のように学生証を提示させることができれば識別は容易にできるが，外見上は全く同じ消費者でありながら需要の弾力性が異なる消費者を区別することは容易ではない．

このような状況，つまり個々の消費者は自分の需要の弾力性や需要量(より

一般的にはその嗜好)という情報を知っているが売り手である企業は知らないという状態を,「情報の非対称性」(asymmetry of information)が存在するという．情報の非対称性があるとき，企業は各消費者がどのような嗜好をもっているかを事前に知ることはできない．しかし，嗜好の異なる消費者はその経済行動——需要量など——が異なるから，適当な条件の下ではどの消費者がどのような嗜好をもっているのかを事後的に知ることができることになる．このように，異なる嗜好・情報をもつ消費者をその経済行動の相違を利用して区別することを,「自己選択」(self-selection)と呼ぶ[7]．

情報の非対称性が存在するため，差別価格が成立するための条件(A)が成立しなくとも，独占企業は自己選択のメカニズムを使って利潤を増加させることができる．「二部料金」(two-part tariff)や「非線形料金」(non-linear pricing)がそれである．この点を次に説明しよう．

25.5 二部料金と情報の非対称性

これまでのところわれわれは，財・サービスの消費に対する支払額はその財・サービスの価格(p)で決まり，消費者は消費量 y に比例した額 py を支払うものと考えてきた．このように，消費者の支払額あるいは支払料金 R が消費量 y に比例する関数 $R=py$ となる場合(25-5図のグラフ OR_1)を「線形料金」体系と呼ぶ．

しかし，前節の差別価格の条件(B)すなわち再販売不可能という条件が成立するときには，料金体系が線形になる必然性はない．「非線形料金」(non-linear pricing)体系のうち最もよく知られているのは,「二部料金」(two-part tariff)である．電気・ガスや電話料金などのように，固定費の割合が多くしかも生産物の再販売が困難な財・サービスの価格は，固定料金部分と変動料金部分からなっている．また，レストランやバーのテーブル・チャージと料理・飲物料金，遊園地の入場料と各乗物の料金なども二部料金である．25-5図で，原点 O と直線 TCR_2 のうち白丸で示した T 点を除いた部分を合わせたものがこのよう

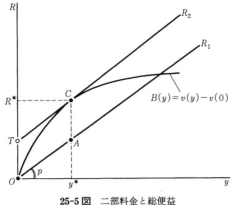

25-5 図 二部料金と総便益

な二部料金を示している．このとき消費者は，この財・サービスをまったく消費しない($y=0$)ならば料金はゼロであるが，正の消費を行なうには単位あたり料金 p に加えて固定料金 T を支払わねばならない．このため料金 $R_2(y)$ は，

$$R_2(y) = \begin{cases} 0 & \text{if } y = 0 \\ T + py & \text{if } y > 0 \end{cases}$$

となる．

では，二部料金あるいは一般的に非線形料金は，どのような経済的役割を果たすのだろうか[8]．25.2 節で考察した y 財の所得効果がゼロである効用関数 $u(x, y) = x + v(y)$ を例にとって説明しよう．この財を y だけ消費するときの総便益を $B(y) = v(y) - v(0)$ とすれば，総便益関数は 25-5 図のように表わされる．x 財の価格を 1，y 財の料金を $R(y)$，消費者の所得を M とすれば，消費者の行動は，(25-5)式から，

(25-14) $$\max_{y \geq 0} \{M + v(0) + B(y) - R(y)\}$$

と表わされる．

まず，料金体系が 25-5 図の OR_1 のような線形料金 $R_1(y) = py$ なら，(25-14)の最適解は限界便益が限界料金 $R_1'(y) = p$ となる y^* であり，消費者は y^* を購入する．このとき，消費者の総支払額 $R_1(y^*) = py^*$ は図の線分 Ay^* の長さである．

さて，料金体系が二部料金 $R_2(y)$ であったとしても，限界料金は同じだから

消費者はやはり y^* を購入する。しかし，このとき消費者の総支払額は線分 Cy^* の長さで表わされる $R_2(y^*)=py^*+T$ となり，固定料金 T だけ支払が増加し，企業側の収入も T だけ増加する。このように，二部料金あるいは非線形料金は差別価格と同様に企業の収入を増加させる方法なのである。しかも，25-5 図から明らかなように，二部料金や非線形料金を使うことによって企業は消費者の総便益をすべて料金として獲得し，消費者余剰をゼロにすることができる。同じ結果は，y^* の消費量を R^* の料金で提供するが，それ以外の消費を認めないという特殊な料金体系によっても達成できる。このような料金体系を以下 (y^*, R^*) と書こう[9]。

さて，企業が消費者の総便益をすべて獲得するためには，その消費者の嗜好，つまり総便益曲線の形状を知っていなければならない。しかし，現実には情報の非対称性のため企業は個々の消費者の嗜好を完全に知ることはできないだろう。このとき各消費者から総便益をすべて料金として獲得することは不可能である。

このことを，次のような簡単なケースについて考えてみよう。まず企業の費用関数は $C(y)=cy$ であって限界費用が一定であるとする。また，消費者は 1 と 2 の 2 人だけであり，消費者 i $(i=1, 2)$ の効用関数は $u_i(x, y)=x+v_i(y)$ と表わされるものとする。さらに，x 財の価格を 1 とし y 財への支出総額を R としよう。予算制約式は $x+R=M$ だから，この場合には

(25-15) $\quad u_i(x, y) = M - R + v_i(y) = M + v_i(0) + B_i(y) - R$

と表わすことができる。こうして，消費者 i の効用は (x, y) の関数のかわりに (y, R) の関数

(25-16) $\quad U_i(y, R) = M + v_i(0) + B_i(y) - R$

として表わすこともできる。

このとき明らかに，25-6 図に示した総便益曲線 $B_i(y)$ は，第 i 消費者が $M + v_i(0) = U_i(0, 0)$ の効用を得ることのできる (y, R) の軌跡，つまり無差別曲線を表わすことになる。また，この曲線を一定量 (k) だけ下方に平行移動した曲

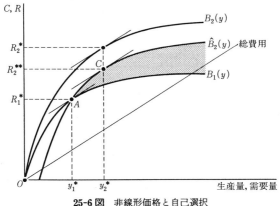

25-6図 非線形価格と自己選択

線 $\hat{B}_i(y) = B_i(y) - k$ は，効用水準が $M + v_i(0) + k$ の，つまり $U_i(0, 0)$ より k だけ高い水準に対応した無差別曲線であることも明らかである．以下では2人の消費者の嗜好について次の仮定を設けよう．

(D) どんな y の下でも，$B_1'(y) = v_1'(y) < B_2'(y) = v_2'(y)$ が成立する．

$v_i'(y)$ は消費者 i が y の消費を行なうときの需要価格であったから，仮定(D)は消費者2の方が1よりも，y 財を常に高く評価していること，つまり消費者2の需要曲線が消費者1の需要曲線の右上方に位置することを意味している．また，(25-16)式から $B_i'(y)$ は第 i 消費者の (y, R) 平面で定義された無差別曲線の傾きに等しい．この解釈に従えば，仮定(D)は (y, R) 平面のどの点でも消費者2の無差別曲線の傾きが消費者1のそれを上回ることを意味している．

さて，企業が各消費者の嗜好を完全に知っているなら，消費者1には図の (y_1^*, R_1^*) だけを，消費者2には (y_2^*, R_2^*) だけを提供することにより，各消費者がこの財から得る便益のすべてを獲得できる．しかし，情報の非対称性がありどちらの消費者がどちらの嗜好を持っているか判らないとき，このことは不可能である．どちらの消費者が $B_2(y)$ の総便益を持っているか，従ってどちらに (y_2^*, R_2^*) を提供すべきかが判らないからである．また，両消費者に $(y_1^*,$

R_1^*)か(y_2^*, R_2^*)のどちらかを選択させるという方法をとっても，仮定(D)の下ではうまくゆかない．なぜなら，どちらの消費者も(y_1^*, R_1^*)を選んだ方が効用が高いから，誰も(y_2^*, R_2^*)を選択しないからである．

25.6 自己選択と非線形料金

　このような場合には企業は，(y_1^*, R_1^*)を提供して$2R_1^* - 2cy_1^*$の利潤を得ること，つまり各消費者からそれぞれ$R_1^* - cy_1^*$の利潤を獲得することしかできないのだろうか．25-7図から明らかなように，企業が消費者1から獲得できる利潤の最大額は$R_1^* - cy_1^*$である．しかし実は，(y_1^*, R_1^*)の他に別の(y_2, R_2)を同時に提供し，消費者1に(y_1^*, R_1^*)を，消費者2に(y_2, R_2)を消費者自身の意思で選択させることによって，少なくとも事後的に2人の消費者を識別し利潤を増やすことが可能である．すなわち，消費者に自己選択を行なわせることができる．

　いま，各消費者が(y_1, R_1)と(y_2, R_2)のどちらでも選択できるにもかかわらず，消費者1が前者，消費者2が後者を選択するとしよう．このとき，次の2つの条件が満たされなければならない．

(25-17 a) 　　　　　$U_1(y_1, R_1) \geqq U_1(y_2, R_2)$

(25-17 b) 　　　　　$U_2(y_2, R_2) \geqq U_2(y_1, R_1)$

これが「自己選択の条件」(self-selection constraint)と呼ばれる条件である．

　(y_1, R_1)が(y_1^*, R_1^*)であるときこの条件が満たされるためには，(y_2, R_2)は25-6図のシャドー部分になければならない．このシャドー部分の中で企業が消費者2から得られる利潤を最大にするのは，$\hat{B}_2(y)$の傾きが限界費用に等しい点，(y_2^*, R_2^{**})である．(y_1^*, R_1^*)と(y_2^*, R_2^{**})のどちらをも各消費者が選べるという料金体系を作ることによって，消費者2は自らの意思で(y_2^*, R_2^{**})を選ぶことになる[10]．この結果，企業は$R_1^* + R_2^{**} - c(y_1^* + y_2^*)$の利潤を得ることができるのである．この利潤は，各消費者の嗜好を完全に知っており消費者別の料金体系を作ることができる場合よりは小さいが，自己選択のメカニ

ズムに任せず単一の料金だけを提供するよりは高いことが明らかだろう．

このとき，需要量の少ない消費者1は，この財の消費から得られる総便益のすべてを企業に料金として吸収されてしまう．つまり，消費者1の消費者余剰はゼロとなる．しかし，消費者2は情報の非対称性(不完全性)の結果，非線形料金によっても便益のすべては吸収されず，線分 $R_2^* R_2^{**}$ の長さだけの消費者余剰が残されることになる．

いずれにせよ，このようにして得られる料金体系は O, A, C の3点からなることになる．同じことは，OA の間は $B_1(y)$ のグラフ，A より右方では $\hat{B}_2(y)$ のグラフより上方に位置しつつ O, A, C の3点を通る任意の曲線によっても達成できる．例えば，

$$R(y) = \begin{cases} B_1(y) & 0 \leq y \leq y_1^* \\ B_2(y) & y_1^* < y \end{cases}$$

がそのような料金体系であり，この料金の下で消費者1は y_1^* を，消費者2は y_2^* を選ぶことが最適な選択(の一つ)となるのである．このとき，消費者の中で最も大きな需要を持つ消費者(ここでは消費者2)は，彼の限界便益と限界費用が等しくなるような消費を行なうという性質も成立する[11]．

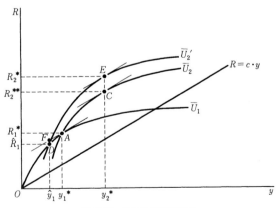

25-7図 最適な非線形料金

実は，企業は$(y_1{}^*, R_1{}^*)$と$(y_2{}^*, R_2{}^{**})$を提供するよりもっと利潤を高めることができる．つまり$\{(y_1{}^*, R_1{}^*), (y_2{}^*, R_2{}^{**})\}$は企業にとって最適な非線形料金ではない．このことを次に説明しよう．

25-7図における$(\hat{y}_1, \hat{R}_1)$と$(y_2{}^*, R_2{}^*)$も，明らかに自己選択の条件(25-17)式を満たしている．この新しい料金体系$\{(\hat{y}_1, \hat{R}_1), (y_2{}^*, R_2{}^*)\}$は，元の体系$\{(y_1{}^*, R_1{}^*), (y_2{}^*, R_2{}^{**})\}$に比べて次のような違いをもつ．まず，消費者1から得られる利潤は減少するが，その差額$(R_1{}^* - cy_1{}^*) - (\hat{R}_1 - c\hat{y}_1)$は図の線分$FD$の長さに過ぎない．しかもそれは，消費者2から得られる利潤の増加額$(R_2{}^* - cy_2{}^*) - (R_2{}^{**} - cy_2{}^*)$つまり図の線分$EC$の長さに比べてわずかである．従って，新しい料金体系は元の料金体系より大きな利潤を生むのである．

実は，企業が利潤を最大化する料金体系$\{(y_1, R_1), (y_2, R_2)\}$は，次の問題の解となっているはずである．まず第1に，料金体系は自己選択の条件(25-17)式を満たさねばならない．また，消費者は最低限ゼロの消費者余剰を得られなければ，この財を購入することはない．つまり，料金体系は

(25-18 a) $\qquad\qquad U_1(y_1, R_1) \geqq U_1(0, 0)$

(25-18 b) $\qquad\qquad U_2(y_2, R_2) \geqq U_2(0, 0)$

を満たさねばならない．

そこで，(25-17)と(25-18)の2つの条件を共に満足する料金体系$\{(y_1, R_1), (y_2, R_2)\}$の集合を$Q$としよう．このとき，企業の解くべき問題は，次のものである．

(25-19) $\qquad\displaystyle\max_{\{(y_1, R_1), (y_2, R_2)\} \in Q} \{R_1 - cy_1 + R_2 - cy_2\}$

ところで，この問題の解は(25-18 a)式を等号で満たす．もしそうでなければ，消費者1の得る効用に対応する無差別曲線は，25-7図の無差別曲線$\bar{U}_1$より下方に位置することになる．このとき企業は，両消費者の購入量を変えずに料金を上げ，利潤を増やすことができるからである．

さらに，自己選択の条件が拘束的であるかぎり，明らかに(25-17 b)式が等号で成立しなければならない．従って，問題(25-19)の最適解は

(25-18 a′) $\qquad\qquad U_1(y_1, R_1) = U_1(0, 0)$

(25-17 b′) $\qquad\qquad U_2(y_2, R_2) = U_2(y_1, R_1)$

を満たすことになる．これらに$U_i(y, R)$を定義した(25-16)式を代入すれば

(25-18 a″) $\qquad\qquad B_1(y_1) - R_1 = 0$

(25-17 b″) $\qquad\qquad B_2(y_2) - R_2 = B_2(y_1) - R_1$

が成立する．これら2つの式を(25-19)の目的関数に代入すれば，企業は，

(25-20) $\max_{y_1, y_2 \geq 0} \{B_1(y_1) - cy_1 + B_2(y_2) - B_2(y_1) + B_1(y_1) - cy_2\}$

を解いていることになる．

問題(25-20)の1階の条件は

(25-21 a)　　　　　$B_2'(y_2) - c = 0$

(25-21 b)　　　　　$B_1'(y_1) - c = B_2'(y_1) - B_1'(y_1)$

で表わされる．このように，最適な料金体系の下では，最も小さい需要を持つ消費者は消費者余剰がゼロ(25-18 a')式であり，しかも需要の大きな消費者の自己選択の条件(25-17 b')式を満たすために，その限界便益が限界費用を上回る((25-21 b)式)ことになる．これに対して，最も大きな需要を持つ消費者2は，自己選択の条件(25-17 b')式を満たしつつ，限界便益と限界費用が等しくなるのである．従って最適料金体系は，25-7図の D 点で(25-21 b)式が満たされているかぎり D 点を消費者1に，E 点を消費者2に選ばせるようなものである[12]．

25.7　限界費用価格規制とその問題点

本章25.2節で詳述したように，ある財・サービスが利潤を最大化しようとする企業によって独占的に供給されるとき，資源配分上の歪みが発生する．このような問題を解決する一つの方法は，独占企業を公有化したり価格を公的に規制することである．資源配分上の歪みを完全に是正し経済厚生を最大化する方法として，「限界費用価格規制」(marginal cost pricing)がよく知られている．

限界費用価格規制とは，各生産量 y に対する価格を限界費用 $MC(y)$ に一致するように規制することである．25-2図を使って説明しよう．例えば y^* の生産を行なうとき，この規制下の独占企業は p_0 の価格をつけなければならない．しかし，この価格の下では需要が y_0 であり需給が一致しないから，企業は生産を増加させる．価格と限界費用が一致しながら需給が一致するのは，生産量が y^c であり価格が p^c である場合である．つまり，限界費用価格規制の下では C 点が達成され，独占の死荷重をゼロにすることができる．

限界費用価格規制は，独占の死荷重を解決する「最善」(first best)の方法であ

る．しかし，理論的には最善であっても現実にこのような規制を行なうことは不可能であったり，付随的な問題が発生してしまい結局は最適な資源配分を達成できないことが多い．つまり，実際の政策的配慮を行なう際には，最善の政策よりは，次善 (second best) の政策を考える必要がある．以下，限界費用価格規制に関わる主要な3つの問題点にふれておこう．

第1に，企業は限界費用を計算できるだろうか．定義によって限界費用とは，現在より生産を少し増加させたときに必要な単位あたり費用である．つまり，限界費用を計算するためには，生産をわずかに増加させてみるという仮想実験を行なわなければならない．しかし，このような仮想実験で限界費用を計算することはきわめて困難であるし，あえて実行すれば大きな費用がかかってしまうことになる．

第2に，本章25.3節で述べたように，固定費用が大きく規模の経済性の大きい技術であれば，最善の資源配分を達成しようとすると規制された企業は赤字にならざるをえない．旧国鉄の赤字ローカル線のように，被規制企業が赤字になること自体は社会厚生の観点からは必ずしも悪いことではない．そのような赤字は，資源配分を効率的にするために必要な社会的費用だからである．

しかし，赤字のままでは被規制企業はなりたたないから，規制を続けるためには国が赤字補塡をする必要がある．そのためには，政府は何らかの形で歳入を確保する必要があり，通常それは税収という形で行なわれる．ところで，第22章22.2節で見たように，課税はそれが一括型の税でないかぎりそれに伴う死荷重を生む．従って，限界費用価格規制を行なうことは，独占の死荷重を避けるためにかわりに課税の死荷重を作り出すことになる．どちらの死荷重の方が大きいかは先験的に明らかではないから，限界費用価格規制が経済厚生を改善するとは限らない．

また，赤字補塡が分配上の公正の観点から望ましいかどうかも疑問である．これも旧国鉄の赤字ローカル線を例にとれば，ローカル線から便益を受けるのは地域住民であり，赤字を補塡するのが中央政府であれば，赤字補塡を通じて地域間の所得再分配が行なわれることになる．赤字補塡が明示的に所得分配の

ために行なわれるのでなければ，このような政策は社会的正義の観点からは問題があると言えよう．ローカル線から便益を受ける住民がそのための費用を負担すべきであるという「受益者負担の原則」(benefit principle)に反することになるからである．

　第3に，価格を規制するということは企業の利潤最大化行動を否定することにほかならない．特に，規制によって赤字が発生してもすでに述べた理由で政府が補填してくれるなら，わざわざ利潤を大きくする努力は必要がない．このため，企業内部で無駄を省きより効率的な資源配分を行なう誘因がなくなってしまう．

　このことは次のように考えてみるのが判りやすい．限界費用を定義する費用関数は費用最小化問題を解くことによって得られた．しかし，企業が費用を最小化しようとするのはそれが利潤を最大化するための必要条件だからである．利潤最大化の誘因を失った企業には費用を最小化する誘因も存在しない．このため，被規制企業は最小の費用で生産しなくなり，実際の費用は本来の費用より大きくなる．限界費用も本来の限界費用曲線より上方に位置することになり，限界費用で価格規制を行なってもその価格は本来の価格より高くなってしまう．このように，資源配分の歪みを是正するために限界費用価格規制を採用すれば，逆に企業内部の資源配分に歪みを作り出してしまう可能性がある．

　本節の議論は次のように要約できる．限界費用価格規制は，限界費用の計算が可能で一括型の課税が可能であり，しかも企業内部の資源配分を常に効率的に行なえる保証があるときの政策——「最善の政策」(first best policy)——でしかない．現実にこれらの条件が満たされないならば，われわれは最善の政策をあきらめ，「次善」(second best)の政策を探究しなければならないのである．

25.8　次善料金——ラムゼイ・ルール

　では，次善の価格規制はどのようなものであるべきだろうか．前節で述べた最善の政策の実現性を妨げる3つの条件のうち，第1および第2の条件は，平

均費用価格規制(average cost pricing)で解決できる[13].

　平均費用価格規制とは,独占企業がその生産物の価格を平均費用に等しい水準に定めるよう規制する政策である.再び25-2図に戻れば,限界費用価格規制と同じ論理によって,平均費用価格規制の下で価格と平均費用が一致し,しかも需給が一致するならば,生産量は y^a,価格は p^a となる.このとき価格と平均費用が一致しているから企業の利潤はゼロである.つまり,平均費用価格規制では赤字補填の必要がなく,課税の死荷重などの付随的な資源配分の非効率性を作り出すことがない.また,限界費用と違って平均費用は生産量と総費用に関する知識だけから計算できるから,これは容易に実施できる規制方法である.

　言うまでもなく,平均費用価格規制は独占の死荷重をすべて除去することはできない.25-2図の FGC の面積に相当する死荷重が残ってしまうからである.しかし,平均費用価格規制は次のような望ましい性質をもっている.すなわち,この規制は企業に最低限ゼロの利潤を与えるという制約の下で,総余剰を最大化する.この性質を「ラムゼイ最適」(Ramsey optimal)と呼び,この性質を満たす価格を「ラムゼイ価格」またはラムゼイ料金(Ramsey price)と呼ぶ[14].平均費用価格規制は,利潤ゼロという制約条件の下で経済厚生を最大化するという意味で「次善の規制」(second-best regulation)なのである.

　ところで,企業が1種類の生産物だけを生産するときには,平均費用は容易に計算できる.しかし,現実にはほとんどの独占企業は複数の生産物を生産している.このとき,各生産物の平均費用を定義することは困難である.費用のかなりの部分,特に固定費用部分は,すべての生産物の生産に関係する「共通費用」(overhead cost)だからである.では,複数生産物を生産しているときのラムゼイ価格はどのようなものとなるだろうか.

　いま,独占企業が2つの生産物1,2を生産しており,その費用関数が

(25-22) $$C(y_1, y_2) = F + c_1 y_1 + c_2 y_2$$

と表わされるとしよう.ここで y_i ($i=1,2$)は第 i 生産物の生産量,F は固定費用,c_i は第 i 生産物の限界費用であり,これらの限界費用は一定であるとす

る.また,それぞれの生産物の需要はその価格だけに依存するとし,それは逆需要関数

(25-23) $$p_i = P_i(y_i)$$

で表わされるとする.言うまでもなく p_i は第 i 生産物の価格である.

このとき,ラムゼイ価格 $(p_1{}^*, p_2{}^*)$ は,利潤ゼロの条件

(25-24) $$p_1{}^* y_1 + p_2{}^* y_2 = C(y_1, y_2)$$

に加えて,「ラムゼイ・ルール」(Ramsey rule)

(25-25) $$\frac{p_1{}^* - c_1}{p_1{}^*} \varepsilon_1 = \frac{p_2{}^* - c_2}{p_2{}^*} \varepsilon_2$$

を満たす価格でなければならない.ただしここで,ε_i は第 i 生産物に対する需要の価格弾力性である.このことを説明しよう.

ラムゼイ価格は,独占利潤をゼロにしながら総余剰したがって消費者余剰を最大化する価格であった.(p_1, p_2) がそのような価格であり,(y_1, y_2) がそのときの需要量であるとした上で,この価格が条件(25-25)を満たすものになることを 25-8 図を使って説明しよう.

まず,(p_1, p_2) は利潤ゼロの条件,すなわち(25-24)式を満たしていなければならない.しかもこの価格は,(25-24)式を満たす他のどの価格よりも高い消

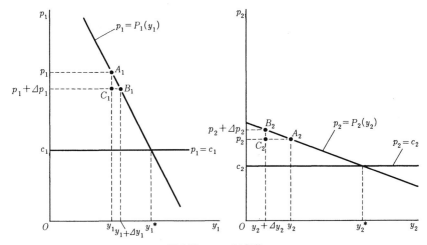

25-8 図 ラムゼイ価格

費者余剰を達成しているはずである.そこでいま,$(p_1+\Delta p_1, p_2+\Delta p_2)$を$(p_1, p_2)$とわずかに異なるがやはり(25-24)式を満たす価格としよう.また,この価格の下での需要を$(y_1+\Delta y_1, y_2+\Delta y_2)$とする.このとき(25-24)式から明らかに,

(25-26) $(p_1+\Delta p_1-c_1)(y_1+\Delta y_1)+(p_2+\Delta p_2-c_2)(y_2+\Delta y_2)$
$= (p_1-c_1)y_1+(p_2-c_2)y_2 = F$

が成立しなければならない.Δp_1 と Δp_2 が十分小さければ Δy_1 と Δy_2 も十分小さく,$\Delta p_1 \cdot \Delta y_1$ および $\Delta p_2 \cdot \Delta y_2$ は無視することができる.このような近似を使って(25-26)式を整理すれば,

(25-27) $(p_1-c_1)\Delta y_1+(p_2-c_2)\Delta y_2+y_1\cdot\Delta p_1+y_2\cdot\Delta p_2 = 0$

が成立する.

一方,元の価格(p_1, p_2)が消費者余剰を最大化していたとすれば,この変化に基づく消費者余剰の変化は非正でなければならない.つまり,図の小さな三角形 $A_1B_1C_1$ と $A_2B_2C_2$ の面積を無視すれば,

$$y_1\cdot\Delta p_1+y_2\cdot\Delta p_2 \leqq 0$$

が成立しなければならない.同様に,(p_1, p_2)から$(p_1-\Delta p_1, p_2-\Delta p_2)$への変化も消費者余剰を増加させないはずだから,

$$-y_1\cdot\Delta p_1-y_2\cdot\Delta p_2 \leqq 0$$

が成立する.この2つの式から

(25-28) $\quad\quad\quad\quad y_1\cdot\Delta p_1+y_2\cdot\Delta p_2 = 0$

が成立することが判る.

ここで(25-28)式を(25-27)式に代入すれば,

(25-29) $\quad\quad\quad (p_1-c_1)\Delta y_1+(p_2-c_2)\Delta y_2 = 0$

が成立する.(25-28)および(25-29)の両式から

(25-30) $\quad\quad\quad \dfrac{p_1-c_1}{y_1}\dfrac{\Delta y_1}{\Delta p_1} = \dfrac{p_2-c_2}{y_2}\dfrac{\Delta y_2}{\Delta p_2}$

が成立しなければならない.ここで,$p_i\cdot\Delta y_i/y_i\cdot\Delta p_i$ がほぼ第 i 生産物の需要の弾力性 ε_i によって近似されることに注意すれば,(25-30)式は(25-25)式——ラムゼイ・ルール——に等しいことが明らかである.

ラムゼイ価格は，すべての生産物について価格マージン $(p_i-c_i)/p_i$ がその生産物需要の価格弾力性に逆比例することを要求する．つまり，需要が価格弾力的な（非弾力的な）生産物ほど価格マージンを低く（高く），従って限界費用とそれほど大きく乖離しない（大きく乖離した）価格をつけることを要求する．

このことは次のように考えてみれば明らかだろう．この企業の生産計画が社会的に最善なのは，限界費用と価格が一致する生産量 $(y_1{}^*, y_2{}^*)$ である．しかしこの生産量では企業に赤字が発生するから，次善の政策を考えるということであった．しかし，次善の政策であっても，その下での資源配分は最善の資源配分にできるだけ近いことが望ましい．25-8図から明らかなように，このためには価格弾力的な生産物には限界費用とそれほど違わない価格をつける必要がある．そうでなければ，生産量は最善の生産量 $y_i{}^*$ から大きく乖離してしまうからである．一方，価格弾力性の小さな財には高い価格をつけても生産量は $y_i{}^*$ からそれほど乖離しない．これがラムゼイ・ルールの意味なのである．

ところで，ラムゼイ・ルールをそのまま受け入れることには問題がある．ラムゼイ・ルールが相対的に高い価格をつけることを指示する財は，価格非弾力的な財である．しかし，価格非弾力的になる財の多くは必需品である．一方，奢侈品の多くは価格弾力的であり，価格は低くつけられることになる．しかし，所得の少ない消費者は必需品に多くを支出し，所得の多い消費者は奢侈品にも多く支出できるから，ラムゼイ・ルールは所得の少ない消費者に相対的に大きな犠牲を強いる逆進的な政策であることになる．

このような結論が得られるのは，ラムゼイ・ルールという次善の政策を，消費者余剰最大化を基準として定義したためである．つまり，ここでわれわれは効率性だけを基準とし，公正性の問題を無視したわけである．公正性をも考慮にいれた次善の価格規制は，その分弾力的な財の価格を上げ，非弾力的な財の価格を下げるものになる[15]．

ラムゼイ・ルールに関する以上の説明には，2つの技術的問題がある．第1に，本書第I巻の第13章で詳述したように，消費者余剰の概念は経済厚生の指標とし

て必ずしも適切なものではない．第2に，各生産物の需要はその生産物価格だけの関数ではない．そこで以下，より一般的な場合のラムゼイ・ルールを双対性を使って説明しよう．

いま，独占企業が m 個の財 ($i=1, \cdots, m$) を生産しているとし，費用関数を $C(y)$ とする．ここで $y=(y_1, y_2, \cdots, y_m) \in R_+^m$ は生産計画である．一方，消費者の間接効用関数を $V(p_0, p; M)$ で表わそう．ここで $p=(p_1, p_2, \cdots, p_m) \in R_+^m$ は独占企業がつける価格ベクトル，p_0 は他の財の価格ベクトル，M は名目所得である．以下では，この独占企業の価格決定は (p_0, M) に影響を与えないと仮定する．

本書第Ⅰ巻で説明したロワの恒等式[16]を使えば，各生産物 i ($i=1, 2, \cdots, m$) の需要関数は，

$$(25\text{-}31) \quad d_i(p_0, p; M) = -\frac{\partial}{\partial p_i} V(p_0, p; M) \Big/ \frac{\partial}{\partial M} V(p_0, p; M)$$
$$(i=1, 2, \cdots, m)$$

で表わされる．従って，利潤がゼロであるための条件は

$$(25\text{-}32) \quad \sum_{i=1}^{m} p_i d_i(p_0, p; M) = C(d(p_0, p; M))$$

となる．ただし $d(p_0, p; M) = (d_1(p_0, p; M), d_2(p_0, p; M), \cdots, d_m(p_0, p; M))$ である．ここで，(25-32)式を満たす価格ベクトル p の集合を F としよう．このとき，ラムゼイ価格は

$$(25\text{-}33) \quad \max_{p \in F} V(p_0, p; M)$$

の解として表わされる．

問題(25-33)をラグランジュ乗数法で解けば，その1階の条件として

$$(25\text{-}34) \quad \frac{\partial V}{\partial p_i} - \lambda \left[d_i + \sum_{j=1}^{m} p_j \frac{\partial d_j}{\partial p_i} - \sum_{j=1}^{m} \frac{\partial C}{\partial y_j} \frac{\partial d_j}{\partial p_i} \right] = 0 \quad (i=1, 2, \cdots, m)$$

が成立しなければならない．なお，ここで λ はラグランジュ乗数である．$\partial V/\partial M$ を μ, $\partial C/\partial y_j = MC_j$ とおき，(25-34)式にロワの恒等式を代入して整理すると

$$(25\text{-}35) \quad -(\mu+\lambda) d_i = \lambda \sum_{j=1}^{m} (p_j - MC_j) \frac{\partial d_j}{\partial p_i}$$

が得られる．ここで $p_i(\partial d_j/\partial p_i)/d_j$ を ε_{ji}, $\theta_i = p_i d_i/M$, $-(\mu+\lambda)/\lambda = k$ とおけば，(25-35)式はさらに

$$(25\text{-}36) \quad \sum_{j=1}^{m} \frac{p_j - MC_j}{p_j} \frac{\theta_j}{\theta_i} \varepsilon_{ji} = k$$

と書ける．$\varepsilon_{ji}=0$ ($j \neq i$) のときに(25-36)式が(25-25)式と一致することは明らかだ

ろう．これが一般化されたラムゼイ・ルールである．

(25-36)式の意味は，むしろ(25-35)式を考えることで明らかになる．本章25.2節で見たように，$p_j - MC_j$ は第 j 生産物の生産を追加1単位増やしたときに得られる純便益に等しい．つまり，(25-35)式の右辺から λ を除いた項は，p_i を引き上げることによって市場全体で発生する限界死荷重にほかならない．

一方，p_i を引き上げることは1円あたり d_i 円の収入増を独占企業に与える．従って d_i は，p_i を引き上げることによって得られる限界収入である．こう考えれば，第 i 財の価格を上げて1円の収入増を得ることから発生する限界死荷重の和は，

$$\left[\sum_{j=1}^{m}(p_j - MC_j)\frac{\partial d_j}{\partial p_i}\right]\bigg/ d_i$$

で表わされる．(25-35)式は，どの財の価格を調整しても，企業の限界収入1円あたり発生する限界死荷重の和が一定であることを要求しているのである．

第25章 注

1) 以下の分析を一般均衡の枠組に拡張することは必ずしも容易ではない．均衡の存在を始め，さまざまな問題があるからである．これらの点については例えばRoberts, J. and H. Sonnenschein, "On the Foundations of the Theory of Monopolistic Competition," *Econometrica*, vol. 45, 1977, pp. 101-114 を参照せよ．

2) ヒックスの合成財の定理については，本書第21章21.5節を参照せよ．

3) そのような無差別曲線は，本書第I巻第13章13-6図に描かれている．

4) 以上の詳細については，例えばKatzner, D., *Static Demand Theory*, London: Macmillan, 1970 を見よ．

5) 弾力性は需要曲線上の各点で定義されるから，線形の需要曲線の場合，弾力性はどの点で定義するかによって0から $-\infty$ までのすべての値をとりうる．

6) これらの区別はPigou, A. C., *The Economics of Welfare*, London: Macmillan, 1920, Part 2, Chapter 17（永田清・気賀健三訳『厚生経済学』［全4巻］東洋経済新報社，昭和28-30年）による．なお，グループ間の価格差別はさらに，第二種と第三種の価格差別に分けることができる．その詳細は，Pigou の前掲書または，Phlips, L., *The Economics of Price Discrimination*, Cambridge: Cambridge University Press, 1983 を参照せよ．

7) 情報の非対称性と自己選択の詳細は，Akerlof, G., "The Market for 'Lemons': Quality Uncertainty and the Market Mechanism," *Quarterly Journal*

第25章　独占と資源配分の効率性　　171

of Economics, vol. 84, 1970, pp. 488-500 および Spence, A. M., "Job Market Signalling," *Quarterly Journal of Economics*, vol. 87, 1973, pp. 355-374 などを参照せよ.

8) この点を明らかにした先駆的論文は, Oi, W., "A Disneyland Dilemma: Two Part Tariffs for a Mickey Mouse Monopoly," *Quarterly Journal of Economics*, vol. 57, 1971, pp. 77-96 である.

9) 厳密には, (y^*, R^*) の下で消費者が可能なことは, y^* を R^* の料金で購入するか, あるいは何も購入しないで料金を払わないこと――つまり $(0, 0)$ を選ぶこと――である.

10) もっとも (y_1^*, R_1^*) と (y_2^*, R_2^{**}) が無差別だから, 消費者2が自らの意思で後者を選ぶ必然性はない. しかしこのとき十分小さい $\varepsilon > 0$ の下で (y_2^*, R_2^{**}) のかわりに $(y_2^*, R_2^{**} - \varepsilon)$ を提供すれば, 消費者2に $(y_2^*, R_2^{**} - \varepsilon)$ を確実に選ばせつつ, ほぼ同一の利潤をえることができる.

11) 後述 (25-21 a) 式を参照せよ.

12) 非線形料金は, 消費者の数が3以上である場合や, 消費者が連続的に分布している場合に一般化することができる. 例えば, Spence, A. M., "Nonlinear Prices and Welfare," *Journal of Public Economics*, vol. 44, 1977, pp. 407-430; Maskin, E. and J. Riley, "Monopoly with Incomplete Information," *Rand Journal of Economics*, vol. 15, 1984, pp. 171-196 などを参照せよ.

13) 紙幅の関係で本書で触れる余裕はないが, 上述の第3の問題を解決する一つの方法は, 市場を独占する権利を政府がせりにかけること (franchise bidding) である. 例えば, Demsetz, H., "Why Regulate Utilities?" *Journal of Law and Economics*, vol. 11, 1968, pp. 1-44 を, またその批判としては Williamson, O. E., "Franchise Bidding for Natural Monopolies: In General and with Respect to CATV," *Bell Journal of Economics*, vol. 7, 1976, pp. 73-104 などを参照せよ.

14) Ramsey, F. P., "A Contribution to the Theory of Taxation," *Economic Journal*, vol. 37, 1927, pp. 47-61 あるいは Baumol, W. J. and D. F. Bradford, "Optimal Departures from Marginal Cost Pricing," *American Economic Review*, vol. 60, 1970, pp. 265-283 を参照せよ. ラムゼイが問題としたのは, 財政収支が均衡しなければならないという条件下での次善の物品税率の決定問題であった. しかし, ラムゼイの問題とここでとりあげた価格規制の問題は, 収支均衡という条件下

で経済厚生を最大にするための資源配分の決定という，本質的に同じ問題を取り扱っている．

15) 詳細は，例えば Feldstein, M. S., "Equity and Efficiency in Public Sector Pricing : The Optimal Two-Part Tariff," *Quarterly Journal of Economics*, vol. 86, 1972, pp. 175-187 を参照せよ．

16) 本書第I巻199-200ページを参照せよ．

第 26 章　寡占と相互依存関係

26.1　寡占と企業の相互依存関係——協力と競争

　前章では，1つの産業が唯一の企業によって独占されている状態を考察した．しかし，完全競争の概念によって多少なりとも近似できる産業が農林・漁業など数えるほどしか存在しないのと同様に，独占によって近似できる産業も現実の経済にはほとんど存在しない．むしろ，規制の排除や民営化の動きとともに一層その数を減らしつつある公企業・規制産業を除けば，日本経済の国民総生産の30%を占める製造業の大部分においては，複数の企業が当該産業の生産にきわめて大きなシェアを占めている．つまり，これらの産業は，大きなシェアを持つ少数の企業の競合と競争が産業の動向に決定的な影響を与える「寡占産業」(oligopolistic industry)にほかならないのである．このことは，自動車産業・家電産業・コンピューター産業等をはじめとして，一見して明らかであろう．念のため，26-1表に，代表的な日本のいくつかの生産物について，その国内総生産高の何%を上位4社が生産しているかを表わす4社累積集中度を掲げておいた[1]．

　しかし，完全競争や独占とは異なって，寡占産業の経済分析は容易ではない．すでに見たように，完全競争下の企業行動を解明するためには，価格を所与とした上で1つの企業がどのような需要・供給を行なうことで利潤を最大化できるかを分析すればよいし，独占企業の行動を理解するためには，需要曲線を所与として同様の分析を試みればよかった．これら2つの産業組織の分析は，数学的には単なる最適化問題の応用問題でしかないのである．

　これに対して，寡占企業の行動の場合には，自分の行動がライバル企業の利潤機会に影響を与えることを通じてライバル企業の行動を変化させるという決定的な相違が存在する．つまり，寡占企業は自分の行動がライバル企業の行動

の変化を惹き起こし，それがさらに自分の利潤機会に影響を与えるということを予め見通したうえで，自分の行動を決定せざるをえない．このような寡占企業に特有な行動様式は，寡占企業間の「相互依存関係」(interdependence among oligopolistic firms)と呼ばれる．そのため，寡占企業の行動を分析する際には他の産業組織の分析の際とはまったく異なる分析手法が必要とされることになる．すなわち，寡占産業の分析にあたっては，単なる最適化理論ではなく，「ゲームの理論」(game theory)と呼ばれる手法がしばしば使われることになるのである[2]．

製　品	4社累積集中度(%)
ビ　ー　ル	98.8
乗　用　車	83.8
写真フィルム	100.0(2社で独占)
銑　　鉄	84.6
電　　卓	77.3

26-1表 代表的産業の集中度

企業1	企業2	
	高価格(H)	低価格(L)
高価格(H)	(100, 100)	(20, 120)
低価格(L)	(120, 20)	(50, 50)

26-1図 囚人のジレンマと支配戦略均衡

ゲームの理論を理解するために，1つの産業で企業1と企業2が価格を通じて競争を行なっている次のような簡単なケースを考えよう[3]．それぞれの企業は，高価格(H)と低価格(L)という2つの行動を選択できる．以下，これら選択可能な行動を「戦略」(strategy)と呼ぼう．26-1図の第1行(あるいは第2行)は企業1が高価格(あるいは低価格)を選択している状況を，また第1列(あるいは第2列)は企業2が高価格(あるいは低価格)を選択している状況を示している．また第i行第j列の括弧内の2つの数字は，当該戦略の組み合わせがとられたときのそれぞれの企業の利潤を表わしている．例えば，企業1が低価格を選択し企業2が高価格を選択すれば第2行第1列の状態が発生し，企業1の利潤は120，企業2の利潤は20となる．

このような状況に直面して，2つの「合理的」な企業はどのような価格戦略をとろうとするだろうか．いま企業1を取り出し，その戦略の決定を考えてみよう．企業1にとって最も望ましい状態は，自分が低価格を選び相手の企業2が高価格を選ぶという組み合わせである．しかし，このような状態が成立しうる

と企業1が期待するとすれば，それは余りにもナイーブすぎる．なぜなら，もし企業1が低価格を選ぶことが判っていれば，企業2は自分も低価格を選ぶことによって50の利潤を確保しようとするに違いないからである．同じことはお互いが高価格をつけ合う状態についても成立する．なぜなら，相手企業が高価格を選ぶことが判っていれば，自分だけが低価格を選ぶことによって100の利潤の代わりに120の利潤を得ることができるからである．

つまり，26-1図のゲームでは，相手が高価格を選ぶと予想してもまた低価格を選ぶと予想しても，自分にとって利潤を最大にする最適な戦略は常に低価格を選ぶことである．このことを指して，低価格戦略は「支配戦略」(dominant strategy)であるという．従って，このゲームでは，双方の企業が低価格を選択し，その結果両企業が50の利潤を分けあう形で「均衡」(equilibrium)が成立すると考えられる[4]．

ところで，上のゲームにおける均衡は両企業にとって望ましいものではない．両企業は，お互いに高価格戦略を採用することによって利潤を倍の100にすることができるからである．寡占産業においては，すべてのあるいは少なくとも複数の企業が「結託」(collude)することによって，利潤を増加させることができるのが普通である．このように，寡占産業においてどのような状態が成立するかは，寡占企業が何らかの理由で協力的に行動し結託を結ぶことが可能であるか，それともきわめて競争的な産業であり結託を結ぶことが不可能であるのかに依存するのである．結託を結ぶことができるならば，各企業は共同して得られる総利潤を最大化し，得られた利潤をお互いに分け合うことを考えるだろう．その意味で，協力的な寡占産業の行動様式は(複数の工場を持つ)独占企業の行動様式と基本的に変わらないと考えられる．

ところで，このような企業間の結託はどんな形で可能となるだろうか．いま26-1図のゲームにおいて，実際の戦略が選択される前に両企業が相談をし，共に高価格を選ぶことで合意が成立したとしよう．このような合意は結託を行なうための十分条件だろうか．答えは否である．なぜなら，実際に戦略を選択するにあたって，企業1は次のように考えるだろう．もし企業2が合意を守って

高価格を選択するなら，自分は低価格を選択した方がより大きな利潤が得られる．従って低価格を選ぶことが自分にとって最適である．しかし，企業1にとって低価格を選ぶ方が有利なのだから，企業2も同様に考え低価格を選択するだろう．もし，企業2が低価格を選ぶなら企業1も低価格を選択した方が有利である．企業2も同様に考え，低価格を選ぶだろう．従って，合意があっても，両企業とも最終的には低価格を選択することになる．言い換えれば，このような合意は全く無効なのである．

われわれがここで考えているような(1回かぎりの)ゲームにおいて結託が可能であるためには，上述の合意に違反したときの罰則規定がなければならない．例えば，もし合意を破って低価格を選択すると，この企業は100の罰金を支払わなければならないとしよう．このときには低価格を選べば得られる利潤は$(120-100=)20$でしかなく，高価格を維持した方が有利だから合意は守られることになる．このように，十分大きなペナルティが存在するため合意を履行するインセンティブをもつ契約を，「拘束力をもつ契約」(binding contract)と呼ぶ．拘束力をもつ契約を結ぶことが可能なゲームを「協力ゲーム」(cooperative game)と呼び，協力ゲームの均衡を「協力解」(cooperative solution)と呼ぶ．一方，契約が拘束力をもたないとき，あるいはそもそも契約を結ぶための接触が認められていないとき，ゲームは「非協力ゲーム」(non-cooperative game)であると呼ばれる[5]．

26.2 ゲームの理論とナッシュ均衡

何らかの理由で拘束力をもつ契約が成立せず，協力的な行動をとることのできない寡占産業においては，自分にとって最適な戦略を発見することが重要な政策上の問題となる．26-1図のゲームは，相手企業がどのような戦略をとるかに依存せず常に最適な単一の支配戦略がすべての企業にとって存在するという意味で，寡占企業の直面する意思決定の問題としてはきわめて特殊な状況である．そこで，次のようなゲームを考えてみよう．

26-2図のゲームにおいて各企業がどのような戦略を選ぶかは，まさに相手企業がどのような戦略を選ぶと予想するかに依存している．以下では企業1を例にとり，意思決定に必要な情報とは何であるかを考えてみよう．

企 業 1	企 業 2		
	高価格(HP)	中価格(MP)	低価格(LP)
高品質(HQ)	(150, 30)	(80, 80)	(30, 90)
中品質(MQ)	(130, 80)	(100, 100)	(50, 80)
低品質(LQ)	(120, 150)	(90, 130)	(80, 120)

26-2図　最適対応とナッシュ均衡

もし企業2は高価格戦略をとると企業1が予想しているならば，自分は高品質の財を供給することによって最も高い利潤を得ることができる．これを，企業1にとって企業2の高価格戦略に対する「最適な対応」(optimal response)は高品質戦略であると言うことにしよう．同様に，企業2の戦略MPに対する企業1の最適な対応は戦略MQであり，LPに対する最適な対応はLQである．このように，寡占産業という相互依存関係が本質的に重要な役割を果たす産業においては，自分にとって最適な戦略は，ライバル企業がどのような戦略を選択すると予想するかに依存して変化するのである．つまり，企業1の意思決定にとって決定的に重要なのは，

① 企業1が「企業2がどのような戦略を選択する」と予想するか，

である．これを企業1の「第1次予測」と呼ぼう．

一方企業2にとって，企業1が戦略HQをとると予想するときの最適な対応はLPであり，MQのときの最適な対応はMP，LQのときの最適な対応はHPである．従って企業2の戦略の選択は，企業2自身が「企業1がどのような戦略を選択すると予想するか」，つまり企業2の第1次予測に依存する．そこで，企業1の意思決定の問題に戻れば，企業1がその第1次予測を行なうためには，企業2の第1次予測に対する予測，すなわち

② 企業1が「企業2が「企業1がどのような戦略を選択する」と予想する」と予想するか,

が必要となる．②を企業1の「第2次予測」と呼べば，企業1の第1次予測はその第2次予測に依存することになる．

ところで，すでに述べたように，企業1の戦略の選択自身は①に，つまり企業1の第1次予測に依存する．従って，企業1が問題②を解くためには，企業1の第1次予測に対して企業2がどのような第2次予測を持っていると予想するか，具体的には，

③ 企業1が「企業2が「企業1が「企業2がどのような戦略をとる」と予想する」と予想する」と予想するか,

が決定的に重要となる．これを企業1の「第3次予測」と呼ぼう．このようにして，企業1は「企業2が企業1が企業2が企業1が……どのような戦略をとると予想すると予想すると……予想するか」という「無限の連鎖」(infinite regress)を解かぬかぎり，最適な戦略を発見することができない．

しかし，ある場合にはこれらの予測が正しい整合的なものになり，無限の連鎖を解く必要がなくなる．いま，企業1と2の戦略の組 (s_1^*, s_2^*) が次の性質を満たすとしよう．

s_2^* に対する企業1の最適対応が s_1^* であり,

s_1^* に対する企業2の最適対応が s_2^* である．

さて，企業1が，t を奇数としたときの第 t 次予測，つまり企業2の戦略の選択に関する予測を s_2^*，t を偶数としたときの第 t 次予測，つまり企業1の戦略の選択に関する予測を s_1^* としたとする．このとき第 t 次予測の下での第 $t-1$ 次予測は，それが第 t 次予測に対する最適対応を常に予想しているから，合理的かつ整合的な予測である．

このことは次のように言いかえてもよい．両企業がそれぞれ相手企業の戦略選択に対して持つ（第1次）予測の組は，上の条件が満たされるときにのみ「自己充足的な予想」(self-fulfilling expectation)となる．なぜならこのときには，自分の持つ予想に対する最適対応，つまり実際に選ばれる戦略が，相手の予想する戦略と一致するからである．このような自己充足性を満たす戦略の組を「ナッシュ均衡」(Nash equilibrium)と呼ぶ[6]．

26-2図のゲームにおいてこのような自己充足性を満たす状態は，企業1は企業2が MP の戦略をとると予想し，企業2は企業1が MQ の戦略をとると予想するとき，そしてそのときだけであることを，容易に確認することができる．従って，戦略の組 (MQ, MP) がナッシュ均衡にほかならない．

以上2つのゲームは，共通して次の3つの概念によって記述されていた．すなわち，ゲームの「プレイヤー」(player)の集合 $I=\{1, \cdots, i, \cdots, n\}$（本文中では企業1と2，すなわち $I=\{1, 2\}$），各プレイヤーの戦略の集合 $S_i (i=1, 2, \cdots, n)$，各プレイヤーの戦略の選択に対応した「利得」(payoff)の値（本文中では利潤）を記述する利得関数 $\pi_i: \Sigma \to \boldsymbol{R}$ がそれである．ただしここで $\Sigma \equiv \times_{i \in I} S_i$ であり，$\pi_i(s_1, s_2, \cdots, s_n)$ は各プレイヤーが戦略の組み合わせ $(s_1, s_2, \cdots, s_n)$ を選んだときに第 i プレイヤーが得る利得を表わしている．また，$\pi = (\pi_1, \pi_2, \cdots, \pi_n)$ と表わそう．ゲームの理論では，このようなゲームの表し方 $\Gamma = \{I, \Sigma, \pi\}$ をゲームの「戦略型による表現」(strategic form representation)と呼ぶ[7]．

戦略型による表現を使えば，ナッシュ均衡は次のように定義することができる．すなわち，ナッシュ均衡とは，すべてのプレイヤー $i \in I$，すべての第 i プレイヤーの戦略 $s_i \in S_i$ について，

$$\pi_i(s_1^*, \cdots, s_{i-1}^*, s_i^*, s_{i+1}^*, \cdots, s_n^*) \geqq \pi_i(s_1^*, \cdots, s_{i-1}^*, s_i, s_{i+1}^*, \cdots, s_n^*)$$

が成立するような戦略の組み合わせ $(s_1^*, s_2^*, \cdots, s_n^*)$ にほかならない．

では，なぜわれわれは「自己充足的な第1次予測によって得られる均衡」としてのナッシュ均衡を均衡概念として使用するのだろうか．ナッシュ均衡概念の背後には，伝統的に2つの考え方が存在するように思われる[8]．

その第1は，このゲームを，同じゲームが何度も繰り返しプレイされるより大きなゲーム——これを「スーパー・ゲーム」(supergame)と呼ぶ——の一つの段階（ス

テージ)にすぎないと考え、ナッシュ均衡はスーパー・ゲームにおける長期定常均衡の状態であるとする考え方である。いま各プレイヤーがナイーブな（近視眼的な）予測をし、相手は前の段階で選んだ戦略を次のゲームでも選択すると考えるとしよう。このとき、もし各プレイヤーがあるゲームでナッシュ均衡戦略を選んだとすれば、各プレイヤーのナイーブな予測の下では、次のゲームでもそしてその後すべてのゲームでも、ナッシュ均衡戦略が選ばれることになるからである。

しかし、もしゲームが繰り返しプレイされることを各プレイヤーが知っているならこのロジックは成立しない。ナッシュ均衡の状態が定常的に成立したとしても、各プレイヤーは、ある段階で戦略の選択を変更することによって相手の予測を変化させ、相手の戦略の選択を自分に有利にすることができるかもしれないからである。このように、時間を通じた戦略を考えればナッシュ均衡は必ずしもスーパー・ゲームの定常均衡とはならない。むしろ、スーパー・ゲームのように時間を通じて何度もプレイされるゲームの場合には、真の意味での戦略とは、ゲームの各ステージにおいてそれ以前に各プレイヤーがどのような行動をとったかに応じて自分の行動を決定するプラン、すなわち過去の行動の関数として自分の現在の行動を特定化する関数だと考えられる9)。従ってスーパー・ゲームは、現在考察しているようなゲームとは異なる形で分析されなければならないのである。この意味で、なんらかの理由で各プレイヤーが先を見通した戦略の選択を行なえない場合(例えば動物の間のゲーム)や、非常に多数のプレイヤーが存在しゲームの相手が特定できない場合などを除けば、ナッシュ均衡を定常均衡状態として正当化することには問題が含まれている10)。

これに対して、第2の考え方は次のようなものである。そもそもゲームの理論とは、「複数の合理的なプレイヤーが利害の衝突する状況においてどのような行動をとるかを予測しようとする学問」である。従って、われわれがゲームの解としてナッシュ均衡を理解するとき考察すべきは、与えられたゲームの下で合理的なプレイヤーがどのような結果を予測するかという点にほかならない。

いま、あるゲーム Γ が与えられたとしよう。それだけでは各プレイヤーは、自分のとるべき戦略を見つけ出すため上述の無限の連鎖を解かねばならない。そこで次のような状況を考えよう。このゲームが実際にプレイされる前に、中立的な第三者が各プレイヤーにとるべき戦略を示唆するのである。ただし、この示唆には強制力がないとする。このとき、ナッシュ均衡戦略が示唆されたとき、またそのときにの

み，示唆通りの戦略が実際に選択されることを示すことができる．

26-2図のゲームを例にとって説明しよう．まず第三者がナッシュ均衡以外の戦略の組み合わせ，例えば(HQ, HP)を示唆したとし，その結果企業1は企業2がHPを，企業2は企業1がHQを選択すると予測する（第1次予測）ものとしよう．しかしこのような予測は整合的ではない．企業1がHQを選択すると予測するなら，企業2はLPを選択した方が有利である．従って，企業1がHQを選択するだろうという企業2の予測は整合的でない．企業2が企業1はHQを選択しないと考えるなら，企業2はHP以外の戦略をとることになり，企業1が企業2はHPを選択するだろうという予測も整合的ではなくなってしまう．つまり，拘束力のない合意の下では協力解が実際には選択されないのと同様に，示唆自体に拘束力がなければ，ナッシュ均衡以外の戦略は示唆されても実際には選択されないのである．

では，ナッシュ均衡(MQ, MP)が示唆されたときにはどうだろうか．このとき，企業1は企業2がMPを選択すると予測し，企業2は企業1がMQを選択すると予測する（第1次予測）．この予測の下では明らかに企業1はMQを，企業2はMPを選択する．次に，企業1の第2次予測がMQ，企業2の第2次予測がMPであるとしよう．企業1は，「企業2が企業1はMQを選択すると予測している」と予想しているのだから，「企業2はMPを選択しようとしている」と予測しているはずである．従って，企業1の第2次予測も整合的である．同様に，企業2の第2次予測も整合的であり，企業1の第3次予測MP，企業2の第3次予測MQ……も整合的である．

このように，ナッシュ均衡とは，第三者が各プレイヤーに当該戦略を選択するよう示唆したときその戦略が実際に選択される戦略の組み合わせにほかならない．とりわけ，ナッシュ均衡が一意的に決定されるゲームにおいては，このような第三者の示唆がなくとも，「合理的な」各プレイヤーは以上の論理を見通すことができるはずだから，ナッシュ均衡が自動的に選ばれることになる．これがナッシュ均衡のいまひとつの理解にほかならない[11]．

26.3 クールノー＝ナッシュ均衡

寡占企業の行動を分析するためには，すでに述べたように寡占企業間の相互依存関係を分析することが必要である．それとともに，寡占企業間の協力がど

の程度可能であり，どの程度の競争が行なわれるかを知らねばならない．しかし，寡占企業群が協力的に行動するためには，1回かぎりのゲームである以上は拘束力をもつ契約が成立することが必要であるし，このような契約(カルテル)を結ぼうとすれば，独占禁止法に明白に違反することになる．そこで，1回かぎりのゲームを扱う本章の残りの部分では，競争的な寡占企業の行動を非協力ゲームによって分析することに焦点をあてることにする[12]．

競争的な寡占企業の行動を分析するとしても，その結果は競争がどのような戦略を通じて，またどのような文脈で行なわれているか(1期だけの競争かそれとも時間を通じた競争か，何らかの立場の違いを持った企業間の競争かそれとも対称的な企業間の競争かなど)といったさまざまな要因に依存する．選択可能な戦略や競争が行なわれる文脈が変われば，同じように競争している企業どうしの相互依存関係も，異なる企業行動を生み出すことになるからである．そこで本節と次節では，2つの企業だけがある同質的な生産物を生産している状況(しばしば複占と呼ばれる)を取り出し，伝統的に最も頻繁に使われてきた3つのモデルとそれに伴う均衡概念を説明することにしよう．

まず，各企業が選択できる戦略がその期の生産量(供給量)である1回かぎりの非協力ゲームを取り出し，各企業の行動およびその結果生じる均衡の性質を考察しよう．このようなゲームすなわち供給量を戦略として戦われるゲームを初めて厳密な形で分析したのはクールノー(A. Cournot)である．その理由から，このゲームの(ナッシュ)均衡はしばしば「クールノー＝ナッシュ均衡」(Cournot-Nash equilibrium)と呼ばれている．以下，2つの企業を1および2と呼び，それぞれの企業が選択する生産量を y_1, y_2 で表わそう．また，この生産物に対する(市場全体の)需要が(所得に依存しない)逆需要関数 $P(Y)$ で表わされるとする．ここで，Y はこの生産物の総供給量 y_1+y_2 を表わす．またこれら2つの企業は同一の費用関数 $C(y_i)$ $(i=1,2)$ を持っているとし，単純化のためこの費用関数は

(26-1) $$C(y_i) = cy_i$$

であるとする．すなわち，この産業の技術は，固定費用が存在せず平均費用も

限界費用も常に c で一定という特徴をもつものなのである．

このゲームにおいて，利得関数は次のように表わされる．すなわち，両企業の戦略が (y_1, y_2) であるときこの生産物の価格は $P(y_1+y_2)$ であり，第 i 企業の利得(利潤)は

(26-2) $$\pi_i(y_1, y_2) = y_i P(y_1+y_2) - cy_i$$

となる．

このゲームのクールノー＝ナッシュ均衡を考えるには，次に定義する各企業の反応関数を考察することが便利である．いま，企業1は企業2が y_2 という戦略を選ぶと予想するとしよう．このとき企業1の最適な対応 $r_1(y_2)$ は明らかに，

(26-3) $$\max_y \pi_1(y, y_2) = \max_y \{yP(y+y_2) - cy\}$$

の解でなければならない．以下，$r_1(y_2)$ を (26-3) の最適解とし，$r_1(y_2)$ および同様に定義される $r_2(y_1)$ を企業1および企業2の「反応関数」(reaction function) と呼ぶ．

以上の状況は 26-3 図にまとめられている．図は横軸に総供給量，縦軸に市場価格をとり，DD' が市場需要曲線を表わしている．いま，企業2が y_2 を市場に供給するならば，企業1に残された「残余需要」(residual demand) は点 O' を原点とする需要曲線 $D''D'$ によって表わされる．なぜなら，もし企業1が y の生産を行なえば両企業の総生産量は $y+y_2$ となり，価格は $P(y+y_2)$ となるからである．従って，この企業の限界収入は O' を原点とした残余需要曲線 $D''D'$ から作られる曲線 $MR(y_2)$ にほかならない．一方企業の限界費用(および平均費用)曲線は，原点を O としてもまた O' としても，c の高さの水平線 MC である．従って，企業1が企業2は y_2 の生産(供給)を行なうと予測するなら，企業1にとっての最適な生産(供給)量は (O' を原点として) $MR(y_2)$ と MC の交点 F の横座標 $r_1(y_2)$ で表わされる．

(26-2) 式からも 26-3 図からも明らかなように，もし y_2 がゼロならば企業1の最適生産量は企業1がこの生産物を独占的に供給している場合に選ぶ生産量 y_M である．一方，企業2が市場価格を所与と考え，あたかも完全競争的な企業

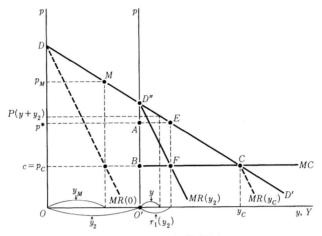

26-3図 残余需要と最適対応

であるかのごとく行動している場合に選ぶであろう生産量 y_C を生産すると企業1が予想すれば，企業1に残された需要は正の生産を行なうに値せず，最適な生産量はゼロとなる．生産物が同質的であり両企業の費用関数の形状が同一であるから，両企業の反応関数は同一の形状をもつ．すなわち，企業 i ($i=1,2$) の反応関数は常に

$$(26\text{-}4) \qquad r_i(0) = y_M$$
$$r_i(y_C) = 0$$

を満たすのである．

26-4図は，両企業の反応関数 $r_i(y_j)$ ($i, j=1, 2$; $i \neq j$) のグラフである「反応曲線」(reaction curve)を (y_1, y_2) 平面上に描いたものである．これら2つの反応曲線の交点 $E=(y^*, y^*)$ が，このゲームのクールノー＝ナッシュ均衡である．なぜなら，交点 E においては

$$(26\text{-}5) \qquad r_i(y^*) = y^* \qquad (i=1, 2)$$

が常に成立し，ナッシュ均衡の定義が満たされるからである．

このようにして得られたナッシュ均衡が「安定的」(stable)であるか否かが，しばしば問題とされる．本章26.2節で説明したナッシュ均衡の考え方にたてば，いま

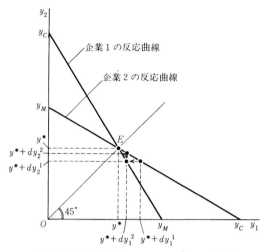

26-4図 反応曲線とクールノー＝ナッシュ均衡

考察の対象としている1期だけのモデル――しばしばワン・ショット・ゲーム（one-shot game）と呼ばれる――において，安定性というような動学的性質を問題とすることには疑問がある．しかし，第28章の戦略的行動の分析のように，安定性の条件がナッシュ均衡の性質を明らかにするうえで重要な役割を果たす場合もしばしば存在する．そこで，以下では簡潔にナッシュ均衡の局所的安定性の条件を述べることにしよう．

以下の説明において，ゲームは次のようにプレイされると仮定する．ある期に企業1が戦略を選択すると，次に企業2がそれに対して最適な対応を選び，次にそれに対する最適な対応を企業1が選択する……．しかし，各企業は常に自分の戦略の選択が相手企業の将来の戦略の選択に影響を与えるとは考えない．この意味で，われわれは両企業は自分の戦略を近視眼的に選択していると仮定する．

いま，企業1がナッシュ均衡 y^* からわずかに乖離した戦略 $y_1^1 = y^* + dy_1^1$ を選んでいるとする．このとき，企業2の最適な対応は反応関数の定義により，近似的に

$$y_2^1 = y^* + r_2'(y^*)\,dy_1^1 = y^* + dy_2^1$$

と表わされる（26-4図参照）．一方，y_2^1 に対する企業1の最適な対応は同様に

$$y_1^2 = y^* + r_1'(y^*)\,dy_2^1 = y^* + dy_1^2 = y^* + r_2'(y^*)\,r_1'(y^*)\,dy_1^1$$

で近似される．同様な考察を繰り返すことにより，すべての自然数 t について

$$\text{(26-6)} \quad \begin{aligned} dy_1^t &= \{[r_1'(y^*)]^{t-1}[r_2'(y^*)]^{t-1}\}dy_1^1 \\ dy_2^t &= \{[r_1'(y^*)]^{t-1}[r_2'(y^*)]^{t}\}dy_1^1 \end{aligned}$$

が成立する．従って，均衡からの微少な乖離は，時間が経つに従って(26-6)式を満たすように変化する．均衡が安定的ならば，dy_1^t および dy_2^t は次第にゼロに近づくから，安定性の条件は(26-6)式の2つの式の大括弧の中の値の絶対値が1より小さいこと，すなわち両企業の反応関数のナッシュ均衡における導関数の積の絶対値が1を下回ることである．現在考察の対象となっているモデルでは両企業の反応関数の形が等しいから，この条件は

$$\text{(26-7)} \quad -1 < r_1'(y^*) = r_2'(y^*) < 1$$

つまり，反応関数の y^* における導関数の絶対値が1より小さいことにほかならない．

なお(26-3)式が常に内点解をもつとすれば，企業1の反応関数 $r_1(y_2)$ はすべての y_2 について

$$\text{(26-8)} \quad \pi^1_1(r_1(y_2), y_2) = 0$$

を満たさなければならない．ただしここで，π の下付きの添え字は，当該変数で π を偏微分した導関数を表わしている．そこで，この式を y_2 について微分すれば，

$$\text{(26-9)} \quad \pi^1_{11}r_1' + \pi^1_{12} = 0$$

が成立する．同じ手順を π^2 に適用して

$$\text{(26-10)} \quad r_1' = -\frac{\pi^1_{12}}{\pi^1_{11}}, \quad r_2' = -\frac{\pi^2_{21}}{\pi^2_{22}}$$

である．従って安定条件は，均衡 (y_1^*, y_2^*) で評価したとき

$$\text{(26-11)} \quad -1 < \frac{\pi^1_{12}}{\pi^1_{11}} = \frac{\pi^2_{21}}{\pi^2_{22}} < 1$$

が成立することにほかならない．

クールノー＝ナッシュ均衡と次節で解説するシュタッケルベルグ均衡は，等利潤曲線を使うことによってさらに直観的に理解できる．戦略型表現によるゲームにおいては，各企業の利得は戦略の組み合わせ (y_1, y_2) だけに依存した（(26-2)式参照）．従って，両企業の利潤は (y_1, y_2) 平面上に等利潤曲線として表

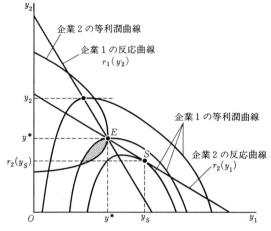

26-5図 反応曲線，等利潤曲線とシュタッケルベルグ均衡

わすことができる(26-5図).

企業1の等利潤曲線は次の2つの性質をもつことが知られている.

① 図の下方にある等利潤曲線ほどより高い利潤に対応している.
② 各等利潤曲線は，それが反応曲線と交差する点で最も上方に位置する.

(26-1)式から，企業1の利潤は企業2の戦略 y_2 が増加するにつれて(生産物の価格が低下するから)減少する．これが①が成立する理由である．一方，反応曲線の定義から $r_1(y_2)$ は，企業2が y_2 の生産を行なうという制約の下で企業1の利潤を最大にする y_1 の値である．この制約条件は，図の上では企業2の産出量が y_2 であることを示す水平線上の点しか企業1は選べないことを意味している．従って，$r_1(y_2)$ はこの水平線上の点のうち最も高い利潤に対応する(従って最も下方にある等利潤曲線に対応した)点でなければならない．つまり，この点で等利潤曲線は水平線に接しているはずである．これが②の成立する理由である.

同様にして，企業2の等利潤曲線は次の2つの性質をもつ.

①′ 図の左方にある等利潤曲線ほどより高い利潤に対応している．
②′ 各等利潤曲線は，それが反応曲線と交差する点で最も右方に位置する．

　これらの性質から，ナッシュ均衡では両企業の等利潤曲線が交わらねばならない．なぜなら，均衡点で企業1の等利潤曲線の傾きは水平であるのに，企業2の等利潤曲線は垂直の傾きをもつはずだからである．このように，ナッシュ均衡点では両企業の等利潤曲線は26-5図のシャドー領域で表わされるレンズ型の部分を囲う．この領域内のどの点でも，両企業の利潤はナッシュ均衡より大きい．このことは，クールノー＝ナッシュ均衡はパレート非効率的であることを示している．

　ただし，ここで言うパレート基準は企業の利潤だけを問題とした基準であることに注意しなくてはならない．つまり，ナッシュ均衡より両企業の結合利潤を大きくする(従って協力解が与えるような)戦略の組み合わせが存在することを意味するに過ぎない．もし消費者余剰をも問題にするなら，パレート効率的な配分のためには，実はナッシュ均衡よりさらに大きな生産量を両企業に行なわせる必要がある．

26.4　シュタッケルベルグ均衡

　クールノー＝ナッシュ均衡とは，相手企業の戦略の選択に対する予想が自己充足的となる戦略の組み合わせであった．このような均衡概念を正当化する一つのロジックは，26.2節の小活字の項で述べたように，各企業が自分の生産量を変化させても相手企業はその生産量を変化させないという(近視眼的)期待のもとでゲームがなんどもプレイされた結果成立する定常均衡だというものである．しかし，26.1節で述べたように，寡占企業の特徴は企業間の相互依存関係である．従って，このような相互依存関係を熟知している企業は，自分が生産量(戦略)を変化させれば相手企業も生産量(戦略)を変化させると考えるのではなかろうか．もしそうなら，自分の戦略を変化させたとき，相手企業がその戦

略をどのように変化させると予想するか，すなわち相手企業の反応関数をどう予想するかが，企業の意思決定にとってきわめて重要である．このような考え方に基づく均衡概念に「シュタッケルベルグ均衡」(Stackelberg equilibrium)がある．

いま，われわれの考えているゲームの企業1が大企業あるいは先発企業——以下「先導者」(leader)と呼ぼう——であり，企業2が小企業あるいは後発企業——以下「追随者」(follower)と呼ぼう——であるとしよう．シュタッケルベルグ均衡では，産業内で優位性を持つ先導者は自分の行動に対する相手企業の反応を予め予想した上で自分の最適行動を決定するが，優位性を持たない追随者は先導者の行動を受け入れるしかないと考える．このように，シュタッケルベルグ均衡とは，何らかの理由で1つの企業——以下企業1とする——が相手企業より優位性を持ち，そのため企業1が先導者となり相手企業の反応関数を読み込んだ戦略の選択を行なうのに対して，優位性を持たない企業2は追随者の地位に甘んじ，企業1が選んだ選択に対して受動的に(ナッシュ的に)行動するときに成立する均衡である．

26-5図を使ってシュタッケルベルグ均衡を説明しよう．仮定により，企業1は企業2の行動がその反応曲線によって表わされること，従って，自分がy_1を選べば企業2は$r_2(y_1)$を選ぶことを知っている．換言すれば，企業1はy_1を選択することにより実のところ企業2の反応曲線上の点$(y_1, r_2(y_1))$を選択できることを知っているわけである．企業1はこの曲線上の点のうち自分に最も大きな利潤を保証する(つまり等利潤曲線が企業2の反応曲線に接している)点Sを選択し，y_Sを生産する．一方，企業2は企業1の戦略y_Sの下で$r_2(y_S)$を選ばざるをえない．従って，図のSがシュタッケルベルグ均衡である．このとき先導者は，ナッシュ均衡での利潤に比べて，シュタッケルベルグ均衡でより大きな利潤を得ることができることは明らかだろう．

26.5　ベルトラン＝ナッシュ均衡

さて，クールノー＝ナッシュ均衡とシュタッケルベルグ均衡の解説では，企業の戦略は生産量であり，各企業の選ぶ生産量の下で市場を均衡させる価格が内生的に定まると考えた．しかし，寡占企業の通常の行動はその商品の価格を決定し定価を維持しようとするものではなかろうか．言い換えると，寡占企業は価格を戦略とし，その価格の下で内生的に定まる需要量に見合う生産を行なうと考える方がわれわれの日常経験に合っているのではなかろうか．このような考えから価格を戦略とするナッシュ均衡を考えるのが「ベルトラン＝ナッシュ均衡」(Bertrand-Nash equilibrium)である．

前節と同じく，同質的な生産物を同じ費用関数の下で生産している2つの企業からなる複占産業を考えよう[13]．以下，企業 i ($i=1, 2$) の戦略の選択 p_i に対する企業 j ($j \neq i$) の最適な対応 $R_j(p_i)$ を考察しよう．26-6図で，企業 i が p_i を選択しているとしよう．このとき，企業 j が選ぶ価格 p_j が $p_j > p_i$ を満たすかぎり，j から購入しようとする消費者は存在せず，企業 j は何の利潤も得られない．同質的な生産物を生産しているのだから，消費者はより低い価格を提示する企業 i からこの生産物を購入し，企業 j には何の需要も残らないから

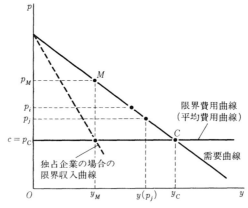

26-6図　価格競争とベルトラン均衡

である.

一方,もし $p_j < p_i$ なら企業 j はすべての需要を独占し p_j に対応する需要量 $d(p_j)$ を獲得できる.従って, p_j が $d(p_j)$ における需要量の下での平均費用を上回るかぎり,企業 j は正の利潤を得ることができる.しかし, p_j が平均費用と同じなら利潤はゼロであり,また p_j が平均費用を下回るなら,需要を確保し生産を行なうことはむしろ損失を生むことになる.最後に,両企業が同一の価格を付けたとき($p_j = p_i$)には総需要量は $d(p_i) = d(p_j)$ となるが,各企業が獲得できる需要がそれぞれいくらであるかは必ずしも明らかではない.以下では,このときには両企業が総需要をある一定の割合で分けあうと仮定しよう.

この産業を1つの企業だけが独占しているときの最適な生産量を y_M,そのときの価格を p_M(独占価格と呼ぶ)とし,また独占企業が価格を所与として行動している時に選ぶであろう(市場需要曲線と限界費用曲線が交わる点に対応した)生産量を y_C,またその時の価格を p_C(完全競争価格と呼ぶ)とする.このとき,

① 相手企業が独占価格以上の価格を選ぶとき.
  自分は独占価格を選んでも市場を独占でき,独占価格を選ぶのが最適である.

② 相手企業が独占価格以下でしかも競争価格を越える価格を選ぶとき.
  相手企業よりわずかに低い価格を選べば,市場のすべての需要を獲得できしかも(自分は競争価格より高い価格を選べるから)正の利潤を得られる.相手企業よりわずかに低い価格を選ぶことが最適な対応である.

③ 相手企業が競争価格を付けているとき.
  競争価格以上の価格を選んでも需要がなくゼロの利潤しか得られない.競争価格を選べば価格は平均費用と同じであり,やはり利潤はゼロである.一方,相手企業以下の価格を選べば,平均費用以下の価格で売らなけ

ればならず損失が発生する．従って，競争価格あるいはそれを越える価格を選び，ゼロの利潤を得ることが最適な対応である．

④ 相手企業が平均費用以下の価格を選ぶとき．
相手企業の価格と同じかそれ以下の価格では，損失が発生する．相手企業の価格を上回る価格を選べば需要はゼロとなり，利潤もゼロとなる．従って，最適な対応は相手企業の価格を上回る価格を選ぶことである．

以上をまとめれば，企業 j の反応関数（厳密には関数ではなく対応である）は次のように表わされる．

$$(26\text{-}12) \quad R_j(p_i) = \begin{cases} p_M & p_i > p_M \\ p_i - \varepsilon & p_M \geqq p_i > p_c \\ [p_c, \infty) & p_i = p_c \\ (p_i, \infty) & p_c > p_i \end{cases}$$

ただしここで $p_i - \varepsilon$ は，p_i よりわずかに低い価格を表わしている．

両企業が同一の費用関数を持ちしかも生産物が同質的だから両企業の反応関数は対称的であり，ナッシュ均衡は

$$(26\text{-}13) \quad R_1(p^*) = R_2(p^*)$$

を満たす p^*，すなわち $p^* = p_c$ である．これがベルトラン=ナッシュ均衡である．

以上の結果は次のように理解できる．いま，企業1が競争価格 p_c を越える価格を選び正の利潤を得ているとしよう．このとき，企業2は企業1の価格よりわずかに低い価格を選ぶことにより，企業1から需要を奪いとることができる．一方，需要を奪われた企業1は，企業2の価格よりわずかに低い価格を選ぶことで需要を取り戻し，失った利潤の一部を取り戻すことができる．このように，同質的な財を生産する産業で価格競争を行なう寡占企業は，「価格戦争」(price war) を惹起する．そしてこの価格戦争は，価格が十分低くなり相手企業より低い価格を選んで相手の需要を奪っても，価格が平均費用を下回り非正

第26章 寡占と相互依存関係 193

の利潤しか得られなくなるまで続く．

　一方，相手企業がすでに均衡価格 p_c を付けていれば，p_c を越える価格をつけても需要はなく，利潤はゼロになる．p_c を下回る価格では生産をすればするほど損失が発生する．従って，p_c の価格を自分も付け，ゼロの利潤を得ることが最適な対応である．これがベルトラン＝ナッシュ均衡において，$p^* = p_c$ が均衡価格となった理由である[14]．

第26章　注

1)　『主要産業における累積生産集中度とハーフィンダール指数の推移』(昭和50-59年)公正取引委員会事務局，昭和62年1月．

2)　ゲーム理論自体について関心のある読者は，Luce, R. D. and H. Raiffa, *Games and Decisions*, New York : John Wiley, 1957 や Bacharach, M., *Economics and the Theory of Games*, London : Macmillan, 1976(鈴木光男・是枝正啓訳『経済学のためのゲーム理論』東洋経済新報社，昭和56年および今井晴雄・小林孝雄「ゲームの理論と経済学」『経済セミナー』昭和57年10月号-昭和59年1月号，日本評論社などを参照せよ．

3)　これは，ゲームの理論で「囚人のジレンマ」(prisoners' dilemma)と呼ばれる有名なゲームである．

4)　このように，すべての企業が支配戦略を持っている場合，これらの支配戦略の組み合わせは「支配戦略均衡」(dominant strategy equilibrium)と呼ばれる．しかし，支配戦略均衡は，次のゲームが示すようにすべてのゲームにおいて存在するわけではない．

5)　1回かぎりのゲームにおいては，拘束力をもつ契約が企業間で成立しなければ協力解は成立しえない．しかし，第29章で説明するようにゲームが何度も繰り返しプレイされるときには，非協力ゲームであり拘束力をもつ契約を結ぶことができなくても，協力解と同じ均衡が成立する可能性がある．

6)　ナッシュ均衡の厳密な解釈については，以下の小活字の項を参照せよ．

7)　このゲームの表し方は，伝統的には「標準型による表現」(normal form representation)と呼ばれてきた．しかしこの表現方法が「標準的」であると考える理由はない．むしろ戦略に対応した利得の値を表わすことに重点があると考えるべき

である．

8) 以下の点についてのより詳細な解説は，Luce and Raiffa の上掲書，あるいは今井・小林，上掲論文を参照せよ．

9) この点については，詳しくは第 29 章を参照せよ．

10) とはいえ，次に述べるような「超合理性」に基づくナッシュ均衡の正当化が，とりわけ経済行動の分析にとって適切であるか否かには大きな疑問が存在する．経済学を学ぶものとしては，「限定合理性」(bounded rationality)の立場からナッシュ均衡を正当化することに大きな関心を持つべきであろう．この点に関しては，Axelrod, R., *The Evolution of Cooperation*, New York : Basic Books, 1984 をも参照せよ．

11) ナッシュ均衡が一意的でなくとも，第三者が 1 つのナッシュ均衡を示唆すればそのナッシュ均衡が成立することは，以上の説明から明らかだろう．

12) とはいえ，このことは寡占企業の協力や結託がありえないということではない．寡占企業の協力の問題は，第 29 章において異なる論脈において再び論じられることになる．

13) 異質財のベルトラン均衡については，第 28 章を見よ．

14) 注意深い読者は，ベルトラン＝ナッシュ均衡が競争均衡に一致したのは平均費用一定（従って平均費用と限界費用が一致すること）を仮定したからであることに気づかれただろう．価格戦争が均衡価格で止まるのは，それ以上価格を切り下げると価格が平均費用を下回り，損失が発生するからである．しかし平均費用が一定でなければ，平均費用が価格と一致する状態は競争均衡ではない．また平均費用と価格が一致し，平均費用がこの点で右上がりであれば，生産量（供給量）を減らした方が利潤を増加させることができる．この点については，次章のコンテスタビリティの議論を参照されたい．

また，一定の生産量（生産能力）までは平均費用が一定だがそれを越えると生産不可能となり平均費用が無限大となる逆 L 字型の平均費用曲線の下では，均衡価格は存在せず，価格が上がったり下がったりする循環運動が継続する．これは「エッジワース循環」(Edgeworth cycle)と呼ばれる．

第 27 章 寡占競争の効率性と
コンテスタビリティ

27.1 クールノーの極限定理と資源配分の効率性

　さて，クールノー=ナッシュ均衡における資源配分はどのような規範的なインプリケーションをもつだろうか．26-3 図に戻り，この図の E 点が均衡であるとしよう．明らかに，均衡価格 p^* は独占価格 p_M と完全競争価格 p_C の中間にあり，各企業は四角形 $ABFE$ の面積に対応する利潤を挙げている．しかし，社会全体では第 25 章で見たように三角形 ECF の面積に対応する死荷重が発生している．複占による競争のために両企業は独占力をもち，価格が限界費用を越えて生産が過小になり，効率的な資源配分が行なわれないからである[1]．

　このとき，この寡占産業では利潤が発生しているから新たな参入が起こることになるが，この参入は資源配分に対してどのような影響を与え，社会的厚生をどのように変化させるだろうか．このことを明示的に考察するためには，次のように反応関数を定義し直すことが有用である．当該産業の企業数が n であるとし，またこれら n 企業はすべて (26-1) 式で表わされる同一の費用関数をもつとする．任意の企業 i をとり，他の企業すべての生産量の総和を Y_{-i} とするとき，この企業の反応関数 $r_i(Y_{-i})$ は

(27-1) $\qquad \max_{y} \Pi_i(y, Y_{-i}) = \max \{yP(y+Y_{-i}) - cy\}$

の解として表わされる．明らかに，この反応関数はすでに見た企業 1 や企業 2 の反応関数と同じ形をしている．従って，「対称的」(symmetric) なクールノー=ナッシュ均衡，つまりすべての企業が同一量の生産を行なう均衡が存在する．以下ではこの均衡を問題とする．27-1 図はこの反応関数を，横軸に Y_{-i}，縦軸に y_i をとった平面上に表わしたものである．

　n 企業による対称的クールノー=ナッシュ均衡において，各企業が選ぶ生産

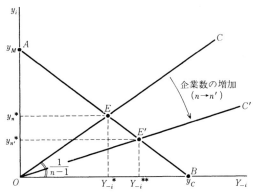

27-1図 企業数の増加とクールノーの極限定理

量を $y_n{}^*$ としよう．このとき，企業 i 以外のすべての企業の生産量の総和は $Y_{-i}{}^* = (n-1)y_n{}^*$ で与えられる．従って $y_n{}^* = Y_{-i}{}^*/(n-1)$ であり，企業数が n の場合の(各企業の)均衡生産量は企業 i の反応曲線 AB と $y = Y_i/(n-1)$ を表わす直線 OC の交点 E の縦座標 $y_n{}^*$ にほかならない．また同じ場合の産業全体の総生産量 $Y_n{}^*$ は，点 E の横座標 $Y_{-i}{}^* = (n-1)y_n{}^*$ を $n/(n-1)$ 倍することによって求められることになる．

図から明らかなように，企業数 n が大きくなるにつれて直線 OC は原点を中心として時計回りに回転し，均衡個別生産量はゼロに近づき産業全体の総生産量は完全競争生産量 y_C に近づく．しかし，産業全体の総生産量が完全競争生産量を下回るかぎり価格は完全競争価格 $p_C = c$ を上回り，企業の利潤は正であるから新たな参入が続く．その極限(企業数が無限のとき)では総生産量は完全競争の場合と一致し，価格も完全競争の場合と等しくなり，利潤もゼロとなる．従って，自由な参入の下でのこの産業の均衡(の極限)では，社会的厚生の死荷重も消滅することになる．これがいわゆる「クールノーの極限定理」である[2]．

以上の結論を単純に敷衍するなら，次のような重要な政策的インプリケーションが得られることになる．すなわち，

① 企業数が有限なかぎり，死荷重すなわち資源配分上の非効率性が発生す

る．

② このような死荷重(社会的な資源配分上の非効率性)は，産業に属する企業数が少なく企業のシェアが高ければ高いほど大きい．

③ このような死荷重が発生するのは，何らかの意味で参入障壁が存在し新規企業の参入が自由に行なわれないからである．

従って，寡占に対する政策としては，参入を促進するとともに各企業のマーケット・シェアを小さくするような伝統的独占禁止政策が理想的であると考えられてきた．しかし，このような重要な政策的インプリケーションを導くためには，以上のモデルは余りにも特殊である．なぜなら，われわれはこれらの結論を導くにあたって，

(A) すべての企業が，同一のしかも平均費用一定の費用関数を持つ；
(B) 産業は同質的な生産物を生産している；
(C) 各企業は生産量を巡って競争している；
(D) 企業間競争のゲームは1回かぎりである；

などの仮定を設けたからである．より一般的な状況において上に述べた政策的インプリケーションが得られるか否かは，最近の寡占理論あるいは産業組織論における最も重要なトピックの一つであると言っても過言ではない．以下，次節では，仮定(A)をとり除いた時に起こる問題を中心として，この点についてやや詳細に考察を加えることにしたい．

さて，産業が寡占化する最も大きな理由は，少数の企業が生産を行なうことによって各企業が規模の経済性を享受できるからであった．しかし，(A)で仮定した費用関数は平均費用が一定であり，規模の経済が存在しない．従って仮定(A)は，われわれが問題としている産業が寡占産業であるという暗黙の仮定と矛盾している．では規模の経済が存在する場合には，以上の結論はどう変わるだろうか．まず，規模の経済の存在自体が参入障壁を作り出すことを説明しよう．

27.2 規模の経済と参入の社会的費用

規模の経済をもつ最も単純な費用関数は,大きな固定費用をもった費用関数である.例えば,費用関数を

$$(27\text{-}2) \qquad c(y) = \begin{cases} 0 & y = 0 \\ F + cy & y > 0 \end{cases}$$

であるとする.ここで $F>0$ は固定費用であり,正の生産をしようとするかぎり各企業は生産量にかかわらずこの額を支払わねばならない.このとき,平均費用曲線は生産量の大きさにかかわらず常に右下がりとなり,規模の経済が発生する.

このような固定費用の存在は,各企業の反応曲線をどのように変化させるだろうか.まず,固定費用を除けばこの費用関数は前節で考察した費用関数とまったく同じであることに注目しよう.このため各企業の反応関数は,固定費用の存在を無視すれば前章26.4節の反応関数と同一である.

27-2図は,固定費用が存在する場合に他企業の生産量の合計 Y_{-i} に対する最適な対応として企業 i の反応曲線と等利潤曲線を描いたものである.ここで曲線 $CE'D$ は,固定費用がない場合の利潤 $P(y_1+y_2)y_1-cy_1$ つまり準レントが,ちょうど固定費用 F に等しい等利潤曲線である.(27-2)式の費用関数の下では,これは利潤がゼロの場合の等利潤曲線にほかならない.従って,この曲線より上方では企業1は正の生産を行なっても負の利潤しか得られない.つまり,他企業が Y_{-i}^p 以上の生産を行なっている場合には,企業 i はむしろ生産量をゼロにすることが最適なのである.この結果,反応曲線は図の折れ線 $HBFE'A$ になる.

27-1図に戻り,点 E' が27-2図の点 E',つまり利潤ゼロの等利潤曲線と反応曲線の交点に対応しているとしよう.企業数が n であり各企業が図の E で生産を行なっているなら利潤は正であり新たな参入が起こる.しかし,固定費

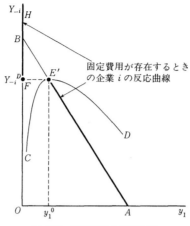

27-2図 固定費用と反応曲線

用のために参入は各企業が E' で生産を行なうようになるまでしか続かない．これ以上参入が続けば，この産業に存在する企業はすべて損失を生むことになってしまうからである．このように，規模の経済の存在は自動的に参入障壁を作り出すことになる．従って，参入が自由であっても競争価格は実現されず，それ以上の新規企業の参入が生じない競争均衡でも死荷重が発生することになるのである．

以上の結論は，規模の経済性が参入障壁を作りだす（前節③）こと，均衡での企業数が有限になり死荷重が発生する（前節①）こと，しかも規模の経済性あるいは固定費用が大きければ大きいほど均衡企業数が少なく独占度が高くなり，より大きな死荷重が発生する（前節②）ことを意味しているように思われる．クールノーの極限定理に基づいたこの観察は正しいだろうか．そして，伝統的な独占禁止政策が考えたように参入を促進して各企業のシェアを小さくすることが望ましい政策だろうか．

答えは否である．固定費用が存在し，規模の経済性が存在する寡占産業における資源配分の効率性を理解するには，限界便益と限界費用の差によって定義される死荷重を考察するだけでは不十分だからである．死荷重を小さくするため参入を促進すれば，参入企業の固定費用分だけこの産業で使われる資源が増

大することになる．従って，参入によって産業全体の資源配分の効率性が改善されるのは，参入によって減少する死荷重の額が，追加的に必要となる固定費用を上回るときだけである．

以上の点は次のようにも言い換えられる．この産業が大きな規模の経済性をもつならば，企業あたりの生産量が増加するとき平均費用は逓減する．従って，企業あたり生産量が最小最適規模以下ならば，本来もっと低い平均費用で生産できた財をより高い平均費用で生産していることになる．このことは企業数の増大とともに企業内部の生産活動が一層非効率的になることを意味している．

寡占産業への参入を促進することは1企業あたりの生産量を減らすことだから[3]，参入は生産の非効率性を増すことになる．参入の結果として全体としての資源配分の効率性が増すか否かは，死荷重の減少というプラスの面と生産の非効率性の上昇というマイナス面のどちらが大きいかにかかっている．このように，大きな規模の経済性をもつ寡占産業の均衡企業数が，資源配分上過大なのか過小なのか，また独占度を低めることが経済厚生上望ましいか否かは，先験的には明らかではないといわなくてはならない[4]．

27.3　サステイナブルな産業構造

では，規模の経済性が存在する場合には常に参入障壁が存在し，パレート効率的な資源配分を達成することはできないのだろうか．ここで注意すべきことは，以上の分析は本来1回かぎりのゲームであるべきナッシュ均衡の議論を恣意的に拡張し，あたかもゲームが何度も繰り返されるような状況での長期定常均衡を考えていたという事実である．しかし，ゲームが時間を通じて繰り返しプレイされるということが分かっているときには，ある条件が満たされれば均衡配分はパレート効率的となり価格と限界費用が一致することが知られている．いわゆる「コンテスタビリティ」(contestability)の理論である[5]．

いま，この産業が

Ⅰ. 同質的な生産物を生産している複数の企業からなる寡占状態にあり，

Ⅱ. 参入や退出は自由であり，

Ⅲ. 各企業は(すでに参入している企業も，未だに参入していない企業も含めて)すべて同じ費用関数 $C(y)$ を持っており，

Ⅳ. この費用関数は規模の経済性をもち，従って平均費用曲線はある範囲で右下がりになると仮定する．

このとき，価格だけを戦略とする(ベルトランの)ゲームを考えると奇妙なことが起こる．いま，27-3図において相手企業が価格 p^* を付けているとしよう．このとき，企業は p^* より低い価格 (p) を付けることによって需要をすべて自分のものにすることができる．しかし，そうすることは自分の生産量を，p に対応する需要量 y にまで押し上げることにほかならず，その結果平均費用が価格を上回ってしまう．従って，価格だけが戦略なら均衡(つまりベルトラン＝ナッシュ均衡)は p^* となる．

しかし，実は企業にとってもっと有利な戦略が存在する．いま，相手企業が p^* の価格を付け，y^* の生産を行なっているとしよう．このときある企業が「p^* を下回る価格 p をつけ，しかし y' の生産(供給)しか行なわない」という戦略をとったとしよう．この戦略を採用した企業は平均費用以上の価格で販売す

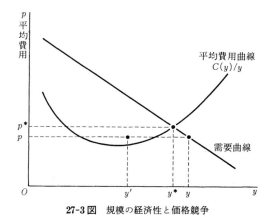

27-3図　規模の経済性と価格競争

ることができ，利潤を得ることができる．もちろん p の価格で需要は供給を上回るが，この企業は自由に買い手を選択できるのであり，損失を出してまで買い手の希望にそう必要はない．従って，このような戦略を採ることが可能だとすれば，p^* の価格で y^* を生産する戦略は長期的に存続できない．このことを戦略 (p^*, y^*) は「サステイナブル(sustainable)ではない」という．

より厳密に分析を行なうために，次のような用語を導入しよう．$i=1, 2, \cdots, n, \cdots$ を既存のあるいは潜在的な企業の番号とする．任意の企業 i がとる戦略 y_i は，この企業の生産(供給)量である．いま，正の生産を行なっている(すでに参入している)企業の集合が $\{1, 2, \cdots, n\}$ であるとし，これらの企業のとっている戦略のリストと市場価格 p の組み合わせ $\{(y_1, y_2, \cdots, y_n), p\}$ を，この産業の「産業構造」(market configuration)と呼ぶことにする．

$d(p)$ をこの産業における需要関数，$C(y)$ を各企業が共通に持つ費用関数とするとき，「実現可能な産業構造」(feasible market configuration)とは，次の2つの条件を満たす産業構造 $\{(y_1^*, y_2^*, \cdots, y_n^*), p^*\}$ のことである．

(a) $\sum_{i=1}^{n} y_i^* = d(p^*)$ が成り立つ，
(b) すべての i について，$p_i^* y_i^* \geqq C(y_i^*)$ が成り立つ．

一方，「サステイナブルな産業構造」(sustainable market configuration)とは，次の条件を満たす実現可能な産業構造 $\{(y_1^*, y_2^*, \cdots, y_n^*), p^*\}$ である：

(c) $p < p^*$ および $y \leqq d(p)$ という2つの条件を同時に満たす任意の価格と生産量の組み合わせ (p, y) に対して，$py \leqq C(y)$ が必ず成り立つ．

ここで，(a)は当該産業構造の下で需要と供給が一致していることを，そして(b)はすでに参入している各企業が損失を出していない(従って退出がありえない)ことを表わしている．(a)および(b)の条件が満たされれば，需要が供給に等しいだけでなく既存企業に退出のインセンティブも存在しないから，参入

の恐れさえなければこの産業構造は長期的に実現可能なのである．

(c)は以下において最も重要な役割を果たす条件である．それは，任意の企業が(p, y)という戦略を使って参入しようとするときに，その参入が可能であるならば——つまり，価格が現行の市場価格を下回り，しかも参入企業の供給が需要を上回ることがないという条件の下では——参入企業が利潤を得ることがありえないということを表わしている．(a)から(c)までの条件が満たされれば，当該産業構造は新たな企業の参入の恐れもないし，現に操業している企業が退出する必要もないという意味で，長期的に継続可能な——サステイナブルな——産業構造となるのである．

サステイナブルな産業構造は，次の3つの条件を満たさねばならない：

① 正の生産を行なっている企業の利潤はちょうどゼロでなければならない（すなわち，$y_i^* > 0$ なら $p^* y_i^* = C(y_i^*)$ である）．

② 正の生産を行なっている企業は，限界費用が平均費用を上回らない生産量で生産を行なっていなければならない（すなわち，$y_i^* > 0$ なら $C'(y_i^*) \leqq C(y_i^*)/y_i^*$ である）．

③ もし複数の企業が正の生産を行なっているなら，それらの企業は限界費用と平均費用が等しくなる水準で生産を行なっていなければならない（すなわち，これらの企業は $C'(y_i^*) = C(y_i^*)/y_i^*$ を満たさねばならない）．

①から③が成立することを確認しよう．いま，①が成立せず価格 p^* の下である企業の生産量 $y^* > 0$ が $p^* y^* > C(y^*)$ を満たしていたとしよう．このとき，任意の（未参入）企業は ε を任意の正数として価格 $p = p^* - \varepsilon$，生産量 $y = y^*$ という戦略を使って参入することができる．ところで，(p^*, y^*) の下で利潤を得ることができたのだから，ε を十分に小さくとれば，この新規参入企業も利潤を得ることができる．しかし，サステイナブルな産業構造の下では参入企業は利潤を得ることができないのだから，①が成立しなくてはならない．

次に，②が成立していなかったとしよう．このとき，$C'(y^*) > C(y^*)/y^*$ を満た

す生産量 $y^*>0$ をもつ企業が存在する．①から $C(y^*)=p^*y^*$ が成立しているはずだから $C(y^*)/y^*=p^*$ となり，平均費用は価格と等しくなるはずである．ところで，仮定によりこの企業の限界費用は平均費用を上回るから，この企業は平均費用逓増の領域で操業している．このとき，新規参入企業が y^* よりわずかに小さな生産量 y で生産を行なったとすれば，平均費用 $C(y)/y$ を価格 p^* 以下に引き下げることができる．ここで，価格 p を $C(y)/y<p<p^*$ を満たす水準に設定すれば，(p,y) の戦略によって新規参入企業は利潤を得ることができる．これは矛盾だから，サステイナブルな産業構造の下では②が成立する．

最後に，③が成立していなかったとしよう．複数の企業が正の生産を行なっているのだから，この企業の生産量だけでは需要は完全には満たされない．また，限界費用は②から平均費用を上回らない．従って，③が満たされなければ $0<y^*<d(p^*)$ かつ $C'(y^*)<p^*$（すでに見たように，①により価格は平均費用に等しい筈である）を同時に満たすような y^* を生産している企業が存在する．従って限界費用は平均費用を下回っているはずであり，平均費用は y^* の下では逓減的でなければならない．このとき，新規参入企業が y^* よりわずかに大きな生産量 y で生産を行なったとすれば，平均費用 $C(y)/y$ を価格 p^* 以下に引き下げることができる．ここで，価格 p を $C(y)/y<p<p^*$ を満たす水準に設定すれば，(p,y) の戦略によって，新規参入企業は利潤を得ることができる．これは矛盾だから，サステイナブルな産業構造の下では③が成立するはずである．

では，具体的にはどのような状況がサステイナブルなのだろうか．実はサステイナブルな産業構造とは，次の2つの場合に限られることを容易に示すことができる．

ケース1

(a) y_m を平均費用が最小化される生産量（最小最適規模）とするとき，正の生産を行なっているすべての企業が y_m を生産している．

(b) 価格は y_m の下での平均費用（従って限界費用）p_m に等しい．

(c) 産業の総生産量は総需要量に等しい．従って正の生産を行なっている企業数を n とすれば，$ny_m=d(p_m)$ が成立する．

ケース2

(a) 正の生産を行なっている企業は1企業だけで，従って独占であり，

(b) その生産量を y_0 とすれば，価格は y_0 の生産の下での平均費用 $C(y_0)/y_0$ に等しい価格 p_0 であり，

(c) このとき限界費用 $C'(y_0)$ は平均費用 p_0 を下回る．

2つのケースにおけるサステイナブルな産業構造は，27-4(a)図および(b)図の点 S によって示されている．ケース1とは，すべての企業が平均費用が最小となるような(従って平均費用と限界費用が等しくなる)生産量で生産を行なっており，しかも，同時に需要曲線が(c)を満たしている状態である．従って，この状態は完全競争の下での長期均衡と等しく，パレート効率的な資源配分が達成される．一方，ケース2の場合とは，独占企業の生産量が y_m 以下であり，しかも平均費用価格規制の下で価格決定を行なっている場合に等しい．この場合，第25章25.8節で見たようにパレート効率的な資源配分は成立していないものの，次善のラムゼイ最適な資源配分が達成される．つまり，サステイナブルな産業構造が成立すれば，少なくとも次善の資源配分が達成されるのである．

しかし，サステイナブルな産業構造は必ずしも常に存在するわけではないことに注意しなければならない．具体的には，最小平均費用 p_m の下での需要量

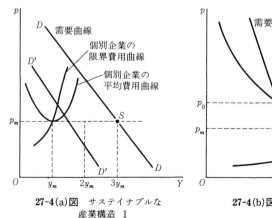

27-4(a)図　サステイナブルな産業構造 I

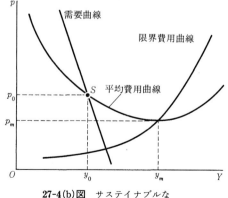

27-4(b)図　サステイナブルな産業構造 II

$d(p_m)$ が y_m 以下であれば，独占企業の下でケース2のサステイナブルな産業構造が成立し，また，ある正の整数 n の下で $d(p_m)=ny_m$ が成立すれば，ケース1のサステイナブルな産業構造が成立する．しかし，需要曲線が例えば 27-4(a)図の $D'D'$ の位置にあれば，サステイナブルな産業構造は存在しない．このように，$d(p_m)/y_m$ の値が1を越える整数とならないとき，サステイナブルな産業構造は存在しないのである．

27.4 コンテスタビリティの理論

では，どのような具体的条件を満たす産業で，サステイナブルな産業構造が当該産業の均衡として成立するだろうか．いま，前節冒頭の仮定 I - IV に加えて，

V．新規企業の参入と既存企業の退出がいつでも可能であり，しかもそれに必要な費用がゼロである．

ことを仮定しよう．ここで，参入や退出がいつでも可能であり，しかも参入のために必要な費用(例えば法人企業を設立したり，参入に必要な代理店網を作るための費用，いわゆるセット・アップ・コスト)が存在しないという条件は，それなりに強い要求である．しかし，条件Vの最も重要な意味は退出費用がゼロであるという点にある．なぜなら，通常の場合にはある既存企業がある時点に撤退することを決定したとすると，その時点までにすでに設備や資源に投下してしまった資金の一部は回収不可能であり，退出に伴って必要となる費用と考えられるからである．つまり，固定費用のうちサンクされてしまった費用は，退出すれば無駄になるから退出費用になるのである[6]．従って，条件Vは(規模の経済性が存在するのだから固定費用が存在するだろうが)すべての固定費用は「サンクされていない固定費用」であるということを意味しているのである[7]．

I-Vの条件が満たされている市場を「コンテスタブルな市場」(contestable market)と呼ぶ[8]．このとき，サステイナブルな産業構造が当該市場の均衡として成立する．以下，その理由を述べよう．

いま，ある産業がIからVまでの条件をすべて満たしているのに，この産業でサステイナブルでないが実現可能な産業構造 $\{(y_1, y_2, \cdots, y_n), p\}$ が均衡産業構造として成立していると仮定しよう．このとき，任意の潜在的参入企業は次のような戦略をとることができる．

A) サステイナブルでないのだから，$p < p^*$ および $y \leq d(p)$ を満たしながら $py > C(y)$ をも満たす価格と生産量の組み合わせ (p, y) が存在する．潜在的参入企業はこの価格・生産量の組み合わせで実際にこの産業に参入する．

B) この参入によって，既存の企業は利潤を得られなくなる．従って彼らも価格を下げるであろう．このとき参入企業は既存企業の価格切り下げと同時に産業から退出する．

このような戦略は，しばしば「轢き逃げ戦略」(hit and run strategy)と呼ばれる．つまり，この戦略は，既存企業がサステイナブルな産業構造を実現していないことにつけこんで，既存企業が価格を切り下げるまでの間参入企業が正の利潤を獲得し，事態に気づいた既存企業がそれに対する適切な対応をとった時点で産業から撤退してしまうという戦略である．

このような戦略を参入企業がとれるのは，企業がいつでも無費用で参入・退出が可能であるという仮定が存在するからである．そうではなく，たとえば設備にかけた費用がサンクされてしまうのであれば，既存企業が価格の切り下げを行ない価格競争が始まった時点で参入企業はサンクした費用を無駄にすることなしには退出することはできない．そのために発生する損失は，参入の結果発生する利益を上回ってしまうことになりかねない．逆に，サンクした費用を失うことを恐れて産業に留まることは，既存企業との価格競争によってさらに大きな損失を生み出すことになりかねない．これらの大きな損失の可能性を恐

れる企業は，結局参入しないことになるかもしれない．

一方，退出が自由であれば，このような轢き逃げ戦略の可能性に直面して既存企業群が長期的な均衡として選ぶことが可能なのは，轢き逃げ戦略の存在しないような産業構造，つまりサステイナブルな産業構造でなければならない．これがコンテスタブルな市場ではサステイナブルな産業構造，従ってパレート効率的か少なくとも次善の資源配分が達成される理由なのである．

従って，寡占産業において資源配分上の問題が発生するのは，

① その産業が同質的な生産物を生産していない；
② 潜在的に参入可能な企業をも含めてすべての企業が同一の技術をもっているわけではない；
③ サンクされた費用が存在し，参入あるいは退出を無費用で行なうことが不可能である；
④ 何らかの理由で企業間の協調が行なわれているか，あるいは適切な競争が行なわれていない．

の，いずれかの条件がみたされる場合に限られることになる．これらの条件が成立せず，コンテスタビリティに基づいた均衡が達成されるかぎり，規模の経済が存在しても資源配分はパレート効率的ないし次善的となるのである．

このように，コンテスタビリティの理論によれば，規模の経済性の存在する産業で重要なことは新規企業がいつでも参入できまた退出できることである．仮に既存企業が1社でマーケット・シェアが100%という高い独占度を持っていたとしても，新規参入の可能性さえ保証されているなら資源配分上の問題は存在しない．この意味で，コンテスタビリティの理論は，クールノーの極限定理を背景とした伝統的独占禁止政策，つまり高い独占度が資源配分を非効率化するのであり，各企業のシェアを低く抑えることが重要であるという考え方と鋭い対照をなすものである．

最後に，コンテスタビリティについてのいくつかの問題点を指摘して本節を

第27章 寡占競争の効率性とコンテスタビリティ 209

閉じることにしよう.

 コンテスタビリティの理論については,大きく分けて3種類の問題点が提起されて来た.第1は,すでに述べたように,仮に市場がIからVまでの条件を満たしていてもサステイナブルな産業構造が存在せず,従って市場均衡が存在しないか,均衡は存在するがサステイナブルな産業構造は達成されない可能性である.しかし,この点はどちらかといえば理論的な好奇心を満たすとしても,現実的にはサステイナブルな産業構造に近い状態が達成されるかぎり,大きな問題となるとは思われない.

 第2の問題は,IからVまでの条件が満たされたとしても,市場均衡がサステイナブルになるためのロジックとして轢き逃げ戦略が使われる点に関連する.轢き逃げ戦略が成立するためには,参入企業が実際に参入してから既存企業がそれに気づいて適切な対応をとるまでに,時間的ラグが存在しなければならない.このような条件は,例えば既存企業の価格が短期的に固定されているといった状況にあるときにのみ満たされる.しかし,現実には既存企業は新規参入とそのタイミングに関する情報を得,参入企業が実際に参入しようとするときにはすでにそのための適切な対応を行なっていることの方が普通であろう.

 コンテスタビリティに対する第3のそして最も有効な批判は,その理論が当てはまる市場(産業)が現実にはほとんど存在しないのではないかとするものである[9].IからVまでの条件はきわめて特殊な条件であり,第2の問題点をも含めて,実際に多くの寡占産業でコンテスタブルな状況が達成されサステイナブルな産業構造が成立していると考えることは,現実的ではない.

 こうしてみると,規模の経済が存在しても資源配分上の問題が発生しないための十分条件は「市場がコンテスタブルである」ことを論理的に明らかにした点に,コンテスタビリティの理論の最大の貢献が認められるというべきである.それはちょうど,現実の産業が完全競争的であるか否かに関わらず,完全競争の下では効率的な資源配分が達成されることが明らかにされることに大きな規範的な意味があることと同じなのである.

 むしろ現実の寡占産業の問題としては,なぜコンテスタビリティの理論が妥

当しないかこそが焦点として取り上げられなければならない．第28章では，このような観点から参入障壁の問題を考えることにしよう．

第27章 注

1) 本章27.2節の説明をも参照せよ．

2) この命題の詳細と，それが暗黙の仮定に決定的に依存していることの指摘については，Ruffin, R., "Cournot Oligopoly and Competitive Behavior," *Review of Economic Studies*, vol. 38, 1971, pp. 493-502 を参照せよ．

3) このことは27-1図を見れば明らかである．もっとも，このことはわれわれが考慮している競争が生産量を戦略とするクールノー競争であり，各企業の戦略が「戦略的代替財」であることに依存している．この点の詳細は次章を参照せよ．

4) この問題のより厳密な分析については，例えば，von Weizsäcker, C. C., "A Welfare Analysis of Barriers to Entry," *Bell Journal of Economics*, vol. 11, 1980, pp. 399-420；伊藤・清野・奥野・鈴村『産業政策の経済分析』東京大学出版会，昭和63年，第13章；Suzumura, K. and K. Kiyono, "Entry Barriers and Economic Welfare," *Review of Economic Studies*, vol. 65, 1987, pp. 157-168 などを参照せよ．

5) サステイナブルな産業構造とコンテスタビリティの詳細については，Baumol, W. J., J. C. Panzar and R. D. Willig, *Contestable Markets and the Theory of Industry Structure*, New York: Harcourt Brace Jovanovich, 1982；Sharkey, W. W., *The Theory of Natural Monopoly*, Cambridge: Cambridge University Press, 1982 を参照せよ．また，*Strategic Behavior and Industrial Competition*, D. J. Morris, P. J. N. Sinclair, M. D. E. Slater and J. S. Vickers, eds., supplement to *Oxford Economic Papers*, 1986 はこの分野の最近の発展と戦略的行動の産業組織に与える影響一般についての有用な文献である．

6) サンクされた費用については本書第Ⅰ巻43ページを参照せよ．

7) 大きな固定費用があり，しかもそれがサンクされない産業としてしばしばひかれる例は，航空産業である．航空産業の主要な生産要素である旅客機は，旅客数が100人でも1人でも1機が必要であるという意味で固定費用を生み出す．しかし，中古機市場が存在すれば，退出しようとする航空会社はすべての保有機を中古機市場で売却し，投下資金を回収できるからである．

8) 厳密には，サステイナブルな産業構造が均衡として成立するような市場をコンテスタブルな市場と呼び，その代表的なケースがⅠ-Ⅴの条件を満たす市場である．

9) 読者は，注7)で触れた航空産業の他に，仮定Ⅴを満たす産業の例を考えて見よ．

第28章 2段階競争と戦略的行動

28.1 脅しと完全均衡

　第26章と第27章27.1-2節では，企業間の相互依存関係が決定的な重要性をもつ寡占産業の資源配分を，1回かぎりの非協力ゲームの枠組に基づき，クールノー=ナッシュ均衡を主要な分析道具として考察した．しかし，現実の企業間競争においては，企業という永続性を持つ主体が利潤を求めて日夜繰り返し争っている．このダイナミックな競争局面では，今日選ぶ企業行動は必ずしも今日の利潤のためではない．むしろ企業は将来の利潤のため，それも競合企業の将来の意思決定を変えさせることによって利潤を獲得しようとする．このような動学的寡占競争における戦略的行動を解説することが，本章の目的である．

　第27章27.3-4節では，たしかに動学的競争をコンテスタビリティという視角から考察した．しかし，コンテスタビリティの理論が仮定する動学的競争はきわめて特殊である．そこでは，既存企業も参入企業もそのとりうる行動がすべて「可逆的」(reversible)である．参入企業はいつでも参入でき，しかもいつでも自由に資源を使わず退出できる．参入という意思決定はどの時点(参入後)でもそれを翻すことができるのである．しかもコンテスタビリティの理論で考える競争とは，価格と生産量だけを通じた競争でしかない．

　これに対して寡占企業間の動学的な競争においてとられる行動は，工場の建設や宣伝活動あるいは研究開発活動のように，一旦選択されればそのための費用はサンクされ，競争環境を「非可逆的」(irreversible)に変えてしまう．このような非可逆的な行動の戦略的選択こそ企業間競争の本質なのである．しかし，非可逆的な行動の選択の問題を説明するためには，新たな均衡概念を導入しなくてはならない．「完全均衡」(perfect equilibrium)がそれである．

次のような状況を考えよう。ある市場が既存の企業Aに独占されているとし，この市場に新規に参入を企てている企業Bがある。もし企業Bが参入しなければ(Bが行動Nを選択すれば)Aは独占利潤100を，Bは利潤0を得る。一方，Bが参入する(行動Eを選択する)ときには，既存企業Aは2つの選択肢を持つ。参入を受け入れる(行動Y)とき，AもBもそれぞれ30の利潤を得る。しかし，Aが参入企業に価格戦争をしかければ(行動F)，両企業とも10の損失(-10の利潤)を被る。

以上の状況を「ゲームの樹」(game tree)によって簡潔に表わしたのが28-1図である[1]。図の小さな白丸(node)はその横に記された企業(プレイヤー)が行動を選択する手番(move)であることを示している。ゲームは，Bの手番である最上端の白丸から出発し，どちらの行動が選ばれるかで次の企業の手番を示す白丸か，ゲームがそこで終ることを示す黒丸(terminal point)に行きつく。ゲームが終ったことを示す黒丸の下の括弧の中の数字は，左が企業Aの受けとる利潤，右がBの受けとる利潤を示している。

このゲームを戦略型で表わすと，28-2図のようになる。このゲームには2つのナッシュ均衡(Y, E)および(F, N)があることが明らかである。以下，これら2つの均衡の経済的意味を考察しよう。

まず第1の均衡(Y, E)をとろう。この均衡では，企業Bが参入したとき企業Aは参入を受け入れる。このことを知っている企業Bは，参入することに

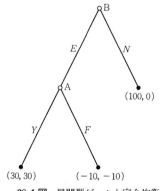

28-1図 展開型ゲームと完全均衡

A	B	
	N	E
Y	(100, 0)	(30, 30)
F	(100, 0)	($-10, -10$)

28-2図 戦略的均衡と完全均衡

よって得られる 30 の利潤を求めてこの産業に参入する．一方，第 2 の均衡 (F, N) では，B が参入したとき A は価格戦争に訴える．このことを知っている B は，参入したときに被る 10 の損失を避け参入しないことを選ぶのである．つまり，第 2 の均衡では，既存企業 A が価格戦争という「脅し」をかけるため，参入企業がその脅しに屈して参入を諦めるわけである．

従って，このゲームで B がどちらの行動を選択するかは，B が実際に参入した（行動 E を選択した）と仮定したとき，A が Y, F どちらの行動をとると予想するかに依存している．このことは，第 2 の均衡の場合，特に重要である．なぜなら，第 2 の均衡 (F, N) が実際にプレイされるかぎり，「均衡経路」(equilibrium path) は白丸 B から黒丸 $(100, 0)$ への経路となる．従って，A には手番はまわって来ず，Y, F の間の選択を現実に行なう必要がないからである．このことを，白丸 A は「非均衡経路上の点」(disequilibrium node) であると言う．つまり，A の選択は実現される経路に直接的影響を与えるわけではなく，B が N を選択するかぎり，(Y, F) のどちらをとっても A は 100 の利得が得られるのである．しかし，A の選択 F は，B に N の選択を余儀なくさせるという間接的な形で均衡戦略の選択に決定的な影響を与えている．第 2 の均衡は，A が価格競争という脅しをかけそれに B が屈するからこそ，つまり脅しの実行が「参入後の均衡」(post-entry equilibrium) であると B が予想するからこそ，均衡となるのである．

しかし，企業 B はこの脅しに屈する必要があるだろうか．B が参入したとき A の脅しが本当に実行されるなら，それは「確かな脅し」(credible threat) であり脅しに屈した方が良いだろう．しかし，脅しが内容の伴わない「カラ脅し」(empty threat) であり，B が参入しても A は脅しを実行しないなら，それに従う必要はない．問題は，仮に B が参入したとき A が本当に価格競争を仕掛けると B が予測するかどうかである．

この問題を考えるために，実際に B が参入したと仮定してみよう．このとき，すでに B は E を選んだわけであり，A と書かれた白丸から上の部分は意味をなさない．A の白丸から下の部分だけが意味のあるゲームである．以下

これを,「部分ゲーム」(subgame)と呼ぼう. 部分ゲームで企業 A が価格戦争を選ぶということは, 30 の利潤を諦めて 10 の損失を選ぶことにほかならない. A が合理的なら, このような選択はしないだろう. つまり, 部分ゲームの均衡は Y である. この部分ゲームの均衡 Y を元のゲームから見れば, B はすでに参入してしまったのだから過去は過去として諦め, A が自分にとって最適な行動を選ぶという意思決定に対応している. この意味で, 参入後の均衡としては部分ゲームの均衡が成立すると考えるのが合理的である.

「完全ナッシュ均衡」(perfect Nash equilibrium)あるいは「完全均衡」(perfect equilibrium)とは, ナッシュ均衡のうち, 均衡戦略をプレイすることがすべての部分ゲームのナッシュ均衡となるものである[2].

このように, ダイナミックなゲーム, 特にその均衡の意味を考えるためには部分ゲームを考える必要があり, そのためには戦略型ではなく展開型でゲームを記述しなければならない[3].

こう考えれば, 第 2 の均衡を支えている価格戦争という A の脅しはカラ脅しに過ぎず, 実際に B が参入してしまえば A は Y を選ばざるをえないはずである. A が合理的だということを知っている B は, このような論理的帰結を見通して脅しに屈せず参入しようとするだろう. 従って, 第 2 の均衡は定義上ナッシュ均衡であっても, B が合理的であるかぎり実際には起こらないと考えられる. 言い換えれば, 第 2 の均衡は B が参入したとき A は参入を受け入れ Y を選ぶことが合理的なのに, 価格戦争という A にとって最適でない選択を選ぶという不合理な仮定に支えられている. すなわち, 第 1 の均衡ではすべての企業の選択がその各々の状況で最適なものであるという意味で完全(ナッシュ)均衡であり, 第 2 の均衡は完全均衡ではないのである.

28.2　企業行動の非可逆性と戦略的参入障壁

寡占企業は, その大きな市場シェアによって, 何らかの独占力を持つ. しかし, その独占力を使って既存企業が正の(正常利潤以上の)利潤を得られるとは

限らない.正の利潤があるかぎり新たな企業が産業に参入し,その結果既存企業のシェアが下がり利潤も低下して行くからである.従って,寡占企業にとって,新規企業の参入を阻止し利潤の低下を押さえることは,きわめて重要な関心事である.

既存企業の戦略的参入阻止行動を考えるためには,次のような一般的分析枠組が有用である.いま参入の問題を2段階に分け,第1段階では既存企業(I)がこの産業を独占的に支配し,参入の可能性はまったくない.しかし第2段階になれば参入企業(E)は自ら欲するかぎり参入できる.既存企業はこの第2段階の参入の可能性を見通して,第1段階に参入阻止のための戦略的行動を選択できる.では,どのような場合に既存企業は新規参入を有効に阻止できるだろうか.

伝統的な戦略的参入阻止の理論としては,ベインやシロス-ラビーニによる「参入阻止価格の理論」(limit price theory)が有名である[4].これらの理論は,いわゆる「シロスの公準」(Sylos' postulate)を基にして構築されている.シロスの公準とは,参入が起こっても,既存企業は参入前の行動(第1段階の行動)を取り続けると参入企業が予測するという仮定である.このことを例を使って説明しよう[5].

いま,第1段階でも第2段階でもこの産業の需要は同一であり,28-3図のDD'がその需要曲線であるとしよう.また,両企業の平均費用曲線は同一であり図のAC_Iで表わされるものだとする.さて,第1段階で既存企業がy_Iの生産量を選んだとしよう.このとき,既存企業の(第1段階の)利潤は四角形$p_I BAC_I$の面積で表わされる.

シロスの公準によれば,参入企業は自分が参入しても既存企業はy_Iの生産を継続すると予測する.従って,参入企業には需要DD'のうちy_Iを通る垂直線の右側しか残されない.図のAC_Eはy_Iを原点として平均費用曲線を描き直したものである.このとき,参入企業は参入しても,生産量をy_E,価格をp_Eとし,ゼロの利潤を確保することによってのみ損失を免れることができる(このとき,既存企業は$p_E CAC_I$の利潤を得る).従って,参入企業は正の利潤を

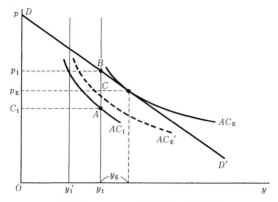

28-3図 シロスの公準と参入阻止価格

得ることができず参入のインセンティブを持たない．

　これに対して，既存企業が第1段階で y_I 以下の生産量，例えば y_I' の生産量を選んでも参入は阻止できない．このとき参入企業には y_I' を通る垂直線の右側が需要として残され，y_I' を原点としたときの平均費用曲線 AC_E' の下で，参入企業も正の利潤を挙げることができるからである．言い換えれば，既存企業は y_I を越える生産を行なうことにより新規企業が参入しても決して利潤を獲得できない状況を作りだし，参入企業の利潤機会を奪いとって参入を阻止できる．これが伝統的参入阻止価格の理論である．

　以上の状況を簡略化した展開型で示したのが 28-4 図である．第1段階で既存企業 I は生産量 y を選ぶ（ここでは簡略化のため，y_I と y_I' だけしか選択できない場合を示してある）．第2段階ではまず，新規参入企業が y の選択を知った上で，参入する (e) か，参入しない (n) かを選択する．参入しなければ既存企業は第1段階で得られた利潤 $\pi_1(y_I)$（あるいは $\pi_1(y_I')$）と第2段階で得られる独占利潤 $\pi_2(y_M)$ を獲得する．参入しなかった新規企業の利潤はゼロである．一方，もし新規参入がおこれば，企業間のゲームは第1段階で y_I が選ばれたことを所与とした部分ゲーム $\Gamma(y_I)$（あるいは $\Gamma(y_I')$）が生起する．図には明示していないが，このとき既存企業は第1段階での利潤（$\pi_1(y_I)$ あるいは $\pi_1(y_I')$）に加えて第2段階での利潤を，参入企業も第2段階の利潤を獲得する．

ゲームがこのように多段階にわたって行なわれるのだから、カラ脅しによる均衡を排除した完全均衡を考えなければならない。従って、部分ゲーム $\Gamma(y_1)$ と $\Gamma(y_1')$ でどのような均衡が成立するかが問題である。ところで、2つの部分のゲーム $\Gamma(y_1)$ と $\Gamma(y_1')$ の相違は第1段階で既存企業がどの生産量を選択したかという点だけであり、第2段階の部分ゲームを規定している需要関数、費用関数には何の違いもない。つまり、第1段階の選択は部分ゲームの構造を何ら変化させない。従って、これら2つの部分ゲームの均衡はまったく同一の均衡と考えるべきであり、第1段階で既存企業が y_1 を選択した時には $\Gamma(y_1)$ でも既存企業が y_1 を選択し、y_1' を選択した時には $\Gamma(y_1')$ でも y_1' を選択するというシロスの公準は、企業の意思決定の合理性を仮定するかぎり不満足なものであると言わざるをえない。

28-4図はまた、次の点をも明らかにしている。すなわち、既存企業Ⅰが第1段階の行動 y_1 によって第2段階の参入企業の行動に影響を与える（つまり参入を阻止する）ことができるのは、y_1 の選択によって部分ゲーム $\Gamma(y_1)$ の構造——需要、費用などの条件——を変化させることができる場合に限られるということである。伝統的参入阻止価格の理論の問題点は、第1段階の生産量（あるいは価格）という（第2段階の部分ゲームの構造を変えることができない）可逆的な行動による参入阻止を考えた点にある。これに対して、工場建設、広告

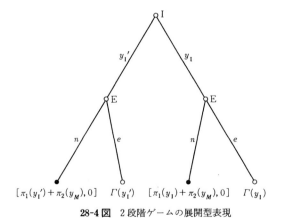

28-4図 2段階ゲームの展開型表現

活動などは，その費用をサンクすることで非可逆的な行動となる．28.3節では，工場建設を例にとって，第1段階の行動の選択が第2段階の部分ゲームとその均衡をどのように変化させるかを検討しよう．

28.3 サンク・コストと部分ゲーム均衡の変化

次のような2段階ゲームを考えよう[6]．逆需要関数 $p=P(Y)$ をもつ同質財産業を考える．p は価格，Y は総需要 $(=$総供給$)$ 量である．既存企業と参入企業は，同一の費用関数

$$g(y\,;\,K) = \begin{cases} ay+bK & y \leq K \\ \infty & y > K \end{cases}$$

を持っている．ここで y は生産量，K は生産能力である．従って，生産能力の建設には単位あたり b (円) の建設費用がかかり，生産能力以下の生産には（建設費用に加えて）単位あたり a (円) の生産費用が必要である．他方，生産能力を越える生産は不可能である．既存企業も参入企業も，第2段階で生産能力を建設（既存企業の場合は増設）できる．しかし，既存企業Ⅰは第1段階で一定量（以下 K_1 で表わそう）の生産能力を予め建設し，その建設費用 bK_1 をサンクし回収不能にすることができる．このとき，第2段階で既存企業は何をしようと（生産をゼロにしても）bK_1 は支払わねばならない．従って，第2段階で既存企業が y の生産量を選択すれば，既存企業が支払う最小費用は，

$$(28\text{-}1) \quad C_\mathrm{I}(y\,;\,K_1) = \min_{K \geq K_1} g(y\,;\,K)$$
$$= \begin{cases} ay+bK_1 & y \leq K_1 \\ ay+b(y-K_1)+bK_1 = (a+b)y & y > K_1 \end{cases}$$

である．

一方，参入企業は第2段階にならなければ，生産能力の建設ができない．従って，参入企業が第2段階で y の生産量を選択すれば，最小費用は

$$(28\text{-}2) \quad C_\mathrm{E}(y) = \min_{K \geq 0} g(y\,;\,K) = (a+b)y$$

である。このように、建設費用をサンクできない参入企業と違って、費用を第1段階でサンクするという非可逆的な選択を行なった既存企業は、その第2段階における費用関数の形状を変更させることによって、ゲームの構造を変化させることができるのである[7]。

28-5図は、サンク・コストによって既存企業がどのように反応関数を変えることができるかを示している。(28-1)および(28-2)式から、第1段階に生産能力を建設しなかった($K_1=0$)場合の既存企業の限界費用は、参入企業の限界費用と等しく$a+b$の水準で一定である。これに対して、K_1の生産設備を建設すれば、既存企業の限界費用は生産量がK_1を越えるならやはり$a+b$であるが、K_1以下ならaですむことになる。

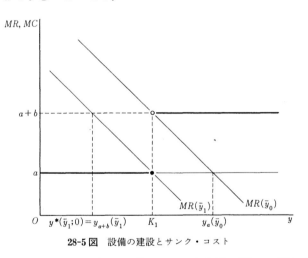

28-5図 設備の建設とサンク・コスト

従って、第2段階で例えば参入企業が$\bar{y}_0$の生産量を選び、既存企業に残された残余需要から導出された限界収入曲線が図の$MR(\bar{y}_0)$であれば、第1段階の生産能力をゼロに選んだ場合もK_1に選んだ場合にも、既存企業はK_1の生産量を最適生産量として選択する。しかし、参入企業が$\bar{y}_1$を選び限界収入曲線が$MR(\bar{y}_1)$であるならば、既存企業の最適対応は異なることになる。ゼロの生産能力建設を行なった場合の最適対応は$y^*(\bar{y}_1;0)$であるが、K_1の建設を行なったときの最適生産量はK_1だからである。

以上の議論をまとめるために，まず2つの反応関数を定義しよう．いま，生産に要する限界費用が常に $a+b$ である場合の反応関数を $y_{a+b}(\bar{y})$，限界費用が常に a の場合の反応関数を $y_a(\bar{y})$ と書こう．つまり

$$y_{a+b}(\bar{y}) = \arg\max_{y \geqq 0} \{yP(y+\bar{y}) - (a+b)y\}$$

$$y_a(\bar{y}) = \arg\max_{y \geqq 0} \{yP(y+\bar{y}) - ay\}$$

とする．このとき，K_1 の生産能力を第1段階に建設した既存企業の反応関数 $y^*(\bar{y}\,;\,K_1)$ は，

(28-3) $\quad y^*(\bar{y}\,;\,K_1) = \begin{cases} y_{a+b}(\bar{y}) & \bar{y} < y_0 \\ K_1 & y_0 \leqq \bar{y} \leqq y_1 \\ y_a(\bar{y}) & \bar{y} > y_1 \end{cases}$

と表わすことができる．

28-6図には，このようにして導出された反応関数が描かれている．図の直線 $R_E R_E'$ は参入企業の反応曲線（$y_{a+b}(\bar{y}_I)$ のグラフ），$R_1 R_1'$ は限界費用が常に $a+b$ であるときの反応曲線（$y_{a+b}(\bar{y}_E)$ のグラフ），$R_1'' R_1'''$ は限界費用が常に a のときの反応曲線（$y_a(\bar{y}_E)$ のグラフ）である．(28-3)式から明らかなように，第1段階で K_1 の生産能力を建設した既存企業は，その第2段階の反応曲線を折れ線 $R_1'' BA R_1'$ とすることができるのである．

ここで，K_1 の建設が第1段階で行なわれた場合の第2段階の（部分ゲーム）均衡を考えれば，それは両企業の反応曲線の交点 S でなければならない．第1段階に生産能力の建設を行なわなければ，既存企業の反応曲線は $R_1 R_1'$，均衡は N であったはずだから，生産能力の建設とその費用をサンクすることによって既存企業は自分の均衡生産量を増大させ，参入企業の均衡生産量を低下させることができることになる．

なお，図の $\Pi_1 \Pi_1'$ は限界費用が $a+b$ の場合の等利潤曲線を，$\Pi_1'' \Pi_1'''$ は限界費用が a の場合の等利潤曲線を表わしている．ここで(28-1)式から，既存企業の生産量 y が K_1 に等しければ，bK_1 をサンクした場合もしなかった場合も総費用（生産費用と建設費用の和）は等しく，従ってどちらの利潤も等しい．こ

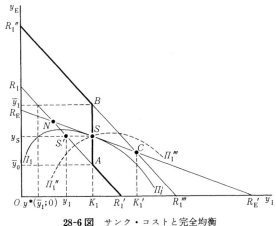

28-6図　サンク・コストと完全均衡

のことから，K_1 の生産能力を建設した既存企業の第2段階の等利潤曲線は，キンクした曲線 $\Pi_1''S\Pi_1'$ であることが分かる．

以上と同じことを他の生産能力水準についても行なえば，既存企業は第1段階の生産能力の選択を自由に変化させることによって，第2段階の(部分ゲーム)均衡を線分 NC 上の任意の点に決めることができることになる．では，既存企業は生産能力をどの水準に定めようとするだろうか．

以下，第1段階と第2段階の間の利子率がゼロであり，どちらの段階で生産能力を建設してもその費用の割引価値は等しいとする．さて，第2段階の部分ゲーム均衡が NC 上にあり，NC 上のどの点 (y_1, y_E) を均衡とするためにも最小限必要な K_1 は $K_1 = y_1$ を満たさなければならないことに注意しよう．従って，NC 上の任意の点 (y_1, y_E) を均衡とするために必要な費用は $(a+b)y_1$ であり，(28-2)式で定義された費用関数，あるいは反応曲線 R_1R_1' を導出するために用いた費用関数と等しい．そこで，この費用関数で定義される既存企業の等利潤曲線 $\Pi_1\Pi_1'$ を考えれば，NC 上で利潤を最も大きくするのは図の S 点，つまり，既存企業が先導者となった場合のシュタッケルベルグ均衡点にほかならない[8]．このように，既存企業が第1段階に生産能力を建設しその費用をサンクできる場合には，作り出された戦略的優位性を基に，既存企業はシュタッケ

ルベルグ均衡を完全(ナッシュ)均衡として達成できるのである．

　ここで次のような疑問を持つ読者がいるかもしれない．既存企業が先導者の立場を確保できるのは，第1段階で既存企業が参入企業より先に戦略(生産量)を選べることによるのであり，生産能力を建設してそのコストをサンクすることとは無関係ではないか，と．以下，この点について再確認しておこう．

　そこで今までの議論とは逆に，生産能力を建設しその費用をサンクすることができないことを仮定した上で，第2段階でK_1の生産量を生産することを既存企業が第1段階で公表したとしよう．28-6図のナッシュ均衡Nより大きな生産K_1を行なうという脅しによって，参入企業の生産量を均衡生産量以下のy_Sにさせようというわけである．このような計画を参入企業より前に(先導者として)公表してしまうことは，「確かな脅し」になるだろうか．答えは否である．

　いま仮に，この脅しを参入企業が信じると既存企業が考えたとしよう．もしそうなら，既存企業は参入企業の生産量はy_Sであると考えているはずである．しかし，この予想の下では既存企業の最適生産量はK_1ではない．既存企業の反応曲線R_1R_1'上の点S'に対応するy_1の方がより大きな利潤を産むことになるからである．そうだとすれば，合理的な参入企業にとって整合的でないこの脅しは信じられないカラ脅しでしかない．R_1R_1'とR_ER_E'の反応曲線の下では，どの企業が事前に何を言ったとしても，相手の行動の予測と自分の行動が整合的なのはナッシュ均衡Nでしかないのである．

　一方，既存企業がK_1の生産能力を建設しその費用をサンクすれば，反応曲線は$R_1''BAR_1'$に変化する．つまり，サンクして回収不可能となった費用を考えれば，第2段階の既存企業の等利潤曲線は$\Pi_1 S\Pi_1'$から$\Pi_1'' S\Pi_1'$に変化する．この結果，y_Sという生産予想の下での既存企業の最適生産量はK_1になる．これがK_1を生産するから参入企業は生産量をy_Sに減らせという脅しを，信じられる確かなものに変えたのである．

　つまり，K_1の生産を行ない相手にy_Sを生産させようとする脅しを確かなものにするためには，単なる脅しではなく，自分が脅しを実行するインセンティブを作り出す──脅しに「コミットする」──必要がある．28-6図の場合には，K_1の生産能力を実際に建設し，その費用をサンクするという「コミットメント」を作り出すことによって，初めて脅しが確かなものになったのである．

28.4　コミットメントと戦略的参入阻止

では，既存企業は生産能力の建設費用をサンクする（生産能力にコミットする）ことで，参入企業の生産量を変えるだけでなく，参入自体を阻止できるだろうか．この可能性を考えるために，前節のモデルに第27章で考察した参入費用を導入しよう．つまり，参入企業が第2段階で参入することを決意した場合には，(28-2)式で定義した生産能力建設費用と生産費用に加えて，参入のための固定費用 F を支払う必要がある．このとき，第27章ですでに見たように，参入企業の反応曲線は28-7図のように D 点でジャンプし，線分 $R_E D$ と半直線 $K_D R_E'$ を合わせたものになる．既存企業が K_D 以上の生産をすれば参入企業に残された需要は不十分であり，参入しても参入費用 F を上回る利益が得られないからである．

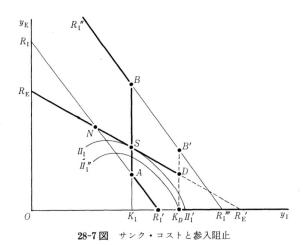

28-7図　サンク・コストと参入阻止

このとき，既存企業は2つの選択肢を持っている．第1は参入企業の参入を認めることである．参入を認めるなら，既存企業にとって最も望ましいのは K_1 の生産能力にコミットしシュタッケルベルグ均衡 S を達成することである．このとき，既存企業の利潤は等利潤曲線 $\Pi_1 S \Pi_1'$ に対応する水準である．

既存企業の第2の選択肢は，大きな生産能力にコミットすることによって参入企業が参入しても参入費用以上の利益が得られない状況を作り出し，参入を阻止することである．このためには K_D 以上の生産能力にコミットしなければならない．K_D の生産能力を建設しその費用をサンクすれば，第2段階の既存企業の反応曲線は $R_1''BB'K_DR_E'$ に変化し，点 K_D を部分ゲーム均衡とすることができるからである．

28-7図に示したように，参入を阻止したときに得られる最大利潤（$\Pi_1''K_D$ の等利潤曲線に対応する利潤）が参入を許容した時の利潤より大きいとき，そしてそのときにのみ，既存企業は生産能力にコミットすることによって新規参入を阻止するのである．

28.5 戦略的代替と戦略的補完

本章では，寡占企業間の競争が2段階にわたって行なわれるとき，企業は第1段階で非可逆的な行動にコミットすることによって第2段階のゲームを自分にとって有利なものにすることができ，場合によっては新規参入企業の参入のインセンティブを失わせてしまうことさえ可能であることを説明した．

ところで，このような事情は生産能力の建設とその費用をサンクする場合に留まらない．例えば，研究開発活動はそれが成功し開発成果を獲得してもそのための費用はサンクされている．参入という行動も，参入費用をサンクすることで，あるいは退出に必要な費用にコミットすることで非可逆的行動となる．さらに広告・宣伝活動なども，その費用がサンクされるだけでなく（あるいはそのために）消費者の企業やブランドに対するイメージが非可逆的に変化する．このように，寡占競争においてはさまざまな非可逆的行動を採用することが可能である．以下，このような非可逆的行動を採用することによって自分に有利な競争環境を作り出すことを，「戦略的行動」(strategic behavior) と呼ぼう．

寡占産業における戦略的行動の経済的帰結を予測し，その経済厚生に与える効果を分析・評価するためには，企業の戦略的行動が何によって決まり，戦略

的行動をとらなかった場合と比べてどのように企業行動が異なるかを明らかにしなければならない．本節では，このような視点から「戦略的連関」(strategic relatedness)の問題を解説する．

クールノー競争では，他企業の生産量が一定であるかぎり，生産量を増やすという行動は，企業間競争において自分のシェアを増やし価格を低下させるから，他企業の利潤を減少させる．このように，相手企業の行動を一定としたとき相手企業の利潤を減少させる行動を，「攻撃的」(aggressive)な行動と呼ぶ．

ところで，前章までに主として取り扱ってきた同質財クールノー競争の代表的なケース(需要曲線と限界費用曲線が線形の場合)では，各企業の反応曲線は右下がりとなった[9]．このことは，相手企業の生産量が増加すれば自分の生産量を減少させることが最適であること，つまり，相手企業がより攻撃的になれば自分は逆により「受容的」(accomodative)になることを示している．このことを，企業間競争における各企業の行動(生産量の選択)が「戦略的代替」(strategic substitutes)の関係にあると言う[10]．各企業の行動が戦略的代替の関係にあれば，自分の行動が攻撃的なものであるという脅しを相手企業に信じさせることができるかぎり相手企業の行動はより受容的なものとなり，自分の利潤を増やすことができる．

このことを図示したのが，28-8図である．ここでは2つの企業1, 2が第2段階で生産量 $y_i(i=1,2)$ を選択する．図の R_1R_1' と R_2R_2' がそれぞれの企業の反応曲線であり，第2段階の均衡 N は安定であることが仮定されている[11]．ここで，第1段階で企業1が自分をより攻撃的にするような(非可逆的な)行動，例えば生産費用を切り下げる技術の開発を行なったとしよう．この結果，第2段階の部分ゲームの構造は変化し，企業1はより攻撃的になる．このことは図で企業1の反応曲線が外側にシフトすることとして現われている．この結果，第2段階の均衡では，より攻撃的になった企業1の生産量は増大し，より受容的になった企業2の生産量は減少する．

これに対して，異質財を生産する2つの企業が価格を通じて争うベルトラン競争を考えよう．つまり，製品差別化が行なわれ，各企業の生産物は密接な代

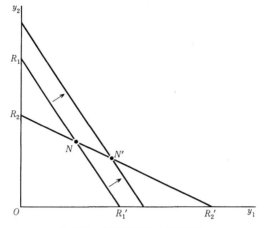

28-8図 戦略的代替と2段階競争

替財ではあるが完全な代替財ではない場合である．単純化のため，各生産物への需要関数と各企業の費用関数が線形である場合を考える．すなわち，y_i を第 i 企業生産物への需要，p_i をその価格とするとき，需要関数が，

(28-4) $$y_i = a - bp_i + dp_j \qquad (i \neq j;\ i, j = 1, 2)$$

と表わされ，また各企業の費用関数が $C(y_i) = cy_i$ と表わされるとする．ただし，ここで a, b, c, d はすべて正の定数であり，$0 < d < b$ を満たすと仮定する．

(28-4)式は，次のように理解できる．いま，第 i 企業が自分の価格を一定にとどめるとしよう．このとき，相手企業が価格を上昇させればその需要の一部が代替財である自分の生産物への需要として流入するから，自分の生産物に対する需要曲線は右方にシフトし利潤は増大する．逆に相手企業が価格を引き下げれば，自分の需要が相手企業に流出し需要曲線は左方にシフトするから，利潤は減少する．この意味で(生産物間の代替性を仮定した)価格競争では，価格の引き上げではなく引き下げという行動こそが攻撃的な行動なのである．

相手企業の価格 p_j が与えられたときの第 i 企業の反応関数は次のように理解できる．28-9図の直線 DD（および MR）は，p_j が与えられたときの需要曲線（および限界収入曲線）であり，与えられた限界費用曲線（MC）の下で利潤を最大化する最適対応は，明らかに $p_i^*(p_j)$ である．ここで，相手企業の価格が

$p_j'(>p_j)$ に上昇したとしよう．この結果，第 i 企業生産物への需要曲線(あるいは限界収入曲線)は $D'D'$ (あるいは MR')にシフトし，最適対応は $p_i^*(p_j')$ ($>p_i^*(p_j)$)に上昇する．つまり，(28-4)式で定義された線形の需要関数と限界費用一定の費用関数の下でのベルトラン競争では，反応曲線は 28-10 図のように右上がりとなるのである．

従って，相手企業の価格切り下げというより攻撃的な行動は，自分の生産物価格の切り下げというやはり攻撃的な行動を誘発することになる．このような関係を「戦略的補完」(strategic complements)の関係と呼ぶ．企業間競争が戦略的補完の関係にあれば，自分が攻撃的でないことを相手に信じさせることに

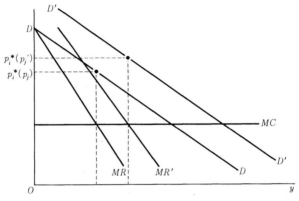

28-9 図 製品差別化とベルトラン競争

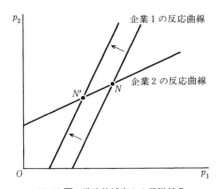

28-10 図 戦略的補完と 2 段階競争

よって初めて相手企業の行動をより受容的なものにし，自分の利潤を増やすという戦略的行動が可能になるのである．

しかも，28-10図から明らかなように，このとき企業1が第2段階での自分の行動をより攻撃的にするような非可逆的な選択を第1段階でとれば，反応曲線は左側にシフトし[12]，均衡では企業1も企業2もより低い価格を選ぶことになる．このように，戦略的代替関係にあるクールノー競争と違って戦略的補完関係にあるベルトラン競争では，1つの企業をより攻撃的にするような変化は両企業の均衡行動をより攻撃的にさせるのである．

戦略的連関の概念を使えば，前節で考察した生産能力の建設とその費用をサンクする行動は次のように要約できる．まず，このような行動を既存企業がとることは，第2段階の限界費用を引き下げることで当該企業の戦略的立場をより攻撃的なものにする．当該企業の反応曲線が外側にシフトすることがこの変化に対応している．ところで，第2段階のゲームは生産量をめぐるクールノー競争であり，しかも需要関数も費用関数も線形であると仮定された．このため，第2段階の企業行動は戦略的代替の関係にある．従って，生産能力の建設とその費用をサンクすることによって既存企業がより攻撃的になったことを知っている参入企業は，自分の行動をそうでない場合に比べてより受容的にせざるをえない．この結果，参入企業の生産量は減少し，既存企業はその利潤を増加させることができたのである．しかし，需要関数や費用関数が非線形性をもち，その結果第2段階における企業行動が戦略的補完の関係にあるならば[13]，このような既存企業の戦略的行動はむしろ参入企業のより攻撃的な行動を誘発し，既存企業の利潤を減少させてしまうことにもなりかねない．

同様に，第2段階での競争が価格を戦略変数とするベルトラン競争であり，しかも各企業の生産物がお互いに（通常の意味での）代替財であれば，本節で検討したように第2段階での企業行動は戦略的補完財であるのが普通である．この場合には，自分の立場をより攻撃的なものにする生産設備の建設は相手企業をより攻撃的にさせるだけであり，戦略的に行動しようとする既存企業が設備の建設を行なうことはない．既存企業としてはむしろ，第1段階で自分の行動

をより受容的な(あるいはより攻撃的でない)ものにする戦略にコミットすることを考えるはずである[14]。

2段階モデルと戦略的連関について,一般的な解説を与えておこう[15]。2企業の競争が2段階にわたって行なわれ,第1企業は第1段階で X_1 の水準を選択でき,第2段階では両企業が $x_i(i=1,2)$ を選択する。ただし,第2段階の選択 x_i を行なうにあたって各企業は企業1の第1段階の選択 X_1 を知っているが,他の企業の第2段階の選択 $x_j(j \neq i)$ は知らない。両企業の利得はそれぞれ $\pi^1(x_1, x_2 ; X_1)$, $\pi^2(x_1, x_2)$ と表わされる[16]。

いま,$\bar{X}_1$ が第1段階で選択されたとしよう。$\bar{X}_1$ を所与としたこの部分ゲームのナッシュ均衡を $(x_1^*(\bar{X}_1), x_2^*(\bar{X}_1))$ とすれば,それは,利潤最大化の1階の条件,

(28-5) $\qquad \pi^1_1(x_1^*(\bar{X}_1), x_2^*(\bar{X}_1), \bar{X}_1) = 0$
(28-6) $\qquad \pi^2_2(x_1^*(\bar{X}_1), x_2^*(\bar{X}_1)) = 0$

と2階の条件,

(28-7) $\qquad \pi^1_{11}(x_1^*(\bar{X}_1), x_2^*(\bar{X}_1), \bar{X}_1) < 0$
(28-8) $\qquad \pi^2_{22}(x_1^*(\bar{X}_1), x_2^*(\bar{X}_1)) < 0$

を満たさねばならない。ただし,ここで関数 π につけた下付き添え数字は,π を当該番号の変数(例えば1は x_1, 3は X_1 など)で微分した偏導関数を,下付き添え数字が2つある場合には,それらの変数で微分した2階の偏導関数を表わすことにする。また,以下ではその意味が明らかだから偏導関数の変数を明示的に表わさず,例えば π^2_{22} のように表わすことにする。

仮定1 $\quad \pi^1_2 < 0 \quad$ および $\quad \pi^2_1 < 0$
仮定2 $\quad \pi^1_{13} > 0$

仮定1は x_2 (あるいは x_1) を増加させれば企業1(あるいは企業2)の利潤が減少することを示し,x_2 (あるいは x_1) を増やすことが企業2(あるいは企業1)の攻撃的な行動であることを表わしている。クールノー競争(x が生産量)の場合にはこの仮定が満たされ,ベルトラン競争(x が価格)の場合にはこの仮定が成立しないことを容易に確認することができる[17]。これが,攻撃的行動についての2つのモデルの数学的相違の一つである。仮定2によれば,X_1 を増加させることは企業1の限界利潤 π^1 を増加させる。従って,他の変数の値に変化がないかぎり企業1は x_1 を増加させる,つまりより攻撃的な行動をとるインセンティブを持つことになる。

(26-10)式から，反応関数の導関数は $r_i' = -\pi^i_{ij}/\pi^i_{ii}$ ($i=1,2; i \neq j$) と表わされる．従って，(28-7)，(28-8)式に注意すれば，反応曲線が負の傾きをもつ，つまり x_1 と x_2 が戦略的代替関係にあるのは π^i_{ij} の値が負である場合であり，逆に反応曲線が正の傾きをもつ戦略的補完関係は π^i_{ij} が正の値をもつときである．なお，x_1 と x_2 の間の戦略的代替関係を定義するためには，企業1の反応曲線を使うことも企業2の反応曲線を使うこともできる．つまり，戦略的代替関係の一つの定義は $\pi^1_{12}<0$ であり，いま一つの定義は $\pi^2_{21}<0$ である．明らかにこの2つの定義は常に一致するわけではないから，戦略的代替と補完の関係は財の連関における粗代替と粗補完の関係と同じく，対称性をもたない概念である．

さて，定義により(28-5)および(28-6)式は，すべての X_1 について成立しなければならない．そこで，両式を X_1 で微分すれば，

(28-9) $\qquad \pi^1_{11}x_1^{*\prime} + \pi^1_{12}x_2^{*\prime} + \pi^1_{13} = 0$

(28-10) $\qquad \pi^2_{21}x_1^{*\prime} + \pi^2_{22}x_2^{*\prime} = 0$

が得られる．ここで，両式を連立させ，$(x_1^{*\prime}, x_2^{*\prime})$ について解けば，

(28-11) $\qquad x_1^{*\prime} = -\dfrac{\pi^2_{22}\pi^1_{13}}{D}$

(28-12) $\qquad x_2^{*\prime} = \dfrac{\pi^2_{21}\pi^1_{13}}{D}$

が成立する．ただしここで，$D = \pi^1_{11}\pi^2_{22} - \pi^1_{12}\pi^2_{21}$ である．

ところで，第2段階の部分ゲームの均衡が安定的であるための条件は両企業の反応関数の傾きの積の絶対値が1を下回ること，すなわち(26-11)式であった．従って，D の値は正でなければならない．以上の結果をまとめれば，仮定2により次のような結論を導くことができる．

ケース I (x_1, x_2) が戦略的代替関係にある場合 ($\pi^1_{12}<0$ および $\pi^2_{21}<0$ の場合)．$x_1^{*\prime}>0$ および $x_2^{*\prime}<0$ が常に成立する．

戦略的代替関係にあるゲームで企業1の戦略的立場をより攻撃的にする変化が起これば，均衡で企業1はより攻撃的に企業2は受容的になる．仮定1により，企業1の利潤は増加し企業2の利潤は減少する．

ケース II (x_1, x_2) が戦略的補完関係にある場合 ($\pi^1_{12}>0$ および $\pi^2_{21}>0$ の場合)．

$x_1^{*\prime}>0$ および $x_2^{*\prime}>0$ が常に成立する.

戦略的補完関係にあるゲームで企業1の戦略的立場をより攻撃的にする変化が起これば,企業1も企業2も共により攻撃的になる均衡が成立する.

第28章 注

1) これは,「展開型」(extensive form)で表わしたゲームである. ゲームの展開型表現については以下で説明を行なうが,その詳細については例えば今井晴雄・小林孝雄『経済のゲーム分析』岩波書店, 近刊, あるいは鈴木光男『ゲーム理論入門』共立出版, 昭和56年などを参照せよ.

2) 本書で使う完全均衡は,正確には「部分ゲーム完全均衡」(subgame perfect equilibrium)の概念である. 部分ゲーム完全均衡は, Selten, R., "Spieltheoretische Behandlung eines Oligopolmodells mit Nachfrageträgheit," *Zeitschrift für die gesamte Staatswissenschaft*, vol. 121, 1965, pp. 301-324, pp. 667-689, および Selten, R., "A Simple Model of Imperfect Competition, where 4 are Few and 6 are Many," *International Journal of Game Theory*, vol. 2, 1973, pp. 141-201 によって定義された. しかし,ゲームが完備情報ゲームでないとき, 部分ゲーム完全均衡より強い均衡概念を定義する必要が明らかにされ, Selten, R., "Reexamination of the Perfectness Concept for Equilibrium Points in Extensive Games," *International Journal of Game Theory*, vol. 4, 1975, pp. 25-55 によって新しい完全均衡(trembling-hand perfect equilibrium)概念が定義された. また, 関連した概念として「逐次的均衡」(sequential equilibrium)の概念がある. Kreps, D. M. and R. Wilson, "Sequential Equilibria," *Econometrica*, vol. 50, 1982, pp. 863-894 を参照せよ.

3) もっとも, 展開型で考えなければならないか, それともすべてのゲームは戦略型で定義されるべきかは, 論争点の一つである. 前者については Kreps and Wilson の前掲論文, 後者については Kohlberg, E. and J.-F. Mertens, "On the Strategic Stability of Equilibria," *Econometrica*, vol. 54, 1986, pp. 1003-1038 を参照せよ. なお, 戦略型表現で考えた28-2図で, 企業Bがどちらの戦略を選択しようとも, 企業Aは戦略Yを選択することで最低限戦略Fを選択したときと同じ利得を得ることができ, 場合によってはより大きな利得を得ることができる. この意味で,

戦略 F は，企業 A が本来選ぶべきでない「弱い意味で優越される戦略」(weakly dominated strategy) である．

4) Bain, J. S., *Industrial Organization*, Second Edition, New York: John Wiley and Sons, 1968 (宮沢健一監訳『産業組織論』上・下，丸善，昭和 55 年) および Sylos-Labini, P., *Oligopoly and Technical Progress*, Cambridge, Massachusetts: Harvard University Press, 1962 (安部一成・山本英太郎・小林好宏訳『寡占と技術進歩』東洋経済新報社，昭和 39 年) を参照せよ．

5) 以下の解説は Modigliani, F., "New Developments on the Oligopoly Front," *Journal of Political Economy*, vol. 66, 1958, pp. 218-232 に基づいている．

6) 本節と次節の説明は，Dixit, A., "The Role of Investment in Entry Deterrence," *Economic Journal*, vol. 90, 1980, pp. 95-106 および Dixit, A., "A Model of Duopoly Suggesting a Theory of Entry Barriers," *Bell Journal of Economics*, vol. 10, 1979, pp. 20-32 に負っている．

7) 既存企業と参入企業の条件の非対称性を奇異に思う読者がいるかもしれない．本書のモデルの代わりに次のような 3 段階ゲームを考えることもできる．第 1 段階で既存企業がその生産能力を選択し，第 2 段階で参入企業がその生産能力を選択し，その上で第 3 段階で両企業が生産量の競争を行なうゲームである．このゲームの完全均衡に関心を持つ読者は，Ware, R., "Sunk Costs and Strategic Commitment: A Proposed Three-stage Equilibrium," *Economic Journal*, vol. 94, 1984, pp. 370-378 を参照せよ．

8) もっともシュタッケルベルグ均衡が常に選ばれるわけではない．もし，シュタッケルベルグ均衡が線分 CR_E' 上にあるならば，既存企業の利潤が最大になるのは K_1' の建設を行なって C 点を選ぶ場合である．以下の説明はこの場合にも容易に拡張できる．Eaton, B. C. and R. G. Lipsey, "Capital, Commitment, and Entry Equilibrium," *Bell Journal of Economics*, vol. 12, 1981, pp. 593-604 を参照せよ．

9) 問題としている同質財の逆需要関数を $p=P(X)$，各企業の費用関数を $C(x)$ と表わそう．ただし p はこの財の価格，X は産業全体の生産量，x は個別企業の生産量である．このとき，企業 $i(i=1,2; i \neq j)$ の反応関数 $r_i(x_j)$ は，
$$r_i(x_j) = \arg\max_x \{P(x+x_j)x - C(x)\}$$
を満たさねばならない．内点解を仮定すれば，$r_i(x_j)$ は最大化のための 1 階の条件
$$P'(r_i(x_j)+x_j)r_i(x_j) + P(r_i(x_j)+x_j) - C'(r_i(x_j)) = 0$$

をも満たさねばならない.この式を x_j について微分して整理すれば,反応関数の微係数は

$$r_i{}'(x_j) = -\frac{P''(r_i(x_j)+x_j)r_i(x_j)+P'(r_i(x_j)+x_j)}{P''(r_i(x_j)+x_j)r_i(x_j)+2P'(r_i(x_j)+x_j)-C''(r_i(x_j))}$$

と表わされる.戦略的代替はこの値が負である場合であり,需要曲線と限界費用曲線が線形であれば P'' と C'' は共にゼロだから,戦略的代替関係が必ず成立することになる.

10) 戦略的代替と戦略的補完の概念については,Bulow, J. I., J. D. Geanakoplos, and P. D. Klemperer, "Multimarket Oligopoly: Strategic Substitutes and Complements," *Journal of Political Economy*, vol. 93, 1985, pp. 488-511 を参照せよ.なお,Fudenberg, D. and J. Tirole, "The Fat-Cat Effect, the Puppy-Dog Ploy, and the Lean and Hungry Look," *American Economic Review: Papers and Proceedings*, vol. 74, 1984, pp. 361-366 をも参照せよ.

11) (26-11)式から,安定条件は両企業の反応関数の傾きの積の絶対値が1を下回ることであった.なお,(26-1)式を導出したときに解説したように,ナッシュ均衡という概念からはその安定性に大きな意味があるかどうか疑問である.ところで,均衡の安定条件と均衡の一意性の条件には密接な関連がある.ある弱い条件の下では,すべての均衡が安定条件を満たせば均衡は一意的であり,均衡が一意的であれば均衡は安定的である.もし,第2段階の均衡が一意性を満たさないならば,完全均衡をどのように理解すべきかは必ずしも明らかではない.その意味で,ここで仮定した安定性の条件は一意性のための十分条件であると読み替える方がよいかもしれない.

12) 企業1の立場がより攻撃的になったのだから,企業2の価格が同一でも企業1の反応はより攻撃的な行動,つまりより低い価格を選択する.

13) 本章注9)を参照せよ.

14) では,クールノー競争とベルトラン競争とは,現実の企業間競争としてどちらがもっともらしいのだろうか.この点は,未だ未解決な,しかも重要な論点である.この点に関する一つの解釈としては,Kreps, D. M. and J. A. Scheinkman, "Quantity Precommitment and Bertrand Competition Yield Cournot Outcome," *Bell Journal of Economics*, vol. 14, 1983, pp. 326-337 を参照せよ.

15) 以下の解説の拡張と経済的意味については,Bulow et al. の上掲論文を参照せよ.

16) π^2 が X_1 の関数であり $\pi^2(x_1, x_2; X_1)$ と書ける場合にも，以下の分析は容易に拡張できる．読者はエクササイズとしてどのような場合にケースⅠ，ケースⅡの結論が維持されるかを試みてみよ．

17) もっともベルトラン競争の場合には，価格(p)にマイナス1を乗じた値を x とする($x=-p$ とする)ことによって，仮定1を満たすことができる．

第29章　繰り返し競争と結託

29.1　協力ゲームとカルテル

　一つの産業に属する企業群は，常に競争しているとは限らない．明示的なあるいは暗黙のカルテルを結成し結託を結ぶことによって，競争による利潤の減少を避けようとするインセンティブが存在するからである．カルテルが結ばれれば，複数の企業が存在しても独占価格が成立し，独占の死荷重による資源配分の非効率性が発生する．この点の通常の理解は次のようなものである．

　経済学においては，伝統的にカルテルを協力ゲームの枠組で理解しようとしてきた[1]．協力ゲームの枠組の下で利害の異なる複数の企業が交渉を行なって合意を結ぶとすれば，次のことが自明であると思われる．つまり，合意された企業行動は，パレートの意味で(ただし消費者などの他の主体を除いて，結託に参加している企業どうしの間で)効率的な合意でなければならない．もし合意がパレート効率的でなければ，すべてのカルテル参加企業の状態(利潤)を同時に改善する合意が他に存在することになる．合理的な企業が交渉を行なった結果得られる合意に，このような矛盾が存在するわけはない．従って，カルテルは参加企業の間のパレート効率性を保証するはずである．

　企業間でお金のやりとり(side payment)を行なうことが可能なら，このような合意は参加企業の結合利潤(参加企業の利潤の総和)を最大化するものである．例えば，企業1も企業2もそれぞれ100の利潤を獲得し，結合利潤が200であるという合意が成立したとしよう．もし，他の合意によって企業1が150，企業2が70の利潤を得ることができるなら，合理的な企業が最初の合意に満足するわけはない．なぜなら，企業1は新しい合意を成立させるために企業2にお金を支払う用意があるはずだからである．例えば企業1が企業2に40のお金を支払えば，どちらの企業も110ずつの利潤を得ることができる．このよう

な提案によって最初の合意は反故にされるだろう．協力ゲームの問題は，むしろ 40 の支払いで両企業が 110 ずつの利潤を得ることによって最終的な合意が成立するのか，それとも支払いは 30 で，企業 1 は 120 の利潤を企業 2 は 100 の利潤を得るような合意が成立するのか，という点に関わっている．つまり，協力ゲームの理論においてはパレート効率的な合意が成立することは自明のこととされ，むしろ企業間の分配がどのように決定されるかに論点があるのである．

このように考えれば，産業に属する企業すべてが参加するカルテルは，その結合利潤を最大化するように，従ってカルテルがあたかも独占企業のように行動することになる．また，産業に属する企業の一部しかそのメンバーに含まないカルテルは，アウトサイダーとの競争のため利潤が小さくなってしまうから，アウトサイダーをも含めたカルテルを結ぼうとするインセンティブが常に存在する．

ところで，第 26 章で述べたように，協力ゲームの理論は拘束力をもつ合意が可能であることを暗黙の裡に仮定している．そうでなければ，次のような問題が発生する．上の例を使えば，企業 1 は 40 のお金を支払うことを約束することによって企業 2 の合意を得た．合意を守れば，企業 1 は 150 の営業利潤を得るものの，40 を企業 2 に支払うから最終的に 110 の利潤しか得られない．しかし，企業 2 に約束した 40 の支払いを行なわないという「だましうち」(cheating) を行なえば，150 の利潤を確保することができる．このように，カルテルによる合意にはしばしば違約をするインセンティブが存在するのであり，拘束力をもつ契約などによって違約を除外できるのでないかぎり，協力ゲームの結論は成立しない．

しかし現実には独占禁止法が存在し，拘束的なカルテル協定を結んで結合利潤を最大化し，その協定に違背した企業を私的に罰することは違法である．従って，独占禁止法が正常に機能するかぎり拘束力をもつカルテル協定を結ぶことはできないはずであり，結託によって資源配分が歪められることはないはずである．また，独占禁止法の存在という制度的制約に加えて，社会の正義観という道徳的制約，ならびに拘束力をもつ契約を結ぶことに対する物理的な制約

などがあるから，ここで考えたような単純なカルテルが現実を説明するとは考えにくい．

　事実，企業間のお金のやりとりを考えない伝統的な産業組織論においても，だましうちの可能性が大きな論点であった．確かにカルテルを結成すれば利潤が増加するから，それを結成しようとするインセンティブが存在する．しかし同時に，カルテルが一旦結成されればそれから離脱しようとするインセンティブも存在する．カルテル協定によって参加企業が供給量を押さえれば市場価格は釣り上げられる．このとき参加企業には，自分だけが生産を増やせば，釣り上げられた高い価格の下で大きな利潤を得られるという甘い誘惑が存在するからである[2]．

29.2　繰り返し競争と暗黙の結託

　しかし，拘束力をもった契約や合意を結ぶことが不可能でも，競争が繰り返されるときには「暗黙の結託」(implicit collusion)を結ぶことが可能である．なぜなら，暗黙の合意に1つの企業が違反したときには，カルテルに参加している他の企業は翌日に，あるいは翌日以降永遠に，その企業に激烈な競争を仕掛け，その企業の利潤を減少させることができるからである．このような脅しが確かなものであるかぎり，カルテル参加企業は暗黙の合意に違反して一時的に大きな利潤を得ても長期的には損を蒙ることになり，だましうちをするインセンティブがなくなることになる．特に，産業への新規参入の恐れがなく，既存企業どうしが繰り返し彼らの間だけで競争を続けられることを知っているとき，このような可能性が強く存在する．強調すべきは，このような暗黙の結託が，拘束力をもつ契約が存在しない「非協力ゲーム」の枠組の下で可能になることである．このことを，第26章で検討した単純な囚人のジレンマのゲームで確認しよう．

　29-1図の(1回限りの)ゲームをΓと表わすことにしよう．このゲームが協力ゲームの枠組の下で行なわれるなら，おそらく(C, C)が均衡となるだろう．

企業 1	企業 2	
	協調(C)	裏切り(D)
協調(C)	(200, 200)	(0, 300)
裏切り(D)	(300, 0)	(100, 100)

29-1図 囚人のジレンマのゲーム

しかし、このゲームが非協力ゲームの枠組でプレイされるときのナッシュ均衡(実は支配戦略均衡でもある[3])は、お互いが裏切る状態(D, D)である。そこで、次にこのゲーム Γ が無限回繰り返される繰り返しゲーム $\Gamma^\infty = (\Gamma_1, \Gamma_2, \cdots)$ を定義しよう[4]。

いま、このゲーム Γ がすでに $T-1$ 回繰り返され、各ゲーム Γ_t ($t=1, 2, \cdots, T-1$) において実際にプレイされた結果が $s_t = (s_t^1, s_t^2)$ であるとしよう。ただしここで $s_t^i \in \{C, D\}$ は企業 i が Γ_t において選んだ行動である。ここで、$h^T = (s_1, s_2, \cdots, s_{T-1})$ を T 時点までの「歴史」(history)と呼ぼう。ゲーム Γ_T をプレイするにあたって、各企業は T 時点までの歴史を完全に記憶していると考える[5]。このとき、企業 i は Γ_T での選択を歴史に依存させることができる。言い換えれば、T 回目以降の繰り返しゲーム $\Gamma^T = (\Gamma_T, \Gamma_{T+1}, \cdots)$ は、それまでの歴史 h^T がどのようなものであったかに応じて異なる部分ゲームと理解されるのである。

さて、無限回繰り返しゲームにおける企業 i の「戦略」σ_i とは、それぞれの部分ゲームにおける行動を明らかにすること、言い換えれば、どんな歴史が与えられたときにどんな行動を選択するかを、すべての時点すべての歴史について指定することである。例えば、「相手企業も自分も $T-1$ まで行動 C を取り続けるならば、T において自分は C を選ぶ」といった行動の指定を、すべての歴史すべての時点について行なうことが戦略である。ただし、時点1では意味のある歴史は存在しないから、どの行動を選ぶかを歴史とは無関係に指定しなければならない。従って、両企業の戦略 (σ_1, σ_2) が決まれば、時点1で各企業がどの行動を取るかが決まり、自動的に時点2での歴史 $h^2 = s_1$ が決まる。各企業の戦略 σ_i が時点2の与えられた歴史の下でプレイされる戦略を指定するから、

時点2での各企業の行動の選択 s_2 が決まり，それは自動的に時点3での歴史 $h^3=(s_1, s_2)$ を決めることになる．これを繰り返すことにより，両企業の戦略が与えられれば，無限繰り返しゲームにおいて，実際にプレイされる結果 $s=(s_1, s_2, \cdots, s_t, \cdots)$ が決定されることになる．

次に，各企業 i の利得は，繰り返しゲームの各時点で得られる利得の列を $r>0$ で割り引いた現在価値の総和であるとする．つまり，$\pi_i(s^1, s^2)$ ($i=1, 2$; $s^i \in \{C, D\}$) を 29-1 図で定義された企業 i の利得とし，$\delta=1/(1+r)$ と定義しよう．このとき，無限回繰り返しゲームで実際にプレイされた結果が $s=(s_1, s_2, \cdots, s_t, \cdots)$ であるとき，企業 i の得る利得は，

$$(29\text{-}1) \qquad \Pi_i(s) = \sum_{t=1}^{\infty} \delta^{t-1} \pi_i(s_t^1, s_t^2) \qquad (i=1, 2)$$

である．明らかに δ はゼロと1の間の実数であり，δ が1に近ければ企業の割引率は小さく将来の利得を現在の利得と同じように重要と考える．これに対して δ がゼロに近ければ割引率は大きく現在の利得に比較して将来の利得の意味は小さい．

さて，この繰り返しゲームにおいて，次のような戦略(「トリガー戦略」(trigger strategy)と呼ばれる)を考えよう．

各企業 i は時点1において行動 C を選び，その後も各時点でどちらかの企業がそれ以前に行動 D を選んでいないかぎり，C を選び続ける．しかし，どちらかの企業がそれ以前に行動 D を選んだときには，それ以後永遠に D を選び続ける．

さて，両企業がこのトリガー戦略を選ぶなら，実際にプレイされる結果は両企業が常に C を選び続けることである．いわば，両企業が結託して (C, C) を選び続けると言っても良い．しかも，実は δ が $1/2$ より大きいとき，両企業が共にこのトリガー戦略を選ぶ状況がこの無限回繰り返しゲームの完全均衡であることを示すことができる．

トリガー戦略の組み合わせが完全均衡であるための条件は，相手企業がトリ

ガー戦略を維持するかぎり，どんな部分ゲームにおいてもトリガー戦略を選び続けることが各企業にとって最適である（最適対応である）ことである．ここで部分ゲームとは，ある時点 T までの歴史 h^T が与えられたときの，その時点以降の繰り返しゲーム $\Gamma^T = (\Gamma_T, \Gamma_{T+1}, \cdots)$ として定義されたことを思いだそう．従って，トリガー戦略の定義から，すべての部分ゲームは2つの種類に分けることが可能である．

① その時点以前にどの企業も行動 D を選んでいない場合（これには時点1での部分ゲーム，つまり Γ^∞ そのものも含まれる）．
② その時点以前にどちらかの企業が行動 D を選んだ場合．

以下，$\delta > 1/2$ であるかぎり，これら2種類の部分ゲームのどちらにおいても，トリガー戦略を選び続けることが最適であることを示そう．

ケース I 部分ゲームが①の場合．

問題の部分ゲームが時点 T から始まる繰り返しゲームであるとする．トリガー戦略を選び続けるかぎり，この企業は T 時点で計って

$$(200 + 200\delta + 200\delta^2 + \cdots) = \frac{200}{1-\delta}$$

の利得を得ることができる．一方もし，この企業が $T+k-1 (k=0, 1, 2, \cdots)$ 時点まではトリガー戦略を維持するが，$T+k$ 時点でトリガー戦略以外の戦略を選んだとしよう．このとき相手企業は，$T+k$ 時点まで C を選び続けるから，この企業は $T+k-1$ 時点までは 200 の利得を，$T+k$ 時点では最大 300 の利得を得ることができる．しかし，相手企業はトリガー戦略に従って $T+k+1$ 時点以降は D を選び続ける．従って，この企業は $T+k+1$ 時点以降は，最大 100 の利得しか得られない．つまり，この企業はトリガー戦略を放棄しても最大

$$(200 + \cdots + 200\delta^{k-1} + 300\delta^k + 100\delta^{k+1} + \cdots) = \frac{200}{1-\delta} + 100\delta^k - \frac{100\delta^{k+1}}{1-\delta}$$

しか得られない．しかし $\delta > 1/2$ ならば，明らかに

$$\frac{200}{1-\delta} > \frac{200}{1-\delta} + 100\delta^k - \frac{100\delta^{k+1}}{1-\delta}$$

がすべての $k=0, 1, 2, \cdots$ について成立する．従って，この場合トリガー戦略を維持することが最適対応である．

ケースII 部分ゲームが②の場合．

このとき，相手企業はトリガー戦略に従って時点 T 以降 D を選び続けるはずである．他方，自分もトリガー戦略を選び続ければ，T 以降毎時点 100 の利得を得続けることができる．この利得以上の利得を得ることは，相手企業がトリガー戦略を選び続けるかぎり不可能である．従って，この場合もトリガー戦略を選び続けることが最適対応である．

以上の説明を直観的に述べれば，次のようにまとめることができる．囚人のジレンマのゲームにおいては（あるいはより一般に寡占競争の場合にもしばしば），結託を結んでも相手企業を裏切ることが常に短期的な利益を生む．これが1回限りの非協力ゲームで結合利潤を最大化するカルテルが均衡とならない理由であった．しかし，ゲームが無限に繰り返され，しかも各企業が将来の利益に対して十分大きな関心を持つならば（つまり δ が十分大きければ），ある企業が今日カルテル協定を裏切ることに対して，他のカルテル参加企業が来期以降カルテルを破棄し全面的な競争状況を作り出すという脅しをカルテル協定の中に含めることで，カルテルを安定的なものにすることができる．

しかも，このカルテル協定は明示的なものである必要はない．すべての企業が他の企業もトリガー戦略を選んでいると考えるかぎり，自分もトリガー戦略を選ぶことが最適なのであり，このカルテルは暗黙の結託でありうるのである．

29.3 フォーク定理と名声

とはいえ,前節で述べたことは,競争が繰り返し行なわれれば常に結託が起こりカルテルが成立するということではない.繰り返しゲームのインプリケーションは,競争が無限に繰り返されるなら,結託が起こることも一つの可能性でありうるということでしかない.フォーク定理[6]がそれを明らかにする.

$\delta > 1/2$ の場合,29-1 図で定義されたゲーム Γ を無限に繰り返すゲームの一つの完全均衡は,上で定義したトリガー戦略の組,従って (C, C) を選び続け,両企業が各時点で平均的に得る利得が $(200, 200)$ である状況であった.しかし,容易に確かめられるように,両企業がどんな部分ゲームでも常に (D, D) を選び,平均利得が $(100, 100)$ である状況もまた完全均衡である.また,Γ_1 では (C, D) を,Γ_2 では (D, C) を,Γ_3 では (C, D) をというように,(C, D) と (D, C) を交互にプレイし,結果として $(150, 150)$ の平均利得を得るような結託も,トリガー戦略によって完全均衡とすることができる.このように,無限繰り返しゲームの完全均衡は複数個,通常無限個存在する.

他方,29-1 図の (C, C) の利得が $(200, 200)$ ではなく $(150, 150)$ なら,δ の値が $1/2$ を超えていても必ずしも (C, C) を選び続け,平均利得を 150 にすることが完全均衡とはならない.そのためには δ の値が $3/4$ を超えることが必要である.これらの結果を一般化した定理が,フォーク定理(folk theorem)として知られている定理である.

任意の1回限りのゲーム $\Gamma = (N, S, \pi)$ が与えられたとき,実行可能な利得の組み合わせ集合 $\{\pi(s) = (\pi_i(s))_{i \in N} | s \in S\}$ の凸包[7]

(29-2) $\quad\quad\quad\quad \Pi = Cv\{\pi(s) | s \in S\}$

を定義しよう.次に任意のプレイヤー $i \in N$ についてミニマクス利得水準を

(29-3) $\quad\quad\quad\quad \pi_i^* = \min_{s_{-i}} \max \{\pi_i(s_1, s_2, \cdots, s_n) | s_i \in S_i\}$

とする.ここで,s_{-i} は i 以外のプレイヤーの選ぶ戦略のプロフィール $(s_1, \cdots, s_{i-1}, s_{i+1}, \cdots, s_n)$ である.ミニマクス利得水準とは,プレイヤー i が自由に自分

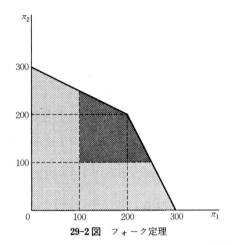

29-2図 フォーク定理

の戦略を選べるとき，他のプレイヤーがプレイヤー i に押しつけられる最低利得水準を表わしている．最後に，Π のうちすべてのプレイヤーの利得がミニマクス利得を超えるような利得の組み合わせの集合を Π^* としよう．すなわち，

(29-4) $$\Pi^* = \{\pi \in \Pi \mid \pi_i > \pi_i^*, i \in N\}$$

である．29-2図のシャドー領域が29-1図で定義されたゲームの Π である．このゲームにおけるミニマクス利得はどちらの企業にとっても 100 であり，図の濃いシャドー領域が Π^* にほかならない．

フォーク定理

無限回繰り返しゲームにおいて δ の値を 1 に近づけるにつれて，すべての完全均衡の平均利得の組み合わせの集合は，Π^* に収束する．

つまり，フォーク定理によれば，どんなゲーム Γ であれ割引率 (r) さえ十分小さければ，Γ を無限回繰り返すことにより考えうるほとんどどんな平均利得をも完全均衡によって達成できるのである[8]．

なお，29-1図のゲームを無限回ではなく有限回 (T 回) 繰り返しても，暗黙の結託は起こらない．なぜなら，繰り返しの最後 (Γ_T) では行動 D を選択することがどんな歴史の下でも最適だからである．このことを見通している各企業は，

最後から2番目のゲーム(Γ_{T-1})でも常に行動 D を選択することが最適である．このことを見通している各企業は，その前のゲーム(Γ_{T-2})でも常に行動 D を選択する．このような推論を続ければ，29-1図のゲームを有限回繰り返す繰り返しゲームの完全均衡は，各企業が常に D を選び続けることでしかないことが明らかである．このように，暗黙の結託が成立するためには，ゲームが無限回繰り返されるという了解が必要なのである[9]．

ところで，繰り返しゲームは同じプレイヤーがゲームを繰り返しプレイした．しかし，一方のプレイヤーがゲームごとに変わっても，同じような結論を得ることができる場合がある[10]．このことを次に考えて見よう．29-3図または29-4図のゲームは，28-1図または28-2図とよく似たゲームである．つまり，まずプレイヤーBがプレイヤーAを信頼するか否かを決める．Bが信頼しなければゲームはそこで終わり，どちらのプレイヤーもゼロの利得しか得られない．もし，Bが信頼すれば，AがBを厚遇するか冷遇するかを決める．厚遇するか冷遇するかで，それぞれのプレイヤーは$(100, 100)$か$(150, -50)$の利得を得る．このゲーム Γ が1回限りのゲームとしてプレイされるかぎり，完全均衡は(NH, NT)であり均衡利得は$(0, 0)$である．なぜなら，もしプレイヤーBがAを信頼すれば，その選択を所与とした部分ゲームでAにとって最適なのはBを冷遇して150の利得を得ることである．従って，信頼しても冷遇されることを見通しているBは，必ず NT を選ぶことになるからである．

そこで，このゲームが次のような形で繰り返しプレイされるとしよう．つま

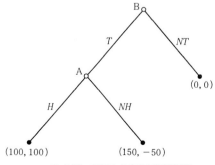

プレイヤーA	プレイヤーB	
	信頼(T)	不信(NT)
厚　遇(H)	(100, 100)	(0, 0)
冷遇(NH)	(150, -50)	(0, 0)

29-3図　信頼と名声(展開型表現)　　29-4図　信頼と名声(戦略型表現)

り，プレイヤーAは繰り返しゲームを通じて不変であるが，毎回新しいプレイヤーがプレイヤーBとしてゲームをプレイするとしよう．つまり，無限個のプレイヤーB(プレイヤー$B_1, B_2, B_3, \cdots$ と呼ぼう)が存在し，Γ_1はプレイヤーAとプレイヤーB_1との間でプレイされ，Γ_2はプレイヤーAとプレイヤーB_2の間でプレイされ……というわけである．しかし，プレイヤー$B_i(i=1,2,3,\cdots)$はそれ以前のゲームでどのような行動が選ばれたかという情報を完全に知っているとする．これと似た状況は，教師と学生の間の関係，企業と労働者の間の関係など，経済のさまざまな側面に現われる．つまり，教師は何年経っても同じ教師であるが学生の方は毎年変わってゆく．しかし，学生がどの教師の講義をとるかは，その教師の過去の教え方や試験の点の付け方などについての情報を基にして決定されるというわけである．

このとき，もしプレイヤーAの割引率が十分小さければ，次のような戦略の組み合わせが完全均衡になる．つまり，Γ_iにおいてプレイヤーAは，$i-1$までのゲームでプレイヤー$B_j(j=1,2,\cdots,i-1)$がすべてTを選んでいるかぎりHを選択する．しかし，それ以前にBの誰かがNTを選択したときにはNHを選択する．一方，Γ_iにおいてプレイヤーB_iは，$i-1$までのゲームでプレイヤーAがHを選び続けたとき，そのときに限ってTを選択する．もし，プレイヤーAが過去にNHを選んだときには，NTを選択する．このとき均衡経路では(H, T)が成立し，平均均衡利得は$(100, 100)$となる[11]．

この均衡は，次のような直観的説明を与えることができる．つまり，この繰り返しゲームではプレイヤーAが信頼に足るプレイヤーなのか，それとも信頼できないプレイヤーなのかという「評判」(reputation)あるいは「名声」が決定的な役割を果たしている．上で述べた均衡は，プレイヤーAは信頼できるという名声があり，プレイヤーAもその名声を維持することにより100の利得を得続けることができる．もちろん各繰り返しにおいては，プレイヤーAは短期的には相手を冷遇し150の利得を得たいというインセンティブを持っている．しかし，もし相手を冷遇し名声に傷をつけてしまうと，その後だれも彼を信頼しなくなり利得はゼロになってしまう．つまり，名声という目に見えな

い財産を守るために，プレイヤー A は短期的なインセンティブを押さえ，相手を厚遇するというインセンティブを持つことになるのである[12]．

第 29 章 注

1) 協力ゲームの詳細については，例えば鈴木光男・武藤滋夫『協力ゲームの理論』東京大学出版会，昭和 60 年を参照せよ．

2) 例えば，Stigler, G., *The Organization of Industry*, Homewood: R. D. Irwin, 1968 あるいは Okuno, M., A. Postlewaite and J. Roberts, "Oligopoly and Competition in Large Markets," *American Economic Review*, vol. 70, 1980, pp. 22-31 などを参照せよ．

3) 支配戦略と支配戦略均衡については，本書第 26 章 26.1 節およびそこでの注 4) を参照せよ．

4) 繰り返しゲームと以下で定義するトリガー戦略などについての詳細な解説を望む読者は，例えば Friedman, J. W., *Game Theory with Applications to Economics*, Oxford: Oxford University Press, 1986 を参照せよ．

5) 従って，各企業は自分や相手が過去に選んだ戦略を正しく知っていることになる．しかし，現実には過去に競合企業が選んだ生産量は分からず，市場で成立した価格しか分からないというような状況の方が現実的であると考えられる．このような場合の分析については，例えば Green, E. J. and R. H. Porter, "Noncooperative Collusion under Imperfect Price Information," *Econometrica*, vol. 52, 1984, pp. 87-100 を参照せよ．

6) この事実はゲームの理論においてかなり以前から，いわば民間伝承(folklore)として知られていた．このため，「フォーク定理」と呼ばれている．

7) 凸包の概念については本書第 I 巻数学付録 3A を参照せよ．

8) フォーク定理を厳密な形で証明したのは，Rubinstein, A., "Equilibrium in Super Games with the Overtaking Criterion," *Journal of Economic Theory*, vol. 21, 1979, pp, 1-9 である．また，Fudenberg, D. and E. Maskin, "The Folk Theorem in Repeated Games with Discounting and with Incomplete Information," *Econometrica*, vol. 54, 1986, pp. 533-554 および Friedman, J. W. の上掲書をも参照せよ．

9) もっとも，有限回の繰り返しゲームでは，完全均衡の均衡経路上で 1 回かぎ

りのゲーム Γ のナッシュ均衡が常に繰り返されるというここでの結論は，29-1 図で定義された 1 回かぎりのゲームがただ 1 つのナッシュ均衡しかもっていないという特殊な性格に依存している．Γ が複数のナッシュ均衡をもっていれば，それを有限回繰り返すことによって Γ のナッシュ均衡ではない組み合わせを実現する完全均衡が存在することがある．詳細は，Benoit, J.-P. and V. Krishna, "Finitely Repeated Games," *Econometrica*, vol. 53, 1985, pp. 905-922 を参照せよ．

10) 以下の説明は，Kreps, D., "Corporate Culture and Economic Theory," *mimeographed*, 1984 (抄訳「企業文化と経済理論」，土屋守章編『技術革新と経営戦略』日本経済新聞社，昭和 61 年，253-268 ページ)に負っている．なお，囚人のジレンマを同じように繰り返しても以下の結論は得られない．囚人のジレンマは支配戦略 D をもつから，ゲームごとに変わるプレイヤーは常に D を選んでしまうからである．

11) 読者は，これが完全均衡であることを確かめてみよ．

12) 評判または名声については，不完全情報ゲームの下でやや異なる形で定義されることが多い．例えば，Kreps, D. M., P. Milgrom, J. Roberts and R. Wilson, "Rational Cooperation in the Finitely Repeated Prisoners' Dilemma," *Journal of Economic Theory*, vol. 27, 1982, pp. 245-252 および同じ雑誌の同じ号に掲載されている Milgrom and Roberts と Kreps and Wilson の論文を参照せよ．しかし，議論の本質はここで述べたことと変わらない．

第30章 製品差別化と特性アプローチ

30.1 特性アプローチ

　第24章で説明したように，企業が独占力を持つ理由はその企業の生産物市場のシェアが無視できないほどの大きさをもつためだけではない．自分が生産している生産物と他企業の生産している代替財とが製品差別化されていれば，それも独占力を作りだす理由となる．われわれはすでに第28章で，参入が制限され企業数(従って市場に供給されている生産物の数)が一定の場合の異質財市場における企業間競争を解説した．本章では「製品の差別化」(product differentiation)，あるいはそもそも消費の代替性とは何なのかという本源的な問いにかえって，製品間の競争を改めて考察しよう．

　「財」を定義することは容易ではない．テレビという「財」を例にとろう．画面のサイズが異なるカラーテレビは同じ財だろうか．高品質画面のカラーテレビとそうではない画面のテレビは同じ財だろうか．A社の作ったカラーテレビとB社の作ったカラーテレビは同じだろうか．白黒テレビとカラーテレビは異なる財か．コンピューター・ディスプレイはテレビではないのか．われわれは，通常テレビと言えばどの会社が作ったものであれ，サイズの如何，画面の品質，白黒とカラーの区別を問わずテレビと呼ぶ．コンピューター・ディスプレイをテレビと呼ぶか否かは，場合によるだろう．このようにわれわれは日常，財とか産業という言葉で，ある異なる製品のグループを指し示す．しかし，どこまでの製品を1つの財としてくくるのかは，必ずしも明らかではない．

　また，製品差別化が存在しない企業間競争においては，完全競争であれ寡占的競争であれ，価格と生産(供給)量だけが意味のある変数であった．しかし，現実の企業間競争では，品質改善競争，製品開発競争や広告による競争の例を引くまでもなく，製品の「質」(quality)や製品のイメージなど，製品そのものが

大きな意味をもっている。では，製品の品質やイメージはどのように定義できるのだろうか。

このような問いに答える分析アプローチが，ゴーマンおよびランカスターによって開発された「特性アプローチ」(characteristics approach)である[1]。特性アプローチは，さまざまな製品を1つの製品としてとらえる代わりに，さまざまな異なる「特性」(characteristics)の組み合わせであると考える。ここで，特性とは客観的に定義できるだけでなく，その量をも客観的に定義し測定できると仮定する。従って，消費者は製品そのものを消費するのではなく，製品が提供する特性の組み合わせを消費すると考えるのである。例えば20インチ高品質画面カラーテレビとは，いくつかの特性(テレビ放送の受像感度，画面の大きさ，色彩の鮮明度，スタイル，…)を提供し，12インチ通常品質白黒テレビも同じような特性の組み合わせを提供する。両者の違いはそれぞれの特性の値が異なることに求められる。従って，これら2つの製品を消費した場合，消費者は同じような特性の組み合わせを，しかし異なる量ずつ消費することになる。これが2つのテレビを同じ財(製品のグループ)として区分けする理由である。

これに対して，乗用車は異なる特性の組み合わせを提供する。運転者の移動の容易性，居住環境，燃費などがそれである。この意味で，まったく異なる特性の組み合わせを提供するテレビと乗用車は，異なる財とされる。

以上をまとめてみよう。いま，ある財すなわち製品グループをとり，それらが共通に提供する特性(または「属性」(attributes)とも言う)の集合を$\{1, 2, \cdots, k\}$としよう。ある製品1単位とは，これらの特性をそれぞれ$t = (t^1, t^2, \cdots, t^k) \in \mathbf{R}_+^k$だけ提供する製品である。以下，この製品グループには製品$1, 2, \cdots, m$があり，各々の製品$j(=1, 2, \cdots, m)$は単位あたり特性ベクトル$t_j = (t_j^1, t_j^2, \cdots, t_j^k) \in \mathbf{R}_+^k$を提供しているとしよう。

製品が2つの特性だけをもつ場合について，このことを図示したのが30-1図である。この図の$t_1 = (t_1^1, t_1^2)$と$t_2 = (t_2^1, t_2^2)$は，2つの異なる製品1単位がもつ特性ベクトルを表わしている。しかも，製品t_1は相対的に特性1を多く提供するのに対して，製品t_2は特性2を多く提供するという意味で，これら2つ

の製品は水平に差別化(horizontal differentiation)されているという．これに対して製品 $t_3=(t_3^1, t_3^2)$ は，製品 t_1 と比べて2つの特性をちょうど同じ割合で提供する．しかし，同じ1単位でも製品 t_1 は t_3 より多くの特性を提供している．どちらの特性も消費者にとって大きければ大きいほど望ましいのなら，製品 t_1 の方が t_3 より品質が高く，垂直に差別化(vertical differentiation)されているという[2]．

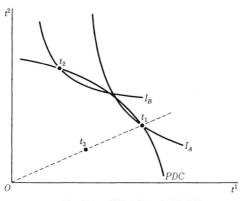

30-1図 製品の特性と製品差別化曲線

製品差別化の下での費用は，生産量だけではなく特性によっても異なる．従って，一般に費用関数は生産量 z と製品の特性ベクトル t の関数 $C(z,t)$ として表現できる．このとき，生産量と総費用を一定としたときにどのような特性ベクトルが選択可能かを表わす集合 $P(z,C) = \{t \in \mathbf{R}_+^k | C(z,t) = C\}$ を定義することができる．図の曲線 PDC がこの集合，すなわち「製品差別化曲線」(product differentiation curve)を表わしている．どの企業も同一の生産量を同一の単位費用で生産できるなら，技術的に選択可能な製品の特性はこの曲線上のものに限られる．

一方，消費者は特性の組み合わせを消費することによって効用を得る．ここで，財の特性ベクトルと消費の特性ベクトルとの間の関係については，2つの考え方がある．「連結可能な」(combinable)製品の場合と「連結不可能な」(non-combinable)製品の場合である．連結可能な製品とは，複数の製品を消

費することによって，消費者はそれらの製品の提供する特性ベクトルの和を消費できる場合である．つまり，各製品の消費ベクトルを $z=(z_1, z_2, \cdots, z_m)$ とすれば，消費者の消費する特性ベクトルは

$$(30\text{-}1) \qquad x = \sum_{j=1}^{n} z_j t_j = \left(\sum_{j=1}^{n} z_j t_j^1, \sum_{j=1}^{n} z_j t_j^2, \cdots, \sum_{j=1}^{n} z_j t_j^k\right)$$

となる．このような考え方が当てはまる例としては，食品がある．各特性がカロリー，ビタミンC含有量，タンパク質含有量などを表わしているとすれば，z は食事の材料を，x はその食事から得られるさまざまな栄養の総量を表わしていることになるからである[3]．

しかし，われわれの当面の関心からより重要なのは，連結不可能な場合である．連結不可能な場合，消費者はさまざまな製品群の中から各製品の特性に注意しつつ，どれか1つの製品だけを選択する．説明を一層簡単にするために，各消費者はこの製品グループの中から1つの製品を1単位だけ購入するとしよう．問題となっている製品グループ以外の財をまとめた合成財を考え，その消費量を y，価格を1とする．また，特性ベクトル $t \in \mathbf{R}_+^k$ をもつ製品を消費するとき，消費者 i の効用は次のような分離形の効用関数で表わされるとしよう．

$$(30\text{-}2) \qquad U_i(y, t) = y + u_i(t)$$

ただしここで，すべての t について $u_i(t) \geqq 0$ である．最後に，すべての消費者の所得は同一で M であるとする．

(30-2)式で定義された製品から得られる効用 $u_i(t)$ は，特性ベクトルの平面上の無差別曲線としても表わすことができる．30-1図の曲線 I_A および I_B がそれである．従ってこの図の場合，購入可能な製品群 t_1, t_2, t_3 を所与として，無差別曲線 I_A を持つ消費者 A は製品 t_1 を，消費者 B は t_2 を選ぶことになる．このように連結不可能な製品の場合，各消費者は自分の嗜好に応じて，最適な特性ベクトルをもつ製品を選択するのである．

市場に存在する製品の特性を t，すべての製品の特性を並べたベクトルを $t = (t_1, t_2, \cdots, t_m)$，製品の価格ベクトルを $p = (p_1, p_2, \cdots, p_m)$ と書こう．消費者 i が第 j 製品を購入すると，$M - p_j$ だけの合成財を消費することが可能だから，

得られる効用は $v_i(p_j, t_j) = M - p_j + u_i(t_j)$ となる。ところで消費者は，どの製品をも購入せず合成財だけを消費して M の効用を得ることもできる。従って，$u_i(t_j) - p_j$ はこの消費者が製品 j を p_j で購入することによって得る消費者余剰であり，$u_i(t_j)$ は消費者が t_j に支払っても良いと考える最高価格（「留保価格」(reservation price)と呼ばれる）である。このようにして，消費者の効用最大化問題は $t = (t_1, t_2, \cdots, t_m)$, $p = (p_1, p_2, \cdots, p_m)$ の下で，どの製品を購入するか，あるいは合成財だけの消費を選択するかによって効用を最大化する問題

$$(30\text{-}3) \quad v_i^*(p, t) = \max_j \max \{v_i(p_j, t_j), M\}$$

と表わされる。ここで，v_i^* は消費者 i の間接効用関数である。

30.2 立地モデル

30.1 節で説明した特性アプローチのよく知られた例として，ホテリングによって創始された立地モデルを挙げることができる[4]。例えば，東西に延びた砂浜をもつ海水浴場に同一の価格をつけた 2 軒のアイスクリーム屋(1, 2)がいるとしよう。このとき，2 軒のアイスクリームは立地によって差別化されている。なぜなら，海水浴客は炎天下の砂浜を長距離歩くことを好まず，より自分に近いアイスクリーム屋を選好するからである。

いま，線分 $[0, 1]$ が砂浜（前節の製品差別化曲線にあたる）であり，同一の嗜好を持つ客がこの線分上に一様に分布しているとしよう。アイスクリーム屋 i ($=1, 2$) の立地点を $t_i \in [0, 1]$ とし，一般性を失うことなく $t_1 \leq t_2$ としよう。さらに 2 軒のアイスクリーム屋の立地点の中点を t_M とすれば，1, 2 それぞれの市場は線分 $[0, t_M]$, $[t_M, 1]$ となるはずである。ここで，1 が相手の立地 t_2 を所与として自分の最適な立地を決め直すとしたら，次のような最適対応が得られる。つまり，$t_2 > 1/2$ のときには自分は t_2 のすぐ左に立地することが望ましい。逆に $t_2 < 1/2$ のときには自分は t_2 のすぐ右に立地することが最適である。従って，この立地競争の均衡は，両者が砂浜のちょうどまん中に軒を並べて立地する状態である。

ホテリングのこの結論は，二大政党制において両政党の政治的立場が次第に似通ったものになり，しかも中道化するというわれわれの経験にも適合するものである。しかしながら，製品差別化を分析したいという本書の視角からは不満が残る。立地だけの競争であり，製品差別化においても重要な役割を果たすべき価格が捨象されているからである。そこで以下，企業の立地がすでに決まっており，価格を通じてのみ企業間競争が存在するときの立地（製品差別化）の役割を検討しよう[5]。

いま企業 1, 2 が線分 $[0,1]$ 上に立地しており，それらの立地点が $0<t_1<t_2<1$ を満たしているとしよう。また消費者はこの線分上に一様に分布しており，人口が 1 であるとする。消費者は自分の住んでいる場所（住所）を除けばまったく同一の嗜好を持ち，製品を 1 単位消費できれば一定額 u の便益を得る。そこで，$t \in [0,1]$ に住んでいる消費者を消費者 t と呼ぼう。t_j に立地する企業から製品を購入するとき，消費者 t は企業のつける価格 p_j に加えて企業との距離に比例した交通費 $a|t-t_j|$ を支払わねばならない。ただし，a は正の定数である。従って，消費者 t が価格 p_j をつけている企業 j の製品を購入することから受け取る効用は，$v(j, p_j, t) = M + u - p_j - a|t - t_j|$ である。

30-2 図の折れ線 $A_j B_j C_j D_j E_j (j=1, 2)$ は，各消費者 $t \in [0,1]$ が企業 j から製品を購入するときに得られる効用 $v(j, p_j, t)$ を例示したものである。ここで図の水平線はどちらの企業の製品をも購入せず，合成財にすべての所得を投入

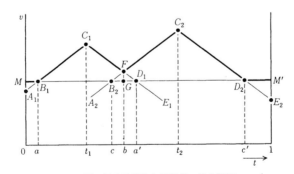

30-2図 製品差別化と消費者の製品選択

したときに得られる効用水準 M に対応している．また，図の太い実線は各消費者が得ることのできる最大の効用水準(各消費者の間接効用関数の値)を表わしている．従って図の例では，線分 $[a, b]$ 上の消費者が企業 1 の製品を，$[b, c']$ 上の消費者が企業 2 の製品を，$[0, a]$ と $[c', 1]$ 上の消費者は合成財だけを消費することになる．

ここで明らかに，合成財だけを消費することと製品 1 を消費することがちょうど無差別になる消費者(の住所) $t = a, a'$ は，

$$(30\text{-}4) \quad a = t_1 - \frac{u - p_1}{\alpha}, \quad a' = t_1 + \frac{u - p_1}{\alpha}$$

で，合成財だけの消費と製品 2 の消費が無差別になる消費者 $t = c, c'$ は，

$$(30\text{-}5) \quad c = t_2 - \frac{u - p_2}{\alpha}, \quad c' = t_2 + \frac{u - p_2}{\alpha}$$

で定義される．また，両企業の製品から得られる効用が等しい消費者 $t = b$ は，

$$(30\text{-}6) \quad b = \frac{t_1 + t_2}{2} + \frac{p_2 - p_1}{2\alpha}$$

で定義される．

企業 1 の製品需要は，両企業の価格にどのように影響されるだろうか．そこで，企業 2 の立地と価格の選択 (t_2, p_2)，企業 1 の立地の選択 t_1 が 30-2 図のように与えられたとして[6]，企業 1 の製品に対する需要が価格 p_1 に応じてどのように変化するかを考えてみよう．単純な計算を繰り返すことにより，企業 1 への需要 $D^1(p, t)$ は次のように与えられる[7]．

ケース 1：$u - p_1 \leqq 0$，つまり点 C_1 の高さが M 以下の場合．
$$D^1(p, t) = 0$$
ケース 2：$0 < u - p_1 \leqq \alpha(t_2 - t_1) - (u - p_2)$，つまり $0 < a < a' \leqq c$ の場合．
$$D^1(p, t) = \frac{2(u - p_1)}{\alpha}$$
ケース 3：$\alpha(t_2 - t_1) - (u - p_2) < u - p_1 \leqq \alpha t_1$，つまり $0 \leqq a < c < a' < c'$
   の場合．
$$D^1(p, t) = \frac{u - p_1}{\alpha} + \frac{t_2 - t_1}{2} + \frac{p_2 - p_1}{2\alpha}$$

ケース 4 : $at_1 < u - p_1 < u - p_2 + a(t_2 - t_1)$, つまり $a < 0 < c < a' < c'$ の場合[8]．

$$D^1(p, t) = t_1 + \frac{t_2 - t_1}{2} + \frac{p_2 - p_1}{2a}$$

ケース 5 : $u - p_2 + a(t_2 - t_1) < u - p_1 \leq a(1 - t_1)$, つまり $a < 0 < c < c' < a' \leq 1$ の場合．

$$D^1(p, t) = t_1 + \frac{u - p_1}{a}$$

ケース 6 : $a(1 - t_1) < u - p_1$, つまり $a < 0 < 1 < a'$ の場合．

$$D^1(p, t) = 1$$

30-3 図には，このようにして得られた需要関数 $D^1(p, t)$ を p_1 の関数として図示しておいた．製品(立地)の差別化により，需要曲線は右下がりとなるのである．

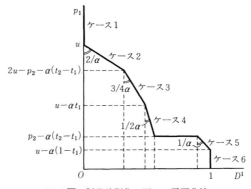

30-3 図 製品差別化の下での需要曲線

30.3 局地化された競争

以上をまとめれば，次のような結論が得られる．

① 価格を下げて需要が増えるのは，いままでこの財を買っていなかった消費者の需要を新たに掘り起こす(ケース 2・5)か，企業 2 の需要を奪い取る(ケ

ース 4)か，その両方が同時に起こる(ケース 3)かのいずれかである．

② 需要関数は必ずしも微分可能ではなく，特に $p_1=p_2-a(t_2-t_1)$ で多価関数(対応)になり需要関数のグラフはジャンプする．これはこの価格で $[t_2, c']$ 上の消費者が企業 1 の製品と企業 2 の製品について無差別となるからである．

③ 価格を下げても需要が増えない場合(ケース 6)がある．

ところでこれらの結論のうち，②と③は本質的なものではない．②は交通費が距離に比例する線形の関数であるという仮定，③は市場に 0 と 1 という端点が存在するという特殊な仮定に依存しているからである．例えば③は，市場を $[0, 1]$ という閉区間ではなく，端点の存在しない円周であると考えれば成立しなくなる[9]．

そこで結論①を検討しよう．価格低下によって奪うことのできる需要はどの企業の需要だろうか．30-4 図は企業数が 3 以上であるケースをとりだし，市場の一部を図示したものである．この図からも明らかなように，すべての企業は最大限両側の 2 企業としか需要の奪い合いを行なわない．価格が高すぎて正の需要を持たない企業を無視すれば，価格を下げて増える需要は，今までこの財を購入しなかった消費者か，隣の企業の製品を購入していた消費者の需要である．このように立地モデル，あるいは特性アプローチに基づくモデルでの製品差別化競争は，隣どうしの企業間の「局地化した競争」(localized competition)なのである[10]．

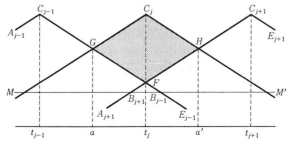

30-4 図 局地化した競争と製品メニューの増大

次にこの産業への新たな参入の意味を考えよう．30-4図でまず，企業 $j-1$ と $j+1$（およびその外側の企業）だけがすでに参入し，企業 j はまだ参入していない状態を考える．このとき，$j-1$ および $j+1$ の製品を購入することによって各消費者の得る効用が，図の折れ線 $A_{j-1}C_{j-1}E_{j-1}$ と $A_{j+1}C_{j+1}E_{j+1}$ によって表わされていたとしよう．このとき，各消費者はその住所によって折れ線 $A_{j-1}C_{j-1}FC_{j+1}E_{j+1}$ の高さに対応する効用を獲得する．この産業が存在しなければどの消費者も合成財を購入して M の効用を得るしかなかったわけだから，産業が与える総消費者余剰は，水平線 MM' と折れ線 $A_{j-1}C_{j-1}FC_{j+1}E_{j+1}$（およびその延長線）によって囲まれた面積で表わされる．

ここで，新規参入企業 j が t_{j-1} と t_{j+1} の中間に立地し，他企業と同一の価格で製品を提供したとしよう．このとき産業全体の平均価格には変化がないのに，消費者余剰は図のシャドー部分の面積だけ増加する．なぜならば線分 $[a,a']$ 上の消費者は，自分の嗜好として，既存の製品 t_{j-1} あるいは t_{j+1} よりも新しい製品 t_j を選好するから，彼らの消費者余剰は価格が同じでも増加するからである．製品差別化の下での新規参入は，このように今まで存在しなかった特性ベクトル（ここでは立地点）が出現することで，その特性ベクトルを既存のベクトルよりも選好する消費者の効用を増加させるという効果をもつ．「製品メニュー」(product menu) の増大と呼ばれる現象である．

また，30-4図で t_j の参入前の均衡が対称的であれば，企業 $j-1$ と $j+1$ はそれぞれ両側に $t_{j+1}-t_j=t_j-t_{j-1}$ の大きさの市場を持っていたはずである．しかし，参入企業は参入後の均衡でそれだけの大きさの市場を獲得できない．例えば，参入後の均衡で $j-1, j, j+1$ がすべて同じ価格をつければ，企業 j の得る市場は両側に $(t_{j+1}-t_j)/2$ の大きさ，つまりちょうど半分でしかない．

従って，この産業の生産技術に規模の経済性が存在すれば，既存企業が大きな需要を背景に正の利潤を挙げていても，小さな需要しか期待できない新規参入企業は参入のインセンティブを持たないことがある．このように，参入が自由でありしかも既存企業が正の利潤を挙げていても現実には参入が起こらない可能性があるという結論が，規模の経済性の下での局地化された競争モデルの

一つの重要なインプリケーションである[11].

30.4 局地化されない製品競争

さて,チェンバレン以来の「独占的競争」(monopolistic competition)モデルは,本章で考察してきた通常の特性アプローチや立地モデルと異なる側面をもっている. この点を見るために,伝統的な独占的競争モデルを簡単に解説しよう[12].

いま製品 $\{1, 2, \cdots, m\}$ が生産されているとし,それらの価格を $(p_1, p_2, \cdots, p_m)$ とし,それ以外の財は合成財として一括でき,その価格が1であるとしよう.このとき(この製品グループ全体の所得効果がゼロであると仮定すれば)製品 j に対する需要関数は $d_j(p_1, p_2, \cdots, p_m)$ で表わされる.ここで,すべての製品は対称的であり需要関数も対称的であると仮定し,しかも製品グループの平均価格を $p = (1/m)\sum_{j=1}^{m} p_j$ とすれば

(30-7) $$d_j(p_1, p_2, \cdots, p_m) = x_j(p_j, p)$$

と表わすことができると仮定しよう.

30-5図には,製品グループの平均価格 p を所与としたときの製品 j に対する需要曲線が図の直線 dd で, p_j と p が等しい ($p_j = p$ の)ときの j に対する需要曲線が直線 DD で表わされている.この製品 j が他の「製品一般」と密接な代替財であるという仮定から,需要 dd の価格弾力性は大きく曲線 dd の傾きは小さい.一方平均価格 p が下落すれば, p_j が一定でも同じ理由により製品 j に対する需要は減少するから,需要曲線 dd は左方にシフトする.もし,グループ内の製品を生産するために必要な費用条件がすべての製品について同一で,図の限界費用 (MC) および平均費用曲線 (AC) によって表わされるなら,産業全体の均衡は図の E 点で起こらなければならない.なぜなら,この状況だけが

① 各個別企業の利潤最大化条件,つまり限界費用=限界収入の条件を満足する,

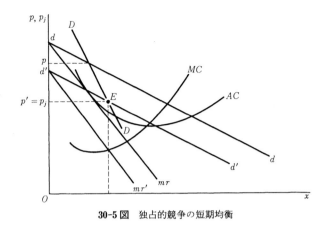

30-5図 独占的競争の短期均衡

② 各製品が対称的だから,各企業のつける価格は産業全体の平均価格に一致する,

という2つの均衡条件を同時に満たすからである.

さらに参入が自由なら,産業の企業数(製品数)が変化して,30-6図の E' 点が長期均衡になる.なぜなら,この状況は①,②に加えて

③ 各個別企業の利潤がゼロとなり,参入・退出のインセンティブが存在しない,

という長期均衡条件をも満たしているからである.

これらの均衡,特に長期均衡については,過剰生産能力が存在することが伝統的に問題とされてきた.過剰生産能力とは,各企業の最小最適生産規模である y_M,すなわち平均費用の最小点に対応する生産量に比べて均衡生産量 y^* が過小であることを指している.つまり,経済全体としては,より低い(単位あたり)費用でより多くの生産を行なうことができるのだから,独占的競争下の長期均衡は非効率的であるというわけである.

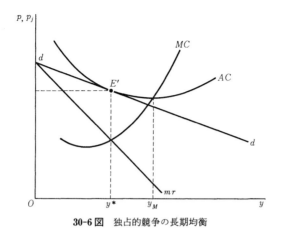

30-6図 独占的競争の長期均衡

このような独占的競争の伝統的解釈について，2つの問題点を指摘しておく必要がある．

第1は，過剰生産能力の存在が資源配分の非効率性を意味するかという論点である．確かに独占的競争下の長期均衡においては生産技術に規模の経済性が存在するため，価格が限界費用を上回り資源配分は非効率的である．このため，真に効率的な資源配分を達成するためには価格と限界費用を一致させる（しかも企業数をも社会的余剰を最大にするよう調整する）政策手段を採用せねばならない．限界費用価格規制である．

しかし，すでに第25章で検討したように，限界費用価格規制にはさまざまな問題が存在する．とりわけ規模の経済性の下では限界費用価格規制は企業に損失を余儀なくさせ，それを補塡するための税収を必要とする．一括型の税が実行可能でないかぎり，限界費用価格規制は「絵に描いた餅」でしかない．むしろ問題は一括型の課税が不可能であるという制約の下で，得られた独占的競争均衡が社会的厚生を最大化するか否か，そして最大化しないならば均衡生産量は最適な生産量と比べて過大であるか否か，を明らかにすることに求められる．この点についての分析は未だ十分には行なわれているとは言えない[13]．

第2の，より重要な論点は，このモデルで仮定されている製品差別化の意味

が明らかでないことにある．このモデルでは，すべての製品はすべての他の製品と代替的であり，製品どうしの交差弾力性は同一でなければならない．そうでなければ，製品どうしが対称的にはならないからである．しかし前節までで解説したように，特性アプローチやその特殊ケースである立地モデルでは，普通，競争は局地化する．従って，ある製品が代替的なのは両隣の製品だけであり，特性ベクトルが大きく異なる製品とは代替性をもたないはずである[14]．

従って，チェンバレン型の独占的競争モデルは，その需要関数をどのような消費者の嗜好から導き出すことができるのかが明らかでないという意味で，満足できるものではない．特に，独占的競争という概念自体が製品差別化から導き出されたものであるだけに，両者の関係を明らかにすることが必要なのである．

以下では特性アプローチを基に対称的な需要関数を導く，現在知られている唯一の考え方を解説しておこう[15]．

いま製品が m 個あり，その特性ベクトルが $(t_1, t_2, \cdots, t_m)$ であったとする．一方，製品の数を遥かに上回る数(厳密には無限の数)の消費者がおり，彼らの嗜好はきわめて多様であるとする．ここで嗜好が多様であると述べたのは二重の意味をもっている．第1は，各消費者の製品間の順序付けが多様であるということであり，第2は，同じ順序付けをする消費者の間でも製品間の選好の相対的強さが異なることである．これらの性質を例を使って説明しよう．

いま，3個の製品1,2,3だけが生産可能であり，それらの特性ベクトルは t_1, t_2, t_3 であるとしよう．これらの製品をどの順序で選好するかは，各消費者の嗜好に依存する．例えば各消費者が(30-2)式で定義された効用関数を持つとして，消費者 i の効用関数が $u_i(t_1)>u_i(t_2)>u_i(t_3)$ ならば，この消費者は製品を $(1,2,3)$ の順序で選好する．上に述べた条件の第1は，製品の順序付けには $(1,2,3)$, $(1,3,2)$, $(2,1,3)$, $(2,3,1)$, $(3,1,2)$, $(3,2,1)$ という6つの選好パターンがあるが，それぞれの選好パターンを満足する消費者が必ず存在することである[16]．

嗜好の多様性のための第2の条件は，同じ $(1,2,3)$ という製品の順序付けを行なう消費者でも，効用の値はさまざまであり，$u(t_1)>u(t_2)>u(t_3)>0$ を満たすかぎりどのような $u(t_1), u(t_2), u(t_3)$ の値であってもそれを満たす消費者が存在すると

いうことである．このことは次のように言い換えることもできる．$u_i(t_j)$ が製品 j に対する消費者 i の留保価格であったことに注意すれば，例えば製品1と製品2の留保価格の差がどんな値であっても，それに対応する消費者が存在することである．

さて，いまこれらの製品 $(1,2,3)$ の価格 (p_1, p_2, p_3) が与えられたとしよう．説明の便宜上，$p_1 > p_2 > p_3$ を仮定する．このとき，明らかに $(3,1,2)$ および $(3,2,1)$ の順序付けを持つ消費者群は，製品3を購入する．しかし，$(2,3,1)$ の順序付けを持つ消費者群は，製品2の留保価格が3の留保価格に比べて相対的に高い $(u(t_2)-u(t_3)>p_2-p_3$ の) 消費者が製品2を購入し，相対的に低い消費者が製品3を購入する．さらに，$(2,1,3)$，$(1,2,3)$ および $(1,3,2)$ の順序付けを持つ消費者群は，相対的な留保価格の大きさによって，ある消費者は製品1を，別の消費者は製品2を，残りは製品3を購入することになる．

さて，このときある製品の価格，例えば製品3の価格が ε だけ下落したとしよう．このとき，$(2,3,1)$ の順序付けをする消費者の一部 $(u(t_2)-u(t_3)$ の値が $-\varepsilon$ と0の間にある消費者)は，製品2から製品3に需要を代替する．同じことは，$(2,1,3)$，$(1,2,3)$ および $(1,3,2)$ の順序付けを持つ消費者群についても起こり，一部の消費者が，製品1または2から製品3に需要を代替する．

このように，消費者の嗜好の多様性を導入することにより，各個別消費者については局地化された競争をする企業も，市場全体では，他のすべての製品と競争することになる．自分の価格を下げることによって，任意の製品と自分の製品とが局地化された競争を行なっているような消費者の需要を奪いとることができるからである．

このように，製品差別化モデルは未だ十分明らかにされていない点が多い．しかし，経済の情報化や嗜好の多角化などの動きを考えるとき，製品差別化とその経済的意味を明らかにすることが，不完全情報の理論の一層の発展のために必要であることには疑いの余地がない[17]．

第30章 注

1) Gorman, W. M., "A Possible Procedure for Analysing Quality Differentials in the Egg Market," *Review of Economic Studies*, vol. 47, 1980, pp. 843

-856; Lancaster, K. J., *Consumer Demand : A New Approach*, New York : Columbia University Press, 1971 および Lancaster, K. J., *Variety, Equity and Efficiency*, New York : Columbia University Press, 1979 を参照せよ．また，Friedman, J. W., *Oligopoly Theory*, Cambridge : Cambridge University Press, 1983, 第3-4章も要領の良い解説を与えている．

2) 以下本書では水平的差別化だけを取り上げ，品質の競争には触れない．関心のある読者は，例えば，Shaked, A. and J. Sutton, "Natural Oligopolies," *Econometrica*, vol. 51, 1983, pp. 1469-1483 を参照せよ．

3) 不確実性の下での非完備市場(incomplete market)モデルは，連結可能な製品市場モデルと本質的に同一である．例えば Diamond, P., "The Role of the Stock Market in a General Equilibrium Model with Technological Uncertainty," *American Economic Review*, vol. 57, 1967, pp. 759-776 あるいは Eckern, S. and R. Wilson, "On the Theory of the Firm in an Economy with Incomplete Markets," *Bell Journal of Economics*, vol. 5, 1974, pp. 171-180 を参照せよ．

4) Hotelling, H., "Stability in Competition," *Economic Journal*, vol. 34, 1929, pp. 41-57(Stigler, G. J. and K. Boulding, eds., *Readings in Price Theory*, Homewood : Richard D. Irwin, 1952, pp. 467-484 に再録)である．

5) 価格競争を導入し企業が価格と立地の双方を選択できるとき，ホテリングの結論は成立しない．詳細は D'Aspremont, C. J., J.-J. Gabszewicz and J.-F. Thisse, "On Hotelling's 'Stability in Competition'," *Econometrica*, vol. 47, 1979, pp. 1145-1150 をも参照せよ．

6) 「30-2図のような場合」と述べた条件を厳密に定義すれば，① $u-p_2>0$，② $u-p_2<a(1-t_2)$，③ $u-p_2<a(t_2-t_1)$，④ $u-p_2>a(t_2-2t_1)$ である．①は点 c, c' が定義できることを，②は c' が点1の左にあることを，③は c が t_1 の右にあることを，④は c' と t_1 の距離が t_1 と点0の距離より小さいことを意味している．これらの条件が変われば，以下に定義する需要関数の形状も変化する．

7) 以下では u の値が十分大きく，$u>a(1-t_1)$ であることを仮定している．この条件が崩れれば，後のいくつかのケースが存在しないことになる．

8) $u-p_1=u-p_2+a(t_2-t_1)$，つまり $a'=c'$ のときには，需要は一意的に決まらない．30-3図を参照せよ．

9) 例えば，Salop, S. C., "Monopolistic Competition with Outside Goods,"

Bell Journal of Economics, vol. 10, 1979, pp. 141-156 を参照せよ．

10) もっとも立地モデルや特性アプローチにおける製品間競争が必ず局地化した競争を意味するかどうかは明らかではない．例えば，Archibald, G. C. and R. Rosenbluth, "The 'New' Theory of Consumer Demand and Monopolistic Competition," *Quarterly Journal of Economics*, vol. 80, 1975, pp. 569-590 を参照せよ．

11) ここで述べたことは，正確には次の条件に依存する．つまり，新規参入が起こったときに既存企業がその立地を変えられない（あるいは変えない）と仮定したことである．このことは，企業の立地（特性ベクトルの選択）のための費用が事後的にサンクされているためであると考えられる．

12) 以下の分析の基本的考え方は，Chamberlin, E., *The Theory of Monopolistic Competition*, Cambridge, Massachusetts: Harvard University Press, 1933（青山秀夫訳『独占的競争の理論』至誠堂，昭和41年）による．その現代的・数学的定式化については，Dixit, A. K. and J. E. Stiglitz, "Monopolistic Competition and Optimum Product Diversity," *American Economic Review*, vol. 67, 1977, pp. 297-308 および Spence, A. M., "Product Selection, Fixed Costs, and Monopolistic Competition," *Review of Economic Studies*, vol. 43, pp. 217-235 を参照せよ．

13) 興味を持つ読者は，例えば Dixit and Stiglitz の前掲論文を参照せよ．

14) しかも，各企業が両隣の企業と局地化された競争を行なうならば，この競争はきわめて戦略的（寡占的）なものとなるはずであり，チェンバレンの仮定——個別企業のサイズはきわめて小さく，その行動は他の企業に影響を与えない——に矛盾してしまう．

15) 以下の解説は，Perloff, J. M. and S. C. Salop, "Equilibrium with Product Differentiation," *Review of Economic Studies*, vol. 52, 1985, pp. 107-120 に基づいている．

16) 30.2-3節で述べた（端点をもつ）立地モデルで $t_1 < t_2 < t_3$ と仮定すれば，(1, 3, 2) と (3, 1, 2) という順序付けを持つ消費者は存在しない．

17) 独占的競争と製品差別化の概念について本章で述べた，あるいは述べきれなかったさまざまな論点について一層学習したいと思う読者は，さしあたり Archibald, G. C., B. C. Eaton and R. G. Lipsey, "Address Models of Value Theory," in J. E. Stiglitz and G. F. Mathewson, eds., *New Developments in the Analysis of Market Structure*, Cambridge, Massachusetts: MIT Press, 1986 や Hart, O. D.,

"Imperfect Competition in General Equilibrium : An Overview," in K. J. Arrow and S. Honkapohja, eds., *Frontiers of Economics*, Oxford : Basil Blackwell, 1985 などを参照せよ．

第 VI 部　市場の失敗と厚生経済学

第31章　ミクロ経済学の事実解明的　　　　アプローチと規範的アプローチ

31.1　はじめに

　本書の第Ⅰ巻第1章で説明されたように，ミクロ経済学は基本的に2つの部分から成り立っている．事実解明的アプローチ(positive approach)と規範的アプローチ(normative approach)がそれである．

　事実解明的アプローチは，ある経済制度(競争的価格機構，集権的計画機構，混合経済機構，労働者自主管理機構など)の運行メカニズムの実態を理論的・実証的に検討することを課題としている．これに対して規範的アプローチは，与えられた経済問題を「適切に」解決するためには経済の制度的仕組はいかにあるべきか(どのように設計されるべきか)を検討することを課題としている．

　ところで，与えられた経済問題の解決が「適切」であるか否かを判定する基準は，一体どのようなものだろうか．本書の第Ⅰ巻第2章においてわれわれは，資源配分メカニズムの性能を評価する標準的視角を「配分の効率性」，「分配の公正性」，「情報伝達の機能」，「誘因体系の整合性」の4つに取りまとめた．そこで指摘したように，これらの分析視角は，事実解明的あるいは規範的のいずれのアプローチにおいても，およそ資源配分メカニズムの性能を考察するためには不可欠のチェック・ポイントである．

　これまでのところ本巻では，完全競争的価格機構および不完全競争的価格機構を取り上げて，上で述べた視角のうちで「配分の効率性」，「情報伝達の機能」，「誘因体系の整合性」の3つの基準を適用して，これらの資源配分メカニズムの性能を事実解明的・規範的に検討した．「分配の公正性」の基準に関しては，なにが公正な分配であるかという判定はひとの価値判断に応じてさまざまであって，人々の間で大いに異論の余地がある．そのためわれわれは，まず

ここまでは人々の合意が成立すると期待されるパレート原理——全員一致して配分 x は配分 y よりも望ましいと判断していれば，配分 x は配分 y よりも社会的にも望ましい——にひとまず関心を絞ったのである．分配の公正性の考慮をも含み，人々の間に異論が存在する場合にどのようにして社会的な判断を形成するかという問題は，この第VI部において改めて考察されなくてはならない．

分配の問題はひとまずさておくとしても，この第VI部で取り扱われるべきもうひとつの問題が残されている．

第V部においてわれわれは，独占力の存在のために完全競争的価格機構に機能障害が発生する状況において，分権的な不完全競争的価格機構が示す資源配分上の性能を，事実解明的・規範的に検討した．しかし，価格機構の機能障害は，独占力の存在以外にも多くの理由から発生する．これを狭義の「市場の失敗」(market failures) と呼ぶ．われわれは，さまざまなタイプの市場の失敗に対処するために実際上あるいは理論的に考案されてきた資源配分機構を，事実解明的・規範的に考察する作業にも携わらなくてはならないのである．

31.2　第VI部の構成

狭義の市場の失敗は，さまざまな理由によって発生する．抽象的に述べれば，本書の第15章15.2節で定義した「市場の普遍性」の前提が崩れ，ある財を取引する市場が成立を阻まれたり，たとえ開設されたとしてもその市場になんらかの機能障害が生じれば，そこに市場の失敗が起こるのである．市場の機能障害に対処するための制度的工夫も，もちろん機能障害の原因に応じてさまざまである．この間の事情は，人体の機能障害に対処する医学的療法が病因に応じて千差万別であることと変わらない．

第23章でも示唆したように，われわれは「外部性」(externalities) と「公共財」(public goods) に起因する市場の失敗を分析する．一般に市場とは，ある財・サービスを所有したり使用したりする権利が取引される「場」だから，市場が成立するためのひとつの重要な前提条件は，財・サービスの所有権と使用

第31章 ミクロ経済学の事実解明的アプローチと規範的アプローチ　271

権が確立され保証されるよう，権利の正当な所有者を保護し侵害者を処罰する司法機関が適切に運営されることにほかならない．しかし，ある種の財・サービスは，所有と使用の権利をどう設定し保護すべきかが必ずしも自明ではなかったり，設定・保護のための費用が得られる便益より大きく，社会的には他の方法による配分を考える方が望ましい場合があるという性質を備えている．われわれが採用する市場の失敗の区分は，この前提条件が崩れる原因に即したものである．

　第32章(「外部性とコースの定理」)は，ある経済主体が財・サービスを生産したり消費したりする行為が，他の経済主体に対して付随的な効果——望ましいものにせよ望ましくないものにせよ——を市場機構を媒介することなく及ぼす現象(外部性)の経済効果を考察する．ある個人の美しい花壇が隣家や通りすがりの人々に満足を与えるというのは，望ましい外部性の一例である．これに対して，工場が排出する粉塵や騒音が近隣社会に及ぼす被害は，望ましくない外部性の一例である．このような場合には，「美観」とか「粉塵・騒音」というような(プラスあるいはマイナスの)財・サービスの市場取引を組織化することは，必ずしも容易ではない．「美観」の場合には，隣家や通行人から料金を徴収することは(不可能とはいわないまでも)困難であるし，料金の支払いを拒否するひとを「美観」の享受から排除することはなおさら困難である．「粉塵・騒音」の場合には，そもそも誰が誰に何に対する権利を(対価の支払いを条件に)引き渡すのかさえ自明ではない．この種の市場機構の機能障害に対しては，どのような対処法がありうるだろうか．

　第33章(「公共財・リンダール均衡・クラーク機構」)は，外部性のひとつの極端として，公共財の効率的な供給の問題を考察する．例えば公園，港湾，公道などの建設と保全，警察機構や防衛機構の確立と維持などは，供給されるかぎりの同一の「数量」をすべての人々が集団として消費するという「消費の集合性」と，これらの財・サービスに対する費用負担を拒否する人々を消費から排除することがきわめて困難だという特徴——この特徴は「排除不可能性」(non-excludability)と呼ばれている——を兼備している．これらの特徴によ

り，公共財の供給を市場取引に委ねるとすれば，社会的に望ましい水準以下の供給しか行なわれないことになってしまうのである．それでは，公共財を公的に供給しようとすれば，資源配分の効率性と費用負担の公平性を保証できる供給機構はどのように設計されるべきだろうか．また，公的な供給機構は，公共財に対する人々の選好——分散的に所有される私的情報——をどのようにして正確に収集できるのだろうか．

第Ⅵ部の後半を占める第34-36章は，パレート効率性を越えて人々の間に利害の対立が発生する状況においても資源配分や社会状態に関する社会的厚生判断を下すためには，対立する個人的選好を調整するための社会的機構はどのような情報に基づき，いかなる性能を備えるものとして設計されるべきかという問題——いわゆる「社会的選択の問題」(social choice problems)——を取り扱う．

学説史的にみると，社会的選択の問題に対しては3つの異なるアプローチを区別することができる．第1のアプローチは，ある配分（あるいは社会状態）から他の配分（あるいは社会状態）への変化によって利益を得る個人から損失を被る個人への仮説的補償の支払い（あるいは損失を被る個人による利益を得る個人の買収）という理論的な媒介項を導入して，社会的厚生判断に対するパレート原理の適用限界を拡張しようと試みるものである．第34章（「補償原理と『新』厚生経済学」）はパレート，バローネ，カルドア，ヒックス，スキトフスキー，サミュエルソン，ゴーマンなどによって展開されたこの古典的アプローチを検討する．その過程において，効用可能性フロンティアとスキトフスキー・フロンティアという規範的経済学の重要な分析用具が解説され，適用される．

第2のアプローチは，ある種の「衡平性」(equity)の基準を先験的に設定して，効率的かつ衡平な配分（あるいは社会状態）を特徴づけることに関心を寄せる．ここで「衡平性の先験的基準」とはなにかがもちろん問題である．第35章（「効率と衡平」）ではフォーリー，ヴァリアンなどによって検討された「羨望のない状態としての衡平性」の原理（およびその修正版）を取り上げて，このアプローチの射程を検討することにしたい．

第3のアプローチは，ベルグソンおよびサミュエルソンによって導入された「社会厚生関数」(social welfare function)を中心的な概念とするものである．ここで社会厚生関数とは，すべての配分(あるいは社会状態)を社会厚生の観点から倫理的に順序づけるランキングのことにほかならない．ベルグソンおよびサミュエルソンは，この意味における社会厚生関数が(経済学の外部から)与えられたものとして，この関数が表現する社会的基準の観点から最適な経済的編成が満たすべき条件を明らかにすることに関心を集中したのである．しかし，この社会厚生関数が表現する「社会的基準」(social criterion)とは一体なにか．またこの「社会的基準」は，社会を構成する諸個人の価値とどのような関係に立つものなのだろうか．第36章(「社会厚生関数と集団的選択」)ではこれらの問題を検討し，アロウが提示した「一般可能性定理」(general possibility theorem)を解説する．また，社会的決定と個人的誘因との両立不可能性に関するギバードの定理を平易に解説し，その意味を理解することにも努めることにしたい．

「おわりに——ミクロ経済学の課題と展望」と名付けた最終章は，本書では論じ及べなかったがその延長線上で考察されるに相応しいいくつかの重要な問題の輪郭を述べ，興味をもつ読者にミクロ経済学のフロンティアへの道標を示すことによって，本書全体を締め括ることにあてられている．

第32章 外部性とコースの定理

32.1 はじめに

　前章で述べたように,「外部性」(externality)とは「ある経済主体が財・サービスを生産したり消費したりする行為が,他の経済主体に対して付随的な効果——望ましいものにせよ望ましくないものにせよ——を,市場機構を媒介することなく及ぼす現象」を指している.この定義において重要なのは,「付随的」と「市場機構を媒介することなく」という表現である.

　例えば,隣家が購入した新車を羨やむあまり,釘を用いてこっそりパンクさせるという行為を考えよう.これは釘という財を消費する行為が他の経済主体に対して望ましくない影響を,しかも市場機構を経由することなく及ぼす一例には違いないが,この望ましくない効果は人の悪意に基づく行為の直接的な帰結であり,決して消費活動の付随的な結果ではない.これに対して,貨物輸送車が走行中に不用意に落とした釘が後続車をパンクさせるというケースは,貨物輸送サービスの生産活動が生む望ましくない外部性の一例である.また,市場価格に対して影響力をもつ経済主体——独占力をもつ経済主体——の需要・供給行動は,市場価格の変化を通じて他の経済主体に対して付随的な影響を及ぼすには違いないが,その影響は市場機構を通じて現われる——従って市場機構の内部にある——ため,外部性現象には含まれない.このように,外部性は,市場機構に包摂される経済活動が,市場機構の枠組をはみ出す効果を他の経済主体に対して付随的に及ぼしてしまう現象を指すのである[1].

　さて,もともと外部性は市場機構内の経済活動が市場機構外にはみ出す効果を付随的に生みだしてしまう現象なのだから,外部性が存在する場合には市場機構がパレート効率的な資源配分を実現できない——すなわち市場機構に機能障害が発生する——ことはある意味でほとんど自明だというべきである.また,

この意味での市場の失敗を補正する方法としては，市場機構の適用限界を拡げる制度的工夫によって外部性を内部化するか，あるいは市場機構の外部にある権威——例えば政府——の行政的干渉によって市場の成果を補正するという2つの基本的な考え方があることも，容易に理解されるだろう．

本章では，これら2つの外部性の制御法を解説し，それらの前提条件ならびに限界について考察することにしたい．

32.2 外部性のもとでのパレート効率的配分

外部性のもつ経済効果を見通しよく理解するために，まずきわめて単純なモデルを考えよう．この経済にはただひとりの消費者が存在し，彼は $\bar{L}$ だけの総労働量と $\bar{B}$ だけの「加熱器」を保有している．労働は「電力」X を生産する発電所あるいは「洗濯サービス」Y を生産する洗濯屋で用いることもできるし，余暇として消費することもできる．加熱器は発電所において火力発電のために用いることもできるし，消費者の家庭において料理のために使用することもできる．

電力 X の生産は，労働 L_X と，加熱器 B_X から得られる熱量 $H(B_X)$ を投入してなされるが，その過程で付随的に発生する排煙 $S(B_X)$ は，労働 L_Y を投入して洗濯サービス Y を産出する洗濯屋にマイナスの外部効果を及ぼしてしまう——すなわち，同一の質と量の洗濯サービスを産出するためには，洗濯屋は大気汚染がない場合よりも多くの労働量を投入しなくてはならない——ことになる．発電所と洗濯屋の生産関数をそれぞれ F, G とすれば，以上に述べたことは

(32-1) $$X = F(L_X, H(B_X))$$

(32-2) $$\frac{\partial F}{\partial L_X} > 0, \quad \frac{\partial F}{\partial H} > 0, \quad H'(B_X) > 0$$

(32-3) $$Y = G(L_Y, S(B_X))$$

$$(32\text{-}4) \qquad \frac{\partial G}{\partial L_Y} > 0, \quad \frac{\partial G}{\partial S} < 0, \quad S'(B_X) > 0$$

と表現することができる．

次に，消費者の電力および洗濯サービスの消費量をそれぞれ X_H, Y_H，余暇を Z_H，加熱器の使用量を B_H と書くことにする．そのとき，彼の効用関数は $u(X_H, Y_H, Z_H, B_H)$ で示され，すべての変数に関する u の偏微係数はプラスであるものと仮定される．単純化のため，家庭で使用される加熱器は洗濯屋に対してマイナスの外部性を及ぼさないものと仮定しよう．

さて，配分 $(X, Y; L_X, L_Y; B_X, B_H; X_H, Y_H, Z_H)$ が実行可能であるためには (32-1)，(32-3) および

$$(32\text{-}5) \qquad X = X_H, \qquad Y = Y_H$$

$$(32\text{-}6) \qquad L_X + L_Y + Z_H = \bar{L}$$

$$(32\text{-}7) \qquad B_X + B_H = \bar{B}$$

が満足される必要がある．さらに，実行可能配分 $(X, Y; L_X, L_Y; B_X, B_H; X_H, Y_H, Z_H)$ がパレート効率的であるためには

$$(32\text{-}8) \qquad \frac{\partial u}{\partial X_H} \cdot \frac{\partial F}{\partial L_X} = \frac{\partial u}{\partial Y_H} \cdot \frac{\partial G}{\partial L_Y} = \frac{\partial u}{\partial Z_H}$$

$$(32\text{-}9) \qquad \frac{\frac{\partial F}{\partial H} \cdot H'(B_X)}{\frac{\partial F}{\partial L_X}} + \frac{\frac{\partial G}{\partial S} \cdot S'(B_X)}{\frac{\partial G}{\partial L_Y}} = \frac{\frac{\partial u}{\partial B_H}}{\frac{\partial u}{\partial Z_H}}$$

という限界条件が満足されていなくてはならない．（読者はエクササイズとして条件 (32-8)，(32-9) を導出せよ．）

パレート効率的配分の条件 (32-8) の意味は明瞭だろう．このモデルにおいて，労働は3つの代替的なチャネルを通じて消費者の効用を高めることができるが，配分がパレート効率的であるためには，これらのチャネルは限界において同じ効果をもたねばならない——これが (32-8) 式の意味である．一方，(32-9) 式の左辺の第1項（あるいは第2項）は電力 X（あるいは洗濯サービス Y）の生産における加熱器と労働との技術的限界代替率 $MTS_{BL}{}^X$（あるいは $MTS_{BL}{}^Y$）であり，その右辺は消費者の加熱器と余暇との限界代替率 $MRS_{BL}{}^H$ にほかならない．

従って(32-9)式は

(32-9*) $$MTS_{BL}{}^X + MTS_{BL}{}^Y = MRS_{BL}{}^H$$

と書き改めることができる．すなわち，加熱器と労働との社会的な技術的限界代替率は，家計による消費の限界代替率に一致しなくてはならないのである．

さて，発電所の排煙が市場機構の外部に放置され，洗濯屋は否も応もなくそのマイナスの影響に無償でさらされる場合には，パレート効率性の限界条件(32-8)-(32-9)は競争均衡においては満足されえない．前節でも述べたようにこれはほとんど自明ではあるが，念のため以下で簡潔に確認しておこう．

まず，配分$(X, Y; L_X, L_Y; B_X, B_H; X_H, Y_H, Z_H)$が競争均衡配分であるためには，電力$X$，洗濯サービス$Y$，労働$L$(および余暇)，加熱器$B$の競争均衡価格$p_X, p_Y, w, r$が存在して，(32-1)，(32-3)，(32-5)-(32-7)および

(32-10) $$\frac{\partial u}{\partial X_H} = \lambda p_X, \quad \frac{\partial u}{\partial Y_H} = \lambda p_Y, \quad \frac{\partial u}{\partial Z_H} = \lambda w, \quad \frac{\partial u}{\partial B_H} = \lambda r$$

(32-11) $$p_X \cdot \frac{\partial F}{\partial L_X} = w, \quad p_X \cdot \frac{\partial F}{\partial H} \cdot H'(B_X) = r$$

(32-12) $$p_Y \cdot \frac{\partial G}{\partial L_Y} = w$$

を満足しなくてはならない．ただしλは所得の限界効用であって(32-10)は消費者の効用最大化の限界条件を表わしているし，(32-11)(あるいは(32-12))は電力Xの生産者(あるいは洗濯サービスYの生産者)の利潤最大化の限界条件を表わしている．

さて，(32-10)-(32-12)から，労働(余暇)配分のパレート効率性の条件(32-8)が従うことは明らかだろう．これに対して加熱器の配分に関しては，(32-10)と(32-11)からわれわれは

(32-13) $$\frac{\frac{\partial F}{\partial H} \cdot H'(B_X)}{\frac{\partial F}{\partial L_X}} = \frac{\frac{\partial u}{\partial B_H}}{\frac{\partial u}{\partial Z_H}}$$

あるいは

(32-13*) $$MTS_{BL}{}^X = MRS_{BL}{}^H$$

を得ることになり，これはパレート効率的配分の条件(32-9)あるいは(32-9*)を意味しない．外部性が存在するため，社会的な技術的限界代替率と私的な技術的限界代替率とは乖離してしまうが[2]，分権的な意思決定の機構は，私的な技術的限界代替率と消費の限界代替率との一致しか保証できないからである．このように，外部性が存在する場合には市場機構は競争均衡配分のパレート効率性の限界条件を保証することに失敗するのである．

それでは，外部性に起因する市場の失敗を補正するためにはどのような方法があるだろうか．まず，外部性を内部化するいくつかの方法について次節で考察することにしよう．

32.3　市場の失敗への対処法(1)：外部性の内部化

前節での分析から明らかなように，外部性に起因する市場の失敗は，外部効果を生みだす生産要素の投入レベルを決定するに際して，その要素が付随的に生みだすマイナスの効果が経済計算のうちに取り込まれていないことから発生するものである．そこで，この効果を経済計算のうちに含めさせる適切な手段——外部効果を内部化する手段——があれば，パレート効率的配分の限界条件の成立を保証してやることができる．

外部性を内部化する第1の手段は，外部性の出し手である火力発電所とその受け手である洗濯屋を「合併」(merger)によって統合してしまうことである．もしこの統合が実現すれば，統合後の企業は(X, Y)という財・サービスのパッケージを結合生産することによって利潤

$$\{p_X F(L_X, H(B_X)) - wL_X - rB_X\} + \{p_Y G(L_Y, S(B_X)) - wL_Y\}$$

を獲得することになるため，この利潤を最大にするための限界条件は

(32-14) $$p_X \cdot \frac{\partial F}{\partial L_X} = p_Y \cdot \frac{\partial G}{\partial L_Y} = w$$

(32-15) $$p_X \cdot \frac{\partial F}{\partial H} \cdot H'(B_X) + p_Y \cdot \frac{\partial G}{\partial S} \cdot S'(B_X) = r$$

となり，これによってパレート効率性の限界条件(32-9)(あるいは(32-9*))の成立を保証してやることができる．直観的にいえば，合併後の企業にとってはその洗濯サービス部門に対して火力発電部門が及ぼす影響は企業内部の問題となるわけであり，そのため企業全体の経済計算のうちにこの影響がとり込まれることになるのである．

外部性を内部化する第2の手段は，外部性を発生させる生産要素の使用に対して課税する——あるいはその使用量の節約に対して補助金を与える——という方法である．われわれの例に即していえば，加熱器の1単位の使用に対して

$$(32\text{-}16) \qquad \tau = -p_Y \cdot \frac{\partial}{\partial S} G(L_Y, S(B_X)) \cdot S'(B_X)$$

という固定率で課税してやれば，(32-11)の第2式は

$$(32\text{-}11^*) \qquad p_X \cdot \frac{\partial F}{\partial H} \cdot H'(B_X) = r - p_Y \cdot \frac{\partial G}{\partial S} \cdot S'(B_X)$$

となるため，この課税のもとでは(32-13)(あるいは(32-13*))に対応する式はちょうどパレート効率的配分の条件(32-9)(あるいは(32-9*))と一致することになる．明らかに，(32-16)式が表わす税率は，発電所による加熱器の使用が洗濯屋に与える限界的被害を市場価格で評価したものにほかならない[3]．外部性に対処して市場機構を補正するこの方法はピグー[4]によって提唱されたものであり，(32-16)式に従って外部性を生む生産要素に課される税は「ピグー税」(Pigouvian tax)と呼ばれている．

外部性に対するこのピグー的解法に関しては，3つの注意を与えておく必要がある．第1に，ある生産要素の使用が及ぼす外部性が上の例のようにマイナスではなくプラスであり，外部性が外部経済となる場合——その古典的な例は果樹園が近隣の養蜂家に無償の生産要素(果蜜)を提供する(ミード)という場合である——ならば，ピグー税のかわりに補助金を考えればよいわけで市場の失敗を補正する基本的論理は変わらない．

第2に，ある産業の生産活動に付随してマイナス(あるいはプラス)の外部性が発生する場合には，その出し手である産業の生産物に課税(あるいは補助金を交付)してその生産量を縮小(あるいは拡大)させるという方法がしばしば示

唆されているが，われわれの例におけるように外部性の発生源がある特定の生産要素である場合には，課税(ないし補助金の交付)の適切な対象はその生産要素であって決して生産物ではない．実際，そのような場合に生産物に課税(ないし補助金を交付)すれば，資源配分をさらに一層歪めてしまう可能性があることに注意しなくてはならない[5]．

第3に，(32-16)式に従うピグー税を課せば，財 X の生産者(火力発電所)は総額

(32-17) $\quad T = -p_Y \cdot \dfrac{\partial}{\partial S} G(L_Y, S(B_X)) \cdot S'(B_X) \cdot B_X$

だけのピグー税を支払うことになるが，この税収は資源配分に対して追加的な歪みを生まない形で経済に還流されなくてはならない．そのひとつの方法は，消費者に対して「一括補助金」(lump-sum subsidy)としてこの税収を与えることである．消費者の所得はそのとき

$w\bar{L}$(労働の賦存量に対する帰属所得)

$\quad + r\bar{B}$(加熱器の賦存量に対する帰属所得)

$\quad + \{p_X F(L_X, H(B_X)) - wL_X - (r+\tau)B_X\}$(電力の生産からの利潤の帰属)

$\quad + \{p_Y G(L_Y, S(B_X)) - wL_Y\}$(洗濯サービスの生産からの利潤の帰属)

$\quad + T$(ピグー税の一括移転)

$= p_X X + p_Y Y + w(\bar{L} - L_X - L_Y) + r(\bar{B} - B_X)$

となり，これはちょうど消費計画(X_H, Y_H, Z_H, B_H)の購入を可能にする所得額となる．

外部性を内部化する第3の手段は，外部性に即応して新たな「財」を定義して，市場機構の適用範囲を拡大してやることである．われわれの例に即して具体的に説明しよう．

新たな「財」として「排煙」S を定義し，この財の競争的市場価格を p_S と書こう．このような財の競争的市場取引が実際に制度化されるならば，火力発電所はいまや財 X と財 S を結合生産し，利潤 $p_X F(L_X, H(B_X)) + p_S S(B_X) - wL_X - rB_X$ を獲得することになる．従って利潤最大化のための限界条件は

(32-18)　　$p_X \cdot \dfrac{\partial F}{\partial L_X} = w$;　　$p_X \cdot \dfrac{\partial F}{\partial H} \cdot H'(B_X) + p_S \cdot S'(B_X) = r$

で与えられる．一方，洗濯屋は「排煙」S を生産要素として価格 p_S を支払って市場で購入し，利潤 $p_Y G(L_Y, S) - p_S S - w L_Y$ を獲得することになる．従って利潤最大化のための限界条件は

(32-19)　　　　　　$p_Y \cdot \dfrac{\partial G}{\partial L_Y} = w$;　　$p_Y \cdot \dfrac{\partial G}{\partial S} = p_S$

で与えられる．

　はじめに限界条件(32-18), (32-19)の資源配分上の意義に注目しよう．これらの条件は(p_S を消去してやれば直ちに明らかなように)，合併解の限界条件(32-14), (32-15)と同値であり，従ってパレート効率性の限界条件(32-9)(あるいは(32-9*))の成立を保証することができる．

　次に，(32-19)の第2式によれば，仮定(32-4)から実は p_S はマイナスとなっていなくてはならない．これは考えてみれば当然のことであって，誰も排煙に積極的な価値を認めずむしろ迷惑な(不効用を生む)「財」と考える以上，それをひき取るための対価はマイナスとなるほかはない．こうしてみると，「財」S を市場価格 p_S で取引するというシナリオの実像は，外部性による「被害者」である洗濯屋が「加害者」である火力発電所と交渉し，排煙1単位の排出に対して $(-p_S)$ だけの補償を受けとるという交渉プロセスにほかならないことがわかる[6]．

　さて，ピグー税の構想にせよ，直前のパラグラフで説明された外部性を財として市場機構の枠組に取り込もうとする構想にせよ，これまで述べた説明にはひとつの暗黙の前提がある．それは，外部性の「被害者」である洗濯屋はもともと汚染されない大気に対する所有権をもっているという暗黙の前提であって，実は洗濯屋を「被害者」と呼ぶこと自体，このような所有権の授権方法を予定するものにほかならない．コースは，外部性の市場的解決——交渉解——にとって，所有権の授権方法のあり方は(所得分配に対しては当然影響をもつにせよ)パレート効率的な資源配分の達成という観点からは無関係であるということを主張した．つまり，所有権の授権方法はどうであっても，外部性を財とし

て市場機構の内部にとり込む方法はいずれにせよパレート効率的な資源配分を保証できるというのであって，この主張は「コースの定理」(Coase theorem) として著名である．

われわれの例に即していえば，コースの定理は次のように説明することができる．これまでの暗黙の前提とは異なり，火力発電所は(一定の限界内であるにせよ)生産に付随して大気を汚染する権利をもつものと考えよう．そのときには，「排煙の減少」は大気を汚染する権利の所有者に対して対価を支払って購入すべき財であることになる．そこで，$-S$ という財を新たに定義し，その価格を p_c としよう．そのとき，火力発電所はパッケージ $(X, -S)$ を結合生産して利潤 $p_x F(L_x, H(B_x)) + p_c \cdot (-S) - wL_x - rB_x$ を獲得するし，洗濯屋はその費用の一部として「排煙の減少」の購入費用 $p_c \cdot (-S)$ を含むことになる．形式的にはこれは $p_s = -p_c$ と記号を改めれば「汚染されない大気に対する所有権」のケースと同じ表現に帰着し，従って競争的配分のパレート効率性の限界条件はこの場合にも満足されることになる．実質的には，このシナリオの実体は，外部性によって影響される「被害者」が外部性の出し手である「加害者」に対して逸失利得に対する補償を支払って外部性を発生させる経済活動を抑制してもらうという交渉プロセスにほかならない．明らかに，2つの交渉プロセスは所得分配に関しては大きな差を生むが，結果としての配分のパレート効率性という点では同値である——これがコースの定理にほかならない．

「被害者」による「加害者」への補償！ 一見奇怪なこの考え方に対しては2つの注意を与えておく必要がある．第1に，現実の外部性の事例においては，実は所有権の正当な所在をどう認定すべきかという判断が誰にとっても明瞭であるとはいい難いことが多い[7]．そのため，所有権の設定方法のいかんによらず外部性の市場的解決が効率的であるという主張は，理想化された競争的市場機構が果たしうる機能について(本質とは関わりない問題点を離れて)教えるところがあるという事実は少なくとも認めるべきである．第2に，コースの定理は「所得分配に関する判断」と「経済的効率性に関する判断」とを分離し，もっぱら後者の観点から市場機構が論理的に果たしうる機能を明らかにしたもの

と考えられるが，実はこのような分離の思想自体が多くの問題を含んでいる．これについては後に(第34章「補償原理と『新』厚生経済学」および第35章「効率と衡平」において)詳しく論じることにする．

さて，本節で説明した外部性の内部化手段——合併解，ピグー税，交渉解——には，それぞれ多くの難点が含まれている．この点は以下32.5節で詳しく検討するが，その前に32.4節ではこれまで単純な例に即して説明してきたことを簡潔に一般化しておくことにしたい．議論の一般性に特にこだわらない読者は，32.4節を省略して32.5節に直行されてまったくさしつかえない．

32.4　市場の失敗への対処法(2)：一般化[8]

l種類の財とm人の消費者から構成される純粋交換経済を考え，前節で説明したピグー税と交渉解の考え方を一般化しよう．生産活動を考慮して議論をさらに一般化することは(記号の複雑化を嫌わねば)容易であるし，合併解の有効性に関しては前節での議論で十分であろう．

消費者iの財jに対する初期保有量をw_j^i，彼の効用関数をu_iと書こう．外部性が存在するもとでは，u_iは消費者iの消費ベクトル$x^i=(x_1^i, x_2^i, \cdots, x_l^i)$のみならず，一般にすべての消費者の消費ベクトル$x^k=(x_1^k, x_2^k, \cdots, x_l^k)$ ($i, k=1, 2, \cdots, m$)に依存すると考えなくてはならない．

さて，この経済において資源配分$x=(x^1, \cdots, x^i, \cdots, x^m)$が実行可能であるための条件は

$$(32\text{-}20) \qquad \sum_{i=1}^{m} x_j^i \leqq w_j \equiv \sum_{i=1}^{m} w_j^i \qquad (j=1, 2, \cdots, l)$$

で与えられる．そしてこの実行可能配分がパレート効率的であるためには，

$$(32\text{-}21) \qquad \sum_{i=1}^{m} \lambda_i \frac{\partial u_i}{\partial x_j^k} = p_j \qquad (j=1, 2, \cdots, l\,;\,k=1, 2, \cdots, m)$$

という限界条件が満足されなくてはならない[9]．ただしここでλ_iは消費者iの所得の限界効用の逆数($i=1, 2, \cdots, m$)，p_jは制約条件(32-20)に対応するラグランジュ乗数(財jの効率価格)($j=1, 2, \cdots, l$)である．

このパレート効率性の条件を実現するための第1の制度的工夫は，ピグー税の導入である．すなわち，消費者kによる財jの消費に対して

$$(32\text{-}22) \quad \tau_j^k = -\sum_{i \neq k} \lambda_i \frac{\partial u_i}{\partial x_j^k} \qquad (j=1,2,\cdots,l\,;\,k=1,2,\cdots,m)$$

の率で課税する方法である．もし消費者 k による財 j の消費が他の消費者に対してマイナスの外部性を及ぼすならば $\tau_j^k>0$ となって消費者 k は課税されるが，外部性がプラスならば $(-\tau_j^k)>0$ は補助金率を表わすことになることはいうまでもない．そしてこの税・補助金システムのもとでは総額

$$(32\text{-}23) \quad T = \sum_{k=1}^{m} \sum_{j=1}^{l} \tau_j^k x_j^k$$

だけのピグー税が徴集(あるいはピグー補助金が交付)されることになるが，この総額は消費者への一括補助金(あるいは一括課税)となるものとする．

明らかに，(32-22) という課税(ないし補助金)のもとでは消費者 k が財 j に対して支払う価格は $p_j + \tau_j^k$ となるため，彼の効用最大化の限界条件は

$$(32\text{-}24) \quad \frac{\partial u_k}{\partial x_j^k} = \frac{1}{\lambda_k}(p_j + \tau_j^k) \qquad (j=1,2,\cdots,l\,;\,k=1,2,\cdots,m)$$

で与えられることになる．直ちに見てとれるように，(32-22)と(32-24)はパレート効率的配分の限界条件(32-21)の成立を保証している．

条件(32-21)の成立を分権的に保証する第 2 の制度的工夫は，外部性の個々のケースに応じて新たな財を定義し，その各々に対して競争市場を開設するというものである．この考え方に立てば，消費者 k による財 j の消費は，実は各消費者 i に対して「外部性」という財を結合供給する生産活動にほかならないとみなすことができる．

さて，通常の財 j の市場価格を p_j，「消費者 k による財 j の消費が消費者 i に及ぼす外部性」という財の市場価格を q_j^{ki} と書こう $(i,k=1,2,\cdots,m\,;\,j=1,2,\cdots,l)$．そのとき「外部性」財に対する効用最大化の限界条件として

$$(32\text{-}25) \quad q_j^{ki} = \lambda_i \frac{\partial u_i}{\partial x_j^k} \qquad (i,k=1,2,\cdots,m\,;\,j=1,2,\cdots,l)$$

が得られる．次に，「外部性」財の結合供給者としての消費者 k の利潤最大化の条件を考えてみる．もし彼が財 j を Δx_j^k だけ消費するならば，この消費＝生産活動から彼が得る収入は $\sum_{i=1}^{m} q_j^{ki} \cdot \Delta x_j^k$ であり，その費用は $p_j \cdot \Delta x_j^k$ となる．従って，この生産活動から獲得される利潤は $(\sum_{i=1}^{m} q_j^{ki} - p_j) \cdot \Delta x_j^k$ となる．いま $p_j - \sum_{i=1}^{m} q_j^{ki}$ が 0 でないとすると，消費者 k は Δx_j^k を適当に変動させることにより利潤を増大させることができる．従って，すべての生産者が利潤を最大化している均衡では

$$(32\text{-}26) \qquad p_j = \sum_{i=1}^{m} q_j^{ki} \qquad (k=1, 2, \cdots, m; \ j=1, 2, \cdots, l)$$

が成立しなくてはならない．そして(32-25)を(32-26)に代入しさえすれば，パレート効率性の限界条件(32-21)が従うことが明らかである．すなわち，「外部性」財という新たな財に対して競争市場を開設すれば，この拡大された市場経済における競争均衡配分はパレート効率的となるのである．

32.5　市場の失敗への対処法(3)：難点

外部性を内部化する3つの方法——合併解，ピグー税，「外部性」市場解(交渉解)——は，外部性が存在する経済環境においてパレート効率的配分のための限界条件を達成するという観点からは基本的に同等である．しかしこれらのいずれの方法も，それを実際に適用するためにはそれに先駆けて多くの難点を克服する必要がある．以下でこれらの難点を簡単に説明することにしたい．

(a) 合併解

外部性の出し手と受け手がともに企業であれば，それらの企業を合併によって統合することによって外部性は内部化されることは確かだが，この解法の実際的適用可能性はおそらくごく僅かであろう．第1に，企業の合併はその実現までに多大な交渉費用と，統合費用を要するプロセスであって，この種の費用を考慮に入れてもなお外部性の内部化の利益が支配的となるか否かはきわめて疑わしいといわなくてはならない．また，外部性によって関連する企業が多数に及ぶ場合には，統合の実現に必要な取引費用が膨大なものになることに加えて，統合後の企業が市場支配力を得て資源配分上のロスを生じたり，内部組織の複雑化による非効率性を生む可能性も無視できない．第2に，外部性の当事者が(特に多数の)消費者である場合には，この解法を適用する余地がないことは明らかである．

(b) ピグー税による解法

ピグー的な課税・補助金を実施しようとすると第1に直面しなくてはならない困難は，適切な税（補助金）率をどのようにして計算するかという問題である．32.3節で用いた例に即していえば，税率は形式的には(32-16)式で与えられるが，この値を実際に知るためには，

(1) 外部性にさらされる企業が生産する財の市場価格；
(2) 外部性にさらされる企業が使用する労働量；
(3) 外部性を生みだす企業が使用する加熱器の量；
(4) 外部性にさらされる企業の生産関数；
(5) 加熱器の使用と外部性（排煙）による被害との因果関係

についての情報が少なくともある程度まで必要とされる．このうち(1)-(3)に関しては基本的に市場取引の観察によって知りうることは確かである．しかし，ピグーの解法のロジックを振り返れば明らかなように，実は必要とされる(1)-(3)の情報はターゲットとしてのパレート効率的配分において実現される値そのものにほかならない．もしターゲット配分それ自体を知りうるのなら，なにもピグー税・補助金によって間接誘導する必要はない．直接このターゲット配分の実行を指示しさえすればよいではないか．

必要な情報(4), (5)については，ある意味で困難は一層深刻である．(4)は——本書で繰り返し強調する機会があったように——分散して保有される私的情報である．それだけに，ピグー税の設計者がこの情報を正確に知っているとは思えない．最後に(5)を客観的に立証することは（さまざまな公害裁判が示すように）極めて困難であることは承認せざるをえない．

こうしてみると，ピグー税の実際の導入に先立ち，われわれはまずもって分散的情報を徐々に収集するための分権的な情報交換メカニズムを設計し適用しなくてはならないことになろう[10]．議論を先に進めるため，そのようなメカニズムが正確な情報を集めてピグー税・補助金の計算が完了したものと仮定しよう．それでもなお，ピグー税による解法は完全にその課題を果たし終えたことにはならない．なぜならば，ピグー税によって実現される均衡は，必ずしもすべてがパレート効率的であるわけではないからである．実際，ピグー税・補助

金が保証できるのはパレート効率的配分の限界条件を満足する配分を発見することにすぎず,この配分はなおパレート非効率的でありうるのである.

一見逆説的なこの事実は,簡単な例に即して考えると理解しやすい[11]. いま,2つの企業が労働を投入して同じ財を生産するが,企業1の生産物は企業2の生産物に対してマイナスの外部性を及ぼしてしまうものとしよう.これらの企業の生産関数は

$$(32\text{-}27) \qquad x_1 = f(l_1) \equiv 2l_1$$

$$(32\text{-}28) \qquad x_2 = g(l_2, x_1) \equiv \frac{l_2}{x_1+1}$$

で与えられるものとする.ここで l_i $(i=1,2)$ は企業 i の労働投入量であって,

$$(32\text{-}29) \qquad l_1 + l_2 = \frac{7}{2}$$

に従うものとする.また,消費者はただひとりであって,彼の効用関数は

$$(32\text{-}30) \qquad u(x_1, x_2) = x_1 + x_2$$

で与えられるものとする.この場合には,パレート効率性の限界条件は,限界1単位の労働を2つの用途——すなわち企業1,2における使用——に振り向けたとき,同量の限界生産物が得られることである.ところで企業1に ε だけの労働量を追加的に振り向けると,企業1の生産量は 2ε だけ増加するものの,企業2の生産量は外部性のために $2\varepsilon l_2/(2l_1+1)^2$ だけ減少してしまう.一方,企業2に ε を振り向ければ企業2の生産量は $\varepsilon/(2l_1+1)$ だけ増加する.従ってパレート効率性の限界条件を満足する労働配分 (l_1, l_2) は,(32-29)および

$$(32\text{-}31) \qquad 2 - \frac{2l_2}{(2l_1+1)^2} = \frac{1}{2l_1+1}$$

から $l_1{}^*=1/2,\ l_2{}^*=3$ とただ一組に定まり,そのときの生産量は $x_1{}^*=1,\ x_2{}^*=3/2$ となる.そしてこの配分は,企業1による労働の使用に対して

$$(32\text{-}32) \qquad -\frac{\partial}{\partial x_1}g(l_2{}^*, x_1{}^*) \cdot \frac{d}{dl_1}f(l_1{}^*) = \frac{3}{2}$$

だけのピグー税を課すことによって,競争均衡配分として実現することができる.(読者はこの事実を確かめよ.)ところが,

(32-33)　　　$l_1^{**} = \dfrac{7}{2}$, $x_1^{**} = 7$, $l_2^{**} = 0$, $x_2^{**} = 0$

で定義される配分は実行可能であり，しかも $x_1^{**}+x_2^{**}=7>x_1^{*}+x_2^{*}=5/2$ なのでこの配分はピグー税のもとでの競争均衡配分をパレートの意味で優越することになる．すなわち，ピグー税のもとでの競争均衡配分はパレート非効率的となるのである．

この例のエッセンスは，32-1 図に示されている．この図の縦軸(あるいは横軸)は両企業の生産量 x_1, x_2 (あるいは企業 1 の労働投入量 l_1)を測ったものであり，この図に書き込まれた直線(あるいは曲線)は，企業 1 の生産関数 $x_1 = f(l_1)$ (あるいは企業 2 の労働投入量をあるレベル $\bar{l}_2$ に固定したときに企業 2 の生産量 x_2 と企業 1 の労働投入量 l_1 との間に成立する関係 $x_2 = g(\bar{l}_2, 2l_1)$ ($\bar{l}_2 = 3$))を示している．$(\partial/\partial l_1)g(\bar{l}_2, 2l_1) = -2\bar{l}_2/(2l_1+1)^2 < 0$, $(\partial^2/\partial l_1^2)g(\bar{l}_2, 2l_1) = 8\bar{l}_2/(2l_1+1)^3 > 0$ なので，図中の曲線は右下がりの凸関数となる．ピグー税のもとでの競争均衡配分 $(l_1^{*}, x_1^{*}; l_2^{*}, x_2^{*})$ はこの図中の点の組 (A_1, A_2) によって表わされるが，この配分は点 B が示す配分 $(l_1^{**}, x_1^{**}; l_2^{**}, x_2^{**})$ によってパレートの意味で優越されている．

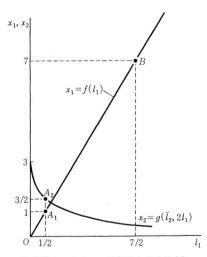

32-1 図　マイナスの外部性と非凸性(1)

ところで，曲線 $x_2 = g(\bar{l}_2, 2l_1)$ が右下がりの凸関数であるということは，企業2の生産可能集合

(32-34) $\qquad Y_2 = \{(l_1, l_2, x_2) \in \mathbf{R}_+^3 \mid x_2 = g(l_2, 2l_1)\}$

が非凸集合であることを意味するものにほかならない．従って，ピグー税のもとでの競争均衡は，マイナスの外部性が存在する場合には企業の生産可能集合が非凸性をもつことがあるため，必ずしもパレート効率的な配分には導かないのである．

(c)「外部性」市場解［交渉解］[12]

「外部性」財の市場を新たに開設するという構想に対しては，少なくとも2つの重要な難点がある．

第1に，外部性の出し手，その受け手およびその外部性を媒介する財によって区別される「外部性」財を定義して，その各々に対して競争市場を開設しようとすれば，必要とされる市場の総数は膨大なものとなる．実際，物理的に異なる財・サービスの種類が l，消費者の数が m，生産者（企業）の数が n であれば，必要な市場の総数は $l(m+n)^2$ となる．これだけの数の市場を組織し，運営する費用はいうまでもなく大きいし，実はこれらの市場は大部分（たとえ開設されたとしても）不完全競争的な交渉プロセスを具体化したものとなるだろう．なぜならば，個々の「外部性」財市場における売り手と買い手は，それぞれひとりずつしか存在しないからである．従って，各々の市場における取引は，よく整備された市場組織と価格機構によって非人格的(impersonal)に行なわれる競売取引というよりはむしろ，相手との駆けひきに際して機先を制し，交渉の才覚を発揮することによって利益を獲得しようとする相対（あいたい）取引になる公算が高い．そのため，このような市場における取引費用は膨大なものになるだろうし，また交渉プロセスは多くの時間を要するものとなるだろう．

第2に，「外部性」財市場における競争均衡は，実際には存在しない可能性が大きい．その理由は，外部性の影響を被る企業の生産可能集合は非凸性——「スターレットの非凸性」(Starrett's non-convexity)——をもつことになるか

らである[13]．この可能性はすでにピグー税との関わりで指摘したが，洗濯屋の生産関数 $Y=G(L_Y, S)$, $S=S(B_X)$ を例にとってこの点を改めて説明しよう．いま，洗濯屋の労働投入量をある水準 L_Y に固定し，Y と S との関係を描いてみる．S は洗濯サービスの生産にマイナスの影響を及ぼすので，S の増大とともに Y は減少せざるをえないが，S がある臨界値 S^* を超えて増加すれば，もはや L_Y をもってしては清潔な洗濯物を生産することは不可能となる．従って，$S \geqq S^*$ であるかぎり，固定した L_Y に対応する Y は 0 となる．32-2図はこの関係を描いたものであって，明らかに洗濯屋の生産可能集合は非凸となっている．

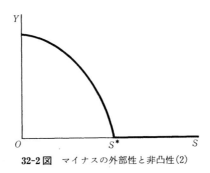

32-2図 マイナスの外部性と非凸性(2)

さて，「汚染されない大気に対する所有権」の場合を考えて，1単位の S に対して発電所が洗濯屋に支払う価格を p_S と書こう．そのとき洗濯屋の利潤は

(32-35) $$p_Y G(L_Y, S) + p_S S - w L_Y$$

となる．$p_S > 0$ であれば，この「外部性」財市場が競争的であるかぎり洗濯屋は p_S のもとでいくらでも多くの「排煙権」を売ることができると考えるため，無限に多くの S を売却する——32-2図の生産可能集合の S 軸に沿って右方向へどんどん移動する——ことによって利潤(32-35)を限りなく増大させることができる．従って，この「排煙権」の市場では，$p_S > 0$ であるかぎり必ず供給が需要を超過することになろう．一方 $p_S = 0$ ならば，「排煙権」の市場では必ず供給 $=0 <$ 需要 となるため，結局この市場で均衡を成立させる競争価格は存在しないことになるのである．

32.6 市場の失敗への対処法(4)：司法的・行政的介入

前節で見たように，市場機構の適用限界を拡大することによって外部性を内部化する方法には，いずれも実行上の難問が控えている．それでは，市場機構の外部から司法的・行政的な介入を行なって外部性を適切に制御することは可能だろうか．そのような介入の具体的方法は「法的義務」(legal obligation)や「環境基準」(environmental standard)の設定など，さまざまな構想がある．以下ではまず，法的補償義務を課すことによって外部性を適切に制御できる理想的な司法的介入が存在することを説明しよう[14]．いうまでもなく，現実に可能な司法的・行政的介入は必ずしも理想的なものとは言い難い．そのため，本節の後半は，理想的ではない司法的・行政的介入が含む問題点を指摘することにあてられる．

説明を具体的にするため，再び発電所と洗濯屋の例をとりあげよう．まず，「汚染されない大気への所有権」が確立されているものとしよう．そして司法機関は，この権利が侵害された場合には加害者に対して被害者が被る「最小限の逸失利潤」を全額補償することを命令するものとしよう．この法的義務が正確に実行されるならば，以下で確認するように資源配分の効率性の限界条件の成立が保証されることになる．

はじめに「最小限の逸失利潤」という概念を明確にするため，

$$(32\text{-}36) \qquad \pi_Y(p; B_X) = \max_{L_Y > 0} \{p_Y G(L_Y, S(B_X)) - wL_Y\}$$

を定義しよう．$\pi_Y(p; B_X)$ は，市場価格ベクトル $p = (p_X, p_Y; w, r)$ と発電所の加熱器投入量 B_X を所与としたときの洗濯屋の最大利潤である．そして最大値 $\pi_Y(p; B_X)$ を実現する労働量を B_X の関数として $L_Y(B_X)$ と書けば，明らかに

$$(32\text{-}37) \qquad p_Y \cdot \frac{\partial}{\partial L_Y} G(L_Y(B_X), S(B_X)) = w$$

が成立する．この定義を利用すれば，発電所の稼働によって洗濯屋が被る「最小限の逸失利潤」は

$$(32\text{-}38) \qquad C(p;B_X) = \pi_Y(p;0) - \pi_Y(p;B_X)$$

で与えられる．さて，発電所に対して B_X の使用に際しては洗濯屋に $C(p;B_X)$ だけの補償を支払うことを法的に義務づけたとしよう．この法的義務のもとでは，各生産者はどのように行動するだろうか．

まず洗濯屋の収入と支出はそれぞれ $p_Y G(L_Y, S(B_X)) + C(p;B_X)$ と wL_Y となるため，洗濯屋は(32-36)という問題を解く $L_Y(B_X)$ を選択するように誘因づけられ，その結果として $\pi_Y(p;0)$ を獲得することになる．一方，発電所の収入と支出はそれぞれ $p_X F(L_X, H(B_X))$ と $wL_X + rB_X + C(p;B_X)$ となるため，発電所の利潤を最大化する限界条件は

$$(32\text{-}39) \qquad p_X \cdot \frac{\partial}{\partial L_X} F(L_X, H(B_X)) = w$$

$$(32\text{-}40) \qquad p_X \cdot \frac{\partial}{\partial H} F(L_X, H(B_X)) \cdot H'(B_X)$$
$$= r + \frac{\partial}{\partial B_X} C(p;B_X)$$

で与えられるが，(32-36)-(32-38)により

$$\frac{\partial}{\partial B_X} C(p;B_X) = -\frac{\partial}{\partial B_X} \pi_Y(p;B_X)$$
$$= -\Big[p_Y \cdot \frac{\partial}{\partial S} G(L_Y(B_X), S(B_X)) \cdot S'(B_X)$$
$$\qquad + \Big\{ p_Y \cdot \frac{\partial}{\partial L_Y} G(L_Y(B_X), S(B_X)) - w \Big\} \cdot L_Y'(B_X) \Big]$$
$$= -p_Y \cdot \frac{\partial}{\partial S} G(L_Y(B_X), S(B_X)) \cdot S'(B_X)$$

となることに留意すれば，(32-39)と(32-40)は実は結合利潤の最大化の限界条件——従ってパレート効率的配分の限界条件——と一致する．

このように，理想的に機能する「法的補償義務による解法」は，外部性のもとでの効率的配分の問題に対して有効性をもっている．しかしながら，だからといって現実の——従って理想的に機能するとは限らない——司法機関・行政

機関による介入が常に正当化できるわけではないことには、十分に注意しなければならない。例えば、現実の司法機関は(32-38)式で定義される「最小限の逸失利潤」を実際に計算するだけの情報を保有しているとは考え難い。その場合、仮に「現実の逸失利潤」$\pi_Y(p;0)-\{p_Y G(L_Y, S(B_X))-wL_Y\}$の補償を命令するならば、この補償の支払いを考慮に入れた洗濯屋は資源を効率的に利用する誘因を全く失ってしまう。なぜならば、彼がどのような生産計画を樹てようとも、それとは無関係に$\pi_Y(p;0)$という利潤額が保証されていることになるからである。このように、理想的ならざる司法的あるいは行政的介入は、その意図を裏切ってかえって非効率をひき起こす可能性を含んでいるのである[15)16)]。

32.7 コモン・プールの外部性[17)]

これまで本章ではいわば一方通行的な外部性現象を考察してきた。すなわち、ある経済主体の行動が別の経済主体に付随的な効果を一方向的に及ぼすという状況をとりあげてきたのであって、外部性がマイナスである場合に「加害者」、「被害者」という表現を用いたこと自体が、この事実を示している。ところが、外部性現象のなかにはこのように加害者と被害者がそれぞれ異なる経済主体であるとは限らない場合がある。「コモン・プール」(common pool)に基づく外部性はその重要な一例である[18)]。以下ではこの問題を簡単に説明しよう。

議論の単純化と具体化のために、ある漁場を共有する一群の漁民を考えよう。この漁場での総漁獲量Cは漁船の総数Sに依存してきまる。この関係を

(32-41) $\qquad C = F(S), \quad F'(S) > 0, \quad F''(S) < 0$

と書こう。個々の漁民の漁獲量c_iは彼の漁船の総数s_iに依存するが、漁民はすべて漁場に平等のアクセスをもつものとすれば、この依存関係を

(32-42) $\qquad c_i = \dfrac{s_i}{S} F(S) \qquad (i=1, 2, \cdots, n)$

と考えるのは自然である。ここでもちろん$C=\sum_{i=1}^{n} c_i$および$S=\sum_{i=1}^{n} s_i$である。

いま魚の価格は1、漁船のレンタル料はpであるものとすれば、この漁民た

ちにとってパレート効率的な総漁船数は総利潤 $F(S)-pS$ を最大化する S^O, すなわち

(32-43) $$F'(S^O) = p$$

によって定まる S^O となる．一方，個々の漁民は彼の利潤 $(s_i/S)F(S)-ps_i$ を最大にするように漁船の数を決めるため，ナッシュ均衡における漁船数 s_i^E と $S^E = \sum_{i=1}^{n} s_i^E$ は

(32-44) $$\left(1-\frac{s_i^E}{S^E}\right)\frac{F(S^E)}{S^E} + \frac{s_i^E}{S^E}F'(S^E) = p \qquad (i=1, 2, \cdots, n)$$

を満足することになる．

32-3図はパレート効率的な総漁船数 S^O とナッシュ均衡における総漁船数 S^E とを比較するために描かれている．(32-43)によれば，S^O は曲線 $F'(S)$ と高さ p の半直線との交点において定まる．一方，(32-44)を i について集計して整理すれば

(32-45) $$\left(1-\frac{1}{n}\right)\frac{F(S^E)}{S^E} + \frac{1}{n}F'(S^E) = p$$

が得られるため，S^E は $F'(S)$ と $F(S)/S$ の中間に位置する点曲線と高さ p の半直線との交点において定まる[19]．このことは，ナッシュ均衡においてはパレート効率的な状態と比較して過大な「乱獲」が行なわれることを示している．

実のところ，コモン・プールの社会的に過大な利用という問題——これはしばしば「共有地の悲劇」(tragedy of commons) と呼ばれている——は，漁業や

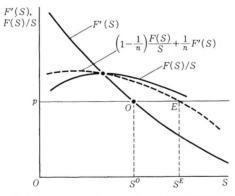

32-3図 コモン・プールのパレート非効率的利用

農業において発生するに留まらない．例えば，技術開発の共通の「シーズ」を他に先駆けて利用しようとするR＆D活動競争が社会的には過大な投資を誘発してしまうなど，コモン・プールに基づく外部性の事例は数多く，そのインプリケーションもきわめて重要である[20]．

第32章 注

1) 外部性の定義および分類に関しては多くの異論と論争があるが，本書では立ち入らない．興味をもつ読者は，例えばMeade, J. E., "External Economies and Diseconomies in a Competitive Situation," *Economic Journal*, vol. 57, 1952, pp. 54-67; Scitovsky, T., "Two Concepts of External Economies," *Journal of Political Economy*, vol. 17, 1954, pp. 143-151; Buchanan, J. M. and Wm. C. Stubblebine, "Externality," *Economica*, vol. 29, 1962, pp. 371-384; Mishan, E. J., "The Postwar Literature on Externalities: An Interpretative Essay," *Journal of Economic Literature*, vol. 9, 1971, pp. 1-28; Meade, J. E., *The Theory of Economic Externalities*, Leiden: Sijhoff, 1973; Heller, W. P. and D. A. Starrett, "On the Nature of Externalities," in Lin, S. A. Y., ed., *Theory and Measurement of Economic Externalities*, New York: Academic Press, 1976, pp. 9-21 を参照せよ．

2) 大部分の教科書では，外部性による市場の失敗を私的限界費用と社会的限界費用の乖離として説明する．読者は，本文で示した2つの技術的限界代替率の乖離が2つの限界費用の乖離に対応していることをエクササイズとして確認せよ．

3) 本書では，このように外部性の限界的被害を市場価格で評価した値が有限に定まる状況を念頭においている．これに対して，例えば水銀汚染のように生命に係わる激烈な環境汚染を念頭におく読者は，ピグー税を支払いさえすれば汚染物を随意に環境に排出できるかに見えるピグー的処置に対して，疑問をもつかもしれない．しかし，外部性の限界的被害が無限大となるときにはピグー税も無限大となり，汚染物の環境への排出は禁止されることになることに注意すべきである．

4) Pigou, A. C., *Economics of Welfare*, London: Macmillan, 1920; Fourth ed., 1952（永田清・気賀健三訳『厚生経済学』東洋経済新報社，昭和28-30年）を参照せよ．

5) この重要な事実を適切に指摘したのはPlott, C. R., "Externalities and Corrective Taxes," *Economica*, vol. 33, 1966, pp. 84-87 である．

6) 外部性を内部化する方法として合併解および交渉解の重要性を強調したのは Coase, R. H., "The Problem of Social Cost," *Journal of Law and Economics*, vol. 3, 1960, pp. 1-44 である。また Buchanan and Stubblebine の前掲論文および奥野正寛『ミクロ経済学入門』日本経済新聞社，昭和57年，第6章第6節も参照せよ。また，ここでいう「交渉プロセス」は，双方の当事者の数が多いため，補償額があたかも完全競争的な財・サービス市場における価格と同様なパラメーター的調整機能を果たすことを前提している。双方の当事者の数が少ない場合には，ちょうど不完全競争市場における価格と同様に，補償額は交渉者の力関係を反映して定まることになるだろう。この点については 32.5 節を参照せよ。

7) この点についての具体的かつ説得的な説明として，Coase, R. H. の前掲論文を参照せよ。

8) 本節での議論は Arrow, K. J., "The Organization of Economic Activity: Issues Pertinent to the Choice of Market versus Nonmarket Allocation," in Haveman, R. H. and J. Margolis, eds., *Public Expenditures and Policy Analysis*, Chicago: Markham, 1970, pp. 59-73; Negishi, T., *General Equilibrium Theory and International Trade*, Amsterdam: North-Holland, 1972; Starrett, D. A., "Fundamental Nonconvexities in the Theory of Externalities," *Journal of Economic Theory*, vol. 4, 1972, pp. 180-199 に多くを負っている。また，双対性を活用した外部性への興味深いアプローチとして，Greenwald, B. C. and J. E. Stiglitz, "Externalities in Economies with Imperfect Information and Incomplete Markets," *Quarterly Journal of Economics*, vol. 101, 1986, pp. 229-264 にも言及しておきたい。一層立ち入った研究のためには，これらの論文を参照せよ。

9) 簡単化のため，ここでは解が内点解であることを仮定しておく。端点解の問題を処理することは容易であるが，そこまでの立ち入りの必要は認められない。

10) 外部性のもとでの時間を通じる情報交換メカニズムについては，例えば Aoki, M., "Two Planning Processes for an Economy with Production Externalities," *International Economic Review*, vol. 12, 1971, pp. 403-414 を参照せよ。

11) この例は，Starrett の前掲論文に負うものである。

12) 「外部性」市場の競争均衡に関するこれらの難点についてより詳しくは Arrow, 前掲論文; Starrett, 前掲論文; Inada, K. and K. Kuga, "Limitations of the 'Coase Theorem' on Liability Rules," *Journal of Economic Theory*, vol. 6,

1973, pp. 606-613 などを参照せよ．

13) マイナスの外部性が存在する場合に発生する非凸性の問題としては, Baumol, W. J. and D. F. Bradford, "Detrimental Externalities and Non-Convexity of the Production Set," *Economica*, vol. 39, 1972, pp. 160-176 が指摘した社会的生産可能集合の非凸性の問題もある．これはスターレットの非凸性とは異なる問題点であるし，そのインプリケーションも異なっている．興味をもつ読者は原論文を参照せよ．

14) 以下で説明する「法的補償義務による解法」については, Cooter, R. D., "How the Law Circumvents Starrett's Nonconvexity," *Journal of Economic Theory*, vol. 22, 1980, pp. 499-504 に負うところが大きい．

15) より一般的に，市場の失敗が生じる場合には必ず政府機関による司法的あるいは行政的介入が正当化されうるかという重要な問題に関する詳しい議論は，伊藤元重・清野一治・奥野正寛・鈴村興太郎『産業政策の経済分析』東京大学出版会，昭和63年の第1章第5節「『最善』の産業政策と『次善』の産業政策」を参照せよ．

16) 外部性に対処する法的措置とその経済的効果に関しては，「法と経済」(law and economics)と称される研究分野が開拓されている．興味をもつ読者は例えば Polinsky, A. M., *An Introduction to Law and Economics*, Boston: Little Brown, 1983(原田博夫・中島巌訳『入門 法と経済』CBS出版，昭和61年)を参照せよ．

17) 本節で考察する問題について，一層詳しくは例えば Gordon, H. S., "The Economic Theory of a Common-Property Resources: The Fishery," *Journal of Political Economy*, vol. 62, 1954, pp. 124-142; Haveman, R., "Common Property, Congestion, and Environmental Pollution," *Quarterly Journal of Economics*, vol. 87, 1973, pp. 278-287; Dasgupta, P. and G. Heal, *Economic Theory and Exhaustible Resources*, Cambridge: Cambridge University Press, 1979 を参照せよ．

18) もうひとつの重要な例は「マーシャルの外部性」(Marshallian externalities)と呼ばれる現象である．本書では立ち入る余裕がないので，興味をもつ読者は例えば注15)に挙げた伊藤・清野・奥野・鈴村，前掲書の第5章「産業確立のセットアップ・コストと『マーシャルの外部効果』」およびそこで引用されている文献を参照せよ．

19) $F'(S)$ 曲線が $F(S)/S$ 曲線の最大点で後者と交わることは

$$\frac{d}{dS}\left\{\frac{F(S)}{S}\right\} = \frac{1}{S}\left\{F'(S) - \frac{F(S)}{S}\right\}$$

という関係から明らかであろうし，また高さ p の半直線が $F(S)/S$ の最高点よりも右方で $F'(S)$ と交わることは，さもなくばこの漁場ではそもそも漁業が行なわれないことになることから知られる．

20) 興味をもつ読者は注 15) で挙げた伊藤・清野・奥野・鈴村の前掲書，第 V 部「研究開発と産業政策」を参照せよ．

第33章　公共財・リンダール均衡・クラーク機構

33.1　はじめに

　リンゴやペンのような財は，市場でその対価を支払う意思と能力さえあれば，もっぱら自分で使用する権利を獲得することができる．このような財——対価の支払いと引換えに他人の使用を排除して単独で消費する権利を入手できる財——を，以下では「私的財」(private goods)と呼ぶことにしよう．これに対して，公園，港湾，灯台，警察機構や外交あるいは国防機構のサービスなどを典型例とする財は，対価を支払わない人をその使用から排除することは一般に困難であるという特徴と，供給されるかぎりの同一の「数量」をすべての人々が共同で消費できるという特徴を，それぞれ程度の差こそあれもっている．この2つの特徴——「排除不可能性」(non-excludability)と「消費の集合性」(collective consumption)——を備えている財を，以下では「公共財」(public goods)と呼ぶ．特に排除不可能性と消費の集合性という性質を純粋に備える財を「純粋公共財」(pure public goods)と呼び，また排除可能性と消費の単独性という性質を純粋に備える財を「純粋私的財」(pure private goods)と呼ぶ．

　公共財と私的財とのこのような区別は，理論的な考察の便宜のためにことさら対照的な形で与えられているのであって，実際には程度の問題であるということは認めなくてはならない．例えば，上で公共財の典型例として挙げた公園や港湾あるいは灯台であっても，対価徴集のための人員と施設の手配をいとわなければ使用料を支払わない人を排除することは不可能ではないし，警察機構や防衛機構のサービスも，「非常時」には混雑現象を生じて必ずしも誰もが現実に等量消費できるとは限らない．とはいえ，例えば司法機構の確立と維持という公共財の場合にはその「存在」自体が「財」であって，たとえ直接の「使用」

に混雑や遅延が起ころうとも，依然として排除不可能性と消費の集合性という特徴は損なわれないと考えることができる．

また，公共財は多数の人々に同量だけの外部効果を同時に及ぼす財であると考えることもできる．この観点からは，前章で外部性に関して指摘した市場の失敗が公共財に関しても発生することは明らかであるともいえよう．

本章では，純粋公共財のパレート効率的供給をめぐる市場の失敗とその補正方法について考察することにしたい[1]．

33.2　公共財のパレート効率的配分(1)：限界条件[2]

はじめに，l 種類の私的財，m 種類の公共財，および n 人の消費者から成る経済を考察し，公共財を含む経済における資源配分がパレート効率的であるための限界条件を明らかにしておこう．

消費者 i は私的財の初期保有ベクトル $w^i=(w_1^i, \cdots, w_j^i, \cdots, w_l^i) \in \boldsymbol{R}_+^l$ と効用関数 $u^i(x^i, y)$ をもつものとしよう．ただしここで $x^i=(x_1^i, \cdots, x_j^i, \cdots, x_l^i) \in \boldsymbol{R}_+^l$ は私的財の消費ベクトル，$y=(y_1, \cdots, y_k, \cdots, y_m) \in \boldsymbol{R}_+^m$ は公共財の消費ベクトルである．y に消費者の番号 i が添えられていないことは，公共財の等量消費という特徴を示している．

単純化のため，経済の生産サイドはごく単純に生産可能性曲線

$$(33\text{-}1) \qquad f(x, y\,;\,w) = 0$$

で表現されるものとしよう．ただし $x = \sum_{i=1}^{n} x^i \in \boldsymbol{R}_+^l$ は経済全体としての私的財の生産ベクトル，$w = \sum_{i=1}^{n} w^i \in \boldsymbol{R}_+^l$ は経済全体としての私的財の初期保有ベクトルである．

そのとき，配分 $(x^1, \cdots, x^i, \cdots, x^n\,;\,y)$ がパレート効率的であるための限界条件は

$$(33\text{-}2) \qquad MRS_{j1}^i(x^i, y) = MTS_{j1}(x, y\,;\,w)$$
$$(i=1, 2, \cdots, n\,;\, j=2, 3, \cdots, l)$$

第33章 公共財・リンダール均衡・クラーク機構　301

$$(33\text{-}3) \quad \sum_{i=1}^{n} MRS_{l+k,1}{}^{i}(x^{i}, y) = MTS_{l+k,1}(x, y\,;\,w)$$
$$(k=1, 2, \cdots, m)$$

で与えられる[3]。ただし，

$$MRS_{j1}{}^{i}(x^{i}, y) = \frac{\partial}{\partial x_{j}{}^{i}} u_{i}(x^{i}, y) \Big/ \frac{\partial}{\partial x_{1}{}^{i}} u_{i}(x^{i}, y)$$
$$(i=1, 2, \cdots, n\,;\,j=2, 3, \cdots, l)$$

$$MRS_{l+k,1}{}^{i}(x^{i}, y) = \frac{\partial}{\partial y_{k}} u_{i}(x^{i}, y) \Big/ \frac{\partial}{\partial x_{1}{}^{i}} u_{i}(x^{i}, y)$$
$$(i=1, 2, \cdots, n\,;\,k=1, 2, \cdots, m)$$

は消費者 i の私的財 j と私的財1との限界代替率および公共財 k と私的財1との限界代替率である。また，

$$MTS_{j1}(x, y\,;\,w) = \frac{\partial}{\partial x_{j}} f(x, y\,;\,w) \Big/ \frac{\partial}{\partial x_{1}} f(x, y\,;\,w) \quad (j=2, 3, \cdots, l)$$

$$MTS_{l+k,1}(x, y\,;\,w) = \frac{\partial}{\partial y_{k}} f(x, y\,;\,w) \Big/ \frac{\partial}{\partial x_{1}} f(x, y\,;\,w) \quad (k=1, 2, \cdots, m)$$

はそれぞれ私的財 j と私的財1との技術的限界代替率および公共財 k と私的財1との技術的限界代替率である。

限界条件(33-2)と(33-3)は2つの興味ある事実を教えている。第1の事実は競争的価格メカニズムによるパレート効率の配分の達成可能性に関わっている。いま，私的財1を価値基準財として私的財 $j(=2, 3, \cdots, l)$ の価格を p_j と書けば，消費者(あるいは生産者)がこれらの価格をパラメーターとして受動的に受けとって効用(あるいは利潤)を最大にしようと行動するかぎり，われわれは

$$(33\text{-}2^{*}) \quad MRS_{j1}{}^{i}(x^{i}, y) = p_{j} = MTS_{j1}(x, y\,;\,w)$$
$$(i=1, 2, \cdots, n\,;\,j=2, 3, \cdots, l)$$

という限界条件を得ることができる。すなわち，私的財に関する限界条件(33-2)は競争的価格の媒介によって分権的に実現できる。これに対して，公共財に関する限界条件(33-3)の場合には事情はまったく異なっている。試みに，私的財1を価値基準財として公共財 $k(=1, 2, \cdots, m)$ の価格を p_{l+k} と書くものとすれば，私的財の場合と同じ分権的決定は

$$(33\text{-}3^*) \quad MRS_{l+k,1}{}^i(x^i, y) = p_{l+k} = MTS_{l+k,1}(x, y; w)$$
$$(i=1, 2, \cdots, n; k=1, 2, \cdots, m)$$

という限界条件に導いてしまい，これは$(n \geq 2$ である限り$)$効率的配分の条件(33-3)を意味しない．それのみならず，各消費者が競争的に需要する公共財の量が一致する保証は一般にまったく存在しない．競争的価格メカニズムは公共財のパレート効率的配分を分権的に達成することに「失敗」するのである[4]．

限界条件(33-2)と(33-3)に関して興味ある第2の事実は，私的財と公共財との間に成立する「双対性」(duality)である[5]．私的財の場合には，排除可能性という性質によって財の総量 X_j と個々の消費者の消費量 $x_j{}^i$ との関係は

$$(33\text{-}4) \quad X_j = \sum_{i=1}^{n} x_j{}^i \qquad (j=1, 2, \cdots, l)$$

という和によって表わされ，一方そのパレート効率的配分の限界条件は(33-2)から

$$(33\text{-}5) \quad MRS_{j1}{}^i(x^i, y) = MRS_{j1}{}^{i^*}(x^{i^*}, y) = MTS_{j1}(x, y; w)$$
$$(i, i^* =1, 2, \cdots, n; j=2, 3, \cdots, l)$$

という消費者間の限界代替率の均等性によって特徴づけられる．これに対して公共財の場合には，等量消費という性質により財の総量 X_{l+k} と個々の消費者の消費量 $x_{l+k}{}^i$ との関係は

$$(33\text{-}6) \quad X_{l+k} = x_{l+k}{}^i = x_{l+k}{}^{i^*}$$
$$(i, i^* =1, 2, \cdots, n; k=1, 2, \cdots, m)$$

という均等性によって表わされ，一方そのパレート効率的配分の限界条件は

$$(33\text{-}7) \quad MTS_{l+k,1}(x, y; w) = \sum_{i=1}^{n} MRS_{l+k,1}{}^i(x^i, y)$$
$$(k=1, 2, \cdots, m)$$

という各消費者の限界代替率の和の形式で表現される．

私的財の場合の(33-4)および(33-5)と，公共財の場合の(33-6)および(33-7)との対照は，両者の差異をきわめて鮮明に表現している．

33.3 公共財のパレート効率的配分(2)：図解[6]

私的財と公共財がそれぞれ1種類ずつ存在し，消費者も2人しか存在せず，しかも生産可能性曲線が

$$(33\text{-}8) \qquad x^1 + x^2 + y = w = w^1 + w^2$$

という簡単な1次式で表現される特殊ケースを考えよう．この場合には，公共財と私的財との間の技術的限界代替率はつねに1であり，パレート効率的配分の限界条件(33-2)，(33-3)は

$$(33\text{-}9) \qquad \sum_{i=1}^{2} MRS_{yx}{}^i(x^i, y) = 1$$

というただひとつの条件に帰着してしまう．ただしここで $MRS_{yx}{}^i$ は消費者 i にとっての公共財の私的財に対する限界代替率である．

この単純なケースに即して，パレート効率的な資源配分の状態を図解してみよう．まず，33-1図(a)のように高さが w の正三角形 ABC を描き，この正三角形の内部の任意の点から辺 AB, BC, CA に下した垂線の長さを各々 x^1, y, x^2 とすれば，必ず $x^1 + x^2 + y = w$ が成立する．なぜならば，33-1図(a)において明らかに $\triangle ABC = \triangle ARB + \triangle BRC + \triangle CRA$ であり，また正三角形 ABC の1辺の長さを $t (= w/\sin 60°)$ とするとき $\triangle ABC = tw/2, \triangle ARB = tx^1/2, \triangle BRC = ty/2, \triangle CRA = tx^2/2$ となるからである．このことは，正三角形 ABC の内部の任意の点は，その座標を上記のルールに従って (x^1, x^2, y) と定めるとき，ちょうど条件(33-8)を満足する実行可能配分になることを示している．次に，33-1図(b)のように，辺 BC と辺 BA をそれぞれ C, A の方向に延長して作られる2つの半直線を斜交軸とする斜交平面の中に消費者1の無差別曲線 $I_1, I_1', \cdots$ を書き入れる．同様に，辺 CB と辺 CA をそれぞれ B, A の方向に延長して作られる2つの半直線を斜交軸とする斜交平面の中に，消費者2の無差別曲線 $I_2, I_2', \cdots$ を書き入れる．各消費者の選好が凸性をもつならば，斜交平面内の無差別曲線はそれぞれの原点に向かって凸な曲線となることが明ら

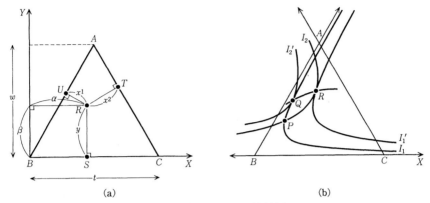

33-1図 公共財のパレート効率的配分

かだろう。そのとき、これら2組の無差別曲線の接点——例えば Q, R ——の軌跡は、ちょうどパレート効率的な資源配分の集合、すなわちエッジワースの契約曲線 QR になっている。（読者はこの事実を確認せよ。）そしてこの契約曲線上の任意の点では、限界条件(33-9)が満足されている。

契約曲線上の任意の点、例えば $R=(x^1, x^2, y)$ をとろう。ただし、$x^1=$線分 RU の長さ、$x^2=$線分 RT の長さ、$y=$線分 RS の長さである。いま、B から垂直軸 BY を立て、BX と BY を直交軸とする直交平面を考えよう。そのとき、R の直交座標 (α, β) は

$$(33\text{-}10) \qquad \alpha = \frac{x^1}{\sin 60°} + \frac{y}{\tan 60°}, \qquad \beta = y$$

と表わされる。（読者はこの事実を確認せよ。）さて、点 R を通過する無差別曲線 I_1' の上では $u_1(x^1, y) =$ const. なので(33-10)式より

$$(33\text{-}11) \qquad u_1\left(\left(\alpha - \frac{\beta}{\tan 60°}\right)\cdot \sin 60°, \beta\right) = \text{const.}$$

が従う。これより、点 R における I_1' への接線の勾配 $d\beta/d\alpha$ は

$$(33\text{-}12) \qquad \frac{d\beta}{d\alpha} = \frac{\sin 60°}{\cos 60° - MRS_{yx^1}(x^1, y)}$$

で与えられることがわかる。一方、$x^2 = w - y - x^1$ なので、点 R を通過する無差別曲線 I_2 の上では $u_2(x^2, y) =$ const. という条件は

$$(33\text{-}13) \quad u_2\left(w-\beta-\left(\alpha-\frac{\beta}{\tan 60°}\right)\cdot\sin 60°, \beta\right) = \text{const.}$$

と表現でき，これより点 R における I_2' への接線の勾配 $d\beta/d\alpha$ は

$$(33\text{-}14) \quad \frac{d\beta}{d\alpha} = \frac{\sin 60°}{MRS_{yx}^2(x^2, y) + \cos 60° - 1}$$

で与えられることが知られる．ところで，点 R においては I_1' と I_2 が共通の接線をもつというのがパレート効率的配分の条件なのだから，(33-12)と(33-14)の両式から

$$(33\text{-}15) \quad MRS_{yx}^1(x^1, y) + MRS_{yx}^2(x^2, y) = 1$$

が従うことになる．すなわち，点 R においては条件(33-9)が満足されるのである．

33.4　リンダール均衡[7]

　ここで本章の33.2節で説明した私的財と公共財との間に成立する双対性にもう一度注目しよう．この双対性のエッセンスは，2つのタイプの財において，なにがすべての個人に共通の——その意味で公共的な——変数であり，なにが個人ごとに異なる——その意味で私的な——変数であるかという点がちょうど正反対になっているという事実にほかならない．私的財の場合には公共的変数は価格であり私的変数は数量であるのに対し，公共財の場合には公共的変数は数量であり私的変数は限界代替率である．この対照に改めて注目すれば，公共財に対してすべての消費者に共通な価格シグナルを適用しようとする競争的市場解が失敗せざるをえないことは明らかである．むしろ自然な試みは，数量が公共的変数である公共財に対しては価格を各消費者ごとに区別される私的変数とすること——「個別化された価格」(personalized prices)を公共財に適用すること——であろう．この試みを提案した古典的研究こそ，リンダールによる「リンダール均衡」(Lindahl equilibrium)の概念の定式化にほかならない．以下でこの均衡概念を(前節の単純化されたモデルに即して)定式化し，その主要な性質を理解することに努めたい．

　まず，私的財を価値基準財として，第 i 消費者に対する公共財の個別化され

た価格を p_i と書こう ($i=1, 2$). この価格システム $(1, p_1, p_2)$ のもとでは, 第 i 消費者の効用を最大化する消費計画 (x^i, y^i) は

(33-16) $\quad (x^i(p_i), y^i(p_i)) = \underset{(x^i, y^i) \in B_i(p_i)}{\arg\max} u_i(x^i, y^i)$

(33-17) $\quad B_i(p_i) = \{(x^i, y^i) \in \mathbf{R}_+^2 \mid x^i + p_i y^i = w^i\}$

で与えられることになる. そしてリンダール均衡は

(33-18) $\quad y^1(p_1^*) = y^2(p_2^*) \equiv y^*$

(33-19) $\quad \sum_{i=1}^{2} x^i(p_i^*) + y^* = \sum_{i=1}^{2} w^i$

を満足する価格システム $(1, p_1^*, p_2^*)$ と配分 $(x^1(p_1^*), x^2(p_2^*), y^*)$ として定義されるのである[8].

この均衡概念は多くの興味深い性質をもっている. 第1に, (33-16)-(33-19) より, $y^* > 0$ である限り $p_1^* + p_2^* = 1$ でなくてはならない. この点に留意すれば, 実はリンダール均衡において消費者 i が公共財に対して支払う価額 $p_i^* y^*$ は, 彼の公共財供給費用の負担額——従って p_i^* は彼の税率——にほかならないと考えることができる ($i=1, 2$). 第2に, 消費者の最適化問題の限界条件により, われわれは

(33-20) $\quad MRS_{yx}^i(x^i(p_i^*), y^*) = p_i^* \qquad (i=1, 2)$

を得ることができるが, すでに注意した $p_1^* + p_2^* = 1$ に留意すれば (33-20) は

(33-21) $\quad \sum_{i=1}^{2} MRS_{yx}^i(x^i(p_i^*), y^*) = 1$

を意味することがわかる. これはリンダール均衡配分 $(x^1(p_1^*), x^2(p_2^*), y^*)$ がパレート効率的配分の限界条件 (33-9) を満足することを意味するものにほかならない. 第3に, (33-20) 式によれば第 i 消費者の費用負担率 (すなわち税率) は彼の限界代替率に一致するように定まるのだから, リンダールの構想はまさしく受益者負担原則に立脚する公共財供給の機構にほかならない.

33-2図は三角形のエッジワース図を用いてリンダール均衡を図示したものである. 辺 BC 上の点 D は, 辺 AB (あるいは辺 CA) へ下した垂線の長さ $\overline{DE}$ (あるいは $\overline{DF}$) が w^1 (あるいは w^2) となる点であって, この経済における私的

財の初期保有の状況を表わしている．点 D を通って引かれた線分 DP, DR は2つの異なる価格システムに対応する消費者の予算線を描いたものである．予算線 DP に対しては，消費者1(あるいは消費者2)の効用を最大化する消費計画は点 P(あるいは点 P')で表わされる．明らかに，この価格システムのもとでは財の需給は一致しない．これに対して予算線 DR に接する2人の消費者の無差別曲線 I_1', I_2' はお互いに他と接しており，点 R は(33-18)，(33-19)で定義されるリンダール均衡配分になっている．明らかにこの配分はパレート効率的である．

33-2図はもうひとつ重要な事実を教えている．すなわち，契約曲線上の任意のパレート効率的配分(例えば点 Q)は，私的財の初期保有量を適当に再分配すれば，リンダール均衡配分として実現できるのである．(点 Q の場合には，再分配によって初期保有点を D から D' に変更しさえすればよい．)

このように，「リンダール均衡配分はパレート効率的であり，逆に任意のパレート効率的配分は(私的財の初期保有量を個人間で適切に再分配したうえで)リンダール均衡配分として実現できる」のである．すなわち，私的財だけを含む経済における「厚生経済学の基本定理」と本質的に同じ主張が，公共財が存在する経済におけるリンダール均衡とパレート効率的配分との間に成立することになる．

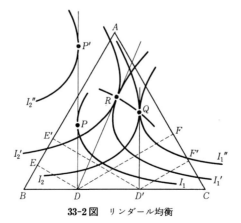

33-2図 リンダール均衡

33-2図はまた次の重要な点をも明らかにしている．すなわち，私的財の初期分配が異なれば，リンダール均衡において供給される公共財の量は一般には異なることである．例えば初期分配 D, D' に対応するリンダール均衡 R, Q は（辺 BC への垂線の高さを比較すれば明らかなように）それぞれ異なる公共財の供給量を与えている．この事実は，公共財の供給量と費用負担率を所得分配と独立に決定することはできないという重要な性質を示している．

　私的財の世界での競争均衡と公共財の世界でのリンダール均衡との間には，上で説明した類似性にもかかわらずひとつの重要な差異がある．それは2つの均衡概念に共通な「価格受容的行動」(price-taking behavior)という仮説に関わっている．
　市場の参加者の数が少ないときには，私的財だけを含む経済においても公共財を含む経済においても，価格受容的行動という仮説はいずれにせよあまり説得力をもちえない．自分の需給が価格シグナルの改訂に影響を及ぼすことは参加者の数が少なければほとんど自明であり，それにもかかわらずこの影響を無視して行動するという近視眼的行動の仮説は，むしろ「非合理的」であるかにさえ思われる．
　これに対して，参加者の数が多くなれば，事情はまったく異なってくる．私的財の世界では（本書第18章で説明したように）参加者の数の増加にともなってコアは競争均衡配分に収束する．言い換えると，参加者の数が多くなれば，価格受容的行動によって実現される競争均衡配分だけが，どのような結託によっても決して覆えされることがない配分となるのである．一方，公共財を含む世界でも，コアの概念を定義し，リンダール均衡がコアに属することを示す地点までは私的財の世界とのアナロジーが成り立つが——興味ある読者はエクササイズとして試みよ——，参加者の数の増大とともにコアがリンダール均衡に収束するという「極限定理」のアナロジーは成立しないのである．むしろ，公共財を含む経済のコアは参加者の数とともに拡大する可能性すら存在する．
　その理由は直観的にも明瞭である[9]．ある結託が当初の配分を阻止しようとすると，結託内のメンバーがもつ資源だけを用いて問題の配分よりもメンバー全員にとって望ましい状態を実現しなくてはならない．しかし，このような分派行動によってもともと享受していた公共財の便益までもカバーすることは，経済のサイズが大きくなるほどむつかしくなると考えるべきである．このことは，ある市が完全な独

立国を形成して(従来は国によって供給されていた)外交,防衛,治安,司法その他の公共的サービスを全部新たに供給しようとすることは,もともと所属していた国が大きければ大きいほど,それだけさらに困難であるという事情を考えてみさえすれば理解できるだろう.従って,公共財を含む経済では,参加者の数が多いほど結託によって阻止されえない配分の集合——コア——はむしろ拡大すると予想される.

こうしてみると,価格受容的行動の仮説に立つリンダール均衡の概念は(私的財だけから成る経済における競争均衡の概念とは異なって)経済のサイズが大きいほどむしろ興味の少ない公共財の配分機構であるということになる.

33.5 フリー・ライダー問題とクラーク機構

前節ではリンダール均衡にだけ注目したが,ここで改めてこの個別化された価格機構を公共財に対する効率的な資源配分のメカニズムと考えて,その作動の仕組を検討してみよう.

このメカニズムは,まず個別化された公共財の価格 $p_i(0)$ $(i=1,2)$, $p_1(0)+p_2(0)=1$ を任意に選ぶことから出発する.この価格に対応して各消費者 i は (33-16),(33-17) に従って消費計画 $(x^i(p_i(0)), y^i(p_i(0)))$ $(i=1,2)$ を選択するわけだが,この消費計画の組が均衡条件 (33-18),(33-19) を満足しなければ,価格は改訂されなければならない.この価格の改訂は $y^i(p_i(0)) > y^j(p_j(0))$ であれば $p_i(0)$(あるいは $p_j(0)$)を引き上げ(あるいは引き下げ)て,新たな個別化された公共財の価格ベクトル $(p_1(1), p_2(1))$, $p_1(1)+p_2(1)=1$ を形成するという方式で行なわれる.そしてこの手順は,リンダール均衡に対応する価格ベクトル $(p_1{}^*, p_2{}^*)$ が発見されるまで継続されるのである.この仕組を理解したとき,消費者はどのように行動するだろうか.

明らかに,各消費者の利己心は,自分の公共財に対する需要量 $y^i(p_i(t))$ を実際よりも過小に申告する行動を示唆するだろう.なぜならば,過小申告によって彼は自分に対する個別化された公共財の価格——すなわち税率——を低くおさえることができる一方で,他の納税者の負担によって供給された公共財の

便益は，彼にも均等に及ぶからである．このように，他人の負担に便乗しようとする行動を「ただ乗り（フリー・ライディング）」(free-riding)と呼ぶ．消費者の数が少数ならば，ある消費者の過小申告の結果として実際の公共財供給量は減少してしまうだろうが，それでもなお費用負担を軽くすませることの利益はその損失を上回って余りあるかもしれない．まして消費者の数が多ければ，他人の貢献にただ乗りする誘因はさらに一層大きくなるだろう[10]．

それでは，ただ乗りの誘因を誰にも与えないような公共財の供給メカニズムは存在しうるだろうか．言い換えれば，公共財に対する真の選好を表明することが各消費者にとって最善の対応策——支配戦略——となるように，公共財の社会的供給メカニズムを設計することは可能だろうか．

人々に真の選好を表明する誘因を与えるメカニズムのエッセンスは，次のような（公共財の供給とは一見無関係な）問題を考察することによって理解できる．ある財——例えば絵画——を競売に付するものとしよう．もし仮に，公開競売によって最高の競り値をつけた参加者にこの財をひき渡すことにすれば，表明される評価額（競り値）が人々の真の評価額と一致する保証はまったくない．事実，公開競売における「成功」は，いかにして真の評価値よりも低い競り値で競りおとすかという基準で語られるのであって，競売参加者は競合する人々に競り勝てると信じるかぎりで最低の競り値をつけるだろうからである．そこで，次のようなルールに従う競売方法を適用することにしよう：

（a） 競売への参加者は，この財に対する自分の評価額を紙に書いて提出する；

（b） 財は最高の評価額を記入した参加者に売却されるが，その際の売却価格は提出された評価額のリストの中で第2番目に高い評価額に定める．

この競売ルールのもとでは，参加者の支配戦略は自分の真の評価額を提出することである．もし仮に，真の評価額よりも高い評価額を戦略的に記入してこの財を競りおとすことに成功しても，彼がその財に対して実際に支払う金額（＝競売参加者がつける第2番目に高い評価額）は彼の真の評価額を上回る可能性がある．その場合には，競り勝ってもかえって損失をこうむることになって

しまう．一方，真の評価額より低い評価額を記入すれば，この財を競りおとすことに失敗して後悔するかもしれないし，成功したとすれば彼が支払う金額は，実は真の評価額を表明した場合に支払う金額とまったく同じである．こうして，競りに参加する際に表明する評価額と，競りおとした場合に支払う金額とのリンクを断つことによって，すべての競売参加者に真の選好(評価額)を表明する誘因を与えることができるのである[11]．

さて，公共財に対する真の選好を各消費者に表明させるメカニズムとしてよく知られた提案は，「クラーク機構」(Clarke mechanism)ないし「需要顕示機構」(demand-revealing mechanism)あるいは「クラーク＝グローブス機構」(Clarke-Groves mechanism)などと呼ばれるものである[12]．このメカニズムを適用可能にするために，各消費者の効用関数は

(33-22) $$u_i(x^i, y) = x_i + v_i(y) \quad (i=1, 2)$$

という準線形性をもち，従って公共財に対しては所得効果が存在しないことを仮定しよう．本書でもすでに準線形効用関数の性質についてはたびたび触れる機会があった．

明らかに，(33-22)のもとでは $MRS_{yx}^i(x^i, y) = v_i'(y) \ (i=1, 2)$ であるため，公共財のパレート効率的配分の限界条件(33-9)は

(33-23) $$v_1'(y) + v_2'(y) = 1$$

という表現に帰着してしまう．33-3図は横軸に y，縦軸に MRS_{yx} を測ったものであり，曲線 $v_i'(y)$ は公共財に対する消費者 i の(真の)限界評価——公共財と私的財との限界代替率——を表わしている $(i=1, 2)$．(33-23)式によれば，これらの限界評価曲線を縦に加え合わせた曲線と高さ1の水平線との交点で定まる公共財の水準 y^* が，パレート効率的配分の限界条件を満足する公共財の供給量にほかならない．

クラーク機構のエッセンスは，公共財の社会的供給の費用を一種の「二部料金」(two-part tariff)として消費者に負担させるという点にある．まず各消費者 i は $p_i \geq 0$ だけの固定料金 $(p_1+p_2=1)$ を課されるが，それに加えて彼には「クラーク税」(Clarke tax)あるいは「誘因税」(incentive tax)と呼ばれる税金

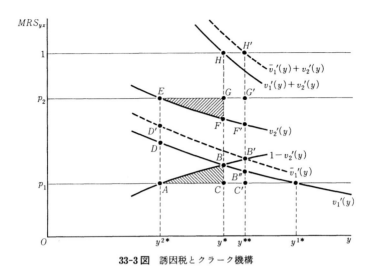

33-3図 誘因税とクラーク機構

が賦課される.

このうち固定料金の部分 p_i はクラーク機構にとっては外生的な与件であって,この機構それ自体はどのように定められた固定料金体系 $p=(p_1, p_2)$, $p_i \geqq 0$ ($i=1, 2$), $p_1+p_2=1$ に対しても中立的に機能することに注意しなくてはならない. 33-3図には,ひとつの固定料金体系 $p=(p_1, p_2)$ が書き入れられている.そして高さ p_i の水平線と限界評価曲線 $v_i'(y)$ との交点が定める公共財の水準 y^{i*} は,この固定料金体系のもとで消費者 i が最善と考える公共財供給量である ($i=1, 2$). 33-3図の場合には $y^{2*} < y^* < y^{1*}$ となっている. すなわち,固定料金体系 $p=(p_1, p_2)$ のもとで消費者2と比較してより多くの公共財を需要する消費者1が社会的決定に参加するために,公共財の社会的供給量は消費者2が最善と考える y^{2*} よりも高い y^* の水準に定められるわけである. このことは消費者1が消費者2に対して効用の損失を負わせていることを意味している. この消費者2の効用損失の評価額を税として消費者1に課すものこそ,クラーク税ないし誘因税にほかならない[13]. この誘因税の額は,以下のようにして評価することができる.

まず,公共財の供給量が y^* であるとき,消費者2の消費者余剰[14]は

第33章 公共財・リンダール均衡・クラーク機構　313

$$\int_0^{y^*} v_2'(y)\,dy - p_2 y^* = u_2(w^2 - p_2 y^*, y^*) - u_2(w^2, 0)$$

で与えられるが，これは公共財の供給量が消費者2にとって最善な y^{2*} である場合の消費者余剰

$$\int_0^{y_2^*} v_2'(y)\,dy - p_2 y^{2*} = u_2(w^2 - p_2 y^{2*}, y^{2*}) - u_2(w^2, 0)$$

と比較して

(33-24) 　$u_2(w^2 - p_2 y^{2*}, y^{2*}) - u_2(w^2 - p_2 y^*, y^*) =$ 領域 EFG の面積

だけ減少している．従って，消費者1に対する誘因税は，33-3図の領域 EFG の面積，あるいは同じことだが領域 ABC の面積で与えられるわけである．

それでは，この二部料金を課されたとき，消費者1はどのように行動するだろうか．まず彼は，誘因税を支払ったとしても公共財の供給量を(消費者2にとって最善な) y^{2*} から y^* に変更する動機をもっている．なぜならば，この変更の結果として彼の(公共財からの)総便益は

$$\int_{y^{2*}}^{y^*} v_1'(y)\,dy = 領域 y^{2*}y^*BD の面積$$

だけ増加し，一方彼の税額は

領域 $y^{2*}y^*CA$ の面積[固定税]＋領域 ABC の面積[誘因税]

だけ増加するため，この変更は領域 ABD の面積が示す純便益をもたらすからである．

次に，消費者1は(消費者2が真の選好を表明していようといまいと)公共財に対する自分の真の選好を表明する動機をもっている．その理由は次のようにしてわかる．まず，彼が自分の選好を過小に表明すれば，前パラグラフで確認した純便益を減少させてしまうことが明らかである．一方，彼が公共財の限界評価を高く偽って $\bar{v}_1'(y) > v_1'(y)$ を表明することによって公共財の社会的供給量を y^{**} に変更するものとすれば，追加的な便益は領域 $y^*y^{**}B''B$ の面積であるのに対して追加的な税額は領域 $y^*y^{**}B'B$ の面積となるため，領域 $BB'B''$ の面積だけ純便益はやはり減少してしまう．そしてこの推論は，実は消費者2の表明する限界評価 $v_2'(y)$ が真実のものであろうとなかろうと，それ

に関わりなく成立する．従って，クラークの二部料金体系のもとでは，選好の真実表明は支配戦略となるのである．

ところで，このメカニズムのもとで各消費者は2種類の税を支払うため，クラーク機構を適用する政府が徴集する総税額は

$$\left(\sum_{i=1}^{2}p_i\right)y^* + \sum_{i=1}^{2}(\text{第}\ i\ \text{消費者の誘因税})$$

となる．しかるに，$\sum_{i=1}^{2}p_i=1$ なのでこの第1の部分はそれだけで実は公共財 y^* の生産費用をちょうどまかなっている．従って，誘因税の総額は財政余剰として公共当局の手許に残されることになる．もし仮に，なんらかの方法でこの財政余剰を消費者に還元しようとすれば，それは真実表明を動機づけるというクラーク税制の機能を妨げることになってしまうため，結局のところ誘因税総額だけの財政余剰は政府の手許に無為に留まるほかはない．しかしこのことは，実は消費者の可処分所得を引き下げることを通じて私的財の消費量をそれだけ減少させることに帰着する．従って，クラーク機構のもとで実現される資源配分は実際にはパレート効率的でないことになる．

こうしてみると，クラーク機構は公共財に対する二部料金体系を導入することによってすべての消費者に公共財に対する真実の限界評価を表明させ，それに基づいてパレート効率的配分の限界条件を満足する公共財の供給量を実現することに成功してはいるものの，それと引き換えに私的財のパレート非効率的な供給を余儀なくされていることになる．このことは決してクラーク機構のみの欠陥ではない．事実，先に触れた競売ルールの場合にも，競売参加者に真の評価額を表明する誘因を与えることの対価として，競売機構は(最善の評価額－次善の評価額)だけの逸失利益を甘受していることに注意すべきである．実は，本書で詳しく述べる余裕はないが，公共財に対する真の評価を表明することが支配戦略となるような資源配分メカニズムで，結果として実現される配分が必ずパレート効率的となるようなものは存在しないことが知られているのである[15]．

最後に，準線形の効用関数(33-22)がクラーク機構の性能と適用可能性との

関わりにおいて果たす役割について，注意を与えておくことにしたい．

すでに注意したように，効用関数(33-22)のもとでは公共財に対する所得効果は存在しない．この性質がクラーク機構の適用可能性と密接に関連していることは明らかであろう．事実，所得効果が存在すれば，33-3図に描かれた公共財に対する限界評価曲線は誘因税の支払いにともなう所得分配の変化に応じてシフトすることになり，クラーク税制の望ましい誘因効果はそのシフト次第では覆えされてしまうことになる．

一方，所得効果が存在しないことから，限界条件(33-23)を満足する公共財の供給量 y^* は私的財の初期分配とは独立に定まる——従って33-1図の契約曲線 RQ は辺 BC と平行になる——ことになる．これは準線形の効用関数の著しく特殊な性質であって，クラーク機構の適用可能性がこの特殊な仮定と密接に結びついているという事実は，忘れられてはならない．

33.6 多数決投票と公共財供給

公共財の社会的供給の問題は，人々の間に利害の対立が生じる典型的な一例である．人の選好に応じてそれぞれが最適と考える公共財の量は異なるけれども，その社会的供給量はすべての人々に共通な水準に定められるほかはない．そしてこの(自分にとっては必ずしも望ましくない水準の)供給を実現する費用に対する応分の負担は，好むと好まざるとに拘わらず人々に帰着するからである．

ところで，利害対立の状況を裁定し社会的決定を行なうことは，まさしく政治の課題にほかならない．それでは，公共財の社会的供給に関わる利害対立に関しては，どのような政治的解決がありうるだろうか．この問題——そしてもっと広く政治の経済学的分析の問題——については，「公共的選択」(public choice)ないし「社会的選択」(social choice)の理論という経済学の一分野において詳細かつ膨大な研究が行なわれている[16]．以下では単純多数決に基づく直接民主制政治機構を前提として，公共財供給の政治過程について簡潔に説明す

ることにしたい．

単純化のため，個人の数 n は奇数であるものとし，しかも各個人の効用関数は(33-22)のように準線形性をもつと仮定しよう[17]．また，選好の凸性を保証するため，$v_i(y)$ は凹関数——$v_i''(y)<0$——であることを仮定したい．

はじめに，公共財供給の費用負担に関してはすでに別の理由(例えば負担の「公平性」，「能力」に応じる負担など)から決定されている場合を考えよう．個人 i の税率を $t_i(t_i>0, \sum_{i=1}^{n} t_i=1)$ とすれば，個人 i にとって最適な公共財の供給量 $y^{i*}(t_i)$ は

(33-25)
$$y^{i*}(t_i) = \arg\max_{y \geq 0} u_i(w^i - t_i y, y)$$
$$= \arg\max_{y \geq 0} \{v_i(y) - t_i y\}$$

によって与えられる．単純化のため，$y^{i*}(t_i)$ $(i=1, 2, \cdots, n)$ は全部異なるものとして，$y^{1*}(t_1)<y^{2*}(t_2)<\cdots<y^{n*}(t_n)$ となるように個人の番号をつけ直そう．$v_i''(y)<0$ であるという仮定から，そのとき各個人の効用関数は 33-4 図(a)のように $y^{i*}(t_i)$ で頂点に達する「単峰型」(single-peaked)の曲線によって示される[18]．

さて，$y^{M*}(t_M)$ は集合 $Y(t)=\{y^{i*}(t_i)|i=1, 2, \cdots, n\}$ の中位数(median)を表わすものとしよう．そのとき，集合 $Y(t)$ の中で単純多数決によって他のどの要素に対しても勝利を収める要素は，まさしくこの $y^{M*}(t_M)$ にほかならない．なぜならば，$y^{i*}(t_i)<$(あるいは>)$y^{M*}(t_M)$ に対しては(33-4図(a)から明らか

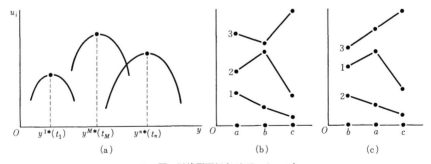

33-4図 単峰型選好(1次元のケース)

なように)少なくとも $M, M+1, \cdots, n$(あるいは $1, 2, \cdots, M$)だけの個人が $y^{i*}(t_i)$ ではなく $y^{M*}(t_M)$ を選好するため，$y^{M*}(t_M)$ が過半数の支持によって選ばれることになるからである．こうして，公共財の社会的供給量を単純多数決によって定めることにすれば集合 $Y(t)$ の中位数 $y^{M*}(t_M)$ が選択されることになる．この結果はホテリング＝ボウエンの中位投票者定理(median voter theorem)と呼ばれている[19]．

　この結果はブラック，アロウなどにより次のように一般化されている．単純多数決によって社会的選択を行なう場合に，選択肢の適当な並べ方によって全部の投票者の選好図表が単峰型になるようにできるならば，これらの選択肢の中に，単純多数決によって決して敗北を喫することのないものが必ず存在する．
　ここで2つの注意を与えておきたい．第1に，33-4図(b)のように一見単峰型でない選好図表も，33-4図(c)のように選択肢の適切な並べかえの結果として単峰型になる場合がある．第2に，単峰性の要求は，投票者の選好がそれを満たしていさえすれば多数決原理が矛盾のない社会的決定を生むことが保証されている条件の，よく知られた一例に過ぎない．稲田，センを含む多くの人々により，社会的決定機構としての単純多数決原理の構造に関してきわめて詳細な研究が示されている[20]．

　単峰性の仮定が自然に満足されるもうひとつの例は，国会議員の選出などに際する政治家への投票であろう．議論を具体化するために，3人の候補者の政治的見解がラディカル，中庸，保守とはっきりと分かれ，この事実が誰の目にも明らかであるものとしよう．その場合には，ラディカル(あるいは保守)を最善と考える投票者は中庸を次善，保守(あるいはラディカル)を最悪と判断するものと考えられる．明らかに，このような選好は単峰型である．
　ところで，公共財の社会的供給に際して単純多数決に基づく政治機構を適用することに対しては，2つの重要な限界があることに注意する必要がある．
　第1に，中位投票者の選択 $y^{M*}(t_M)$ がパレート効率的な公共財の供給量になっている保証はまったくない．(33-25)により $v_M{}'(y^{M*}(t_M))=t_M$ ではあるが $i \neq M$ に対しては一般に $v_i{}'(y^{M*}(t_M)) \neq t_i$ であって，パレート効率的配分の限

界条件 $\sum_{i=1}^{n} v_i'(y^{M*}(t_M))=1$ は偶然を除いては成立しないからである．

第2に，ホテリング＝ボウエンの中位投票者定理は，本質的に1次元的な(すなわち公共的選択の対象が直線上に並べられる場合に成立する)性質であって，例えば公共財の供給量 y と同時に税負担を規定するベクトル $t=(t_1, t_2, \cdots, t_n)$ ($t_i>0,\ \sum_{i=1}^{n} t_i=1$) も投票によって定めるとか，公立学校への支出額と防衛支出額との組み合わせに関して選択を行なうというように複数個の公共財が存在する場合には，一挙に崩壊してしまう．以下では公共財が2種類存在する場合をとり挙げて，この点を説明しておきたい．

33-5図(a)は，2次元の公共財平面に単峰型選好の概念を自然に拡張したものを描いている．点 y^* はある個人にとって最善な公共財ベクトルであって，y^* をとりまく同心円は外へ離れるほど効用が低下する無差別曲線を示している．いま3人の個人の選好がいずれもこの意味で単峰型であるものとしよう．33-5図(b)はこの状況を示している．このとき3つの選択肢 a, b, c に対する3人の個人の選好順序は，明らかに

1	2	3
a	b	c
b	c	a
c	a	b

となっている．例えば個人1は，a を最善，b を次善，c を最悪と考えているわ

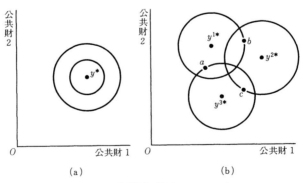

33-5図 単峰型選好(多次元のケース)

けである．この場合には，単純多数決を適用した結果はホテリング＝ボウエンの中位投票者定理とはまったく対照的なものとなる[21]．aとbを比較すれば，個人1と3はaをbより選好するため，社会的にはaはbよりも望ましいものと判断される．同じ理由からbはcよりも，そしてcはaよりも社会的に望ましいことになり，従って選択肢の集合$S=\{a, b, c\}$のうちでどれが社会的に最善なものであるかという判断は不可能となってしまうのである．

単純多数決に基づく社会的判断に生じるこのパラドックスは「投票のパラドックス」(voting paradox)として著名であって，しばしば（その最初の発見者にちなんで）「コンドルセの逆理」(Condorcet paradox)とも呼ばれている．

ところで，単純多数決は直接民主制のもとでの社会的意思決定機構のひとつの例にすぎない．従って，単純多数決に基づく公共財の政治的供給機構に投票のパラドックスが生じたとしても，他にもっと巧妙な政治的機構が存在してこの難問を解消してくれるという可能性は否定できない．この可能性の検討は第36章（「社会厚生関数と集団的選択」）において行なうことにしたい．

また，単純多数決に関する本節での議論においては，すべての個人は自分の真の選好に従って投票するという想定がなされている．ところが，公共財供給に関するフリー・ライダー問題は，人々は必ずしも真の選好を表明するとは限らないという難問を提起するものであった．それでは単純多数決あるいはもっと一般的な社会的意思決定機構は，人々に真の選好を表明する誘因を与えるものになっているだろうか．この問題の検討もまた第36章に委ねられる．

第33章　注

1)　現実には，必ずしも「純粋」ではない公共財の例はきわめて多い．例えば，会費を支払わない人の使用は排除するが会員によっては共同使用される「クラブ財」(club goods)や，ある地域住民によってのみ共同で消費される――従ってその享受のためには地域を移動することが前提とされる――「地域的公共財」(local public goods)などは，それぞれ興味ある固有の問題を提起する．本書ではこれらの問題に触れる紙幅の余裕がないため，関心のある読者は例えばCornes, R. and T. Sandler, *The Theory of Externalities, Public Goods, and Club Goods*, New York：

Cambridge University Press, 1986; Sandler, T. and J. Tschirhart, "The Economic Theory of Clubs: An Evaluative Survey," *Journal of Economic Literature*, vol. 18, 1980, pp. 1481-1521 およびそこに挙げられている文献を参照せよ.

2) 純粋公共財のパレート効率的配分のための限界条件を明確に定式化した業績は, Samuelson, P. A., "The Pure Theory of Public Expenditure," *Review of Economics and Statistics*, vol. 36, 1954, pp. 387-389 に帰する. もっとも, その本質はつとに Bowen, H., "The Interpretation of Voting in the Allocation of Economic Resources," *Quarterly Journal of Economics*, vol. 58, 1943, pp. 27-48 によって明瞭に指摘されていた.

3) 読者はエクササイズとしてこれらの限界条件を導出せよ.

4) 注意深い読者は, 条件(33-3)と前章で導出した外部性のもとでのパレート効率的配分の限界条件(32-9*)あるいは(32-21)との類似性に気づいたはずである. 前節で注意したように, 公共財は外部性の極端なケースと考えることができるから, この類似性は驚くにはあたらないし, 公共財のパレート効率的配分に競争的価格メカニズムが失敗することも, ある意味で当然である.

5) この「双対性」を指摘し, 強調したのは Samuelson, P. A., "Diagrammatic Exposition of a Theory of Public Expenditure," *Review of Economics and Statistics*, vol. 37, 1955, pp. 350-356 である.

6) 本節で与える図解は, 基本的に Malinvaud, E., "A Planning Approach to the Public Goods Problem," *Swedish Journal of Economics*, vol. 73, 1971, pp. 96-112 に負うものである. 公共財のパレート効率配分や(次節で説明する)リンダール均衡の図解としてはこれ以外にも注5)で挙げた Samuelson 論文; Johansen, L., "Some Notes on the Lindahl Theory of Determination of Public Expenditures," *International Economic Review*, vol. 4, 1963, pp. 346-358; Cornes, R. and T. Sandler, "The Simple Analytics of Pure Public Good Problem," *Economica*, vol. 52, 1985, pp. 109-116 などがあり, それぞれに有用である.

7) リンダール均衡の概念を最初に導入した古典的研究は Lindahl, E., "Just Taxation—A Positive Solution," in Musgrave, R. A. and A. T. Peacock, eds., *Classics in the Theory of Public Finance*, London: Macmillan, 1958, pp. 168-176 である. この重要な均衡概念の現代的定式化を与えた有益な貢献としては, 注6)で挙げた Johansen 論文; Foley, D. K., "Lindahl's Solution and the Core of an

Economy with Public Goods," *Econometrica*, vol. 78, 1970, pp. 66-72 に言及すべきであろう.

8) 本書ではリンダール均衡の存在問題には立ち入らないが,興味をもつ読者は注7)で挙げた Foley 論文; Milleron, J.-C., "Theory of Value with Public Goods: A Survey Article," *Journal of Economic Theory*, vol. 5, 1972, pp. 419-447; Roberts, D. J., "The Lindahl Solution for Economies with Public Goods," *Journal of Public Economics*, vol. 3, 1974, pp. 23-42 などを参照せよ.

9) この直観的説明に納得しない読者は, Muench, T. J., "The Core and the Lindahl Equilibrium of an Economy with a Public Good: an Example," *Journal of Economic Theory*, vol. 4, 1972, pp. 241-255; Ellickson, B., "Public Goods and Joint Supply," *Journal of Public Economics*, vol. 9, 1978, pp. 373-382 に挙げられている例を参照せよ.

10) リンダール機構がただ乗りの誘因を与えるのは,人々が申告する公共財に対する需要量(ないし限界評価)が税率と直結しているからである.これに対して,人々の申告が彼らの税負担とまったく関係ないのであれば,人々は公共財に対して過大な需要量を申告する誘因をもつことになろう.そのような過大申告によって公共財の供給量が増えれば彼の満足は高まる——公共財が「財」であるかぎり(!)——けれども,彼の税負担はそれによって影響されないからである.

11) この重要な洞察は, Vickrey, W., "Counterspeculation, Auctions, and Competitive Sealed Tenders," *Journal of Finance*, vol. 16, 1961, pp. 8-37 によって与えられたものである.

12) クラーク機構を最初に提案した重要な貢献は, Clarke, E. H., "Multipart Pricing of Public Goods," *Public Choice*, vol. 11, Fall 1971, pp. 17-33 である.以下の図解は本質的に Tideman, T. N. and G. Tullock, "A New and Superior Process for Making Social Choices," *Journal of Political Economy*, vol. 84, 1976, pp. 1145-1159 に負うものである.クラーク機構を一般化したグローブス機構に関しては Groves, T., "Incentives in Teams," *Econometrica*, vol. 41, 1973, pp. 617-633; Groves, T. and M. Loeb, "Incentives and Public Inputs," *Journal of Public Economics*, vol. 4, 1975, pp. 211-226 を参照せよ.また,資源配分機構における誘因両立性の問題を広範に論じた文献として, Green, J. R. and J.-J. Laffont, *Incentives in Public Decision-Making*, Amsterdam: North-Holland, 1979; Campbell, D.

E., *Resource Allocation Mechanisms*, New York: Cambridge University Press, 1987 を挙げておきたい．

13) 消費者 2 に対する誘因税もまったく対称的に定義される．以下では消費者 1 の行動についてのみ述べるが，読者は消費者 2 の誘因税を図示し，本文と対称的な分析を行なってみれば，クラーク機構の作動に関する理解を補強することができよう．

14) 本書第 I 巻の第 13 章(「消費者余剰と厚生評価」)で明らかにしたように，準線形性をもつ効用関数の場合——すなわち所得効果が存在しない場合——には，消費者余剰は厚生評価の正確な尺度となる．

15) 興味をもつ読者は，注 12)に挙げた文献を参照せよ．

16) 公共的選択ないし社会的選択に関する古典的著書としては，Arrow, K. J., *Social Choice and Individual Values*, New York: John Wiley & Sons, 1951 (2nd ed., 1963)(長名寛明訳『社会的選択と個人的評価』日本経済新聞社, 昭和 52 年); Black, D., *The Theory of Committees and Elections*, Cambridge: Cambridge University Press, 1958; Buchanan, J. M. and G. Tullock, *The Calculus of Consent*, An Arbor, Michigan: The University of Michigan Press, 1962(宇田川璋仁監訳『公共選択の理論』東洋経済新報社, 昭和 54 年); Downs, A., *An Economic Theory of Democracy*, New York: Harper and Row, 1957(古田精司監訳『民主主義の経済理論』成文堂, 昭和 55 年); Sen, A. K., *Collective Choice and Social Welfare*, San Francisco: Holden-Day, 1970 を挙げておくべきであろう．またこの分野に対する優れたサーベイとして，Mueller, D. C., *Public Choice*, Cambridge: Cambridge University Press, 1979 をも紹介しておきたい．

17) 個人の数 n が偶数である場合にも，以下で述べる結果は「本質的に」保存される．しかしこの点には本書では立ち入らないことにしたい．

18) 以下の考察から明らかなように，ホテリング＝ボウエンの中位投票者定理にとって決定的に重要な性質は選好曲線が単峰型であること——頂点がただひとつの曲線であること——であって，$v_i(y)$ が凹関数であるという仮定はそのための十分条件ではあるが必要条件ではない．

19) Hotelling, H., "Stability in Competition," *Economic Journal*, vol. 39, 1929, pp. 41-57 および注 2)で引用した Bowen 論文を参照せよ．また，本書第 30 章の 30.2 節(「立地モデル」)をも参照せよ．

20) 多数決投票が矛盾のない社会的決定を生むために人々の選好が満足する必要がある条件について詳しくは，Black の前掲書および Sen, 前掲書(Chapter 10*)を参照せよ．

21) この事実は Kramer, G. H., "On a Class of Equilibrium Conditions for Majority Rule," *Econometrica*, vol. 41, 1979, pp. 285-297 によって指摘された．

第 34 章　補償原理と「新」厚生経済学

34.1　は じ め に

　「すべての人々の効用をいっせいに高める経済的変化は社会的にも望ましい」とするパレート原理は，資源配分の適否を判断するための予備的基準として，一応の説得力をもっている[1]．しかし，経済的変化の望ましさに関して人々の間に利害の対立が発生する場合には，この変化を実現させるべきか否かを社会的に判断するうえで，パレートの予備的基準はまったくなんの助けにもならない[2]．現実のほとんどいかなる経済的変化も，ある人々の経済状態を改善し，別の人々の経済状態を改悪することによって，その変化の是非をめぐる複雑な利害対立を生むものである．従って，パレート原理に基づいて資源配分に関する社会的な厚生判断を行なえる状況は，現実にはむしろきわめて稀なのである．

　このような利害対立の状況においては，社会的な厚生判断はどのような基礎に立って行なわれるべきだろうか．まず本章では，パレート，バローネ，カルドア，ヒックス，スキトフスキー，サミュエルソン，ゴーマンなどによって築きあげられた「仮説的補償原理」(hypothetical compensation principle)を検討することにしたい．この原理の核心は，ある経済的変化によって利益を得る人々と損失を被る人々の間で，損失（あるいは逸失利益）に対する補償の「仮説的」(hypothetical)な支払いが行なわれるという理論的虚構を導入して，パレート原理の適用限界を利害対立の状況にまで拡張しようとする点にある．この考え方に立つ展開は「『新』厚生経済学」("new" welfare economics)と称されて学説史上で重要な位置を占めているし，しばしば，公共的プロジェクトを実施すべきか否かを判定するための「費用‐便益分析」(cost-benefit analysis)に対して，理論的基礎を提供するものとみなされている．それでは，この原理の倫理的・論理的構造はどのようなものだろうか．本章はこの点を明らかにするこ

とを目標としている．

ところで，「新」厚生経済学と呼ぶ以上，「旧」厚生経済学がそれに先行して存在したはずである．それでは，厚生経済学の「新」と「旧」は，どのような重要な違いをもっているのだろうか．われわれはまずこの点の解説から始めなくてはならない．

34.2　厚生経済学の「新」と「旧」

「旧」厚生経済学の始祖とされるピグー[3)]にとっては，人が享受する経済的満足すなわち「経済厚生」(economic welfare)は，（人が所有するリンゴと同様に）数え挙げたり異なる人々の間でその「個数」を比較できる「もの」にほかならなかった．厚生がこのように列挙と個人間比較を許す「もの」ならば，ある経済的変化によって損失と利益が人々の間に生み出される場合には，「損失を被る人々の厚生の減少よりも利益を得る人々の厚生の増加の方が上回り，その結果社会全体の厚生が高まるならば，この経済的変化の実現は社会的に望ましい」という厚生判断が生まれるのは，当然とまではいえないまでも自然ではある[4)]．こうして「旧」厚生経済学は，ベンサム流の功利主義思想を理論化したものとなったのであり，この基礎に立って「人間生活の改良の道具」を鍛えようとしたのが，ピグーの大著『厚生経済学』（初版1920年）だった．

これに対して「新」厚生経済学は，ピグーの厚生観の「非科学性」を批判することから出発した[5)]．1920年代の中頃にピグー批判の口火を切ったロビンズによれば，異なる人々の満足ないし厚生を個人間で比較したり合計したりすることには，なんの科学的な根拠もない．人々の間に利害の対立が生じるときには，経済学者であれその他の誰であれ，厚生の「社会的」改善を「客観的」に——すなわち個人的な偏見抜きに——判定することは不可能なのである[6)]．この批判は，「旧」厚生経済学の基礎を揺るがすと同時に，経済政策の基礎「科学」として厚生経済学を推進する意欲をもつ人々に対して，新たな基礎付けの必要性を知らせるシグナルともなったのである．この課題に正面から答えるものと

して登場した考え方がカルドアおよびヒックスを旗手とする「新」厚生経済学であり，その考え方の基礎をなした原理こそ仮説的補償原理にほかならない[7]．

　補償原理のエッセンスは，一見したところ単純明快である．この考え方によれば，ある経済的変化によって利益を得る人々と損失を被る人々が混在していても，この変化の是非を社会的に判定するために，個人的厚生の社会的総和を計算したりする必要はまったくない．人々の厚生は序数的であり個人間比較不可能であっていっこうに差し支えない．それでもなおわれわれは，パレート原理の適用限界を巧妙に拡張することによって，社会的判断を実際に行なうことができる．その魔術の鍵は次の原理である．

[カルドア補償原理] (Kaldor Compensation Principle)
　ある経済的変化の結果として利益を受ける人々が，この変化から損失を被る人々に対して十分な損失補償を行なって損失者をむしろ変化以前よりも望ましい厚生状態に移したとしても，受益者になお残存利益があるものとせよ．従って，補償を実際に支払ったとすれば，その後の状態は変化以前の状態をパレートの意味で優越することになる．このような補償の潜在的可能性が存在する場合には，問題の経済的変化を実現することは社会的に望ましい．

[ヒックス補償原理] (Hicks Compensation Principle)
　ある経済的変化の結果として被害を被る人々が，この変化から利益を受ける人々に対して逸失利益の十分な補償を行なうことを条件として，この変化の実現を阻止しようとするものとせよ．この場合，逸失利益に対する補償が実際に支払われた後の状態が，変化の実現後の状態よりもパレートの意味で優越するものになるならば，この経済的変化の実現に反対すべき根拠が実際にあるといってよい．しかし，逸失利益に対して十分な補償を支払った結果が変化後の状態よりもパレートの意味で優越的になる潜在的可能性が決して存在しないならば，問題の変化を実現することは社会的に望ましい．

本章では，カルドアおよびヒックスによる補償原理がもつ意味ならびに論理的構造について，詳しく検討することにする[8]．この作業のための準備として，以下の2つの節では「効用可能性フロンティア」(utility possibility frontier)および「スキトフスキー・フロンティア」(Scitovsky frontier)という重要な分析用具に習熟することに努めたい．これらの2つの分析用具は序数的厚生の概念に立脚する「新」厚生経済学の基本的な武器であるし，34.5節以下に示すように，これらの用具の活用によって補償原理の基礎をなす「仮説的補償」(hypothetical compensation)という概念の意味を正確に理解することができるからである．

34.3 序数的厚生分析の基礎(1)：効用可能性フロンティア[9]

2種類の財 x_1, x_2 と2人の消費者1, 2を含む生産経済を考えよう．34-1図のパネル(a)は，この経済の生産可能性曲線 PQ を描いている．この曲線上の2点 A, B は，財 x_1，財 x_2 を効率的に生産する2つの代替的な方法を表わしている．原点 O をそれぞれ点 A，点 B と結ぶ曲線 OA，曲線 OB は，それぞれ効率的生産量 A, B を2人の消費者に効率的に分配する代替的な方法の軌跡，すなわちエッジワースの契約曲線にほかならない．

さて，2人の消費者の序数的効用関数 u_1, u_2 がそれぞれ特定化されたとしよう．以下ではこれらの効用関数を終始固定して考えるが，仮に u_1, u_2 を単調変換して別の効用関数 v_1, v_2 を用いても，(図の形状は変わるが)分析の本質にはまったく影響がない．

さて，34-1図のパネル(b)に描かれた2つの曲線 aa', bb' は，それぞれ34-1図のパネル(a)に指定された効率的生産点 A, B に対応する「効用可能性曲線」(utility possibility curve)を示すものである．例えば曲線 aa' は，次のようにして構成される．

契約曲線 OA の端点 O(あるいは A)は，点 A が表わす効率的生産量を全部

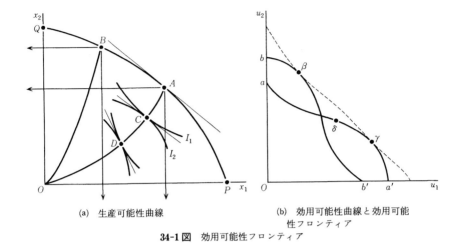

(a) 生産可能性曲線

(b) 効用可能性曲線と効用可能性フロンティア

34-1図 効用可能性フロンティア

消費者2(あるいは消費者1)に分配する状態を示している。この状態において消費者2(あるいは消費者1)が受け取る効用を，パネル(b)の縦軸(あるいは横軸)に記入する。これが点 a (あるいは点 a') である[10]。次に，パネル(a)の原点 O から出発して契約曲線 OA にそって点 A へと移動することにしよう。この移動の過程において，われわれは生産量 A の効率的分配方法をずっと辿ることになるが，消費者1(あるいは消費者2)の効用はその間ずっと単調に増大(あるいは減少)する。この変化の軌跡を辿って描いたのが，パネル(b)の曲線 aa' にほかならない。例えば aa' 上の点 γ (あるいは点 δ) は，パネル(a)の点 C (あるいは点 D)における効用の効率的分配方法を示すものである。

明らかに，生産可能性曲線 PQ 上の任意の効率的生産点に対応して，効用平面のうえに効用可能性曲線がひとつ描かれることになる。そこで，生産可能性曲線 PQ の上を点 P から点 Q まで移動し，その過程で辿るすべての効率的生産点に対応する効用可能性曲線を効用平面に記入していけば，パネル(b)には無数の曲線が書き込まれる。これら効用可能性曲線群の右上方の包絡線を「効用可能性フロンティア」(utility possibility frontier)と呼ぶ。パネル(b)の点線がそれである。

上で説明された構成方法をふり返れば明らかなように，効用可能性曲線と効

用可能性フロンティアは以下に列挙する重要な性質をもっている．

(1) 個々の効用可能性曲線は必ず右下がりとなる[11]．従って，それらの曲線の包絡線である効用可能性フロンティアも，右下がりの曲線となる．

(2) ピグーの厚生概念とは異なり消費者の効用は序数的概念なので，任意の（そして個々の消費者に対して別個の）単調変換を行なうことが可能である．このことは，効用可能性曲線が外側に凸の形状をもつ理由がまったくないことを意味している．従って，効用可能性フロンティアもまた一般に凸性をもつ保証がない．

(3) 効用可能性曲線の上の各点は，その曲線が対応する効率的生産量を2人の消費者に効率的に分配したとき実現される効用の分配状態を示している．しかし，そのような効用の分配状態は，必ずしもパレート効率的ではない．例えば，効用可能性曲線 aa' 上の点 δ は，効率的生産量 A を2人の消費者に効率的に分配する点 D に対応するものであるが，点 D における2人の消費者に共通な限界代替率は点 A における生産の限界変形率と一致しないため，点 δ はパレート効率的ではない．そしてこの事実は，点 δ が効用可能性フロンティアの内側にあるという作図に反映されている．これに対して，効用可能性曲線 aa' 上の点 γ はパネル(a)の点 C に対応しているが，（点 C における限界代替率）=（点 A における限界変形率）という条件が成立しているため，この分配方法はパレート効率的である．そしてこの事実は，点 γ が効用可能性フロンティアの上に位置するという作図に反映されている．このように，効用可能性フロンティアの上の各点は，生産可能性フロンティアが与えられた場合におけるパレート効率的な効用分配状態を示すことになる．

(4) 効用可能性曲線の接線の勾配は，2人の消費者の所得の限界効用の比に等しい．

性質(4)は次のようにして確認できる．消費者 i の間接効用関数を $u_i=v^i(p, M^i)$ $(i=1,2)$ と書く．そのとき

(34-1) $$du_i = \sum_{j=1}^{2} v^i{}_j dp_j + v^i{}_M dM^i \qquad (i=1,2)$$

に対してロワの恒等式を適用すれば

(34-2) $$\frac{du_i}{v^i{}_M} = -\sum_{j=1}^{2} x_j{}^i dp_j + dM^i \qquad (i=1,2)$$

が得られる．一方，予算制約式 $M^i = \sum_{j=1}^{2} p_j x_j{}^i (i=1,2)$ を全微分すれば

(34-3) $$dM^i = \sum_{j=1}^{2} x_j{}^i dp_j + \sum_{j=1}^{2} p_j dx_j{}^i \qquad (i=1,2)$$

が従うことに留意すれば，(34-2)式から

(34-4) $$\frac{du_i}{v^i{}_M} = \sum_{j=1}^{2} p_j dx_j{}^i \qquad (i=1,2)$$

が得られる．ところで，各々の効用可能性曲線は生産可能性曲線上のある点に対応しているのだから，財の総量 $\sum_{i=1}^{2} x_j{}^i (j=1,2)$ は一定である．このことは，(34-4)において

(34-5) $$\sum_{i=1}^{2} dx_j{}^i = 0 \qquad (j=1,2)$$

が成り立つことを示している．従って

(34-6) $$\sum_{j=1}^{2} p_j dx_j{}^1 = -\sum_{j=1}^{2} p_j dx_j{}^2$$

が得られることになり，(34-4)と(34-6)によってわれわれは

(34-7) $$-\frac{du_2}{du_1} = \frac{v^2{}_M}{v^1{}_M}$$

という求める結果に到達するのである．

34.4 序数的厚生分析の基礎(2)：スキトフスキー・フロンティア[12]

前節で説明された効用可能性フロンティアは，経済の潜在的生産能力が生産可能性曲線によって与えられたとき，2人の消費者に対して分配可能な効用の潜在的可能性を示す概念であり，効用空間内に描かれる．序数的厚生分析のもうひとつの重要な分析用具は，財空間内に描かれる「スキトフスキー・フロンティア」(Scitovsky frontier)である．次にこの巧妙な工夫について説明しよう．

もう一度，34-1図の生産可能性曲線の上の効率的生産点 A に注目しよう．

34-2 図のパネル(a)には，この生産点 A に対するエッジワースの箱型図が描かれている．この図中の契約曲線 OA 上の任意の効率的分配点，例えば E_1 をとり，まずこの選ばれた点の組 (A, E_1) に対応するスキトフスキー・フロンティアの構成方法を説明することにしたい．

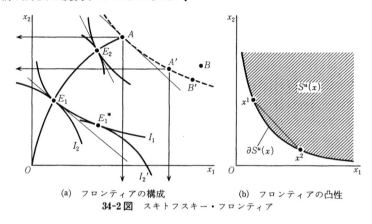

(a) フロンティアの構成   (b) フロンティアの凸性
34-2 図 スキトフスキー・フロンティア

さて，点 E_1 において互いに接する2人の消費者の無差別曲線を I_1, I_2 と名づけよう．消費者1の無差別曲線 I_1 を固定し，消費者2の無差別曲線 I_2 を I_1 と接触させたままで移動させ，しかも I_2 が描かれる平面の両軸が常に I_1 が描かれる平面の両軸——すなわち Ox_1 および Ox_2 ——と平行を保つようにする．34-2 図には，これらの要求を満足する移動の結果がひとつ描かれている．明らかに，この移動の結果として当初は点 A にあった無差別曲線 I_2 の原点は点 A' に移動している．このような原点の移動の軌跡を辿って描かれる点曲線が，組 (A, E_1) に対応するスキトフスキー・フロンティアにほかならない．

上で説明された構成方法をふり返れば明らかなように，スキトフスキー・フロンティアは以下に列挙する重要な性質をもっている．

(1) スキトフスキー・フロンティアは，次のように定義することもできる．任意の効率的な生産量ベクトル x と，この x を消費者に効率的に分配したとき得られる効用ベクトル $u = (u_i)$ $(i = 1, 2)$ を選ぶ．もちろん，固定した x に

対してもそのような u は一般に無数に存在することは，エッジワースの契約曲線を見れば明らかである．さて，財空間 X 内の集合 $S^u(x)$ を次のように定義する：

(34-8) $\quad S^u(x) = \{y \in X \mid$ 財ベクトル y を消費者の間に適切に分配すれば，どの消費者 i も少なくとも u_i だけの効用を得ることができる$\}$

34-2図のパネル(b)は財の数が2である場合について集合 $S^u(x)$ を描いたものである．その意味を考えれば，この集合の下方の境界線 $\partial S^u(x)$ はまさにスキトフスキー・フロンティアにほかならないことが理解されるだろう．そしてこの定義ならば，財と消費者の数がどれほどになろうとも，一般的に通用する．また，このような定義により，スキトフスキー・フロンティアの右上方に位置する任意の財ベクトルは，フロンティアが示す効用分配をパレートの意味で優越する効用分配を実現する潜在的可能性をもっていることが分かる．例えば34-2図のパネル(a)の点 B をとろう．B の左下方にあるフロンティア上の点 B' は，点 A と同じ効用分配を与えうる生産量であるから，それに加えて $B - B'$ だけの財ベクトルを2人の消費者に分け与えれば，組 (A, E_1) よりもパレート優越的な状態を実現することができる．同様に，スキトフスキー・フロンティアの左下方に位置する任意の財ベクトルは，それをどう分配しようともフロンティアが示す効用分配をパレートの意味で優越する可能性を決してもたないのである．

(2) スキトフスキー・フロンティアは，任意の効率的生産点 A と，生産量 A を効率的に消費者に分配する契約曲線上の任意の点 E_1 との組 (A, E_1) に対して定義された．そして，2人の消費者の無差別曲線をお互いに接したまま移動させるという構成方法により，点 A におけるスキトフスキー・フロンティアの接線の勾配は，点 E_1 における（2人の消費者に共通な）限界代替率に等しい．

(3) 生産可能性曲線上の任意の点を通るスキトフスキー・フロンティアは，

一般に無数に存在する．この事実は，性質(2)を用いて次のようにして確認できる．例えば 34-2 図のパネル(a)内の組 (A, E_2) に対応するスキトフスキー・フロンティアは，点 A を通りその点における接線の勾配が点 E_2 における限界代替率に一致する曲線となる．従って，たまたま点 E_1 と点 E_2 における限界代替率が一致しないかぎり，同じ生産点 A を通る 2 本のスキトフスキー・フロンティアが存在することになる．契約曲線 OA 上を移動するとき，契約曲線上の各点における限界代替率の数値は一般に複雑な変化を示すから，一般には点 A を通る無数のスキトフスキー・フロンティアがあることを予期しなくてはならない[13]．

(4) 2 人の消費者がそれぞれ効用 u_1, u_2 を得ている効率的配分を考えよう．この配分に対応するスキトフスキー・フロンティアに任意の勾配ベクトル $p = (p_1, p_2)$ をもつ接線を引き，この接線が x_1 軸と交わる点の x_1 座標を M とせよ．そのとき，線分 OM の長さは勾配ベクトル p が価格体系であるとき消費者 i が効用 u_i $(i=1, 2)$ をちょうど確保するために必要な所得を財 x_1 で表示したものの和，すなわち

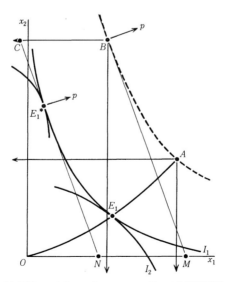

34-3 図 スキトフスキー・フロンティアと補償所得

$$E^1(p, u_1) + E^2(p, u_2)$$

となっている．ただし $E^i(p, u_i)$ $(i=1, 2)$ は消費者 i の支出関数である．この事実もまた，性質(2)から34-3図を用いて確認できる．この図に描かれたスキトフスキー・フロンティアは，組 (A, E_1) に対応している．勾配ベクトル p をもつ接線の傾きの絶対値は性質(2)により点 E_1^* における(2人の消費者に共通な)限界代替率と一致する．従って $OM = ON + MN = ON + BC$ は，価格体系 p のもとで2人の消費者が点 E_1 におけると同じ効用を得るために最小限必要な所得の和となっている．

(5) 2人の消費者の選好が凸性をもつ――従って効用関数が強擬凹性をもつ――かぎり，スキトフスキー・フロンティアは必ず原点に向かって凸な曲線となる．

この性質(5)は性質(1)を用いれば理解しやすい．34-2図のパネル(b)のスキトフスキー・フロンティア $\partial S^u(x)$ 上に2点 x^1, x^2 をとろう．財ベクトル x^τ $(\tau=1,2)$ を分割して消費者 i に財ベクトル $x^{i\tau}$ $(i=1,2)$ を与えるのが，効用ベクトル u を実現するひとつの効率的な方法であるものとしよう．そのとき，任意の実数 λ $(0 < \lambda < 1)$ に対して，財ベクトル $\lambda x^1 + (1-\lambda) x^2$ を分割して消費者 i に財ベクトル $\lambda x^{i1} + (1-\lambda) x^{i2}$ を与えることは財の総量を一定に留めたままで実行可能である．しかも，効用関数の強擬凹性によって

$$(34\text{-}9) \qquad u_i(\lambda x^{i1} + (1-\lambda) x^{i2}) > u_i(x^{i1}) \qquad (i=1, 2)$$

が成立する．この事実は，消費者 i に $\lambda x^{i1} + (1-\lambda) x^{i2}$ $(i=1, 2)$ を与える配分が，消費者 i に x^{i1} $(i=1, 2)$ を与える配分をパレートの意味で優越すること，すなわち集合 $S^u(x)$ が強い意味の凸集合になることを示している．従って，スキトフスキー・フロンティアは財空間の原点に向かって凸な曲線となるのである．

34.5 強い補償原理と弱い補償原理

カルドア補償原理(あるいはヒックス補償原理)は，経済的変化の後に受益者から被害者への(あるいは経済的変化の前に被害者から受益者への)仮説的補償

を考える際に，許容される補償手段をどの程度広く考えるかに応じて，強いタイプと弱いタイプに区別される．この点の説明は，2つの具体例に即して行なうことにしたい．

［例1］　従来は自給自足（autarky）の競争均衡にあった経済が，新たに自由貿易に参加するものとしよう．この国は世界貿易の規模に比較して小国であって，国際貿易価格はこの国が自由貿易に参加した後の取引量にかかわらず一定に留まるものと仮定する．この国は，自給自足から自由貿易体制へ移行することにより，経済厚生を改善できるだろうか．すなわち，この小国に対して貿易の利益は存在するだろうか．

34-4図のパネル(a)は，自給自足と自由貿易の状態を描いている．PQ はこの国の生産可能性曲線であり，点 A は自給自足のもとでの均衡生産点＝均衡消費点である．国際貿易価格ベクトル p を勾配とする接線 RS は，自由貿易に参加した後にこの国が選択できる消費点の集合を示し，接点 B はこの国の自由貿易均衡での生産点を表わしている．自由貿易均衡での消費点が実際に線分 RS 上のどこに決まるかは，この変化の結果として利得を得る人々と損失を被る人々の所得変化に依存する．そして自由貿易への参加の結果，受益者と被害者が発生する場合——ほとんど必然的にこのような利害対立が発生するだろうが——には，明らかにパレート原理はこの移行が社会的に望ましいか否かを判定する能力を欠いている．

それでは補償原理はどうだろうか．例えば，点 C が変化後の消費点であるものとし，変化後の状態から仮説的な補償を考える——従ってカルドア補償原理の適用を考える——ことにしよう．最初に，許容される補償の手段は，変化後の財ベクトル C を消費者間で適当に再分配することに限定されるものと仮定する．この場合，34-4図のパネル(a)を見ると，変化前の消費点＝生産点 A において生産可能性曲線 PQ に接するスキトフスキー・フロンティアは点 C の右上方を通過するため，スキトフスキー・フロンティアの性質(1)により，変化前の状態をパレートの意味で優越するどんな状態も変化後の仮説的補償支払

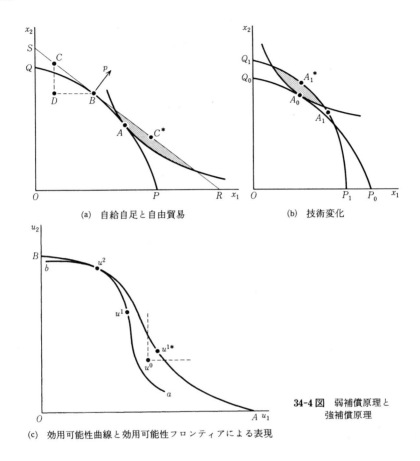

34-4図 弱補償原理と強補償原理

(a) 自給自足と自由貿易
(b) 技術変化
(c) 効用可能性曲線と効用可能性フロンティアによる表現

いによって実現することは不可能である．従って，許容される補償手段に対するこの前提のもとでは，カルドア補償原理は自由貿易への参加に潜在的な利益を認めないことになる．

次に，許容される補償の手段に対する制約を緩め，自由貿易によって到達できる任意の消費点のなかから適当に選んだ財ベクトルを，消費者間で必要に応じて再分配することを認めることにしよう．この場合には，変化後の実際の消費点が C であったとしても，価格 p のもとでの自由貿易によって点 C から例えば点 C^* に仮説的に移動し，この財ベクトル C^* を消費者間で適当に再分配

することができる．この点 C^* は点 A を通るスキトフスキー・フロンティアの右上方に位置しているため，許容される補償手段に対するこの緩やかな前提のもとでは，カルドア補償原理は自由貿易への移行を潜在的経済厚生の観点から推奨することになるのである[14]．

　[例2]　34-4図のパネル(b)に描かれた2つの曲線 P_0Q_0, P_1Q_1 は，技術変化の前後における生産可能性曲線を表わしている．この変化以前(あるいは以後)のパレート効率的な生産点＝消費点を A_0(あるいは A_1)とする．許容される補償手段に関する制約的前提のもとでは，この技術変化をカルドア補償原理の適用によって正当化することはできない．変化前の状態 A_0 に対応するスキトフスキー・フロンティアは，変化後の状態 A_1 の右上方を通過するからである．しかし，仮説的補償の手段として変化後の生産可能性曲線 P_1Q_1 の上で移動することを許容する場合には，この変化はカルドア原理によって是認されることになる．曲線 P_1Q_1 の上の例えば A_1^* 点に移動することは変化後の技術体系のもとでは可能であり，この点 A_1^* は変化前の状態 A_0 に対応するスキトフスキー・フロンティアの右上方に位置するからである．

　これらの2つの例のエッセンスは，次のように要約することができる．ここではカルドア原理に即して述べるが，ヒックス原理に即して以下の記述を改めることは容易であるから，読者のエクササイズとして残しておくことにしたい．

　(1) 仮説的補償原理を適用するに際して，許容される仮説的補償手段に対する「強い制約」と「弱い制約」を区別することができる．強い制約のもとでは，許容される仮説的補償は，変化後の実際の消費量ベクトルを消費者間で適当に再分配することに限られる．これに対して弱い制約のもとでは，許容される補償としては，変化後の実際の状態から仮説的に到達可能な適当な消費量ベクトルを見出し，それを消費者間で適当に再分配することまで認められる．

　(2) 仮説的補償手段に関する強い(あるいは弱い)制約のもとでの補償原理を，

「強い(あるいは弱い)補償原理」と呼ぼう[15]．そのとき，ある経済的変化が強いカルドア補償原理によって是認されるための条件は，変化後の実際の消費点が，変化前の消費点に対応するスキトフスキー・フロンティアの右上方に位置することである．これに対して，同じ変化が弱いカルドア補償原理によって是認されるための条件は，変化後に仮説的に到達可能な消費点の集合が，変化前の消費点に対応するスキトフスキー・フロンティアの右上方に位置する部分——34-4図のシャドー部分——を含むことである．

34-4図のパネル(c)は，カルドア補償原理の強いタイプと弱いタイプとの対照を，効用可能性曲線と効用可能性フロンティアを用いて例示している．この図の右上方に描かれた曲線 AB は，変化後の状態に対応する効用可能性フロンティアを，そしてこのフロンティアに点 u^2 で接する曲線 ab は，変化後に実際に生じる消費ベクトルを消費者の間で再分配することによって得られる効用可能性曲線を示している．そして点 u^0 と点 u^1 は，それぞれ変化の前後における実際の効用ベクトルを表わすものである．点 u^0 は曲線 ab の右上方にあるため，強いカルドア原理はこの変化を是認しない．しかし，フロンティア AB は点 u^0 の右上方を通過する部分を含むため，変化後の状態は(仮説的補償手段に関する弱い制約のもとでは)変化前の状態をパレート優越する潜在的可能性をもっている．従って，弱いカルドア原理はこの変化を是認するのである．強いヒックス原理と弱いヒックス原理との対照を，効用可能性曲線と効用可能性フロンティアを用いて例示することも，読者のエクササイズとして残される．

34.6　補償原理の論理的性能

補償原理に基づく社会的判断は，論理的にはどのような性能をもっているだろうか．この原理の判断に従う政策的決定を次々と実行することによって，論理的な矛盾に陥ってしまうことがないという保証はあるのだろうか．

34-5図はこの点を確かめるための手段として描かれている．われわれが強いカルドア原理と強いヒックス原理を考える際には，この図の曲線は変化前後

の効用可能性曲線を表わすものとする。これに対して、われわれの関心が弱いカルドア原理と弱いヒックス原理にあるときには、この図の曲線は変化前後の効用可能性フロンティアを表わすものとする。

さて、図中の点 u^0 と u^1 は、それぞれ変化前後の実際の効用の分配状況を示すものとしよう。明らかに、パレート原理はいずれのパネルに描かれた状況に対しても、変化の是非に関する社会的判断を下せない。これらの変化は、いずれもある人には利益を、そして別の人には損失を与えるからである。

それでは、仮説的補償原理はどうか。パネル(a)の状況では u^1 を通る効用可能性曲線(フロンティア)は点 u^0 の右上方を通過し、また点 u^0 を通過する効用可能性曲線(フロンティア)は点 u^1 の左下方を通過する。この場合にはカルドア原理による判断とヒックス原理による判断は、いずれも u^0 から u^1 への変化

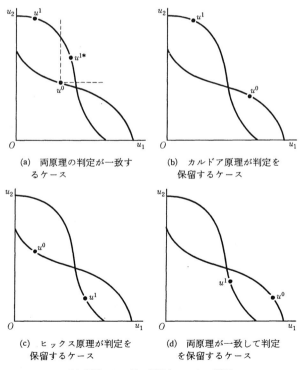

(a) 両原理の判定が一致するケース
(b) カルドア原理が判定を保留するケース
(c) ヒックス原理が判定を保留するケース
(d) 両原理が一致して判定を保留するケース

34-5図 カルドア原理とヒックス原理

を潜在的な厚生改善の見地から是認することになる．なぜなら，変化後の状況1において「被害者」1に対して補償を支払って変化後の効用可能性曲線（フロンティア）の上を移動すれば，変化前の効用分配 u^0 をパレートの意味で優越する点，例えば点 u^{1*} を実現できるのに対して，変化前の状況0において「被害者」1が「受益者」2に対して逸失利得を補償するため変化前の効用可能性曲線（フロンティア）の上をどう動き回っても，変化後の効用分配 u^1 をパレートの意味で優越する点は決してみつからないからである．これに対してパネル(b)（あるいはパネル(c)）の状況では，ヒックス原理（あるいはカルドア原理）はこの変化の実現を支持するが，カルドア原理（あるいはヒックス原理）はこの変化の是非に関する厚生判断を下せない．最後に，パネル(d)の状況では，カルドア原理とヒックス原理はともに，この変化の是非に関する厚生判断を行なうことができない．

こうしてみると，ある経済的変化の結果として受益者と被害者が混在してパレート原理が無力になる状況でも，受益者と被害者との間の仮説的な補償支払いという理論的中間項を導入することによって，仮説的補償原理は利害対立の状況にまでパレート原理の適用範囲を拡張することに，ある程度成功していることは認めるべきである．この拡張は，あらゆる経済的変化の是非を判定できる（完備性をもつ）基準までは作れないにせよ，下せるかぎりの判断に信頼性があるならば，この拡張の意義を過小評価すべきではない．しかし問題は，この原理が実際に下す判断が信頼性に欠けるというべき根拠があることにある．この点を以下で検討することにしたい．

第1に指摘すべき問題点は，補償原理の基礎をなす損失補償あるいは逸失利益の補償はあくまで経済の潜在的可能性をチェックするための理論的中間項つまり虚構に過ぎず，補償の実際の支払いは，決して厚生判断の前提条件にされてはいないという事実である．（実際，補償が仮説的ではなく実際のものならば，実は比較の対象は「変化以前の状況」対「変化以後の状況」ではなく，「変化以前の状況」対「変化以後に受益者から被害者に補償を支払った状況」（カルドア原理の場合）あるいは「変化以前に変化による被害者が受益者に逸失利得

に対する補償を支払った状況」対「変化以後の状況」(ヒックス原理の場合)であることになる．しかもこれらの比較に際しては，実はパレート原理が必要とされるに過ぎない．) ところで，ある変化の結果として著しい貧富の差が生じるが，富者は貧者に対して仮に完全な補償を行なったとしても依然として十分豊かに留まる場合を考えよう．このとき，補償を行なう潜在能力が十分あることを根拠として，実際には補償を実行しないままにこの経済的変化の実行を是認するという原理の倫理的基礎に対しては，誰しも疑問を禁じえないのではあるまいか．

仮説的補償原理の第2の問題点は，仮説的補償原理が判定の視角を変化以前(カルドア原理の場合)あるいは変化以後(ヒックス原理の場合)の効用分配に偏らせているという事実である．例えばカルドア原理の場合には，変化以前の効用分配状況を参照標準として，この出発点と比較してパレート優越的な状態を仮説的補償によって達成できるか否かを尋ねている．しかし，この特定の分配状況を基準として判断することがなぜ正当性をもつのか，その根拠はまったく明らかにされてはいない．

第1，第2の問題点が補償原理の倫理的基礎に関わるものであったのに対して，第3の問題点は，仮説的補償原理が論理的な矛盾を生む可能性をもっているという事実である[16]．34-5図のパネル(b)(あるいはパネル(c))をもう一度眺めよう．この状況では，状態0から状態1への変化はヒックス原理(あるいはカルドア原理)によって是認されるが，逆に状態1から状態0への変化もまた，同じヒックス原理(あるいはカルドア原理)によって是認される．この場合，補償原理の政策勧告に盲目的に従えば，われわれは状態0と状態1との間の往復運動を永遠に続けることになってしまう．これは馬鹿げている！

仮説的補償原理のこの矛盾は，その発見者にちなんで「スキトフスキー・パラドックス」(Scitovsky paradox)と呼ばれている．34-6図は，スキトフスキー・フロンティアを用いてこのパラドックスが起こる状況を例示したものである．この図のP_0Q_0とP_1Q_1は，それぞれ変化前後の生産可能性曲線を示している．これらの曲線

上の点 x^0, x^1 は，それぞれ変化前後の効率的生産点である．スキトフスキー・フロンティアが x^0, x^1 において生産可能性曲線に接していることは，変化前後の状態 0, 1 がいずれもパレート効率的な生産と消費を行なっていることを示している．明らかに，カルドア補償原理によれば，状態 1 は状態 0 よりも潜在的厚生の観点から優れており，また状態 0 は状態 1 よりも潜在的厚生の観点から優れている．

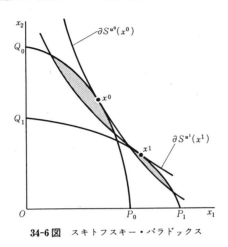

34-6図 スキトフスキー・パラドックス

このパラドックスを解消するために，スキトフスキーは「二重基準」(double criteria)と呼ばれる有名な補償原理を提唱した．この仮説的補償原理によれば，状態 0 から状態 1 への変化が潜在的厚生の観点から是認されるのは，

(1) 状態 0 から状態 1 への変化がカルドア原理により是認され，しかも

(2) 状態 1 から状態 0 への変化がヒックス原理により是認されることはない

場合，そしてその場合のみである．

34-5図を用いていえば，スキトフスキーの補償原理は，パネル(b)，(c)，(d) の状況では潜在的厚生判断を放棄し，パネル(a)の状況においてのみ，状態 0 から状態 1 への変化を勧告しようとするものである．この提案のメリットとしては，2 つの状態を比較するかぎりにおいてこの原理に基づく政策勧告が自己矛盾を生むことはなく，しかも（変化前後の効用分配状況に対して，潜在的厚生判断の参照標準として対称的な役割を与えることにより）分析視角の偏りを避

けていることを指摘するべきであろう．

　残念ながら，スキトフスキーの補償原理も論理的欠陥を免がれていない．それは，この原理に基づく潜在的厚生判断が，必ずしも推移性をもたないという事実である．この矛盾は，その発見者にちなんで「ゴーマン・パラドックス」(Gorman paradox) と呼ばれている[17]．

　34-7図は，スキトフスキー・フロンティアを用いてゴーマン・パラドックスを例示したものである．ここには4つの状態 0, 1, 2, 3 のそれぞれに対する効率的生産点 x^0, x^1, x^2, x^3 と，それぞれの状態に対応するスキトフスキー・フロンティアが描かれている．生産可能性曲線とスキトフスキー・フロンティアが接していることは，4つの状態がすべてパレート効率性を満たしている事実を示している．明らかに，スキトフスキーの補償原理によれば1は0よりも，2は1よりも，3は2よりも，そして0は3よりも社会的に好ましい状態——潜在的厚生の観点から優越する状態——である．このような選好判断のサイクルは，スキトフスキー補償原理が推移性を満たすならば，決して生じるはずがない．

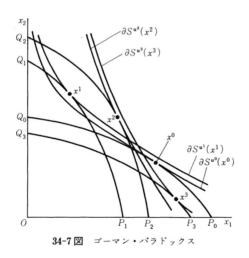

34-7図　ゴーマン・パラドックス

　このような経緯を辿ったあげく，潜在的補償原理を論理的には非のうちどころのない完成品に仕上げたのはサミュエルソンであった[18]．しかし，皮肉なこ

とにこの論理的完成は，仮説的補償原理に対する臨終宣告にも等しいものとなったのである．

サミュエルソンによれば，ある状態1が別の状態0よりも潜在的厚生の観点から社会的に望ましいといえるのは，状態1に対応する効用可能性フロンティアが状態0に対応する効用可能性フロンティアの左下方を通ることは決してなく，少なくともある部分ではその右上方を通過する場合，そしてその場合に限られる．この考え方は，34-8図に例示されている．この図において曲線 aa', bb' はそれぞれ状態 0, 1 に対応する効用可能性フロンティアであり，また点 u^0, u^1 はそれぞれ状態 0, 1 における実際の効用分配状況を示している．これらの点がそれぞれの効用可能性フロンティアの内部にあり，従って(交換の効率性の条件を満たしてはいても)パレート効率的ではないという事実は，この議論にとって本質的ではない．さて，2つの状態に対応する効用可能性フロンティアがこの強い条件に従う場合には，状態0において生産の再編成や財の再分配をどのように行なったとしても，状態1において生産の再編成と財の再分配を適切に行ないさえすれば，必ずパレートの意味で前者を優越する状況を作り出すことが可能である．この意味において，状態1は状態0よりも潜在的厚生の観点からみて明白に優れている．

サミュエルソンの潜在的補償原理は，明らかに推移性をもっている．状態1に対応するフロンティアが状態0に対応するフロンティアよりも右上方にあり，

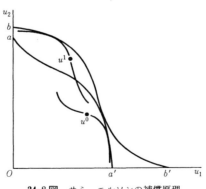

34-8図 サミュエルソンの補償原理

状態2に対応するフロンティアが状態1に対応するフロンティアよりも右上方にあるならば、必然的に状態2に対応するフロンティアは状態0に対応するフロンティアよりも右上方にあるからである。また、サミュエルソンの補償原理は、あらゆる効用分配の状況を平等に参照標準として採用することによって、厚生判断の視角を不偏的なものにしている。カルドア原理とヒックス原理が、変化以前ないし以後の分配状況に特殊な偏りをもっていた事実を考慮すれば、この点もまたサミュエルソン原理のメリットに数えられてよい。

とはいえ、これらのメリットにもかかわらず、サミュエルソンの補償原理の論理的・倫理的性能は、カルドアやヒックスが補償原理を通じて達成しようとした目的——人々の間に利害対立が生じる状況に対しても、序数的基礎に立つ厚生判断の可能性を開くこと——をほぼ完全に放棄することによって購われたという事実を忘れてはならない。なぜならば、サミュエルソンの補償原理が適用可能な34-8図のような状況は、状態0に対応する効用可能性フロンティア全体が状態1に対応するフロンティアの内側にあるという意味で、まさに状況1のもつ潜在的可能性が状況0のそれと比較して異論の余地なく優れているという著しく特殊な状況にほかならないからである。

34.7 集計的補償変分と補償原理[19]

ある不利な経済的変化の結果として人が被る損失(あるいは有利な経済的変化の機会を見過ごすことから従う逸失利益)は、どのような方法で評価できるだろうか。また、その損失ないし逸失利益を補償するためには、なにをどれだけ人々の間で移転すればよいのだろうか。

第1の問題に関しては、本書第Ⅰ巻の第13章(「厚生評価と消費者余剰」)において準備的な考察を与えておいた。補償変分、等価変分そして(近似としての)消費者余剰の概念がそれである。以下本節ではもっぱら補償変分の概念を用いて考察を進めるが、これに対応する分析を等価変分の概念に基づいて行なうことはもちろん可能である。興味ある読者はエクササイズとして試みよ。

第2の問題に関しては，人々の利得と損失は単純に個人間で移転可能であり，ある経済的変化から人々が得る利得と損失を単純に合計した結果が正となれば，この変化の実行は社会的に是認されるとする考え方が支配的な影響力をもってきた．この考え方によれば，ある状態0から別の状態1への変化に対する個人iの補償変分をCV_i^{01} ($i=1, 2, \cdots, n$)とするとき，

$$(34\text{-}10) \qquad \sum_{i=1}^{n} CV_i^{01} > 0$$

が成立すれば，そしてそのときにのみ，状態0から状態1への変化は社会的に是認されることになる．

不等式(34-10)に基づく厚生判断は，しばしば「費用-便益分析」の基礎として言及されており，しかもこの厚生判断は，仮説的補償原理に基づく潜在的厚生改善の考え方に等しいものと考えられている[20]．以下では，カルドアの弱い仮説的補償原理を例として取り上げて，この考え方を吟味しておきたい．また議論の単純化のため，考察する経済的変化の前後において，必ずパレート効率的な状態(競争均衡配分)が成立するものと仮定しよう．ここでまた，他のタイプの補償原理に即して対応する分析をすること，および資源配分に歪みがある状況に分析を拡張することは，興味をもつ読者のエクササイズとさらに進んだ読書に委ねることにしたい．

34-9図のパネル(a)に描かれた状況では，状態0から状態1への変化は，(シャドー領域の存在が示すように)カルドアの弱い補償原理によって潜在的厚生の観点から是認される．いま，状態1の生産点x^1における接線と平行な接線を状態0のスキトフスキー・フロンティアに対して引こう．そのとき，図中の線分OMの長さは状態1における競争均衡所得の和を示しており，また線分ONの長さは(スキトフスキー・フロンティアの性質(4)により)変化以後の価格体系のもとで変化以前と同じ効用を保証するために必要な所得の和を示している．従って，線分MNの長さは，ちょうど状態0から状態1への変化に関する補償変分の和となっている．このように，弱いカルドア原理が満たされる場合には，集計的補償変分は正となる．この性質は決して偶然ではない．実際，

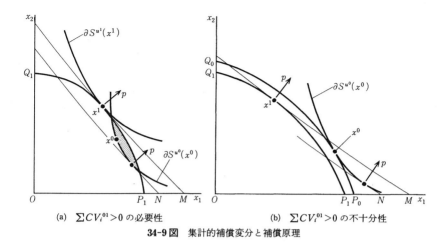

34-9図 集計的補償変分と補償原理

図中のシャドー部分が存在するかぎり，変化後の生産点が生産可能性曲線 P_1Q_1 上のどこに位置しようともこの性質が成立することが幾何学的に明らかである．すなわち，集計的補償変分の正値性は，カルドアの弱い補償原理によって変化が認められるための必要条件なのである．

次に，34-9図のパネル(b)に描かれた状況では，状態0から状態1への変化に関する集計的補償変分は明らかに正であるが，カルドアの弱い補償原理は状態0から状態1への変化を潜在的厚生の観点から勧告しない．従って，集計的補償変分の正値性は，カルドアの弱い補償原理が満足されるための十分条件ではないのである．実際，この例における集計的補償変分の「失敗」はさらに深刻である．なぜならば，逆に状態1から状態0に移行することを(論理的には最も問題の少ない)サミュエルソンの補償原理が勧告しているにもかかわらず，集計的補償変分は，状態0から状態1へ移行せよという誤ったシグナルを送っているからである．

34.8 効率と衡平との分離：補償原理の意味

本章における検討によれば，「新」厚生経済学の基礎とされる仮説的補償原理

には，論理的にも倫理的にも多くの難点が含まれている．このうち，われわれが指摘した倫理的難点は，もう一度強調するに値する．すなわち，「仮に補償が実行されればパレートの意味で優越した状態を実現できる」ということを決め手として，実際には補償の実行を前提とせずにこの変化の実現を勧告する考え方は，厚生経済学の基礎として明らかに不適切である．改善の潜在能力があることを理由として，現実に発生する不平等を正当化する論拠となる原理を，厚生経済学の基礎とすることはできないからである．

この批判的評価に対しては，もともと補償原理は経済厚生の完全な評価基準として提唱されたわけではないという反論がありうる．この考え方によれば，分配の公正に関する難問をひとまず棚上げにして，経済がもつ潜在能力を予備的に判定するための部分的基準すなわち「効率性基準」(efficiency criterion)として登場したのが，仮説的補償原理にほかならない．経済厚生の観点から変化の是非を最終的に判断するためには，もちろん効率性に関する部分的基準を補完する「衡平性基準」(equity criterion)を新たに導入する必要がある——これが標準的な反論である．

この反論を認めたとしても，なお3つの問題が残される．

(1) 効率性基準としてみても，仮説的補償原理の論理的欠陥はそれによって少しでも癒されるわけではない．

(2) 効率性と衡平性という二重基準を認めるとすれば，われわれはどのような衡平性基準をもっているのだろうか．そのような衡平性基準の論理的性能はどんなものか．

(3) そもそも効率性と衡平性を別個の基準として分離することは——可能であるとしても——意味をもつだろうか．

次章では，問題(2)と問題(3)について考察することにしよう．

第34章 注

1) しかし，パレート原理がどのような社会的判断に際しても例外の余地なく説得力をもつ基準であるか否かに関しては，異論の余地がある．興味をもつ読者は

Sen, A. K., "Liberty, Unanimity, and Rights," *Economica*, vol. 43, 1976, pp. 217-245 および本書の最終章(「おわりに」)を参照せよ．

2) ただし，人々の効用関数の変数に「他人の経済厚生に対する関心」を含めることにより，私的利害が対立する状況に対してもパレート原理の適用範囲を拡大しようとする試みがある．興味をもつ読者は，さしあたり Hockman, H. M. and J. D. Rogers, "Pareto Optimal Redistribution," *American Economic Review*, vol. 59, 1969, pp. 542-557 を参照せよ．

3) 事実，厚生経済学という分野の名称自体，ピグーの主著 *Economics of Welfare*, London : Macmillan, 1920 ; Fourth ed., with eight new appendices, 1952(永田清・気賀健三訳『厚生経済学』[全 4 巻]東洋経済新報社，昭和 28-30 年)に由来している．

4) 個人の厚生が基数性と個人間比較可能性をもつ場合には，実のところベンサム流の功利主義以外にも多くの厚生判断の基準を考えることが可能である．本書の第 36 章 36.4 節を参照せよ．

5) 経済学においてイギリスが支配的な影響力をもっていた時代には，ヨーロッパ大陸その他の地における経済学の発展はしばしば完全に見過ごされ，後に再発見されることが少なくなかった．厚生経済学の展開も例外ではない．事実，イギリスにおける「新」厚生経済学の開花にはるかに先駆けて，イタリアではパレートおよびバローネがその重要部分をすでに開拓していたのである．本書の性格上深入りはできないが，学説史に興味をもつ読者は，さしあたり Chipman, J. S. and J. C. Moore, "The New Welfare Economics 1939-74," *International Economic Review*, vol. 19, 1978, pp. 547-584 を参照するとよい．

6) この批判の詳細については Robbins, L., *An Essay on the Nature and Significance of Economic Science*, London : Macmillan, 1932(中山伊知郎監訳『経済学の本質と意義』東洋経済新報社，昭和 32 年)を参照せよ．念のためつけ加えれば，ロビンズの批判の趣旨は，政策が実行されたときに利害対立が発生する状況——ほとんどすべての状況といってよいが——では，経済学は政策提言を行なえない(あるいは行なうべきでない)ということではない．彼の主張は，経済学者はその政策提言の価値前提を明示すべきであり，しかもその価値前提自体にはなんの科学的根拠もないことを認識すべきであるという点にあった．この点はロビンズの著書を注意深く読めば明らかではあるが，出版後 50 年の記念すべき講義において重ね

て彼の立場を明瞭にしたものとして，Robbins, L., "Economics and Political Economy," *American Economic Review : Papers and Proceedings*, vol. 71, 1981, pp. 1-10 は特筆に値する．

7) 仮説的補償原理の提唱者による古典的論文は Kaldor, N., "Welfare Propositions in Economics and Interpersonal Comparisons of Utility," *Economic Journal*, vol. 49, 1939, pp. 549-552 ; Hicks, J. R., "Foundations of Welfare Economics," *Economic Journal*, vol. 49, 1939, pp. 696-712 ; Hicks, J. R., "The Valuation of the Social Income," *Economica*, vol. 7, 1940, pp. 105-124 である．

8) ここでは立ち入れない論点をも含め，一層詳細な分析に関しては Chipman and Moore の前掲論文および Suzumura, K., "On Distributional Value Judgements and Piecemeal Welfare Criteria," *Economica*, vol. 47, 1980, pp. 125-139 を参照せよ．

9) 効用可能性曲線(フロンティア)の導入と普及に最も貢献したのはサミュエルソンであった．例えば Samuelson, P. A., "Evaluation of Real National Income," *Oxford Economic Papers*, vol. 2, 1950, pp. 1-29 および "Social Indifference Curves," *Quarterly Journal of Economics*, vol. 70, 1956, pp. 1-22 を参照せよ．

10) 34-1図のパネル(b)は，財をまったく受け取らない消費者の効用を0とみなして描いてある．これは図を見やすくするために採用された測り方に過ぎず，議論の本質は効用のこのような測り方にはまったく依存しない．

11) もっとも，消費者の効用関数に強い外部性が存在する場合には，効用可能性曲線に右上がりの部分が生じうる．本章では，単純化のため外部性は存在しないものと仮定することにしたい．

12) スキトフスキー・フロンティアは，Scitovsky, T., "A Note on Welfare Propositions in Economics," *Review of Economic Studies*, vol. 9, 1941, pp. 77-88 によって最初に導入された．この分析用具の解説と適用に関しては，Mishan, E. J., *Introduction to Normative Economics*, Oxford : Oxford University Press, 1981 および Boadway, R. W. and N. Bruce, *Welfare Economics*, Oxford : Basil Blackwell, 1984 が有益な参照文献である．

13) 実際，同一の生産量ベクトルを効率的に分配することによって得られるスキトフスキー・フロンティアが決して交わらないのは，2人の消費者が同一のホモセティックな効用関数をもつ場合に限られる．

14) 国際貿易の理論に関する標準的テキストブック——例えば本シリーズの伊藤元重・大山道広『国際貿易』岩波書店，1985年——をすでに学ばれた読者は，そこでの貿易利益の存在証明——例えば同書の 36-38 ページ——と本章での考察との関わりについて，若干とまどいをもたれるかもしれない．2 つの説明の相違は，標準的議論において用いられる「社会的無差別曲線」(social indifference curve) という概念の性質から発生している．この曲線は，ある国の「消費者全体の効用」を一定に留める財の組み合わせの軌跡を示す無差別曲線にほかならない．このような曲線が存在し，しかもそれが個々の消費者の無差別曲線と同じような性質——例えば本書第 I 巻の 148-150 ページに列挙された性質——をもつという仮定は極めて厳しいものであって，それが厳密に満たされるためには

(a) すべての消費者が同じ選好と同じ生産要素の保有量をもつ

あるいは

(b) すべての消費者が同じホモセティックな選好をもつ

といった極端な仮定が満足されなくてはならない．一方本書では，消費者の選好に対してこうした特殊な仮定を設けない場合に，貿易利益はどのような条件があれば存在するといえるかという問題を仮説的補償原理に基づいて考察しているのである．なお，消費者の選好を集計して社会の選好を形成することがいかに困難であるかという点に関しては，本書の第 36 章を参照せよ．

15) この命名法は Foster, E., "The Welfare Foundations of Cost-Benefit Analysis——A Comment," *Economic Journal*, vol. 86, 1976, pp. 353-358 に拠っている．

16) 仮説的補償原理のこの矛盾を最初に指摘し，その矛盾を避けるひとつの方法を提案したのは Scitovsky の前掲論文であった．

17) ゴーマンによるこの指摘は Gorman, W. M., "The Intransitivity of Certain Criteria Used in Welfare Economics," *Oxford Economic Papers*, vol. 7, 1955, pp. 25-35 においてなされている．

18) サミュエルソンのこの業績に関しては，Samuelson, P. A., "Evaluation of Real National Income," *Oxford Economic Papers*, vol. 2, 1950, pp. 1-29 を参照せよ．

19) 本節で述べる集計的補償変分と補償原理との関係は，しばしば「ボードウェイ・パラドックス」(Boadway paradox) と呼ばれている．この問題に関わる重要な

文献としては Boadway, R. W., "The Welfare Foundations of Cost-Benefit Analysis," *Economic Journal*, vol. 84, 1974, pp. 926-939; Smith, B. and F. Stephen, "The Welfare Foundations of Cost-Benefit Analysis: Comment," *Economic Journal*, vol. 85, 1975, pp. 902-905; Foster, E., 前掲論文; Bruce, N. and R. G. Harris, "Cost-Benefit Criteria and the Compensation Principle in Evaluating Small Projects," *Journal of Political Economy*, vol. 90, 1982, pp. 755-775 および Boadway, R. W. and N. Bruce, 前掲書, Chapter 9-10 を挙げておきたい. また, ボードウェイ・パラドックスが発生しないための条件を明らかにした最近の研究として Blackorby, C. and D. Donaldson, "Consumers' Surpluses and Consistent Cost-Benefit Tests," *Social Choice and Welfare*, vol. 1, 1985, pp. 251-262; Ruiz-Castillo, J., "Potential Welfare and the Sum of Individual Compensating or Equivalent Variations," *Journal of Economic Theory*, vol. 41, 1987, pp. 34-35 がある. 明らかに, これらの条件は途方もなく強いものである.

20) 代表的な例として, Harberger, A. C., "Three Basic Postulates for Applied Welfare Economics: An Interpretive Essay," *Journal of Economic Literature*, vol. 9, 1971, pp. 785-797; Mishan, E. J., *Cost-Benefit Analysis*, London: George Allen & Unwin, 1972 を挙げておきたい.

第35章 効率と衡平

35.1 はじめに

　前章で述べたように，仮説的補償原理に立脚する「新」厚生経済学は，資源配分に関する厚生判断の基準を「効率性基準」と「衡平性基準」に分解した．「難問を分割せよ」というのはあらゆる分析の常套手段であるし，「衡平性」の概念に関しては経済学者の間にも異論の余地が大きいことを思えば，このような段階的アプローチは，一見したところ健全な常識に適うかにみえる．しかし，資源配分に関する実際問題は，常に効率と衡平の両側面を分離不可能な形で含むものである．従って，2つの基準への分割をひとまず方法論的に認めたとしても，代替的な資源配分（あるいはもっと一般的に，代替的な社会状態）に関する厚生判断を実際に下すためには，経済学は効率性基準のみならず衡平性基準についても分析を進めなくてはならない[1][2]．

　このような分析のひとつの問題は，現在までのところ経済学において一般的に確立され，誰もが承認する衡平性概念が存在しないということである．極端な不平等，目を覆うばかりの貧困，報われない努力を眺め，「これは余りにも衡平を欠いている！」という反応を等しく示す人であっても，衡平な資源配分を定義せよと求められて，一致した見解を示すとは限らないのである．しかし，「新」厚生経済学の情報的基礎，すなわち序数的で個人間比較が不可能な効用の概念に立脚するかぎり，現代経済学において最も頻繁に言及されてきた衡平性概念は「羨望のない状態としての衡平性」(equity as no-envy)である[3]．本章ではこの概念およびその修正版に関心を絞り，これらの衡平性概念の資源配分上の含意を分析することにしたい．

35.2 羨望と衡平

はじめに純粋交換経済,すなわち n 人の消費者が与えられた財の総量を交換する経済を取り上げ,この論脈において衡平な資源配分とはなにかという問題を考えてみることにしたい.総計 m 種類の財が存在するものとし,財の総存在量が $w \in \boldsymbol{R}_+^m$ で与えられるものとする.個人 i の効用関数を $u_i(x^i)$ $(i=1, 2, \cdots, n)$ とするとき,配分 $x=(x^1, x^2, \cdots, x^n)$, $x^i \in \boldsymbol{R}_+^m$ $(i=1, 2, \cdots, n)$, $\sum_{i=1}^{n} x^i = w$ に対してある個人の組 (i, j) $(i \neq j)$ が存在して

(35-1) $$u_i(x^i) < u_i(x^j)$$

が成立したとする.この場合,個人 i は配分 x に対して不満をもつだろう.なぜならば,配分 x のもとで彼が実際に受けとる財ベクトル x^i よりも,別の個人 j が受けとる財ベクトル x^j の方が彼に対して高い効用を与えるため,配分 x のもとで個人 i は個人 j に対して「羨望」(envy)をもつからである.このように考えると,配分が衡平性をもつのは誰も他人に対して羨望をもたないとき,すなわち

(35-2) $$u_i(x^i) \geqq u_i(x^j) \qquad (i \neq j;\ i, j=1, 2, \cdots, n)$$

が成立するときである.不等式(35-2)を満足する配分 x を「衡平配分」(equitable allocation)と呼ぶ.

この衡平性概念には少なくとも3つの長所がある.第1に,この衡平性概念は効用の個人間比較も効用の基数性も要求しない.ある配分が衡平性をもつか否かを判定するためには,各個人が他人に対して羨望をもつか否かを知りさえすればよいし,他人に対して羨望をもつか否かそれ自体は,その個人の効用関数(すなわち選好順序)のみに従って判定されるからである.第2に,この衡平性の概念はすべての人々を対称的に考慮に入れて定義されている.ある配分が衡平性をもつか否かの判定に際しては,誰もが同じ発言権を与えられている——どの個人も,誰かに対する羨望を表明することにより,その配分の非衡平性を結論する同一の権利を与えられている——からである.第3に,ある配分

が衡平性をもつことを確認するために，政府ないし計画当局は個人の私的情報を詳細に収集・解析する必要はない．誰も他人に対する羨望を表明しなければ，配分の衡平性は明らかだからである．

ところで，定義(35-2)から明らかなように，すべての消費者に同じ財ベクトルを与える配分（すなわち総存在量の均等配分）は衡平配分である．しかし，人々の選好に差異があるかぎり，この均等配分はパレート効率的ではないだろう．愛煙家と愛酒家にタバコとウィスキーを均等配分すれば，かれらは配分後に交換を通じてどちらにとっても一層満足できる配分を実現するだろう．このことは衡平配分は必ずしもパレート効率的な配分ではないという事実を示している．

さて，本章の冒頭で述べたように，衡平性基準を導入する目的は，効率性基準とあいまって資源配分の社会的望ましさに関する厚生判断の基準を形成することにあった．そこで，ある配分がパレート効率性基準と羨望のない状態としての衡平性基準との2つのハードルをいずれもクリアーする場合に，これを「公平配分」(fair allocation)と称することにしよう[4]．この意味で公平な配分は，資源を無駄なく利用してパレートの意味での改善の余地をすでに尽くしているうえに，どの個人にも他人の分配分を羨む根拠を与えない．従って，社会厚生の観点から望ましい配分の候補として，公平配分の概念は十分な検討に値する資格を備えている．それでは，このような性質を備える配分は一般に存在するだろうか．

はじめに，外部性も非凸性もない純粋交換経済には必ず公平配分が存在することを確認したい．まず，財の総存在量を n 人の個人に均等分配する．次に，この均等な初期保有ベクトル $w_i \equiv w/n$ ($i=1, 2, \cdots, n$) からスタートして，競争的価格メカニズムに従って競争均衡配分に移ることにする[5]．そのとき，この競争均衡配分 $x^* = (x^{1*}, x^{2*}, \cdots, x^{n*})$ は公平配分になっている．

この事実は次のようにして確認される．定義により，競争均衡配分は

(35-3) $$x^{i*} = \arg\max_{x^i \in B(p^*, M^{i*})} u_i(x^i) \qquad (i=1, 2, \cdots, n)$$

を満足する．ただし p^* は競争均衡価格ベクトル，$M^{i*} \equiv \sum_{k=1}^{m} p_k^* w_k^i$ $(i=1, 2, \cdots, n)$ は競争均衡における消費者 i の所得である．ところで，均等初期配分の仮定により $w^i = w^j$ $(i, j = 1, 2, \cdots, n)$ なので，すべての消費者は同じ予算集合をもつことになる．従って，他人が購入できる財ベクトルならば自分もまた購入できることになり，誰も競争均衡配分において他人を羨望すべき理由はないことになる．こうして，競争均衡配分は衡平配分であることがわかる．一方，厚生経済学の基本定理により，競争均衡配分はパレート効率的である．従って配分 x^* の公平性が確認されたことになる．

この結果は，分権的な経済において公平な資源配分を実現しようと意図する政策当局に対して，非常に魅力的な展望を与えてくれる．分権的市場組織による競争的交換の開始に先立って，初期分配の均等性という平等な出発点さえ保証してやれば，あとは競争的価格機構の分権的かつ「非人格的」(impersonal) な働きが，結果の公平性を「無政府的」に実現してくれる．従って，政策当局はなにも交換プロセスを絶えず監督したり，市場の成果に行政的に介入したりする必要はないことになるからである．

これで物語が完結するならば，競争市場はまさしく神の見えざる手の導きによって，望ましい資源配分を分権的に実現する神秘的な機構だということになる．しかし，この予定調和的な結論は，どの程度までわれわれが課した特殊な仮定に依存しているだろうか．

35.3　効率と衡平のジレンマ

まず，前節末尾で述べた政策当局の観点をもう一歩だけ進めてみよう．すでに注意したように，均等配分は衡平配分には違いないがそのきわめて特殊な一例に過ぎない．では，必ずしも均等配分ではない衡平配分からスタートする競争的交換プロセスに対しても，同じ結果を拡張できるだろうか．もしできるならば，前節で述べた市場機構の神秘は一層その魅力を増すことになる．資源配分の公平性をめざす政策当局は，競争の前提条件が衡平なものであることだけ

保証してやればよい．結果の公平性は，競争的市場機構が非人格的に保証してくれる！　一方，もしこの拡張ができないならば，前節の結果はほとんど色あせてしまうことになる．

　残念ながら，この拡張は成立しない．35-1図はこの拡張に対する反例を与えている．この図中の点 w は，2人の消費者の財の初期保有状態を示している．エッジワース図の中心 c に関して w と対称の位置にある点 w^{-1} を考えれば，この点は w において2人の消費者がもつ初期保有を互いに交換した状態を表わしている．35-1図においては，消費者1(あるいは消費者2)の無差別曲線の原点 O_1(あるいは原点 O_2)からみて，点 w^{-1} は点 w を通過する無差別曲線 I_1(あるいは I_2)の下側に位置している．このことは，初期保有状態 w が衡平性をもつ事実を示している．さて，点 e は初期保有 w に関する競争均衡配分である．しかし，中心 c に関して点 e と対称の位置にある点 e^{-1} は，点 e を通過する消費者2の無差別曲線 I_2' の(消費者2の原点 O_2 からみた)上側に位置している．従って，競争均衡配分 e において，消費者2は消費者1に対する羨望をもっている．すなわち，初期配分の衡平性は，競争的交換の結果の衡平性を必ずしも保証しないのである．

　次に，これまで考察してきた純粋交換経済を離れて，財の生産活動を考慮のうちに取り込もう．この場合には，効率と衡平のジレンマは一層深刻なものと

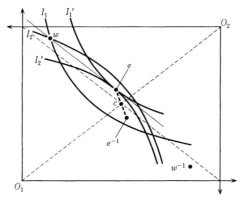

35-1図　競争均衡配分の非衡平性

なる．個人の生産能力と選好に差異があれば，生産経済においては公平配分が存在しない可能性があるからである[6]．

この事実は35-2図に例示されている．この図は2人の個人A, Bと1種類の財および労働（レジャー）を含む経済の状況を描いている．2人の個人は，それぞれ1単位の労働（レジャー）を初期保有しているが，個人Aは個人Bよりも労働生産性が高い．この事実は，1単位の労働の投入によって個人Aはa単位の財を生産できるのに対して，個人Bはb単位（$a>b$）の財しか生産できないという作図に反映されている．そのとき，個人A（あるいは個人B）がA点（あるいはB点）の消費-レジャー計画を指定される状態はパレート効率的な配分である．明らかにこの配分において個人Bは個人Aを羨望している．

しかし，配分(A, B)はこの経済における唯一のパレート効率的配分ではない．単純化のために2人の個人のレジャーの所得効果は0であることを仮定すれば，個人Aから個人Bへtだけの財を一括移転（lump-sum transfer）した状態——例えば35-2図において個人A（あるいは個人B）がA'点（あるいはB'点）の消費-レジャー計画を指定される状態——もパレート効率的である．実のところ，tの値を適当に定めれば，この経済におけるすべてのパレート効率的配分をこのように表現することができるのである．それでは，この移転量t

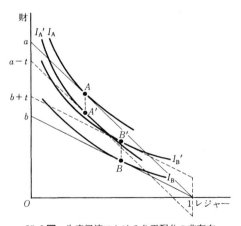

35-2図 生産経済における公平配分の非存在

を適当に定めることによって，衡平配分を実現する移転後のパレート効率的な配分を見出すことができるだろうか．

残念ながら解答は否定的である．なぜならば，35-2図に描いたように，個人Bが依然として個人Aを羨望する移転量 t において，実はすでに個人Aも個人Bを羨望しはじめている．この事実は，移転量をどのように定めても，移転後の配分を公平配分にすることが不可能だということを示しているのである．

現実の経済においては，必ず財・サービスの生産と消費がともに行なわれる．従って，生産経済における公平配分の非存在を示すこの例は，実は公平配分の概念は現実の資源配分の成果を判定するための基準としてはまったく不適格であることを教えている．どこにも存在しない青い鳥を捜し求めて，現実の資源配分に関する急務の判断を放棄することは許されないからである．

この空白を埋めるため，生産経済においても常に厚生判断の基準として役立つ衡平概念を開拓する試みが，最近いくつか行なわれている．そのうち最もよく知られ，またその性質について一層の研究が重ねられている一例について，次節において検討することにしよう．「平等 = 等価配分」(egalitarian-equivalent allocation)の概念がそれである．

35.4　平等 = 等価配分[7)]

平等 = 等価配分の概念は，公平配分の概念と同じく序数的かつ個人間比較が不可能な効用の概念に基づいている．しかもこの概念は，すべての個人を対称的に考慮に入れて定義されている．さらに，この衡平性の概念は「個人の平等性」に判断の基礎をおいている点で，きわめて魅力に富んでいる．形式的に定義すれば，ある配分 $x=(x^1, x^2, \cdots, x^n)$ が平等 = 等価配分となるのは，ある適当な(仮説的)財ベクトル $y \in \bm{R}_+^m$ が存在して，それを各個人に均等分配したときそれぞれの個人が受けとる効用が，現実の配分 x のもとで彼が受けとる効用と一致する場合，すなわち

$$(35\text{-}4) \qquad \exists y \in \boldsymbol{R}_+^m : u_i(x^i) = u_i\left(\frac{y}{n}\right) \qquad (i=1,2,\cdots,n)$$

が成立する場合である．従って，平等＝等価配分のもとにおける効用配分は，ある(仮説的)平等配分のもとで達成される効用配分にほかならない．この概念を提唱したパズナー＝シュマイドラーは，平等＝等価なパレート効率的配分は生産経済において常に存在することを論証した．公平配分とは異なり，この概念を資源配分の成果を判定する基準と考えれば，どこにも存在しないものを求めて永遠にさまようという危険は避けられる．

　この性質をどれほど高く評価しようとも，そしてこの概念の基礎が「個人の平等性」におかれていることにどれほど魅力を認めようとも，われわれはこの定義において参照標準とされる財ベクトルが一般に実現不可能な——すなわち現実の資源と技術のもとでは達成できない——財ベクトルであるという事実を忘れてはならない．この点に留意すれば，平等＝等価配分の概念の倫理的意味に対して強い異議を唱える余地があることがわかる．

　われわれの異議のエッセンスは，前章において仮説的補償原理に対して提起したものと本質的に同一である．すなわち，平等＝等価配分の概念は，仮説的な経済における平等配分とたまたま同じ効用配分を与えるという理由で，現実の経済における(著しい)非衡平性を黙認し，正当化する論拠を与えることになりかねない．参照標準としての平等配分は，決して手の届かない青い鳥である．そのような空想的な根拠から，現実に支配する不平等を人々に承認させることができようか．

　35-3図は，われわれの異議を具体的に例示したものである．折線 $PQRS$ は生産可能性曲線であって，その上の2点 A, B は効率的な生産点を表わしている．さて，(x^1, x^2) は生産量 A を2人の消費者 $1, 2$ に分配するひとつの方法であるが，2人の無差別曲線が接する予算線が線分 QR と平行であることから分かるように，この生産・分配方法はパレート効率的である．さらに，2人の予算集合が同一でありこの分配方法は明らかに羨望を生まないから，(x^1, x^2) は公平配分になっている．単純化のため2人の消費者の選好はホモセティックで

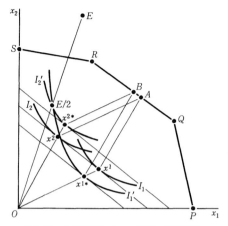

35-3図 生産経済における平等＝等価配分

あるものとすれば，無差別曲線 I_1', I_2' が接する予算線もまた線分 QR と平行なので，効率的生産量 B を (x^{1*}, x^{2*}) と分配する生産・分配方法もまたパレート効率的となる．この配分は消費者1の消費者2に対する羨望を含んでいる．しかし，(x^{1*}, x^{2*}) は仮説的な財ベクトル E を均等分配した点 $E/2$ と同じ効用を2人の消費者に与えるため，実は平等＝等価配分になっている[8]．しかし，現実に達成可能な公平配分 (x^1, x^2) が存在するにもかかわらず，仮説的な——従って決して現実には達成できない——平等配分が参照標準として存在して同じ効用配分を与えるという理由で，われわれは非衡平な配分 (x^{1*}, x^{2*}) を甘受すべきだろうか．そうすべきだという説得的な根拠を考えるのは非常にむつかしい．

35.5　厚生評価と社会的選択

本章では，資源配分に関する厚生判断の基準を「効率性基準」と「衡平性基準」に分解することが可能であることを，さしあたり承認して議論を進めてきた．この分離の思想は，「新」厚生経済学の多くの論者が（明示的にせよ暗黙のうちにせよ）終始前提してきたものである．われわれは前章において，効率性

基準としての仮説的補償原理には多くの論理的・倫理的難点があることを指摘したが，本章での考察は，羨望のない状態としての衡平性基準（およびその修正版としての平等＝等価基準）にもまた多くの論理的・倫理的難点があることを示している．

さらに加えて，厚生判断の基準を「効率性基準」と「衡平性基準」に分解できるという前提そのものが，そもそも決して自明のものではない．この点を理解するために，きわめて単純な分配問題を考えてみたい．

ある財を生産し，その生産量を3人の個人に分配することを考える．具体的に実行可能な生産・分配方法として，

$x = (50, 50, 0), \quad y = (0, 50, 50), \quad z = (50, 0, 50), \quad w = (25, 25, 25)$

の4つの代替的方法があるものとしよう．例えば x は第1，第2の個人に50単位，そして第3の個人に0単位与えるという分配方法を示している．われわれは，集合 $S = \{x, y, z, w\}$ のなかからどの方法を選択すべきだろうか．

いま，「新」厚生経済学の分離法に従うものとして，まず効率性の観点からこの問題を考察しよう．そのとき

$$\sum_{i=1}^{3} x^i = \sum_{i=1}^{3} y^i = \sum_{i=1}^{3} z^i = 100 > 75 = \sum_{i=1}^{3} w^i$$

だから，例えばカルドアの強い潜在的補償原理によればわれわれは $C^F(S) = \{x, y, z\}$ を効率性の観点からは選択すべきだということになる．一方，衡平性の観点からこの問題を考察すれば，われわれは $C^E(S) = \{w\}$ を選択すべき強い理由があろう．誰も他人の分配分に対する羨望をもつことのない分配方法は w だけであるし，また社会のなかで最も不遇なひとの境遇を最善なものにする分配方法も w であるからである．しかし，これら2つの基準に従う独立な判定を総合すれば $C^F(S) \cap C^E(S) = \phi$ となってしまう．われわれは，集合 S からの社会的選択は「不可能である」と結論すべきだろうか．「新」厚生経済学の分離法に従えばこの結論は避け難い．しかし，このような結論は人の常識的判断を納得させるものとは思えない．このような見かけ上の矛盾は，人の社会的判断に際しては慎重に比較秤量する考慮事項を人為的に分離し，独立させて考

察するという方法論の欠陥に過ぎないと考えられるからである．現実には，人の厚生判断はさまざまな考慮事項を慎重にウェイトづけながら，代替的方法の間に相対的な望ましさの順序づけを構成するという形をとるものではなかろうか．社会的厚生判断も，効率性と衡平性を敢えて分離させる「新」厚生経済学の方法を退け，代替的資源配分の方法を社会的にランクづけるという方法を考えるべきではあるまいか．

次章では，このような考え方から厚生経済学の新たな基礎づけを与えようとした試みについて考察することにしたい．

第35章 注

1) 経済学者のうちには，衡平性に関しては「神々の争い」しかなく，経済学はその研究課題を経済的効率性の研究に限定すべきだという考え方をとる人もいる．確かに，衡平性の概念は効率性の概念と比較して異論の余地が大きい．しかし，提唱された衡平性概念の資源配分上の含意を明らかにすることによって，経済学が衡平性をめぐる「神々の争い」の争点を明瞭にできることも多い．また，近年は衡平・正義・平等などの諸概念に対する経済学者の積極的な貢献も増し，かつてのようなタブーはあまり語られることがなくなった．

2) 本書では equity に対して「衡平性」という訳語を一貫して用いている．一般の馴染みがやや薄いこの訳語をわれわれが敢えて用いるひとつの理由は，「公平性」という代替的な訳語を fairness にあてたいということである．また，法哲学においては equity に対する訳語として，「衡平性」は広く使用されている．たとえば加藤新平『法哲学概論』［法律学全集Ⅰ］有斐閣，昭和51年，456ページを参照せよ．

3) この衡平性概念は Foley, D. K., "Resource Allocation and the Public Sector," *Yale Economic Essays*, vol. 7, 1967, pp. 45-98 によって最初に導入された．また Varian, H. R., "Equity, Envy and Efficiency," *Journal of Economic Theory*, vol. 9, 1974, pp. 63-91 も重要な文献である．さらに，本章の問題に関わる簡潔で有用なサーベイとして Phelps, E. S., "Recent Developments in Welfare Economics: Justice et Equite," in Intriligator, M., ed., *Frontiers in Quantitative Economics*, vol. B, Amsterdam: North-Holland, 1976, pp. 703-730; Pazner, E. A., "Recent Thinking on Economic Justice," *Journal of Peace Science*, vol. 2, 1976, pp. 143-

154 (Hurwicz, L., Schmeidler, D. and H. Sonnenschein, eds., *Social Goals and Social Organization*, Cambridge: Cambridge University Press, 1985, pp. 297-309 に再録)は推賞に値する．また，Thomson, W. and H. R. Varian, "Theories of Justice Based on Symmetry," Hurwicz et al., eds., 前掲書，pp. 107-129 も参照せよ．

4) 前章でみたように，パレート原理の適用限界を拡張した潜在的補償原理の論理的性能は，必ずしも芳しくない．そのため，ここでは効率性基準としてはパレート基準そのものを用いることにした．パレート原理は，適用可能であるかぎりにおいて論理的な自己矛盾を生むことはないからである．

5) この議論は，競争的価格メカニズムが均等な初期分配に関する競争均衡配分を実際に達成できること——すなわち，競争的価格メカニズムが均等な初期保有に対応する競争均衡に収束すること——を暗黙のうちに前提している．実際には，本書の第19章で説明したように，この要求が必ず満たされるという保証はまったくない．模索プロセスは特殊な前提のもとでのみ安定性をもつし，非模索プロセスは一般に初期保有に関する競争均衡とは別の均衡に収束するからである．

6) 生産経済においては公平配分が存在しない可能性があるという事実を最初に指摘したのは Pazner, E. A. and D. Schmeidler, "A Difficulty in the Concept of Fairness," *Review of Economic Studies*, vol. 41, 1974, pp. 441-443 (Hurwicz et al., eds. の前掲書，pp. 293-296 に再録)である．ここでの図形的例示は Boadway, R. W. and N. Bruce, *Welfare Economics*, Oxford: Basil Blackwell, 1984, pp. 171-173 に負っている．

7) 平等＝等価配分の概念は Pazner, E. A. and D. Schmeidler, "Egalitarian Equivalent Allocations: A New Concept of Economic Equity," *Quarterly Journal of Economics*, vol. 92, 1978, pp. 671-687 (Hurwicz et al., eds. の前掲書，pp. 341-357 に再録) によって提唱された．また，公共財を含む経済に平等＝等価配分の概念を拡張し，その特徴づけを行なった最近の研究として Moulin, H., "Egalitarian-Equivalent Cost Sharing of a Public Goods," *Econometrica*, vol. 55, 1987, pp. 963-976 にも言及しておきたい．

8) 点 A, B は現実に分配可能な財ベクトルであるから，生産可能性曲線 $PQRS$ の上に位置している．しかし，点 E がこの生産可能性曲線の上 (ないしその内部) にあるべき理由はまったくない．事実，35-3図では点 E は曲線 $PQRS$ を外れ，そ

の上方に位置している．そのため，配分$(E ; E/2, E/2)$は実行不可能であって，ただ単に空想上の参照標準であるに過ぎないことになる．

第36章　社会厚生関数と集団的選択

36.1　はじめに

　前2章での考察は次のように要約することができる．
　(1) 人々の間に利害の対立が存在する状況では，パレート効率性だけに基づく社会的厚生判断は（たとえ仮説的補償の支払いを媒介項として拡張したとしても）理論的に整合性をもつ判定を生む保証はない．
　(2) パレート効率性の基準を補完するために衡平性の基準を導入し，これら2つの基準を継ぎ合わせて社会的厚生判断を下そうとする試みも，理論的に整合性をもつ判断を生む保証はない．それのみではなく，果たして効率性と衡平性という2つの判定基準をそれぞれ独立に設定することが意味をなすか否かさえ，かなり疑わしい．

　厚生経済学に対するこれとはまったく異なるアプローチは「社会厚生関数」(social welfare function) という重要な概念に基づくものであり，「新」厚生経済学の誕生と隆盛にやや遅れて，1930年代の後半にベルグソンとサミュエルソンによって創始された．このアプローチは，現在でも厚生経済学の主流をなす考え方であり，その基礎づけをめぐって多くの論争が闘わされてきた．本章ではこのアプローチについて解説することにしよう．

36.2　社会厚生関数[1]

　サミュエルソンによれば，社会厚生関数とは，経済社会を構成する諸個人の判断ないし選好を考慮に入れてさまざまな社会状態（あるいは資源配分の状況）を倫理的に順序づけるプロセスないしルールにほかならない．ここで「諸個人

の判断ないし選好を考慮にいれて」という表現は，仮に諸個人が全員一致してある社会状態 A を別の社会状態 B よりも望ましいと判断しているならば，社会厚生関数が下す倫理的判断もまた A を B よりも望ましいとすることを意味して用いられている．しかし，諸個人の判断ないし選好が 2 つの社会状態 C, D の優劣に関して一致しない（圧倒的に多くの）場合にも，この社会的な倫理的判断機構はこの対立を社会的に裁定して，C と D との倫理的な優劣の順序を定めることができることが要求されている．

　この考え方は，経済学の外部から与えられた社会状態の倫理的判断に基づき，この判断に照らして望ましい経済編成と資源配分のための条件を明らかにしようとするものである．ベルグソンとサミュエルソンにとっては，この倫理的判断は経済学の守備範囲の外に属し，それ自体の意味を尋ねたりその起源を辿ったりすることは（倫理学や政治学あるいは文化人類学にとっては興味ある課題であるにせよ）経済学とは無縁なものなのである．サミュエルソンによる以下の宣言は，この点を余すところなく明らかにしている：

　　われわれの議論の出発点として，経済システムに含まれるあらゆる経済変数の「関数」として表現されるある倫理的信念を考えよう．この倫理的信念は，慈悲深い専制君主，完全なエゴイスト，「善意に満ちたすべての人々」，人間嫌い，国家，民族，群衆心理，神など誰のものであってもよいし，このような信念の起源は，われわれの問うところではない．私自身の信念も含め，ありうべきいかなる倫理的信念も容認されるのである．……われわれがこの信念に対して要求することは，それが経済組織のひとつの形態が他の形態よりも「よい」か「悪い」かまたは「無差別である」かを明確に答えうること，そしてその信念が推移性をもち，A が B よりもよく，B が C よりもよければ，A が C よりもよいことが必ず従うことだけである．この信念を表現する関数は，序数的に定義されているだけでよい……2)．

この考え方を形式化することを試みよう．まず，社会を構成する n 人の個人が社会状態に対してもつ選好判断を R_i $(i=1,2,\cdots,n)$ と書く．言い換えると R_i はあらゆる社会状態全体の集合 X 上の二項関係であり，xR_iy のとき個人 i は x を y よりも選好するか，x と y を無差別であると考えていることを示している．本書でこれまで仮定してきたように，以下でも個人の選好判断は完備性と推移性をもつことを要求することにしよう．R は人々の判断ないし選好を考慮に入れて社会状態を倫理的に順序づける「社会的選好順序」であるものとする．R は「人々の判断ないし選好を考慮に入れて」形成されるのだから $(R_1, R_2, \cdots, R_n)$ という個人的順序のリストに依存して定まると考えなくてはならない．この依存関係を

$$(36\text{-}1) \qquad R = F(R_1, R_2, \cdots, R_n)$$

という関数関係によって表現する．この関数 F に対しては，すべての個人が一致してもつ選好判断は社会的判断にそっくり移されるという性質が要求されている．従って，関数 F は次の要求に服するものと考えなくてはならない．

［パレート原理］　どのような2つの社会状態 x, y に対しても，

$$(36\text{-}2) \qquad xP_iy \ (i=1, 2, \cdots, n) \Rightarrow xPy$$

が成立する．ただし P_i は個人 i の強い選好判断を示し，P は倫理的な強い社会的選好判断を示している．

さて，(36-1)式によって定まる社会的順序 R に対して

$$(36\text{-}3) \qquad u(x) \geqq u(y) \Longleftrightarrow xRy$$

という性質をもつ関数——選好関係 R の実数値表現——を考えてみよう．このような表現は必ず存在するわけではない．しかし，選好関係 R が「連続性」をもつならば，必ず連続な実数値表現 u が存在することをすでに注意しておいた[3]．ベルグソンとサミュエルソンが社会厚生関数と呼んだものは，まさしく倫理的な社会的選好順序 R を表現する実数値関数 u のことにほかならない．この意味の社会厚生関数の存在を前提して，ベルグソンとサミュエルソンは

資源配分が倫理的な社会的選好順序に照らして最適であるために満たすべき必要条件を明らかにしたのである．例えば，資源と技術の制約のもとで実現可能な配分の集合を S と書こう．そのとき，倫理的な社会的選好順序 R からみて最適な資源配分 $x^* \in S$ は，社会厚生関数 u を用いて

$$\text{(36-4)} \qquad x^* = \arg\max_{x \in S} u(x)$$

と表現できる．明らかに，この最適な資源配分 x^* は必ずパレート効率的な配分でなくてはならない．なぜならば，もし仮に x^* がパレート非効率的な配分であれば，$x^{**}P_i x^*$ ($i=1, 2, \cdots, n$) を満足する別の実現可能な配分 x^{**} が存在しているはずである．しかしその場合には，(36-2)と(36-3)の両式により $u(x^{**}) > u(x^*)$ が成立することになり，(36-4)式と矛盾してしまう．こうして，社会的な最適性を判定する倫理的基準が具体的にはどのようなものであれ，最適な資源配分のひとつの必要条件は，その配分がパレート効率的であることにほかならないことが明らかになった．

36.3　社会厚生関数の構成可能性：アロウの一般可能性定理

前節で述べたベルグソン＝サミュエルソン流の厚生経済学の考え方に対して，きわめて衝撃的な疑問を提出したのはアロウであった[4]．

アロウの問題は次のように述べることができる．諸個人の選好順序のリスト $(R_1, R_2, \cdots, R_n)$ に基づいて倫理的な社会的選好順序 R を形成するルール——(36-1)式の関数 F——を本書では「社会的選択ルール」(social choice rule)と呼ぶことにしよう[5]．ベルグソンとサミュエルソンは，この社会的選択ルールに対して[パレート原理]以外にはなんの要求も課さなかった．すでに述べたように，彼らにとっては社会的選択ルールの構造それ自体は厚生経済学の守備範囲の外にあり，F の構造の研究——すなわち諸個人の選好判断を集計して社会的選好判断を形成するプロセスないしルールの分析——は，経済学とはいさ

さかも係わりのない問題——「数理政治学」(mathematical politics)の問題(サミュエルソン)——なのであった．これに対してアロウは，社会的選択ルールの構造の研究は，厚生経済学の基礎を理解するための重要な礎石であると考える．

社会の倫理的判断を諸個人の選好に依存させつつ形成するプロセスとしては，(歴史的な背景をもつものにせよ単に空想的なものにせよ)無数のものを考えることができる．しかし，資源配分に対するそのインプリケーションを尋ねるに値する社会の倫理的判断の形成プロセスとしては，(慈愛に満ちているにせよ専制的にせよ)独裁者の選好に従うルールや，人々の間に生じる利害の対立を単に伝統・先例ないし先任権によって解決してしまうルールには，それほどの意義があるようには思われない．われわれにとって興味あるルールは，基本的に民主主義的な社会的選択ルールであろう．アロウが提起したのは，まさしく民主主義的な社会的選択ルールの存在可能性の問題であった．

もちろん「民主主義」(democracy)という概念自体の意味が問題であって，政治学においても完全な承認が確立された民主主義の定義があるようには思われない．アロウは民主主義に完全な特徴づけを与えたわけではないし，そのような特徴づけを目標としたわけでもない．彼にとっては，少なくともこれだけの性質は民主的ルールが最小限備えているべき必要条件として，一般の承認が得られると思われる要求を満足する社会的選択ルールの存在こそが問題なのであった．

望ましい社会的選択ルールに対してアロウが課した第1の必要条件は，人々が表明する選好順序になんの制約も課されていないということ——言い換えると人々は(論理的な矛盾を含まないかぎり)どのような選好であってもこれを表明する完全な自由をもつということ——であった．

[広範性] 社会的選択ルールは，人々の選好順序が(論理的に可能なかぎり)どのようなものであっても，これに対応する倫理的な社会的選好順序を形成できなくてはならない．

アロウの第2の必要条件は，すでに述べた［パレート原理］である．社会的選択が民主的であるために満たすべき要求としては，この原理はひとまずきわめて自然なものに思われる．

アロウの第3の必要条件は，分権的社会における私的情報の分散的所有という事実と深く結びついている．いま，2つの社会状態 x, y の間の倫理的な社会的順序づけが問題であるとしよう．この順序づけを人々の選好に関心を払いつつ社会的に決定しようとすれば，社会的決定機構は各個人が x を y よりも選好するか，y を x よりも選好するか，あるいは x と y に関して無差別であるかという私的情報だけは，最小限度収集しなくてはならない．もし，これだけの情報すら個人から収集せずに社会的決定を行なうことになると，その社会的決定機構は個人の選好に配慮しているとは到底言い難いからである．アロウの第3の条件は，この必要最小限度の私的情報の収集が，実は社会的選択の情報的基礎として十分でもあるという要求にほかならない．従って，この条件は内容的には社会的選択ルールの情報的効率性の要請であると理解できる．

この第3の条件を定式化しよう．諸個人の順序の2つのリスト $(R_1^1, R_2^1, \cdots, R_n^1)$, $(R_1^2, R_2^2, \cdots, R_n^2)$ を考え，ルール(36-1)がこれらのリストに対応させる社会的順序をそれぞれ R^1, R^2 と名付ける．さて，任意の2つの社会状態 x, y を取り出したとき，すべての個人 i に対して R_i^1 と R_i^2 とは x, y に関してまったく同じ順序づけを示すものとしよう．すなわち

(36-5) $\quad xP_i^1 y \iff xP_i^2 y \,;\quad yP_i^1 x \iff yP_i^2 x \,;\quad xI_i^1 y \iff xI_i^2 y$

である．（このことを以下では「R_i^1 と R_i^2 とは $\{x, y\}$ 上で一致する」と表現する．）このとき，x と y との順序づけに関する私的情報だけに基づいて決定を行なう社会的選択機構の視点からは，2つのリストは完全に同じ情報を含むものに見え，従ってそのような選択機構は，x と y との社会的順序づけに関しても2つのリストに対してまったく同じ決定を生む——すなわち「R^1 と R^2 とは $\{x, y\}$ 上で一致する」——ことになる．こうしてアロウの要求を次のように表現することができる．

[情報的効率性] 人々の選好順序の任意の2つのリスト $(R_1^1, R_2^1, \cdots, R_n^1)$, $(R_1^2, R_2^2, \cdots, R_n^2)$ と任意の2つの社会状態 x, y を考える．もしすべての i に対して R_i^1 と R_i^2 が $\{x, y\}$ 上で一致するならば，$R^1 = F(R_1^1, R_2^1, \cdots, R_n^1)$ と $R^2 = F(R_1^2, R_2^2, \cdots, R_n^2)$ もまた $\{x, y\}$ 上で一致しなくてはならない．

アロウの第4の(そして最後の)要求は，人々の間における社会的決定権の分配が不平等であることを排除しようとするものである．最も著しい不平等は，ある特定の個人が独裁的に社会的決定を支配できる状況だろう．そこで，人々の選好順序の任意のリスト $(R_1, R_2, \cdots, R_n)$ と任意の2つの社会状態 x, y に対して $xP_d y$ でありさえすれば社会的にも xPy であることを保証されている個人 d を，「独裁者」(dictator)と呼ぶことにする．アロウは，この意味における独裁者の存在を許す社会的選択ルールを排除しようとする．

[非独裁性] 社会的選択ルールは，独裁者の存在を許してはならない．

以上に列挙した4つの条件は，いずれも十分根拠をもつ要求である．社会的選択ルールがこれらの性質を備えていることを要求することはきわめて自然に思われるし，一見したところこの必要条件の組を満足するルールを見出すことは，むしろ容易な仕事のようにすら見えよう．それだけに，アロウが論証した「一般可能性定理」(general possibility theorem)の破壊的衝撃は，さらに一層大きかったのである．

アロウの一般可能性定理：少なくとも3つの社会状態があるものとすれば，[広範性]，[パレート原理]，[情報的効率性]，[非独裁性]を全部満足する社会的選択ルールは論理的に存在しえない[6]．

この定理は，本書でこれまでに議論した命題とはかなり異なる性格をもって

いる．特に「論理的に存在しえない」という表現の意味は，少し説明する必要があろう．そこで，説明の簡単化のため，社会状態の集合が $X=\{x, y, z\}$，個人は $1, 2$ の 2 人だけという必要最小限のモデルを考えてみたい．そのとき，集合 X のうえで論理的に可能な選好順序は全部で 13 種類ある（読者はそれらを列挙してみよ）．従って，2 人の個人がもちうる（論理的に可能な）選好順序の組み合わせの総数は $13 \times 13 = 169$ 個ある．アロウの［広範性］の要求により，社会的選択ルールはこのいずれの組み合わせに対しても社会的順序を対応させるわけだから，そのようなルールの総数は実に膨大なもの——13 の 169 乗個（！）——になる．実際にこれらのルールを記述することは（このように必要最小限のモデルに対してさえ）事実上不可能だといわなくてはならない．アロウの定理は，これら天文学的な数にのぼるどのルールを取り上げるにせよ，彼の要請を全部満足するものは絶対に見つからないことを，一挙に保証してしまうのである．

具体的な一例として「単純多数決ルール」(simple majority rule) を取り上げてみよう．このルールは，任意の 2 つの選択肢 $v, w \in X$ に対して，v を w より選好する個人の数が w を v より選好する個人の数より多い（あるいは少ない；等しい）ときには，社会的に v は w より選好される（あるいは w は v より選好される；v と w は無差別である）と判定するものである．明らかに，このルールはアロウの条件のうち［パレート原理］，［情報的効率性］，［非独裁性］の 3 つの要求を満足する．最後の［広範性］の要求についてはどうか．2 人の個人の選好が，(1) 個人 1 は x を y，y を z よりも選好し，(2) 個人 2 は y を z，z を x よりも選好するものであるとしよう．そのとき単純多数決ルールによれば，社会的に x と y は無差別，z と x は無差別であるが，y は z よりも選好されることになる．しかし，このような社会的選好は明らかに順序の公理——特に推移性の要求——を満たさない．このことは，単純多数決ルールは (1), (2) が定める個人的選好順序の組み合わせに対して社会的順序を形成できないこと，従ってこのルールはアロウの［広範性］の要求を満足しないことを示している．読者はそれぞれの好みのルールを形式化して，それがアロウのどの要求に違反

するかを試してみられるとよい．

アロウの定理を正確に理解するためには，その証明をたどり，個々の要求が果たす役割を理解する必要がある．そこまでの深入りを望まない読者は，この小活字部分を省略して進んでこれ以降の理解にさしつかえない．

個人の総数が n であるとき，社会的選択ルールを F_n と書こう．$I(n)=\{1,2,\cdots,n\}$ はそのときの個人の集合とし，個人の選好順序のリスト $\boldsymbol{R}_n=(R_1, R_2, \cdots, R_n)$ を n-プロファイルと呼ぶ．

最初に2つの補助定理を準備しなくてはならない．

[補助定理1] 個人の総数が $n \geqq 2$ であるとき，ルール F_n が [広範性]，[情報的効率性]，[パレート原理] を満足し，ある n-プロファイル $\boldsymbol{R}_n$ と2つの社会状態 $x, y \in X$ に対して

(36-6) $\qquad xP_d y \ \& \ (\forall j \in I(n)-\{d\}: yP_j x) \Rightarrow xPy$

を満足する個人 $d \in I(n)$ が存在するならば，d はルール F_n の独裁者となる．

[証明] 仮定により，少なくとも3つの社会状態が存在するので $z \in X-\{x, y\}$ を選ぶことができる．$\boldsymbol{R}_n$ とは別の n-プロファイル $\boldsymbol{R}_n{}'$ で，d は x を y よりも，そして y を z よりも選好するが，その他の全個人は y を x および z よりも選好するようなものをとる．ここで $\{x, z\}$ の上では $R_j{}' (j \neq d)$ に対してなんの制約も課されていないことに注意したい．[広範性] により，F_n はこの n-プロファイル $\boldsymbol{R}_n{}'$ に対してもそれに対応する社会的順序 R' を形成できるはずである．そのとき，[情報的効率性] と (36-6) により $xP'y$ が成り立ち，また [パレート原理] により $yP'z$ が成り立つ．従って推移性により $xP'z$ でなければならない．

次に，任意の $v, w \in X (v \neq w)$ をとる．はじめに $\{x, z\} \cap \{v, w\} = \phi$ が成立する場合を考えよう．n-プロファイル $\boldsymbol{R}_n{}''$ を $vP_d{}''xP_d{}''zP_d{}''w$ および $zP_j{}''w, vP_j{}''x\ (j \neq d)$ が成り立つようにとる．ここで $\{x, y\}$ および $\{v, w\}$ の上では $R_j{}''$ に対してなんの制約も課されていないことに注意したい．この n-プロファイルに対応する社会的順序 R'' は [情報的効率性] の要請により $xP''z$ を満足し，また [パレート原理] の要請によって $vP''x, zP''w$ を満足する．従って推移性により $vP''w$ でなくてはならない．この事実は，個人 d が v を w よりも選好すれば社会的にも v は w よ

りも選好されるということを示している．同じ結論は $\{x, z\} \cap \{v, w\} \neq \phi$ という場合にも成立することが容易に確認できる[7]．こうして，個人 d が実はルール F_n の独裁者であることが判明するわけである．

［補助定理2］　個人の総数が $n \geq 3$ であるとき，アロウの要求を全部満足する社会的選択ルール F_n が存在するならば，同じ条件を満足する社会的選択ルール F_{n-1} が存在する．

［証明］　個人 n の選好順序を，あらゆる社会状態を全部無差別と判定するもの R_n^0 に固定する．そして，任意の $(n-1)$-プロファイル $\boldsymbol{R}_{n-1} = (R_1, R_2, \cdots, R_{n-1})$ に対して $(n-1)$ 人の個人から成る社会の社会的選択ルール F_{n-1} を
$$(36\text{-}7) \quad F_{n-1}(R_1, R_2, \cdots, R_{n-1}) = F_n(R_1, R_2, \cdots, R_{n-1}, R_n^0)$$
により定義する．以下では F_n がアロウの条件を全部満足するかぎり F_{n-1} もまたアロウの条件を全部満足することを示すことにしたい．

まず，F_{n-1} が［広範性］と［情報的効率性］の要求を満足することは(36-7)式による定義の仕方から明らかである．

次に F_{n-1} が［非独裁性］を満足することを示すため，仮に個人 $d \in I(n-1)$ がルール F_{n-1} の独裁者であったとしてみよう．社会状態 $x, y \in X$ と $(n-1)$-プロファイル $\boldsymbol{R}_{n-1} = (R_1, R_2, \cdots, R_{n-1})$ は $xP_d y$ および $yP_j x \, (j \in I(n-1) - \{d\})$ を満足するものとする．仮定により個人 d は F_{n-1} の独裁者なので，$R = F_{n-1}(\boldsymbol{R}_{n-1})$ とするとき，xPy が成立する．次に，任意の社会状態 $z \in X - \{x, y\}$ をとり，n-プロファイル $\boldsymbol{R}_n' = (R_1', R_2', \cdots, R_n')$ が条件 $xP_d'yP_d'z, xI_n'yP_n'z, yP_j'zP_j'x \, (j \in I(n) - \{d, n\})$ を満足するように選ぶ．そのとき $R' = F_n(\boldsymbol{R}_n')$ とすれば［情報的効率性］により $xP'y$ であり，また［パレート原理］により $yP'z$ となるから，推移性により $xP'z$ が従わなくてはならない．さらに，任意の社会状態 $w \in X - \{x, z\}$ をとり，n-プロファイル $\boldsymbol{R}_n'' = (R_1'', R_2'', \cdots, R_n'')$ は，条件 $xP_d''zP_d''w, wP_n''xP_n''z, zP_j''wP_j''x \, (j \in I(n) - \{d, n\})$ を満足するものとする．そのとき［情報的効率性］により $xP''z$ が成立する．また，$R'' = F_n(\boldsymbol{R}_n'')$ の完備性により $xP''w$ あるいは $wR''x$ のいずれかが成り立たなくてはならない．いま前者が成立したものとすると［補助定理1］により個人 d はルール F_n の独裁者となるし，後者の場合には推移性によって $wP''z$ が成り立ち，個人 n はルール F_n の独裁者となる．これはいずれも矛盾だから，実は

ルール F_{n-1} には独裁者が存在しえないことになる.

最後に, ルール F_{n-1} が [パレート原理] を満足することを示したい. いま, 2つの社会状態 $x, y \in X$ と $(n-1)$-プロファイル $\boldsymbol{R}_{n-1}=(R_1, R_2, \cdots, R_{n-1})$ はすべての個人 $i \in I(n-1)$ に対して xP_iy を満足するが, yRx となるものと仮定しよう. さて, 任意の社会状態 $z \in X-\{x, y\}$ をとり, n-プロファイル $\boldsymbol{R}_n'=(R_1', R_2', \cdots, R_n')$ は集合 $I(n-1)$ に属する全個人が x を z, そして z を y よりも選好し, また個人 n に対しては $zP_n'xI_n'y$ となるものとする. そのときには [情報的効率性] により $yR'x$ が従うし, また(仮定によって F_n が満足する)[パレート原理] により $zP'y$ が従う. そこで, 推移性によって $zP'x$ となるが, そのときには個人 n は F_n の独裁者となるという矛盾が得られてしまう. こうしてわれわれはルール F_{n-1} が [パレート原理] を満足することを承認せざるを得ないのである.

アロウの定理を証明する準備はこれで整った. まず, n 人 ($n \geqq 3$) の個人から成る社会に, アロウの条件を全部満足する社会的選択ルールが存在するものとしよう. そのときには, [補助定理2] を繰り返して適用すれば2人の個人から成る社会に同じ条件を満たす社会的選択ルールが存在することが知られる. 従って, 2個人の社会についてアロウの定理を証明しさえすれば, 実はどのような(有限人の)社会に対してもアロウの定理を証明しえたことになる.

いま, 社会状態 $x, y \in X$ と 2-プロファイル $\boldsymbol{R}_2=(R_1, R_2)$ が xP_1y, yP_2x を満足するものとしよう. 社会的順序の完備性から xRy, yPx のいずれかが成り立つはずだが, 後者の場合には [補助定理1] によって個人2は F_2 の独裁者となってしまう. そこで xRy であるものとしよう. このとき社会状態 $z \in X-\{x, y\}$ と 2-プロファイル $\boldsymbol{R}_2'=(R_1', R_2')$ は $xP_1'yP_1'z, yP_2'zP_2'x$ を満足するものとすれば, [情報的効率性] により $xR'y$ が従うし, [パレート原理] により $yP'z$ が従うことになる. そこで社会的順序の推移性を適用すれば $xP'z$ が結論される. しかし [補助定理1] によってこの結論は個人1が F_2 の独裁者であることを意味している. こうしてアロウの条件を全部満足するルール F_2 は存在不可能であることが示されたことになる.

この定理によれば, 最小限の民主主義的要請を満足するプロセスないしルールに従って, 人々の社会状態に対する選好順序を集計して社会の倫理的判断を整合的に形成することは, 論理的に不可能である. ベルグソン゠サミュエルソ

ンの社会厚生関数に対するこれ以上に根本的な批判を考えることは難しい．ベルグソン＝サミュエルソンが築いた基礎に立って厚生経済学を展開してきた経済学者の多くが，この定理の意義を躍起となって否定しようとしたことは理解するに難くない[8]．

36.4 厚生判断の情報的基礎と社会厚生関数

では，アロウの一般可能性定理によって，ベルグソン＝サミュエルソンの社会厚生関数に依拠する厚生経済学は全面的に破産したと宣告すべきだろうか．解答は否である．われわれはむしろ，アロウの定理は，ベルグソン＝サミュエルソンの社会厚生関数の前提条件を明らかにしたものだと考えるべきなのである．この点を説明しておこう．

問題の焦点は，倫理的な社会的選好順序を形成するプロセスの情報的な基礎にある．事実，アロウが考察した社会的選択の問題は，社会的厚生判断を基礎づける情報を極端に制約する形で定式化されている．

第1に，アロウの定式化によれば，社会的順序は個人的順序のリストにのみ基づいて構成される．従って，各個人が社会状態 x を社会状態 y よりもどれほど強く選好しているかという「個人的選好の強度」(individual preference intensity)は社会的評価に際して完全に考慮の外に置かれていることになる．

第2に，[情報的効率性]の要求は，社会的厚生判断の情報的基礎をさらに狭める役割を果たしている．この点は例を挙げて説明するのが分かりやすい．

社会状態の集合 $X=\{x, y, z\}$ が与えられたとき，これらの社会状態を個人的順序に基づいて社会的に順序づけるひとつの方法は「ボルダ・ルール」(Borda rule)と呼ばれるものである．この方法は，各個人ごとに最悪の状態に1点，その次に悪い状態に2点というように選好の階段を登るにつれて増加する得点を与え，各状態ごとに得点の集計を行ない，総得点の多寡に応じて社会状態を順序づけるものであり，現実に多くのコンテストにおいて頻繁に活用されている．それではこのルールは，なぜアロウの意味する社会的選択ルールとして適格性

をもたないのだろうか.

36-1図は,個人の数が3の場合について2つの代替的なプロファイルを描いている.各個人ごとに,列の上方に置かれた社会状態は列の下方に置かれた社会状態よりも望ましい.プロファイル1の場合には各社会状態の総得点は$x=5, y=8, z=5$であり,プロファイル2の場合には$x=5, y=5, z=8$である.従って,プロファイル1(あるいはプロファイル2)の場合の社会的最善はy(あるいはz),社会的次善はxとz(あるいはxとy)となる.しかし36-1図の2つのプロファイルは各個人ごとに集合$\{x, y\}$の上では一致しているから,[情報的効率性]を満足するルールならば2つのプロファイルに対して$\{x, y\}$上では一致する社会的順序を与えるはずである.従って,ボルダ・ルールはアロウの[情報的効率性]の要請を満足しない.

プロファイル1	プロファイル2
1 2 3	1 2 3
x y y	x z z
y z z	z y y
z x x	y x x

36-1図 ボルダ・ルールの情報的非効率性

このように,[情報的効率性]の要請は——倫理的な社会的順序づけに際して必要とされる情報量を節約しようとするあまり——その他の点では望ましい性能を示すルールでさえ,これを排除する役割を果たすのである.

第3に,アロウは諸個人の「厚生の個人間比較」(interpersonal comparison of welfare)をまったく排除した.ある社会状態のもとで誰が誰と比較して一層厚遇(冷遇)されているかとか,ある社会状態から別の社会状態に移行することによってある人が獲得する利益は別の人が被る損失と比較して大きい(小さい)というような情報は,社会的決定機構から一切遮断されているのである.

第4に,アロウの定式化は「誰が何を選好するか」という情報以外には社会状態および個人がもつ特性になんの直接的な役割も与えていない.例えば,所得分配に関する倫理的な社会的選好順序を構成する状況を考えてみよう.この場合アロウの定式化は,各個人が代替的な所得分配のパターンに対してもつ個

人的順序だけを情報的基礎として，社会的順序を形成しようとする．従って，(1) 各々の所得分配パターンが示す「不平等度」，(2) 総所得(あるいは平均所得)の水準，(3) ある人の先天的(ないし後天的)ハンディキャップなど，言葉の常識的な意味での倫理的判断に際しては重要な役割を果たすはずの情報が，社会的判断の根拠として直接機能する余地がないのである[9]．

こう考えてくると，アロウの一般可能性定理に対して，むしろ積極的な意味を見出すことができる．すなわち，「新」厚生経済学の立場を徹底して貫き，選好の強度，厚生の個人間比較，社会状態の(個人的厚生に反映される以外の)特徴などが倫理的な社会的選好判断に及ぼす影響を一切遮断して「序数主義」(ordinalism)の立場を徹底してしまうと，実りある厚生経済学を展開する余地が論理的に失われてしまうこと，従って厚生経済学の基礎づけのためには，これらの情報をむしろ積極的に活用する必要があるということが，アロウの定理の積極的なメッセージにほかならないのである．

事実，アロウ以降の厚生経済学の展開は，「新」厚生経済学が意識的に追放した情報を復権させることによって推進されている[10]．本書ではこの展開について詳しく述べる余裕はないが，厚生の個人間比較可能性を許容した際にどのような社会厚生関数が登場するかという点についてのみ，簡潔に述べておくことにしたい[11]．

簡単化のため，序数主義の反対の極端として，効用は完全な基数性と完全な個人間比較可能性をもつことを仮定しよう．すなわち(第34章で触れた「旧」厚生経済学の先例にならい)効用はその「個数」を数え挙げることも，また個人間でその大小を比較することもできると仮定するのである．この場合には，個人的効用のリスト $u=(u_1, u_2, \cdots, u_n)$ に基づいて社会厚生 $w(u)$ を表現する関数として

$$(36\text{-}8) \qquad w(u) = \{\sum_{i=1}^{n} a_i (u_i)^\rho\}^{1/\rho}$$

を考えることができる．ただし，ここで a_i $(i=1, 2, \cdots, n)$ は個人 i の社会的ウェイトを示すパラメーター，ρ は社会厚生関数の形状を定めるパラメーターで

ある.特に,すべての個人が等しいウェイトを与えられる($a_i=1$)場合には,パラメーターρの値の特定化に応じて(36-8)式は

$$(36\text{-}8\text{ a}) \quad w^B(u) = \sum_{i=1}^{n} u_i$$

$$(36\text{-}8\text{ b}) \quad w^N(u) = \underset{i=1}{\overset{n}{\times}} u_i$$

$$(36\text{-}8\text{ c}) \quad w^R(u) = \min_{1 \leq i \leq n} u_i$$

という形状に帰着する[12].(36-8 a)は「ベンサム社会厚生関数」(Benthamite social welfare function),(36-8 b)は「ナッシュ社会厚生関数」(Nash social welfare function),(36-8 c)は「ロールズ社会厚生関数」(Rawlsian social welfare function)と呼ばれ,それぞれ強い信奉者をもつ倫理的な社会的判断基準として著名である.また,これらの社会厚生関数に立脚する厚生経済学の展開は,最適人口の理論,最適課税の理論,枯渇性資源の動学的配分の理論など,多くのめざましい成果を生んでいる.

36.5 社会的選択と個人的誘因:ギバードの一般可能性定理

前節までは,すべての個人は自分の選好順序をありのままに表明し,社会的選択ルールはこの表明された諸個人の選好を集計して,倫理的な社会的選好順序を形成すると考えてきた.このような集計を行なった結果として社会的順序$R = F(R_1, R_2, \cdots, R_n)$が形成され,実現可能な社会状態の集合$S$が定まれば,社会的に最善で実現可能な状態$x^* \in S$は

$$(36\text{-}9) \quad \forall x \in S : x^* R x$$

と定まることになる.ところで,最善な社会状態の決定が各個人の表明する選好に依存してなされるこのような仕組が公開されると,各個人は,自分の選好を表明する際に偽りの情報を申告して最終的な社会的決定が自分に有利になるように決定機構を「操作する」(manipulate)誘因をもつことになるのではある

まいか．この懸念が決して空想的なものではないことは，先にもふれたボルダ・ルールを用いて例示することができる．

36-2図は，3人の個人と4つの社会状態(x, y, z, w)が存在する場合に2つのプロファイルを描いている．プロファイル1に対してボルダ・ルールを適用すれば，各社会状態の総得点は$x=6, y=10, z=9, w=5$なので，$\{x, y, z, w\}$からの社会的選択はyとなる．ところがzをyよりも選好する個人3が自分の選好を偽ってプロファイル2のような順序を報告したとすれば，このプロファイルに対してボルダ・ルールが与える総得点は$x=7, y=8, z=9, w=6$となり$\{x, y, z, w\}$からの社会的選択はzへと変更される．個人3は，社会的決定を自分に有利に操作することに成功したわけである．

プロファイル1			プロファイル2		
1	2	3	1	2	3
x	y	z	x	y	z
y	z	y	y	z	w
z	w	w	z	w	x
w	x	x	w	x	y

36-2図　ボルダ・ルールの操作可能性

もちろん，ボルダ・ルールは無数に考えられる社会的決定機構のひとつに過ぎない．従って，巧妙なルールを設計しさえすればこの問題を切り抜けることが常に可能であると考えられるかもしれない．そのような魔術的な決定機構は実際に存在しうるだろうか．

この問題は，次のように定式化することができる．選好順序のn-プロファイル$\boldsymbol{R}_n = (R_1, R_2, \cdots, R_n)$が表明されたとき，この表明された選好に基づいて社会的に選択される状態$x \in X$をn-プロファイル$\boldsymbol{R}_n$に対応させる関数——これを以下では「社会的決定関数」(social decision function)と呼ぶ——を$x = G(\boldsymbol{R}_n)$と書く．さて，ある個人iとある選好順序R_i'が存在して

(36-10)　$G(\boldsymbol{R}_n') P_i G(\boldsymbol{R}_n), \boldsymbol{R}_n' = (R_1, \cdots, R_{i-1}, R_i', R_{i+1}, \cdots, R_n)$

が成立するものとしよう．ただしP_iはR_iに対応する強い選好順序である．このとき，仮にn-プロファイル$\boldsymbol{R}_n = (R_1, R_2, \cdots, R_n)$が各個人の真の選好順序のリストであるものとすれば，個人iは偽りの選好R_i'を表明することによっ

て社会的決定を $G(R_n)$ から $G(R_n')$ に変更させ，それによって利得を得たことになる．どの個人に対してもこのような可能性を与えない社会的決定関数を「操作不可能な」(non-manipulable) 社会的決定関数と呼ぶ．こうしてわれわれの問題は，操作不可能な社会的決定関数は存在するだろうかという形で表現できたことになる．

ありとあらゆる社会状態の集合 X のなかで，実際に選択可能な社会状態が2つしか存在しないときには，操作不可能な社会的決定関数が存在することは容易に理解できる．単純多数決に従うルールがそれである．(読者はその理由を考えてみよ．) また，実現可能な状態がただひとつしかなければ，操作の余地がまったくないことは自明だろう．

さらに，実現可能な社会状態が3つ以上ある場合でも，操作不可能なルールがまったく存在しないわけではない．社会的決定関数 G が与えられたとき，G によって実現可能な社会状態の集合——関数 G の値域——を $r(G)$ と書こう．そのとき，どのような n-プロファイル $R_n = (R_1, R_2, \cdots, R_n)$ に対しても

(36-11) $\quad \forall x \in r(G): x \neq G(R_n) \Rightarrow G(R_n) R_d x$

を満足する個人 d が存在すれば，個人 d を社会的決定関数 G の独裁者と呼ぶ．すなわち，G の独裁者とは，どのような個人的選好の n-プロファイルに対しても，社会的決定が常に彼にとって最善の社会状態であることが保証されているような個人にほかならない．独裁者の存在を許す社会的決定関数を「独裁的ルール」(dictatorial rule) と呼べば，このルールは(独裁者も含め)誰にも操作の誘因を与えないことは明らかである．実は，この(全く不適切な)ルールを除けば，G によって実現可能な社会状態が少なくとも3つある——$\#r(G) \geq 3$ を満足する——操作不可能な社会的決定関数は一般に存在しないのである．

ギバードの一般可能性定理[13]：実現可能な社会状態が3つ以上ある社会的決定関数で，独裁者の存在を許さず，しかも操作不可能なものは論理的に存在しない．

第36章 社会厚生関数と集団的選択　383

　以下では個人の数は2であり,しかも個人的選好関係には無差別関係は含まれない——どの個人も2つの社会状態に対してその一方を他方よりも強く選好する——ことを仮定して,この重要な定理の簡単な証明を与えておきたい[14]。この仮定によって,弱い選好順序 R_i と強い選好順序 P_i との区別は消滅する。

　さて,ルール G は操作不可能な社会的決定関数であり,その値域 $r(G)$ は少なくとも3つの社会状態を含むものとする。そのとき G は独裁者をもつことを示すことにしたい。

　はじめに,個人1の任意の選好順序 R_1 に対して,集合

　　(36-12)　　　　　$\sigma_2(R_1) = \{x \in X \mid \exists R_2 : G(R_1, R_2) = x\}$

を定義する。この集合 $\sigma_2(R_1)$ は,個人1が R_1 を表明した際に,個人2が(自分の選好を適切に選ぶことによって)実現できる社会状態の集合にほかならない。次に,任意の選好順序 R と任意の集合 $S \subset X$ に対して $b(S, R) R y (\forall y \in S)$ であるものとする。すなわち,$b(S, R)$ は集合 S 内の R に関する最善の要素にほかならない。

　証明の第1のステップとして

　　(36-13)　　　$\forall \boldsymbol{R}_2 = (R_1, R_2) : G(\boldsymbol{R}_2) = b(\sigma_2(R_1), R_2)$

が成立することを示そう。(36-13)が正しくないとすれば,$G(R_1, R_2') = b(\sigma_2(R_1), R_2)$ を満足する R_2' ——そのような R_2' の存在は(36-12)により保証されている——に対して $G(R_1, R_2') R_2 G(\boldsymbol{R}_2)$ が成立しなくてはならない。しかしこれは,個人2が2-プロファイル $\boldsymbol{R}_2$ においてルール G を操作できることを意味している。従って(36-13)の正しさが承認されなくてはならない。

　証明の第2のステップとして

　　(36-14)　　　　　$\forall R_1 : b(r(G), R_1) \in \sigma_2(R_1)$

の成立を示そう。そのためには,$b(r(G), R_1) \in r(G)$ なので,$b(r(G), R_1) = G(\boldsymbol{R}_2')$ となる2-プロファイル $\boldsymbol{R}_2' = (R_1', R_2')$ が存在して $G(R_1, R_2') = b(r(G), R_1)$ となることに注意しさえすればよい。さもないと $G(\boldsymbol{R}_2') R_1 G(R_1, R_2')$ となって,個人1は2-プロファイル (R_1, R_2') において G を操作できることになってしまうからである。

　証明の第3のステップとして,任意の $x \in r(G)$ に対して R_1, R_1' はいずれも x を選好の最上位におくものとすれば,必ず $\sigma_2(R_1) = \sigma_2(R_1')$ が成り立つことを示そう。いま仮に,ある $z \in \sigma_2(R_1) - \sigma_2(R_1')$ が存在したと仮定せよ。そのとき(36-14)により $x \in \sigma_2(R_1), x \in \sigma_2(R_1')$ が成立することに注意する。さて,R_2' は $z R_2' x R_2' w$

($\forall w \in r(G) - \{x, z\}$)を成立させるものだとすれば，(36-13)により明らかに$x = G(R_1', R_2')$，$z = G(R_1, R_2')$となる．だがこのとき$G(R_1', R_2')R_1G(R_1, R_2')$となり個人1は2-プロファイル$(R_1, R_2')$においてルール$G$を操作できることになってしまう．

第4に，すべてのR_1に対して，$\sigma_2(R_1)$は唯一の要素からなるか，もしくは$r(G)$と一致してしまうことを示す．この結論が誤りならば，あるR_1と$x, y, z \in r(G)$で$x, y \in \sigma_2(R_1)$，$z \notin \sigma_2(R_1)$を満足するものが存在するはずである．(36-14)により，一般性を失うことなくxはR_1の最上位にあるものと仮定できる．(xがR_1の最上位になければ，$b(r(G), R_1)$でxを置き換えればよい．) そのとき，第3のステップによりzR_1yと仮定して差し支えない．(なぜならば，xが最上位にあるかぎり，yをzの上位に置く順序とyをzの下位に置く順序は同じ$\sigma_2(R_1)$をもつからである．) 次にR_2は任意の$w \in r(G) - \{y, z\}$に対してzR_2yR_2wを満足するものとする．そのとき$z \notin \sigma_2(R_1)$と(36-13)により，$G(R_1, R_2) = y$が従う．一方，R_1'はzを最上位に置く選好順序であるものとすれば，(36-14)によって$z \in \sigma_2(R_1')$となるため，(36-13)により，$G(R_1', R_2) = z$が成立しなくてはならない．そのとき$G(R_1', R_2)R_1G(R_1, R_2)$となって，個人1は2-プロファイル$(R_1, R_2)$においてルール$G$を操作できることになる．これは矛盾である．

最後に，第4のステップの意味を理解しよう．はじめに$\sigma_2(R_1)$が唯一の要素から成る場合には，(36-14)によってこの要素は$r(G)$の要素のうちで個人1にとって最善のものとなり，実は個人1はルールGの独裁者にほかならないことが分かる．一方集合$\sigma_2(R_1)$が$r(G)$と一致してしまう場合には，(36-13)によって個人2がルールGの独裁者であることになる．証明はこれで完成する．

36.6　個人と組織：ギバードの定理の含意

ギバードの一般可能性定理は，社会的決定と個人的誘因との整合性に関してきわめて重要な，そして悲観的な結論を示唆している．すなわち，すべての個人が私的利益だけを合理的に追求する社会では，独裁者の存在を許さないかぎり，どれほど巧妙に社会的機構を設計しようとも，必ず誰かにその機構を操作する誘因を与えてしまうのである．

第36章 社会厚生関数と集団的選択　385

　この否定的結論の意味に関しては，いくつかの注意を与えておく必要がある．第1に，この定理と公共財の配分に関するクラーク＝グローブス・メカニズムとの関係を説明しておくべきだろう．第33章で説明したように，クラーク＝グローブス・メカニズムは，「ただ乗り」(free-riding)の誘因をどの個人にも与えないという意味で個人的誘因と整合的な公共財の配分機構であった．このような誘因整合的な機構の存在は，ギバードの一般可能性定理と一見矛盾するかに見える．しかし，クラーク＝グローブス・メカニズムは各個人の選好に対して「準線形性」(quasi-linearity)という強い要求を課していたことを思い出せば，この疑問は直ちに解消される．なぜならば，ギバードの定理はどのような個人的選好順序も許容したうえで，個人的誘因と整合的な決定機構が存在しないことを示したのに対して，クラーク＝グローブス・メカニズムは，公共財の所得効果が存在しないような特殊な選好を仮定して，個人的誘因と整合的な機構を実際に設計してみせたに過ぎないからである．この点を理解すれば，実はギバードの定理を回避して誘因整合的な社会的決定機構を模索するひとつの可能性が開かれることになる．「もっともな根拠をもつ」(reasonable)制約を個人的選好順序に課して，制約されたプロファイルの範囲内で整合的な社会的決定機構を設計するという方向である．

　第2の論点は，ギバードの定理が前提するような個人行動――すなわち，社会的決定機構を私的利益の合理的追求のために操作する行動――に対する疑問である．個人的福祉を高めるために社会的組織を設計するという論脈において，このような利己性の仮定を設けることは必然的な前提であろうか．例えば，公共財の社会的配分機構の設計という論脈において，人々は機会さえあれば常に他人の貢献に「ただ乗り」しようと狙っていると前提することは，分権的な経済社会の秩序を理解するうえで，必然的な前提だろうか．事実，多くの場合われわれの社会的行動は，自己の社会的責任，「社会的」福祉への共同のコミットメント，不遇な人々への倫理的配慮など，狭義の私的利益の追求とは異質の考慮によって，少なくとも部分的には動機づけられているのではあるまいか．経済学者のうちには，このような考え方に立って人の経済行動の動機の多様性を

強調する人々もいる．

　第3の論点は，人々の選好は確かに私的情報であってすべての人々に完全に知られているとは考えられないとしても，だからといって誰ひとりとして他人の選好を知らないと考えるのも極端に過ぎるというものである．どの人の選好も，少なくとも一部の人には知られていると考えれば，ギバードの定理の成立は妨げられる．

　第4の論点は，ギバードの一般可能性定理の示唆にもかかわらず，現実には社会的決定機構の私的操作が，必ずしも普遍的に行なわれているようには思われないという経験的観察に基づいている[15]．もしこの経験的観察がある程度であれ正しいとすれば，なぜ(理論的には不可避的な)「ただ乗り」が現実には普遍的に観察されないのか，言い換えれば，現実の経済組織と機構のもつどのような特徴が「ただ乗り」の蔓延を制御する機能を果たしているのかという興味ある問題が登場する．この視角からみると，ギバードの一般可能性定理の意義は，現実の経済組織と機構を分析し評価するに際してきわめて有意義な，ひとつの参照標準を提供したことにあるというべきである．

　これらの論点をさらに追究することは，本書のようなテキストブックよりは専門書の課題である．読者がさらに一層の研究に進まれることを期待して，ここで社会的選択理論への誘いの筆をおくことにしたい[16]．

第36章　注

1)　社会厚生関数を導入することにより，従来の厚生経済学を総合的に整理すると同時にその後の厚生経済学の進路を定める役割を果たした功績は Bergson, A., "A Reformulation of Certain Aspects of Welfare Economics," *Quarterly Journal of Economics*, vol. 52, 1938, pp. 310-334; Samuelson, P. A., *Foundations of Economic Analysis*, Cambridge, Massachusetts: Harvard University Press, 1947; Enlarged Second Edition, 1983(佐藤隆三監訳『経済分析の基礎』勁草書房, 昭和61年), Chapter VIII(Welfare Economics)に帰されなくてはならない．また，この基礎に立つ厚生経済学をめぐるその後の論争と発展について詳しくは Samuelson, P. A., "Bergsonian Welfare Economics," in Rosefielde, S., ed., *Economic*

Welfare and the Economics of Soviet Socialism, Cambridge: Cambridge University Press, 1981, pp. 223-266 が有益な文献である．

2) Samuelson, P. A., 前掲書, p. 221 (邦訳, 227-228 ページ．ただし，ここでの引用はこの邦訳に必ずしも拠ってはいない).

3) 本書第 I 巻の第 10 章 (「選択・選好・効用」) の 152-153 ページを参照せよ．

4) アロウの貢献を集約した重要な業績は Arrow, K. J., *Social Choice and Individual Values*, New York: Wiley, 1951; 2nd ed., 1963 (長名寛明訳『社会的選択と個人的評価』日本経済新聞社，昭和 52 年) であるが，初めての読者には恐らく難解に過ぎよう．Sen, A. K., "Personal Utilities and Public Judgements: Or What's Wrong with Welfare Economics?" *Economic Journal*, vol. 89, 1979, pp. 537-558 は，アロウの定理の意味に関する優れた解説をも含んでおり，きわめて有益な参照文献である．

5) アロウ自身は本書で「社会的選択ルール」と呼ぶものを指して「社会厚生関数」と称した．これまでにすでに明らかにしたように，アロウの意味での社会厚生関数は人々の選好順序のリストを倫理的な社会的選好順序に移す関数であり，ベルグソン＝サミュエルソンの意味での社会厚生関数は，社会的な倫理的順序の実数値表現にほかならない．このように両者はまったく異なる概念であるにもかかわらず同じ名称が与えられたことは不幸なことであり，少なからぬ混乱と無意味な論争がそれによって引き起こされてきた．本書で「アロウの意味での社会厚生関数」という名称を避けたのは，もっぱらこの理由によっている．

6) ここに列挙した条件はアロウの前掲書の第 2 版において述べられたものであり，第 1 版におけるものとは微妙に異なっている．また，われわれが［情報的効率性］と名づけた条件を，アロウは「無関連な選択対象からの独立性」(independence of irrelevant alternatives) と呼んでいる．しかし，本書ではこれらの点に深く立ち入る必要は認められない．

7) 興味をもつ読者はこの点をエクササイズとして確認されたい．

8) 例えば Bergson, A., "On the Concept of Social Welfare," *Quarterly Journal of Economics*, vol. 68, 1954, pp. 233-352; I. M. D. Little, "Social Choice and Individual Values," *Journal of Political Economy*, vol. 60, 1952, pp. 422-432; Samuelson, P. A., "Arrow's Mathematical Politics," in Hook, S., ed., *Human Values and Economic Policy*, New York: New York University Press, 1967, pp.

41-51 を参照せよ．

9) もちろん，各個人が所得分配に対して表明する選好順序は(1)-(3)などの考慮事項に基づいて形成されるだろう．しかし，アロウ流の社会的選択ルールは，このような個人的選好順序の背景や動機にはなんの直接的な役割も与えていないことに注意すべきである．集計の基礎は，(どんな背景をもつものであれ)単に選好順序であるに過ぎない．例えば，所得分配 x のジニ係数を $G(x)$ とするとき，$xRy \iff G(x) \leq G(y)$ と判定するルールは，アロウ流の社会的選択ルールには含まれない．しかし，このことはある個人 i に対して $xR_iy \iff G(x) \leq G(y)$ であるということとはなんら矛盾しないのである．

10) この意味での厚生経済学の再構築のひとつの試みとしては Sen, A. K., *Commodities and Capabilities*, Amsterdam: North-Holland, 1985(鈴村興太郎訳『福祉の経済学：財と潜在能力』岩波書店，昭和63年)を参照せよ．

11) 厚生の個人間比較に基づく社会厚生関数の可能性について，詳しくは Roberts, K. W. S., "Possibility Theorems with Interpersonally Comparable Welfare Levels," *Review of Economic Studies*, vol. 47, 1980, pp. 409-420; Sen, A. K., "On Weights and Measures: Informational Constraints in Social Welfare Analysis," *Econometrica*, vol. 45, 1977, pp. 1539-1572 などを参照せよ．また，(36-8 a)-(36-8 c)などに基づく厚生経済学の展開については，例えば Atkinson, A. B., *Social Justice and Public Policy*, Cambridge, Massachusetts: MIT Press, 1983; Dasgupta, P., *The Control of Resources*, Oxford: Basil Blackwell, 1982; Sen, A. K. and B. Williams, eds., *Utilitarianism and Beyond*, Cambridge: Cambridge University Press, 1982 などを参照せよ．

12) (36-8 a)は(36-8)において $\rho=1$ となるケースであり，(36-8 b)と(36-8 c)はそれぞれ(36-8)において $\rho \to 0$ および $\rho \to -\infty$ となるケースである．読者は，社会厚生関数(36-8)は本書第I巻112ページのCES生産関数と形式的に同一であることに気づかれるはずである．

13) ギバードの定理は Gibbard, A., "Manipulation of Voting Schemes: A General Result," *Econometrica*, vol. 41, 1973, pp. 587-601 に最初に発表されたが，独立にほぼ同じ結果を得た Satterthwaite, M., "Strategy-Proofness and Arrow's Conditions: Existence and Correspondence Theorems for Voting Procedures and Social Welfare Functions," *Journal of Economic Theory*, vol. 10, 1975, pp.

187-217 を含め，ギバード＝サタースウェイト定理と呼ばれることが多い．この重要な定理の比較的平易な別証明としては，Schmeidler, D. and H. Sonnenschein, "Two Proofs of the Gibbard-Satterthwaite Theorem on the Possibility of a Strategy-Proof Social Choice Function," in Gottinger, H. W. and W. Leinfellner, eds., *Decision Theory and Social Ethics*, Dordrecht : D. Reidel, 1978, pp. 227-234 および Barberà, S., "Strategy-Proofness and Pivotal Voters : A Direct Proof of the Gibbard-Satterthwaite Theorem," *International Economic Review*, vol. 24, 1983, pp. 413-417 を挙げておきたい．

14) 以下に述べる($n=2$の場合の)証明は Salvador Barberà 教授(Universitat Autònoma de Barcelona)によって提供されたものである．本書における使用を快諾されたバルベラ教授に感謝する．また，この証明を一般の n の場合に拡張するためには，アロウの定理の証明で用いたものと基本的に同じ論法を適用することができる．さらに，個人的選好に無差別関係が存在する場合への拡張は，Schmeidler and Sonnenschein の前掲論文で与えられた論法によって，容易に行なうことができる．しかし，本書ではこれらの拡張に関する詳しい説明は省くことにする．

15) この事実を強調し，伝統的な公共財の理論は「ただ乗り」現象に対して不当に過大な重点を置いているという批判を提出したのは Johansen, L., "The Theory of Public Goods : Misplaced Emphasis?" *Journal of Public Economics*, vol. 7, 1977, pp. 147-152 である．彼は「……選好の真実表明という問題が実際的な重要性をもつということを説得的に示す歴史的な記録やその他の経験的な証拠を，私は見たことがない．私が念頭においているのは，政府ないし郡，地方自治体などのレベルにおける決定，すなわち政治プロセスを含む決定である」と述べ，このレベルにおける社会的決定に際しては，選好を偽って表明することによって社会的決定を操作する余地は，実はほとんど存在しないと考えられる理由を挙げている．興味をもつ読者は原論文を参照せよ．

16) これらの論点を追求する一層の研究への手掛りとして，さしあたり次のような文献を推奨しておきたい．Peleg, B., *Game Theoretic Analysis of Voting in Committees*, Cambridge : Cambridge University Press, 1984 ; Sen, A. K., *On Ethics and Economics*, Oxford : Basil Blackwell, 1987 ; Sugden, R., *The Economics of Rights, Co-operation and Welfare*, Oxford : Basil Blackwell, 1986.

おわりに──ミクロ経済学の課題と展望

1　市場と組織

　本書第Ⅰ部第1章の冒頭で述べたように，ミクロ経済学とは経済の資源配分に関わる諸問題——現実の経済ではどのような資源配分が行なわれているか，いかなる資源配分が社会的に望ましいかなど——を，主として理論的に解明・考察しようとする経済学の一分野である．本書全2巻を通じてわれわれが解説しようとしたことも，この点にほかならない．しかしながら，特に事実解明的アプローチに関するかぎり，本書の力点が市場メカニズムの解明と評価におかれたことは否めない．これにはそれなりの理由があるものの，ミクロ経済学には紙幅の都合で本書では十分に触れることのできなかったいくつかの重要な分野がある．これらの分野は市場メカニズムとは異なる資源配分メカニズムの重要性を明確にすることにより，本書で解説したミクロ経済学の伝統的分析と補完的な役割を果たすものである．本章では，これらの分野について簡単な解説を与え，関心を持つ読者のためにいくつかの参考文献を挙げておくことにしたい．

　本書第Ⅳ部で詳細に検討したように，資源配分メカニズムとしての市場メカニズムはいくつかの好ましい性質をもっている．市場の普遍性，完全競争，完全情報などの条件が成立するかぎり，結果としてパレート効率的な資源配分が保証されることがその最大のメリットである．しかしながら，すでに指摘したように，現実の経済ではこれらの条件が実際に成立するとは考えにくい．

　第1に，市場の普遍性はしばしば満足されない．第23章でも簡潔に触れたように，いくつかの市場，特に不確実性を対象とした条件付き債券(保険契約)の市場の多くは，現実には存在しない．問題とする状態(state of nature)が現実に起こったことを確認したり，条件付きの契約を実際に履行することを保証したりするために必要となる取引費用があまりにも大きいからである．しかし，経済主体の多くは危険回避的であり，何らかの保険契約を結ぶことによって不確実性を避けようとするインセンティブを持っている．

おわりに——ミクロ経済学の課題と展望　393

　例えば，ある産業の労働者をとろう．この産業を取り巻く環境（生産物価格・原材料価格など）が変化すれば，労働の限界価値生産性が変化する．この結果，労働需要曲線がシフトし，賃金が変動したり失業が発生したりすることになる．もちろん，この不確実性に対処する条件付き債券市場が存在すれば市場は効率的な資源配分を達成できるが，現実には（賃金変動や失業に対する民間）保険は存在しない．このように，通常の資源配分メカニズムでは，この種の不確実性に対して効率的に対処することはできない．

　しかし，現実の経済では，産業の環境が変化したとしてもすぐに賃金が変化したり失業が発生するわけではない．なぜならば，企業と労働者が契約を結び危険を分け合う(risk-sharing)ことにより事実上保険の役割を果たしうるからである．例えば，産業を取り巻く環境が悪化したとしても，企業は労働者を解雇したり賃金を切り下げたりしないことを約束する．その代わりに労働者は，環境が改善され賃上げを期待できるようになったとしても従来通りの賃金で働くことを約束する．このような契約によって，労働者は事実上保険を購入し所得の変動を回避することができる．企業にとってもこのような契約はメリットがある．なぜならば，労働者に比べて企業は所得の変動を平準化する手段を多く持っている．従って，労働者に保険を提供することによって平均賃金を切り下げることができれば，利潤の変動を押さえつつ期待利潤を増加させることが可能だからである．このように市場の普遍性の条件が崩れるとき，企業などの「組織」を通じる資源配分メカニズムが重要な役割を果たすことになる[1]．

　しかし，組織を通じる資源配分の有効性は不確実性の解決だけに留まらない．完全競争的市場メカニズムの説明で仮定した完全情報の条件が，現実の経済では満たされないからである．実際には情報の多くは偏在し，一部の経済主体だけが「私的情報」として保有している．例えば，商品の品質・職場における勤勉度・取引における誠実さなどの情報は資源配分上重要な役割を果たす情報であるが，その性格から当該経済主体だけが知っている私的情報である．しかもこれらの私的情報は，価格メカニズムによって自動的に正しく申告するインセンティブが与えられるわけではない[2]．これらの私的情報を2種類に分けるこ

とが有用である．

　第1のタイプは，消費者の嗜好・商品の品質・労働者の能力など，取引の当事者である経済主体の性質，あるいは取引の対象である商品の内容などに関する情報が，私的情報として偏在している(hidden knowledge)場合である．例えば，取引される商品には高い品質のものと低い品質のものがあり，売り手にはその品質がわかっているが買い手にはわからないとしよう．このとき，情報の偏在のためにこの商品には同一の価格しかつかない．従って，市場で成立する価格は平均的な品質を反映したものとなり，低い品質の商品を持つ売り手にとっては有利だが，高い品質の商品を持つ売り手には不利な価格が成立する．このため，高い品質の商品を持つ売り手は低い価格で売却するよりも自分で使用した方が有利となり，高い品質の商品は市場から消え去り，市場の平均的な品質は低下する．この結果価格は低下し，市場に残った中でより高い品質の商品も消えてしまう．このような調整の結果，市場にはもっとも低い品質の商品だけが残されることになる．「逆淘汰」(adverse selection)と呼ばれる現象である[3]．すでに第25章でも「自己選択」(self-selection)の理論として説明したように，このとき偏在している情報と何らかの関係をもち，客観的に確認できる指標を料金と関係づける——購入量の関数としての料金，学歴の関数としての賃金など——ことによって，私的情報の保有者に自らの意思で情報を明らかにさせることが可能である[4]．しかし，そのためには通常の価格メカニズムでは不十分であり，新たな社会的制度・慣習・組織などが必要となる．

　私的情報の第2のタイプは，労働者の勤勉度・企業の投資量などの「経済行動」自体が私的情報として偏在している(hidden action)場合である．例えば，労働者がどの程度真面目に働いているかは経営者にはわからないことが多い．このとき，通常の価格メカニズムにしたがって雇用労働者に一定の時間あたり賃金(time rate)を支払ったとしても，効率的な資源配分は得られない．労働者は，いずれにしても同じ賃金が得られるのだから，真面目に働かないからである．モラル・ハザード(moral hazard)と呼ばれる現象である．このようなときには，生産が増えれば賃金が増えるようなメカニズム(piece rate)や，労働

者の勤務状況を査定するといった市場を通さない——企業組織や企業間関係など——資源配分メカニズムが重要な役割を果たすことになる．

　これらの点の分析に対して関心のある読者は，Arrow, K. J., *The Limits of Organization*, New York : W. W. Norton, 1974（村上泰亮訳『組織の限界』岩波書店，昭和51年）や Williamson, O. E., *Markets and Hierarchies : Analysis and Antitrust Implications——A Study in the Economics of Internal Organization*, New York : Free Press, 1975（浅沼萬里・岩崎晃訳『市場と企業組織』日本評論社，昭和55年）などを参照されたい．

2　戦略的行動と限定合理性

　現実の経済では，完全競争的な経済主体の数はきわめて限られている．現代経済の生産技術の際だった特徴である「規模の経済性」は，各経済主体の市場に対する相対的なサイズを無視できないほど大きなものにし，価格に対する少なからぬ影響力を発生させるからである．この結果，資源配分メカニズムの分析と評価のためには，各経済主体間の戦略的相互依存関係を明示的に考察することが不可欠となる．

　第V部で検討したように，現代の経済学はゲームの理論を活用することによって，このような戦略的相互依存関係を分析しようとする．しかしゲームの理論が仮定する世界は，各経済主体の嗜好・技術・ゲームのルールなどをプレイヤーのすべてがお互いによく知り合っている世界である．市場で成立している価格と自分の嗜好や技術さえ知ればよかった完全競争的な経済主体と異なって，このような世界では自分の最適な行動を選択するために必要な情報量は膨大なものにならざるをえない．このことは特に情報が偏在する場合に顕著である．前節で述べたように，現実の経済において私的情報が果たす役割は大きい．このことは，戦略的相互依存関係を明示的に考察しなければならない状況においては，さらに重要である．なぜならば，情報が偏在している場合には情報を使った戦略的行動がとられるからである．

ところで，情報が偏在するときのゲーム（非完備情報のゲーム）の理論は，各経済主体が意思決定を行なうにあたって必要な情報を——何が私的情報であり何が公共情報であるかをも含めて——すべて知っていると仮定した上で，その合理的な選択を考察する．

具体的に述べれば，非完備情報のゲームにおける戦略とは，そのプレイヤーが自分の得る私的情報一つ一つについて，その情報を得たときにどのような行動を選択するかを余すことなく指定することである．このような意思決定を行なうためには，自分の私的情報は知っているが他のプレイヤーの私的情報を知らないときに，自分の得る（期待）利得関数を知らなければならない．つまり，意思決定のためには他のプレイヤーが得る私的情報にはどのようなものがあるのか，彼らがそれらの情報を得る確率はどのようなものか，そして彼らがある私的情報を得たときにはゲームの利得関数はどのような形になるのか……などを完全に知り尽くしていなければならない[5]．言い換えれば，非完備情報下のナッシュ均衡（ベイズ均衡と呼ばれる）が意味をもつためには，情報がいかに不完全でありいかに偏在しているのかをとことんまで知り尽くしたプレイヤーが超合理的に行動することを仮定しなければならない．経済主体が，これほどの情報量を持ちこれほど膨大な計算を解くと仮定することは現実的だろうか．

しかも第29章で検討したように，戦略的行動が繰り返される世界では，繰り返しゲームの理論が示すように，各プレイヤーが競争する非協力解からそれぞれが協調し合う協力解までさまざまな可能性が「均衡」として成立しうる．ゲームの理論を適用することによって戦略的行動が説明されるとしても，これら起こりうる無数の可能性の中からどれが選ばれるのかについて，ゲームの理論は何の具体的な指針も与ええない．

しかも，そもそも情報が完全である場合でさえ，ゲームの理論が仮定するように人々が「合理的」に行動すると仮定することには疑問がある．このことをローゼンサールによる次の簡単なゲームで考えてみよう[6]．2人のプレイヤー{A, B}によってプレイされるこのゲームは，次のように定義される．ゲームは左端から出発し，AないしBがどちらのプレイヤーの手番であるかを指定す

る．各プレイヤーは自分の手番でこのゲームを続ける(C)か，そこでやめる(S)かの選択を持つ．続けることを選んだときにはゲームは右方に1つ進み，相手プレイヤーの手番になる．やめることを選択したときには下方に進みゲームは終わり，その下に並んだ2つの数の上の数をプレイヤーAが，下の数をプレイヤーBが得る．一番右端のBの手番では，やめることを選択すればプレイヤーはそれぞれ(98, 101)の利得を，続けることを選択すれば(100, 100)の利得を獲得してゲームは終了する．

```
 A   B   A   B   A              A   B
 |   |   |   |   |              |   |   |
 1   0   2   1   3   ……………  99  98  100
 1   3   2   4   3   ……………  99  101 100
```

1図　ローゼンサールのパラドックス

読者がこのゲームをプレイヤーAとして実際にプレイすることになったとき，左端の手番で諸君は C を選ぶだろうか，それとも S を選ぶだろうか．

ほとんどの読者は C を選んだのではないだろうか．なぜなら著者たち自身もおそらく C を選ぶだろうから．しかし実は，この選択は本書で解説してきた「ゲームの理論」，特に完全均衡の考え方とは相容れないものである．このことを確認しよう．

いま最後の部分ゲーム，つまり右端のひとつ前の点から出発する「サブゲーム」を考えよう．このとき，プレイヤーBはゲームを終わらせ下方に動くことを選択する．なぜならそうすることによって彼は100の利得の代わりに101を得ることができるからである．そうであれば，その1つ前の手番でプレイヤーAはゲームを終わらせることを考えるはずである．続ければ次の手番でBがゲームを終わらせてしまいAは98の利得しか得られないが，自分の手番で終わらせればAは99の利得を得ることができるからである．このような論理を続けて行けば，最初の手番でAは次のような論理に行き当たる．自分がこのゲームを続けるために右方に進んだとしても，次の手番でBがゲームを終わらせてしまう．そのとき自分は0の利得しか得られない．最初の手番で自分がゲームを終わらせれば，少なくとも1の利得を得ることができる．従って1の利

得を得るために，自分はゲームを終わらせ下方に進むべきである，と．

　この例は，われわれの直観に誤りがあることを示すというよりも，ゲーム理論の考え方が人間の行動をうまく近似していないことを示していると考えるべきであるように思われる．つまり，戦略的相互依存関係にある主体の行動を，情報が完全である場合の「合理的」な行動として捉えること自体に問題があるからである．例えば，囲碁・将棋・チェスなどのパーラー・ゲームは，確かにお互いの戦略・情報・利得などの知識を各プレイヤーが完全に持っているゲームである．しかし，これらのゲームでさえ各プレイヤーが考えるのはまず定石であり，そうでなければ(囲碁の場合)どの辺が「厚い」か「薄い」かという判断である．チェスの場合でも，クイーンやビショップなどの一つ一つの駒を点数に換算して打つ手を考える．

　このように考えれば，経済活動のように複雑な活動における行動を選択するとき，人間はゲーム理論が仮定するような超合理性ではなく，「限定合理性」(bounded rationality)，すなわち過去の経験や定石(rule of thumb)に行動の指針を求めるように思われる．繰り返しゲームのように多数の「均衡」が存在する場合にも，過去の経験や社会的常識こそがどの均衡がプレイされるべきかの指針を与えると考えることもできよう．

　ここでもまたわれわれは，合理性だけによって経済行動を分析するのではなく，社会・経験・常識・慣習といった非市場的・制度的な社会的仕組が経済行動や資源配分に果たす役割を確認することになる．しかし，これらの側面，特に限定合理性が経済行動の選択に果たす役割は，未だ十分に明らかにされてはいない[7]．

3　福祉とはなにか

　本書で解説してきたように，ミクロ経済学の事実解明的アプローチは，合理的な経済主体の「選好」(preference)と「技術」(technology)を基礎的データとして出発して「選好に基づく選択」(choice based on preference)を定義し，こ

れらの個人的選択の社会的な整合性や効率性を調べるという構造をもっている．また，ミクロ経済学の規範的アプローチも，同じく合理的な経済主体の選好から出発してこの基礎的データに基づいて「社会的基準」(social criterion)を構成し，この基準に照らして最適な資源配分の条件を明らかにするという構造をもっている．このことは，伝統的なミクロ経済学において個人の「選択」(choice)と「選好」(preference)と「厚生」(welfare)とが，ほとんど同じ概念として取り扱われてきたことを意味している．個人が「選択」するものは彼が「選好」するものであり，また彼の「厚生」の改善は，彼の「選好」に照らして一層望ましい状態を達成することによって実現されるのである．

　選択と選好と厚生とをこのように連結する伝統がミクロ経済学の目ざましい発展に対して果たしてきた役割の重要性は，どれほど強調してもし過ぎることはない．また，多くの状況ではこの連結が実際に適切である——少なくともさほど有害ではない——ことにも，おそらく異論の余地は少ないといって良い．しかし，人の「福祉」(well-being)を「厚生」と同一視してこの連結をさらに一歩進めることに対しては，おそらく注意深い警戒の余地がある．

　第1に，人の「福祉」を人の「選択」と直結すれば，麻薬中毒者に対して麻薬を提供することによって彼の福祉が高まるという愚かな結論に至ってしまうだろう．第2に，人の「福祉」を人の「選好」と直結すれば，長い失意の生活に疲れ，もうこれ以上の失望には耐えられない人が，「現実的」な選好を身につけてもはやなんの望みも持たなくなってしまった状態を指して，福祉の極みとみなすことにもなりかねない．第3に，人の「福祉」を人の「厚生」と同一視すれば，人が持つ社会的連帯感，（自分の厚生を犠牲にしても）自分の責任を果たしたことから人が覚える深い充足感など，社会的存在として人が得る福祉に対して，著しく偏った貧しい理解に導かれてしまうだろう．

　それでは福祉とはなにか．これは本書では答えられない問題であるし，未だに完全な承認が確立された理論の存在しない領域でもある．しかし，最近の規範的経済学における重要な焦点のひとつがこの問題——福祉概念の再検討——におかれていることは確かであるし，今後さらに深い研究が必要な分野である

ことも間違いない．興味を持たれる読者は，手始めに Sen, A. K., *Commodities and Capabilities*, Amsterdam : North-Holland, 1985(鈴村興太郎訳『福祉の経済学：財と潜在能力』岩波書店，昭和63年)をひもといてほしい[8]．

4 無知のヴェイルと社会的選択ルール

　第36章の36.4節(「厚生判断の情報的基礎と社会厚生関数」)において説明されたように，アロウによる社会的選択の問題の定式化は選択の情報的基礎を意図的に著しく狭く定めている．彼の一般可能性定理は，実はこの情報的制約の論理的帰結にほかならないと考えられるのである．

　ところで，社会的選択と情報との関連については，もうひとつまったく異なる重要な論点が存在する．第36章では，「社会状態の社会的選択」に際してどれほどの情報を個人的選好に関して収集するかが問題であった．これに対してここでの問題は，「社会的選択ルール自体の社会的選択」はどのような情報的基礎に立ち，いかに行なわれるべきかというものである．この論点を少し詳しく説明しよう．

　社会的選択ルールは，人々の間にさまざまな利害の対立がある際に，これら対立的な個人的見解を総合して「社会的」見解を構成するプロセスないしルールである．言い換えると，社会的選択ルールとは，参加者である諸個人による意思表明と利害調整の社会的ゲームのルールにほかならない．もし仮に，このゲームのルールがある特定の個人やグループに常に有利になるような偏りをもって設計されているならば，この「不公平」なルールに従って社会を安定的に統合していくことはむつかしい．自分たちの見解が体系的に無視ないし軽視されていると憤慨する人々は，「不公平」な社会に対して反乱，サボタージュ，批判，脱出その他の手段による反抗を試みる動機を持つからである．従って，社会的なゲームのルールの設計に際しては，どの個人やグループも自分に有利な方向にルールを偏らせる誘因を持たないように，ある種の「公平」(fair)な状況を設定する必要がある．それはちょうど，トランプ・ゲームのルールは，誰が

どのような手札の配当を得るかがまだ定まっていない——その意味で公平な——ゲーム開始以前の状況で定められるということに対応している．

このような必要に応えて，哲学者ロールズは「無知のヴェイル」(veil of ignorance)という理論的虚構を導入し，ルール設計の公平な場を仮説的に設定したのである．このヴェイルが張り巡らされることにより，誰も他人と比較して自分が持つ有利性(あるいは不利性)——自分が他人に比較して才能，財産および地位，腕力，カリスマ性，美貌などにおいて優る(あるいは劣る)など——を知る機会を持たず，従ってルールの適用段階における自己の利得を予め読み込んで，ルールを意図的に偏らせる誘因を持たないことになるわけである．

ところで，ルール設計の段階で参照可能な情報を意識的に制約し，理論的に公平な場においてルールの設計を行なうとすれば，どのような社会的選択のルールが人々の合意に基づいて選ばれることになるだろうか．ロールズ自身は，彼のいわゆる「正義の原理」(principle of justice)がこのような「原初状態」(original position)において選ばれることを主張した．一方，ゲーム理論家ハルサニを代表とする功利主義者は，選ばれる原理は「功利主義」(utilitarianism)である——一層正確には，公平な場において人々が「合理的」(rational)に選択する社会的選択ルールは功利主義原理である——と主張した．両者の見解は，いずれもまだ完全には確立されるに至っていない．ここではこれ以上の深入りはできないが，興味を持たれる読者はJ. ロールズ(田中成明訳)『公平としての正義』(木鐸社，昭和54年)；J. C. Harsanyi, *Essays on Ethics, Social Behavior and Scientific Explanation*, Dordrecht: D. Reidel, 1976を最初の手がかりとして，一層の研究に進んでほしい．明らかに，これはミクロ経済学の問題というよりは道徳哲学の問題であるが，規範的経済学の理解にとって一度は深く学ぶことが望ましい重要な問題であることだけは間違いない[9]．

5 厚生と権利

前章においてすでに説明したように，社会的選択の情報的基礎を拡大して厚

生の個人間比較を許容すれば，ベンサム，ナッシュ，ロールズの社会厚生関数を始めとして，多くの社会厚生関数の可能性が開かれる（第36章36.4節）．しかし，個人的厚生に関する情報がいかに豊かに与えられていようとも，厚生に関する情報だけに基づいて社会的評価と決定を行なう立場——この立場を一般に「厚生主義」(welfarism)と呼ぶ——には，依然として多くの難点が含まれている．この難点は，「個人の権利」(individual rights)という概念を導入することによって例示することができる．

ロールズ，ノジックを始め多くの道徳哲学者・倫理学者は，個人は不可侵の権利を持ち，たとえ社会の大多数の人々に莫大な厚生利得を与えるためといえども，この権利に基づく個人の尊厳は決して犠牲にされてはならないことを主張している[10]．言い換えると，社会内のどの個人も彼に固有の権利を持ち，それ自体として——単に社会「厚生」の一構成要素としてではなく——価値を持つ独自の存在なのである．問題は，このような「非厚生主義」的原理と「厚生主義」的原理とは，社会的決定ルールに対する要求としてしばしば矛盾することである．

非厚生主義的原理の一例は，センが定式化した「個人の自由主義的権利」(individual libertarian rights)である．以下ではこの例に従って厚生主義の問題点を説明しよう．

2人の個人1,2は，シャツの色の選択に関して紺(B)と白(W)の2つの可能性を持っている．そのとき（他の事情はすべて一定に留まるとすれば）実現可能な社会状態は(B, B), (B, W), (W, B), (W, W)の4つに限られる[11]．さて，例えば2つの状態(B, B), (W, B)を比較してみると，個人2はいずれにせよ紺(B)を選んでいるのだから，この2つの社会的状態の間では（影響される唯一の個人である）個人1が選好する状態が社会的にも選好されることが望ましい——さもないと，社会は自分だけに影響をもつ選択に関してすら，彼の個人的選好を尊重しないことになってしまうからである．従って，社会的選択ルールが個人の自由主義的権利を尊重するものであるかぎり，ルールはこのような場合には個人1の選好を社会的選好に反映しなくてはならない——これが

おわりに——ミクロ経済学の課題と展望

センによる自由主義的権利の定式化である．

一方，非常に弱い形での厚生主義的要求として，本書ですでにしばしば触れてきたパレート原理をルールに課すことにしよう．すなわち，2人の個人が一致して選好する社会的状態は，社会的にも好ましい状態であると考えるのである．

さて，2人の個人の選好順序が2図に示すものであるとしよう．このプロファイルに対応して社会的選択ルールが(個人の自由主義的権利とパレート原理を尊重しつつ)定める強い意味の社会的選好順序を P と書こう．(W, W) と (B, W) は個人1のシャツの色だけで区別され，個人1は (W, W) を (B, W) よりも選好しているのだから，個人の自由主義的権利の尊重により (W, W) は (B, W) よりも選好されなくてはならない．同じ理由から，(W, B) は (W, W) よりも社会的に選好される．最後に，パレート原理により (B, W) は (W, B) よりも選好される．従ってわれわれは

(1) $\quad (W, W) P (B, W) P (W, B) P (W, W)$

という社会的な選好のサイクルを持つことになるが，これは P が社会状態の(強い)順序であるという要求と矛盾する．すなわち，個人の自由主義的権利を尊重し，同時にパレート原理を満足しつつ社会的順序を形成するルールは，論理的に存在しえないのである[12]．

これはほんの一例に過ぎないが，厚生主義は非常に弱い——そして十分に興味深い——非厚生主義的要求としばしば両立不可能である．この事実は，倫理的な社会的選好判断の情報的基礎を(仮にどんなに詳細なものであれ)厚生に関する記述だけにおくことが，必ずしも適切ではないことを興味深く示唆している．

1	2
(W, W)	(B, B)
(B, W)	(B, W)
(W, B)	(W, B)
(B, B)	(W, W)

2図 リベラル・パラドックス

ここでもまた，読者に一層の研究への道標を与えるだけに留めなくてはならない．関心を持たれる読者は，例えば A. K. Sen, *Choice, Welfare and Measurement*, Oxford: Basil Blackwell, 1982 に収録されているいくつかの論文に目を通してみられるとよい．

おわりに　注

1) 「暗黙の契約」と呼ばれるこのメカニズムは，Azariadis, C., "Implicit Contracts and Unemployment," *Journal of Political Economy*, vol. 83, 1975, pp. 1183-1202 および Baily, M. N., "Wages and Employment under Uncertain Demand," *Review of Economic Studies*, vol. 41, 1974, pp. 37-50 によって明らかにされた．

2) 私的情報のもたらす問題については，例えば Diamond, P. and M. Rothschild, eds., *Uncertainty in Economics: Readings and Exercises*, New York: Academic Press, 1978 の第II部後半に集められた論文を参照せよ．

3) 逆淘汰の現象を理論的に初めて説明したのは，Akerlof, G. A., "The Market for 'Lemons': Quality Uncertainty and the Market Mechanism," *Quarterly Journal of Economics*, vol. 84, 1970, pp. 488-550(Diamond and Rothschild, eds., 前掲書にも所収)である．

4) 自己選択の理論については，Spence, A. M., *Market Signalling*, Cambridge, Massachusetts: Harvard University Press, 1973 や Spence, A. M., "Job Market Signalling," *Quarterly Journal of Economics*, vol. 87, 1973, pp. 355-374(Diamond and Rothschild, eds., 前掲書にも所収)などを参照せよ．

5) やや異なる文脈ではあるが，第25章の消費者の自己選択に関する解説を参照せよ．なお，非完備情報下のゲームとそこでの(ベイズ)均衡を初めて定義したのは Harsanyi, J. C., "Games with Incomplete Information Played by 'Bayesian' Players, Part I: The Basic Model," *Management Science*, vol. 14, 1967-68, pp. 159-182, Part II, pp. 320-434, Part III, pp. 486-502 である．

6) Rosenthal, R. W., "Games of Perfect Information, Predatory Pricing and the Chain-Store Paradox," *Journal of Economic Theory*, vol. 25, 1981, pp. 92-100 に収録されているゲームである．なお，Selten, R., "The Chain-Store Paradox," *Theory and Decision*, vol. 9, 1978, pp. 127-159 をも参照せよ．

7) 限定合理性と人間の行動について関心のある読者は，Simon, H., *Models of*

Man, New York: Wiley, 1957(宮沢光一監訳『人間行動のモデル』同文館, 昭和45年)を参照せよ.

8) 哲学者によって書かれた専門書ではあるが, Griffin, J., *Well-Being*, Oxford: Clarendon Press, 1986 も興味深い.

9) ロールズの正義の原理を体系的に述べた彼の主著は, Rawls, J., *A Theory of Justice*, Cambridge, Massachusetts: Harvard University Press, 1971(矢島欽次監訳『正義論』紀伊国屋書店, 昭和54年)である.

10) ノジックの主著は, Nozick, R., *Anarchy, State and Utopia*, Oxford: Basil Blackwell, 1974(嶋津格訳『アナーキー・国家・ユートピア』(上)木鐸社, 昭和60年)である.

11) ここで例えば(B, W)は個人1が紺(B), 個人2が白(W)のシャツを選ぶ状態を示している.

12) センのパラドックスに関する一層詳細な説明とその「解決」方法に関しては, 鈴村興太郎『経済計画理論』筑摩書房, 昭和59年の第6章を参照せよ.

数 学 付 録

数 学 付 録 II

0 はじめに

 この付録では,本書第I巻の数学付録Iで述べた初歩的な集合・位相・微積分の知識に加えて第II巻で初めて必要とされる数学定理を,できるだけ直観的に解説することにする.数学付録Iの場合と同じく,解説の主眼は一般性や厳密さにはなく,定理の意味の理解におかれている.一層進んだ学習のためには,注に挙げる参考文献に就いてほしい.

1 不動点定理

 まず,均衡の存在を確認するための主要な論証手段として,「不動点定理」(fixed-point theorem)と呼ばれる重要な数学定理を知ることにしよう.

 関数 f は,s 次元ユークリッド空間 $\boldsymbol{R}^s$ 内のある(空でない)集合 X で定義され,そのとる値もまた X に属するものとする[1].そのとき,X の任意の点 x は関数 f によって X の点 $f(x)$ へと移されることになる.点 $f(x)$ はほとんどの場合に点 x とは異なるだろうが,特殊な場合として f を作用させてもその位置が変わらないという著しい特徴をもつ点——すなわち $x^*=f(x^*)$ という性質をもつ点 $x^* \in X$ ——が存在することがある.このような点を関数 f に関する集合 X の「不動点」(fixed-point)と呼ぶ.

 集合 X と関数 f に対して適当な制約を課した場合に,関数 f に関する集合 X の不動点が存在することを保証する命題が,不動点定理にほかならない.

 この付録では,「ブラウワーの不動点定理」(Brouwer's fixed-point theorem)に解説を絞る.この命題は,X が $\boldsymbol{R}^s$ の非空コンパクト凸集合であり,f が X 上で連続である場合に,f に関する X の不動点が少なくともひとつ存在する

ことを保証するものである．

図1は，この定理の意味を理解するために，R内の集合XとX上の関数fをいくつか描き，不動点が存在する場合と存在しない場合を例示したものである．

図1(a)の関数fは，コンパクト凸集合上の連続関数であり，ブラウワーの定理の主張どおりに不動点$x^*\in X$をもっている．これに対して図1(b)の場合には，関数fはコンパクト凸集合XからXへの関数ではあるが点x^0において不連続である．また図1(c)の関数の定義域は凸集合ではないし，図1(d)のそれは(端点x'を含まないため)閉集合ではない．そしてそのいずれの場合にも，描かれた関数は不動点をもたない．最後に図1(e)の場合には定義域Xは上方に非有界であり，関数fはXの不動点をもたない．

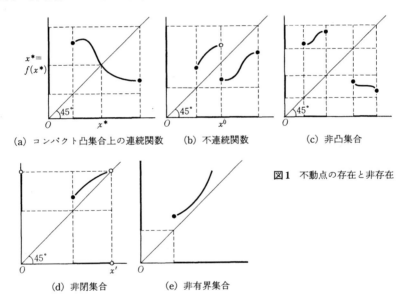

(a) コンパクト凸集合上の連続関数　(b) 不連続関数　(c) 非凸集合

(d) 非閉集合　(e) 非有界集合

図1　不動点の存在と非存在

こうしてみると，関数fの連続性，集合Xのコンパクト性と凸性は，関数fに関する集合Xの不動点が存在するための必要条件であることがわかる．ブラウワーの定理は，これらの必要条件が実は不動点が存在するための十分条件になることを保証しているわけである．

ブラウワーの不動点定理(1)

R^s 内のコンパクト凸集合 X で定義され X で値をとる連続関数 f は，少なくともひとつの不動点 $x^*=f(x^*)$ をもつ．

以下ではこの定理のひとつの特殊ケースを取り扱うことにする．特殊ケースとはいえ，ここで用いる論証方法はほとんどそのまま一般ケースに通用するし，また本文中で援用される不動点定理はこの形式のものに限られる[2]．

はじめに，ひとつの興味ある幾何学的事実に注意しよう．図2のように，ひとつの有界な線分の端点に，各々0と1という番号を付ける．次に，この線分の内部に任意有限個の点を追加し，その各々に0あるいは1という番号を，それぞれ全く自由に付ける．「興味ある幾何学的事実」とは，このように番号づけられた点が追加されたことによって最初の線分内に生まれた小線分のうちには，その端点が各々0と1と番号づけられたものが，必ず奇数個存在するということである．図2(a)の場合には，そのような小線分は3個存在している．この事実はもちろん偶然ではない．証明の手がかりとして，「少なくとも一方の端点の番号が0である」という性質をもつ小線分に注目し，そのうち「両端点の番号が0」というものの個数を a，「端点の番号が0と1」というものの個数を b と書くことにする．いま，番号0を与えられている端点の数を，各々の小線分を独立に考えて数えてみると，総計 $2a+b$ となることは明らかだろう．ところで，この数え方においては，出発点の線分の端点で番号0をもつものだけはただ1度数えられるが，それ以外の番号0の端点は全部2度ずつ数えられている．そこで，先に得た総数 $2a+b$ は奇数でなくてはならないことがわかる．そのとき b は必ず奇数であることになり，求める結果に到着する．

今度は図2(b)のように任意の形をした三角形を描き，その3つの頂点に各々 0, 1, 2 という番号を与える．次に，この三角形の辺および内部に有限個の点を任意に追加し，それらを随意に結んで原三角形を互いに重なることのない有限個の小三角形に完全に分割してしまう．追加された点に対しては，

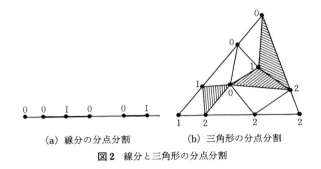

(a) 線分の分点分割　　(b) 三角形の分点分割

図2 線分と三角形の分点分割

（a）その点が原三角形の辺上にあるときは，その辺の両端に最初与えられた番号のうちで任意のものを与える；

（b）その点が原三角形の内部にあるときは，0,1,2のうちで任意のものを与える；

という規則によって，残りなく番号を与えることにする．

そのとき，原三角形の分割によって生まれた小三角形のうちには，その頂点が 0,1,2 と番号づけられたものが，必ず奇数個存在するのである[3]．

証明の手がかりとして，頂点のうちの2つが 0,1 と番号づけられている小三角形を3つのタイプに分け，

a_1＝頂点のうちの2つの番号が 0，残る1つの番号が 1 である小三角形の個数

a_2＝頂点のうちの2つの番号が 1，残る1つの番号が 0 である小三角形の個数

b＝3つの頂点の番号が各々 0,1,2 である小三角形の個数

と記号を定めたうえで，$a=a_1+a_2$ とおく（図3）．いま，2つの頂点の番号が 0 と 1 となっている小三角形の辺に注目し，その総数を数えてみる．その際，各々の小三角形を独立に考えて数えれば，この総数は明らかに $2a+b$ となる．ところで，原三角形の頂点 0,1 を結ぶ辺上にある小線分のうちでその2つの頂点の番号が 0,1 であるものは，すでに線分の分点分割に対して与えた考察から，奇数個存在することがわかる．2つの頂点の番号が 0 と 1 となっている小三角

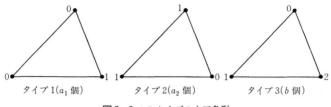

図3 3つのタイプの小三角形

形の辺の総数は、この奇数に、原三角形の辺上にはない小線分で両端点が $0, 1$ と番号づけられているものの総数の2倍を加えたものにほかならない。この総数は明らかに奇数である。従って $2a+b$ も奇数、すなわち b は奇数となって、求める結果に到る。

さて、本書で利用する機会のある不動点定理は、次のような形式のものである。

ブラウワーの不動点定理(2)

R^s 内の「基本単体」(fundamental simplex)

$$S = \left\{ x = (x_1, x_2, \cdots, x_s) \in R_+^s \,\middle|\, \sum_{i=1}^{s} x_i = 1 \right\}$$

で定義され、S で値をとる連続関数 f は、少なくともひとつの不動点 $x^* = f(x^*)$ をもつ。

$s=3$ という場合には、上で与えた準備的考察に基づいてこの定理の証明を与えることができる。先にも述べたように、この論法は一般の場合にも基本的にそのまま通用する。

R^3 内の基本単体は図4に描かれた集合であって、明らかにコンパクト凸集合である。いま、S の部分集合 F_0, F_1, F_2 を

$$F_0 = \{ x = (x_1, x_2, x_3) \in S \,|\, x_1 \geq f_1(x) \}$$
$$F_1 = \{ x = (x_1, x_2, x_3) \in S \,|\, x_2 \geq f_2(x) \}$$
$$F_2 = \{ x = (x_1, x_2, x_3) \in S \,|\, x_3 \geq f_3(x) \}$$

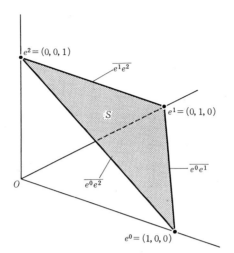

図4 R^3 内の基本単体 S

によって定義する．ただしここで $f_i(x)$ はベクトル $f(x)$ の第 i 成分にほかならない $(i=1,2,3)$．S の 3 つの頂点を各々 $e^0=(1,0,0)$, $e^1=(0,1,0)$, $e^2=(0,0,1)$ と名づけよう．

さて，点 $x\in S$ が e^0 と e^1 を結ぶ S の辺 $\overline{e^0e^1}$ 上にあるときには，x は集合 F_0 あるいは F_1 に属していなくてはならない．もし $x\notin F_0\cup F_1$ とすると，F_0 および F_1 の定義によって

$$x_1 < f_1(x), \qquad x_2 < f_2(x)$$

となり，しかも $x\in \overline{e^0e^1}$ なので $x_3=0\leq f_3(x)$ であることに注意すれば

$$1 = x_1+x_2+x_3 < f_1(x)+f_2(x)+f_3(x) = 1$$

という矛盾が生じてしまうからである．

全く同じ論法によって

$$\overline{e^1e^2} \subset F_1\cup F_2, \qquad \overline{e^0e^2} \subset F_0\cup F_2$$

であることもわかる．また，x が S の内点である場合には，x は集合 $F_0\cup F_1\cup F_2$ に属しているはずである．もし $x\notin F_0\cup F_1\cup F_2$ であったとすると $x_i < f_i(x)$ $(i=1,2,3)$ であることになり，ここでもまた $x\in S$, $f(x)\in S$ との矛盾が生じるからである．

この事実に留意して，S の各点 x に対して「$x \in F_t$ ($t=0, 1, 2$) であれば x の番号は t」という規則に従って番号を指定することにしよう．もちろん，$x \in F_t$ を満足する t が複数ある場合——x が e^0, e^1, e^2 のいずれかと一致する場合を除けば必ずそうなるが——には，そのうちのいずれかを任意に選べばよい．この番号づけの規則は，先に三角形の分点分割に際して各分点に番号を付した規則にちょうど対応している．

次に，S 内に有限個の点を任意に追加して，S を小三角形に分点分割する．すでに確認した幾何学的事実と上で定めた番号づけの規則により，これらの小三角形のうちにはその頂点が $0, 1, 2$ と番号づけられたものが必ず奇数個——従って少なくともひとつ——存在する．そのような小三角形のひとつを S_1 と呼ぼう．

さて，S 内に有限個の分点をさらに追加して，S を以前より一層細かい小三角形に分点分割しよう．この場合にも，小三角形のうちにはその頂点が $0, 1, 2$ と番号付けられているもの S_2 が含まれている．この手順を繰り返せば，「その頂点の番号が $0, 1, 2$ である」という性質をもつ小三角形の無限列 $S_1, S_2, S_3, \cdots$ を構成することができるが，分点を追加する際に注意すれば，$S_1, S_2, S_3, \cdots$ という小三角形のサイズが限りなく縮小するようにできる．

ここで $x^\tau \in S_\tau$ ($\tau=1, 2, 3, \cdots$) という性質をもつ S 内の無限点列 $\{x^\tau\}_{\tau=1}^\infty$ を構成しよう．2つの場合を考える．

（a）集合 $A = \{x^\tau \mid \tau=1, 2, 3, \cdots\}$ が有限集合である場合．

この場合には，無限点列 $\{x^\tau\}_{\tau=1}^\infty$ は集合 A のある点 x^* を無限に繰り返していることになる．このとき，$\{x^\tau\}_{\tau=1}^\infty$ の部分点列 $\{x^\mu\}_{\mu=1}^\infty$ を $x^\mu = x^*$ ($\mu=1, 2, 3, \cdots$) という規則によって構成すれば，明らかに

$$\lim_{\mu \to \infty} x^\mu = x^* \in S$$

が成立する．

（b）集合 A が無限集合である場合．

この場合には，集合 A は少なくともひとつの集積点をもっている[4]．そのひとつを x^* と書けば，集積点の定義[5]により，どんなに小さい正数 $\varepsilon > 0$ に対し

ても x^* の ε-近傍は集合 A の点を無数に含んでいる．この事実に留意して，0 に収束する正数列 $\{\varepsilon_\mu\}_{\mu=1}^\infty$ に対応して x^* の ε_μ-近傍内の点 $x^\mu \in A$ を選んで点列 $\{x^\mu\}_{\mu=1}^\infty$ を構成すれば，この点列は当初の点列 $\{x^\tau\}_{\tau=1}^\infty$ の部分点列であって

$$\lim_{\mu \to \infty} x^\mu = x^*$$

を満足する．$x^\mu \in A \subset S$ で S はコンパクトなので，$x^* \in S$ が成立する．

こうして，(a)と(b)のいずれの場合にも点列 $\{x^\tau\}_{\tau=1}^\infty$ の適当な部分点列は S の点 x^* に収束することが知られた．ところで，点列 $\{x^\tau\}_{\tau=1}^\infty$ の構成方法を振り返ってみると，点 x^* は「頂点の番号が 0, 1, 2 で与えられる小三角形の頂点の列の共通の極限である」と考えることができる．従って，番号づけの規則により

$$x_i^* \geq f_i(x^*) \qquad (i=1, 2, 3)$$

が得られるが，$x^* \in S, f(x^*) \in S$ から

$$x_1^* + x_2^* + x_3^* = f_1(x^*) + f_2(x^*) + f_3(x^*)$$
$$= 1$$

が従うことを考慮に入れれば，実は $x^* = f(x^*)$ であることが確認できたことになる．

$s=3$ の場合のブラウワーの不動点定理(2)の証明はこれで完結した．

2 微分方程式

A 連立微分方程式システム

ある経済変数が，時間の経過とともにどのような経路をたどって変化し，究極的にどのような状態に到達するか——このような動学的な経済分析を行なうための代表的な数学的手法が，微分方程式の理論である．

以下では実数 t は時間を表わす変数としよう．そして，s 個の変数 x_i ($i=1, 2, \cdots, s$) が時点 t でとる値を $x_i(t)$ と書く．従って，時点 t における経済の状態は $x(t) = (x_1(t), x_2(t), \cdots, x_s(t))$ という s-ベクトルによって完全に記述されることになる．

変数ベクトル $x(t)$ が時間の経過の中でたどる変化を,

(A.1) $$\frac{d}{dt}x_i(t) = f_i(t, x(t)) \qquad (i=1, 2, \cdots, s)$$

という連立方程式によって記述してみよう. 初期時点 $t=0$ における変数の状態 (初期状態) $x(0)=(x_1(0), x_2(0), \cdots, x_s(0))$ が与えられたとき (A.1) は $x(t)$ が時々刻々と変化してゆく有様を記述するものであり, 変数 $x(t)$ に関する連立微分方程式システムと呼ばれる. ただし, (A.1) の右辺の関数 f_i は, R^{s+1} 内のある開集合 D で定義された実数値関数であるものとする.

初期状態 $x(0)$ から出発し, (A.1) に従って運動する変数——これを「初期条件 $x(0; x(0))=x(0)$ に従う連立微分方程式システム (A.1) の解」と呼ぶ——を $x(t; x(0))$ と書こう. 定義により, 解 $x(t; x(0))$ はすべての $t \geqq 0$ に対して $(t, x(t; x(0))) \in D$ および

(A.2) $$\frac{\partial}{\partial t}x_i(t; x(0)) = f_i(t, x(t; x(0)))$$
$$(i=1, 2, \cdots, s)$$

を満足する.

連立微分方程式システム (A.1) に対して任意の初期条件 $x(0; x(0))=x(0)$ を満足する解 $x(t; x(0))$ は必ず存在するだろうか.

この問題に対しては, 関数 $f_i(t, x)(i=1, 2, \cdots, s)$ に対する比較的緩やかな条件のもとで, 肯定的な解答が与えられている. 例えば,「関数

$$f_i(t, x), \qquad \frac{\partial}{\partial x_j}f_i(t, x) \qquad (i, j=1, 2, \cdots, s)$$

がすべて連続ならば, 初期条件 $x(0; x(0))=x(0)$ を満足する (A.1) の解が一意的に存在する」[6]ことが知られている[7].

特殊な場合として, (A.1) の右辺の各関数 f_i が t に「直接的には」依存しないとき, すなわち (A.1) が

(A.1*) $$\frac{d}{dt}x_i(t) = f_i(x(t)) \qquad (i=1, 2, \cdots, s)$$

と書けるとき, (A.1*) は「自律系」(autonomous system) の微分方程式である

という．経済学ではもっぱら自律系の微分方程式に関心を寄せることが多い．以下の解説も自律系の考察に絞られる．

B 均衡と安定

自律系(A.1*)の「均衡」(equilibrium)とは，

$$(A.3) \quad f_i(x^*) = 0 \quad (i=1, 2, \cdots, s)$$

という連立方程式システムを満足する解 $x^* = (x_1^*, x_2^*, \cdots, x_s^*)$ のことである．(A.1*)と(A.3)によれば，均衡 x^* にあるシステムはその状態から乖離する内在的理由を全くもたないことに注意しよう．

一方，自律系(A.1*)の解 $x(t; x(0))$ の「安定性」(stability)に関しては，いくつかの異なる概念がそれぞれ異なる論脈において重要となってくる．

第1に，均衡 x^* の適当な近傍 $V_\varepsilon(x^*)$ に属する初期状態 $x(0)$ から出発する(A.1*)の解 $x(t; x(0))$ が，時間の経過とともに x^* に収束するとき，すなわち

$$(A.4) \quad \exists \varepsilon > 0, \ \forall x(0) \in V_\varepsilon(x^*) \cap D^* : \lim_{t \to \infty} x(t; x(0)) = x^*$$

が成立するとき，均衡 x^* は「小域的に安定」(locally stable)であるという[8]．

第2に，任意の初期状態 $x(0)$ から出発する(A.1*)の解 $x(t; x(0))$ が時間の経過のうちに x^* に収束するとき，すなわち

$$(A.5) \quad \forall x(0) \in D^* : \lim_{t \to \infty} x(t; x(0)) = x^*$$

が成立するとき，均衡 x^* は「大域的に安定」(globally stable)であるという．均衡 x^* が大域的に安定であれば，それはもちろん小域的にも安定であるが，逆は必ずしも成立しない．小さなショックによって均衡からわずかに乖離しても再び均衡に復帰できるシステムであっても，限度を越えた攪乱によって均衡から大きく離れるともはや復元力をもたなくなるような場合には，均衡は小域的には安定であるが，大域的には安定でないことになる．

経済学において重要性を認められている安定性の概念は，明らかにこれだけに留まらない．たとえば自律系(A.1*)の均衡が一意的に定まらないときに，

解経路 $x(t; x(0))$ が均衡の集合に時間の経過とともに接近するという意味の「擬安定性」(quasi-stability)という概念はとりわけ重要である．また，解 $x(t; x(0))$ の経路がある一定の軌道に収束するという意味の「軌道安定性」(orbital stability)や，変数間の比率がある一定値に収束するという意味の「相対安定性」(relative stability)などの概念は，景気循環と経済成長の理論などにおいて重要性を認められている．しかし，本書の目的にとってはこれらの概念に深く立ち入る必要は認められない．

数学付録 II 注

1) 以下ではユークリッド空間，閉集合，凸集合，連続性などの基礎概念はもちろん既知としている．復習を必要とする読者は，数学付録 I の 2（「距離と位相」），3（「凸集合」）および 4（「関数と連続性」）を読み返されたい．

2) 以下で解説する論法によってブラウワーの不動点定理を厳密に証明している文献として，二階堂副包『現代経済学の数学的方法』岩波書店，昭和 35 年，第 9 章および Tompkins, C. B., "Sperner's Lemma and Some Extensions," in Newman, P., ed., *Readings in Mathematical Economics*, vol. 1, Baltimore : Johns Hopkins University Press, 1968, pp. 22-32 を挙げておく．

3) 線分および三角形の分点分割に関するこのように著しい性質は，「スペルナーの補題」(Sperner's lemma)と呼ばれる重要な命題の特殊ケースにほかならない．

4) 「有界な無限集合は少なくともひとつの集積点をもつ」というこの事実は「ワイエルシュトラスの定理」(Weierstrass' theorem)として著名である．図 5 はこの定理を例解したものであって，A は R^2 内の有界無限集合である．

A は有界集合なので，十分大きな正方形 K_1 内にこれを完全に収めることができ

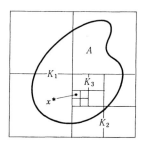

A：有界無限集合
$K_1, K_2, K_3, \cdots : A$ の点を無数に含み縮小する正方形の列
x^*：A の集積点

図 5 集積点の存在（ワイエルシュトラスの定理）

る．この正方形を4等分しよう．そのときできる4つの小正方形のうちのひとつ，例えば K_2 は，A の点を無数に含んでいるはずである．もしそうでないとすると，A はもともと有限個の点しか含んでいなかったことになるからである．K_2 をさらに4等分すれば，それによって作られる一層小さな4つの小正方形のうちには，A の点を無数に含むもの K_3 が存在する．この手順を繰り返せば，われわれは A の集積点の存在を認めざるをえなくなるのである．

5) 本書第 I 巻，数学付録 I，274-275 ページを参照せよ．

6) 例えば L. S. ポントリャーギン，千葉克裕訳『常微分方程式』[新版] 共立出版，昭和43年，15 ページを参照せよ．

7) 厳密に言えば，ここで述べた解の存在定理は $(0, x(0)) \in D$ の適当な近傍内での解の存在を保証するものであり，すべての t $(0 \leq t < +\infty)$ に対する大域的な解の存在を必ずしも保証しない．経済学においては，しばしば「究極的には」すなわち $t \to +\infty$ においては経済はどのような状態に到るかという問題に関心を寄せるので，実際には大域的な存在定理こそ重要である．しかし，この問題の考察は本書の程度をはるかに越える．興味ある読者は，例えば Sansone, G. and R. Conti, *Non-Linear Differential Equations*, Oxford: Pergamon Press, 1964 を参照せよ．

8) (A.4)において，D^* は自律系(A.1*)の右辺の関数 f_i $(i=1, 2, \cdots, n)$ の定義域である．

参考文献

第 IV 部　均衡と効率

資源配分メカニズムへのワルラス的, パレート的, エッジワース的アプローチを提唱した古典的業績は, それぞれ

[1]　Walras, L., *Éléments d'économie politique pure*, édition définitive, Paris : Pichon, Lausanne : Rouge, 1926 (*Elements of Pure Economics*, English translation by W. Jaffé, Homewood : Richard Irwin, 1954 ; 久武雅夫訳『純粋経済学要論』岩波書店, 昭和 58 年).

[2]　Pareto, V., *Manuel d'économie politique*, Paris : Girard & Briece, 1909 (*Manual of Political Economy*, English translation by Ann S. Schwier, London : Macmillan, 1971).

[3]　Edgeworth, F. Y., *Mathematical Psychics*, London : Routledge & Kegan Paul, 1881.

である. このうち, 特にワルラス的アプローチの現代経済学への継承に対して大きな影響力をもった研究は

[4]　Hicks, J. R., *Value and Capital*, London : Oxford University Press, 1939 ; 2nd ed., 1946 (安井琢磨・熊谷尚夫訳『価値と資本』[全 2 冊]岩波書店, 昭和 26 年).

[5]　Samuelson, P. A., *Foundations of Economic Analysis*, Cambridge, Massachusetts : Harvard University Press, 1947 ; Enlarged 2nd ed., 1983 (佐藤隆三監訳『経済分析の基礎』勁草書房, 昭和 61 年).

であり, その数学的構造に対して透徹した分析を与えた現代の古典は

[6]　Debreu, G., *Theory of Value*, New York : John Wiley & Sons, 1959 (丸山徹訳『価値の理論』東洋経済新報社, 昭和 52 年).

である.

この分野への優れた入門書としては, 易しさの順に

[7]　Koopmans, T. C., *Three Essays on the State of Economic Science*, New York : McGraw-Hill, 1957.

[8]　Hildenbrand, W. and A. Kirman, *Introduction to Equilibrium Analysis*, New

York : Elsevier, 1976.

[9] Arrow, K. J. and F. H. Hahn, *General Competitive Analysis*, San Francisco : Holden-Day, 1971(福岡正夫・川又邦雄訳『一般均衡分析』岩波書店, 昭和51年).

を挙げておきたい. また, この分野の優れた邦語文献として

[10] 二階堂副包『現代経済学の数学的方法』岩波書店, 昭和35年.

[11] 根岸隆『価格と配分の理論』東洋経済新報社, 昭和39年.

は, 出版後に経過した年数とその間の理論的展開を考慮したとしても, 依然として推薦に値する.

この分野におけるひとつの発展方向を示す代表的業績としては

[12] Mas-Colell, A., *The Theory of General Economic Equilibrium : A Differentiable Approach*, Cambridge : Cambridge University Press, 1985.

を挙げるべきだろう. ただし, 数学的には本書を遥かに越えた高度な知識が要求されている.

第 V 部 不完全競争

不完全競争の理論の古典としては

[13] Cournot, A., *Recherches sur les principes mathématiques de la théorie des richesses*, Paris : Hachette, 1838(*Researches into the Mathematical Principles of the Theory of Wealth*, English translation by N. T. Bacon, New York : Kelley, 1960 ; 中山伊知郎訳『富の理論の数学的原理に関する研究』日本経済評論社, 昭和57年).

[14] Chamberlin, E., *The Theory of Monopolistic Competition*, Cambridge, Massachusetts : Harvard University Press, 1933 ; 7th ed., 1956(青山秀夫訳『独占的競争の理論』至誠堂, 昭和41年).

[15] Robinson, J., *The Economics of Imperfect Competition*, London : Macmillan, 1933(加藤泰男訳『不完全競争の経済学』文雅堂, 昭和31年); rev. ed., 1969.

を挙げておくべきであろう. また, 独占とその規制に関しては, さしあたり

[16] Brown, S. J. and D. S. Sibley, *The Theory of Public Utility Pricing*, Cambridge : Cambridge University Press, 1986.

を参照されたい.

参入阻止行動に関する伝統的アプローチに関しては

[17]　Bain, J. S., *Barriers to New Competition*, Cambridge, Massachusetts: Harvard University Press, 1956.

[18]　Sylos-Labini, P., *Oligopoly and Technical Progress*, Cambridge, Massachusetts: Harvard University Press, 1962(安部一成・山本英太郎・小林好宏訳『寡占と技術進歩』東洋経済新報社, 昭和 39 年); rev. ed., 1969.

を参照するのがよい．

コンテスタビリティの理論に関しては

[19]　Baumol, W. J., Panzar, J. C. and R. D. Willig, *Contestable Markets and the Theory of Industry Structure*, New York: Harcourt Brace Jovanovich, 1982.

[20]　Sharkey, W. W., *The Theory of Natural Monopoly*, Cambridge: Cambridge University Press, 1982.

を，そして製品差別化とその経済学的帰結に関しては

[21]　Lancaster, K. J., *Variety, Equity and Efficiency*, New York: Columbia University Press, 1979.

を挙げておかねばならない．

最近の寡占理論および理論的産業組織論に関しては，さしあたり

[22]　Friedman, J. W., *Oligopoly Theory*, Cambridge: Cambridge University Press, 1983.

[23]　Tirole, J., *The Theory of Industrial Organization*, Cambridge, Massachusetts: MIT Press, 1988.

[24]　伊藤元重・清野一治・奥野正寛・鈴村興太郎『産業政策の経済分析』東京大学出版会, 昭和 63 年．

を参照されたい．

この分野は，特に最近ゲーム理論との連携を深めている．この重要な理論の最大の古典は

[25]　Neumann, J. von, and O. Morgenstern, *Theory of Games and Economic Behavior*, Princeton: Princeton University Press, 2nd ed., 1947(銀林浩・橋本和美・宮本敏雄監訳『ゲームの理論と経済行動』[全 5 冊] 東京図書, 昭和 47-48 年).

である．

ゲーム理論の基礎とその経済学的応用に関しては，例えば

[26]　Bacharach, M., *Economics and the Theory of Games*, London: Macmillan,

1976(鈴木光男・是枝正啓訳『経済学のためのゲーム理論』東洋経済新報社, 昭和 56 年).
[27] Friedman, J. W., *Game Theory with Applications to Economics*, New York: Oxford University Press, 1986.
[28] Luce, R. D. and H. Raiffa, *Games and Decisions*, New York: John Wiley & Sons, 1957.
[29] 鈴木光男『ゲーム理論入門』共立出版, 昭和 56 年.

を推賞しておきたい.

第 VI 部　市場の失敗と厚生経済学

ミクロ経済学への規範的アプローチの古典は

[30] Pigou, A. C., *Economics of Welfare*, London: Macmillan, 1920; 4th ed., with eight new appendices, 1952(永田清・気賀健三訳『厚生経済学』東洋経済新報社, 昭和 28-30 年).

であり, 現在でも熟読に値する重要な貢献であることに異論の余地はないが, 分野に通じない読者がいきなり取り付くのは余り推賞できない.

「新」厚生経済学の重要文献としては

[31] Graaff, J. de V., *Theoretical Welfare Economics*, Cambridge: Cambridge University Press, 1957(南部鶴彦・前原金一訳『現代厚生経済学』創文社, 昭和 48 年).
[32] Hicks, J. R., *Wealth and Welfare*, Oxford: Basil Blackwell, 1981.
[33] Little, I. M. D., *A Critique of Welfare Economics*, Oxford: Clarendon Press, 1950; 2nd ed., 1957.

を挙げておきたい. このうち Hicks [32] は 1930-40 年代に発表された彼の重要論文を整理しコメントを付して収録した論文集である.

厚生経済学への一般的入門書としては

[34] Boadway, R. W. and N. Bruce, *Welfare Economics*, Oxford: Basil Blackwell, 1984.
[35] Bohm, P., *Social Efficiency*, London: Macmillan Education, 2nd ed., 1987.
[36] Feldman, A. M., *Welfare Economics and Social Choice Theory*, Boston: Martinus Nijhoff, 1979(佐藤隆三・川島泰男訳『厚生経済学と社会的選択論』マグ

ロウヒルブック，昭和59年）．

[37]　Mishan, E. J., *Introduction to Normative Economics*, New York : Oxford University Press, 1981.

を推賞したい．特に外部性と公共財に関しては

[38]　Atkinson, A. B. and J. E. Stiglitz, *Lectures on Public Economics*, New York : McGraw-Hill, 1980.

[39]　Baumol, W. J. and W. E. Oates, *Economics, Environmental Policy, and the Quality of Life*, Englewood Cliffs, N. J. : Prentice-Hall, 1979.

[40]　Cornes, R. and T. Sandler, *The Theory of Externalities, Public Goods, and Club Goods*, Cambridge : Cambridge University Press, 1986.

が詳しい．

社会的選択理論の古典としては

[41]　Arrow, K. J., *Social Choice and Individual Values*, New York : John Wiley & Sons, 1951 ; 2nd ed., 1963（長名寛明訳『社会的選択と個人的評価』日本経済新聞社，昭和52年）．

[42]　Sen, A. K., *Collective Choice and Social Welfare*, San Francisco : Holden-Day, 1970 ; Republished, Amsterdam : North-Holland, 1979.

を挙げなくてはならない．1970年以降の展開に関しては

[43]　Pattanaik, P. K., *Strategy and Group Choice*, Amsterdam : North-Holland, 1978.

[44]　Peleg, B., *Game Theoretic Analysis of Voting in Committees*, Cambridge : Cambridge University Press, 1984.

[45]　Suzumura, K., *Rational Choice, Collective Decisions and Social Welfare*, Cambridge : Cambridge University Press, 1983.

を参照されたい．また最近出版されたテキストブックとして

[46]　Kelly, J. S., *Social Choice Theory : An Introduction*, Berlin : Springer, 1987.

が有用である．

人 名 索 引

A

安部一成　233, 423
Abramovitz, M.　60
Akerlof, G. A.　170, 404
青木昌彦　296
青山秀夫　140, 265, 422
Archibald, G. C.　265
Arrow, K. J.　24, 57, 58, 60, 74, 75, 131, 265, 296, 317, 322, 369, 370, 371, 372, 373, 374, 375, 376, 377, 378, 379, 387, 388, 395, 400, 422, 425
浅沼萬里　395
d'Aspremont, C. J.　264
Atkinson, A. B.　116, 388, 425
Axelrod, R.　194
Azariadis, C.　404

B

馬場啓之助　117
Bacharach, M.　193, 423
Bacon, N. T.　422
Baily, M. N.　404
Bain, J. S.　216, 233, 422
Barberà, S.　389
Barone, E.　324, 349
Baumol, W. J.　140, 141, 171, 210, 297, 423, 425
Benassy, J.-P.　7, 59
Benoit, J.-P.　248
Bentham, J.　402
Bergson, A.　366, 367, 368, 369, 376, 377, 386, 387
Black, D.　317, 322, 323
Blackorby, C.　352

Block, H. D.　57, 58
Boadway, R. W.　350, 352, 364, 424
Bohm, P.　424
Boulding, K.　264
Bowen, H.　320, 322
Bradford, D. F.　297
Brown, S. J.　422
Bruce, N.　350, 352, 364, 424
Buchanan, J. M.　295, 296, 322
Bulow, J. I.　234

C

Campbell, D. E.　321
Chamberlin, E. H.　140, 259, 265, 422
千葉克裕　420
Chipman, J. S.　117, 349, 350
Clarke, E. H.　321
Coase, R. H.　281, 296
Conti, R.　420
Cooter, R. D.　297
Cornes, R.　319, 320, 425
Cournot, A. A.　94, 182, 422

D

Dasgupta, P.　297, 388
Debreu, G.　24, 45, 74, 75, 131, 421
Demsetz, H.　171
Diamond, P.　131, 264, 404
Dixit, A. K.　233, 265
Donaldson, D.　352
Downs, A.　322

E

Eaton, B. C.　233, 265
Eckern, S.　264

Edgeworth, F. Y.   45, 94, 421
Ellickson, B.   321

F

Feldman, A. M.   424
Feldstein, M. S.   172
Fisher, F. M.   60, 75
Foley, D. K.   320, 321, 363
Foster, E.   351, 352
Friedman, J. W.   247, 264, 423, 424
Fudenberg, D.   234, 247
福岡正夫   24, 75, 422
古田精司   322

G

Gabszewicz, J.-J.   264
Geanakoplos, J. D.   234
Gibbard, A.   388
銀林 浩   423
Gordon, H. S.   297
Gorman, W. M.   250, 263, 324, 351
Gottinger, H. W.   389
Graaff, J. de V   424
Green, E. J.   247
Green, H. A. J.   92
Green, J. R.   321
Greenwald, B. C.   296
Griffin, J.   405
Groves, T.   321

H

Hahn, F. H.   24, 59, 75, 131, 422
原田博夫   297
Harberger, A. C.   116, 352
Harris, R. G.   352
Harsanyi, J. C.   401, 404
Hart, O. D.   131, 265
橋本和美   423
Haveman, R. H.   296, 297

Heal, G.   297
Heckscher, R. F.   92
Heller, W. P.   295
Hicks, J. R.   6, 51, 58, 59, 76, 89, 91, 93, 94, 148, 170, 324, 326, 350, 421, 424
Hildenbrand, W.   59, 421
久武雅夫   57, 421
Hockman, H. M.   349
Honkapohja, S.   265
Hook, S.   387
Hotelling, H.   264, 322
Hurwicz, L.   57, 58, 364

I

今井晴雄   193, 194, 232
稲田献一   296, 317
Intriligator, M.   363
伊藤元重   92, 210, 297, 351, 423
岩崎 晃   395

J

Jaffé, W.   421
Jevons, W. S.   60
Johansen, L.   320, 389

K

貝塚啓明   116
Kaldor, N.   324, 326, 350
加藤新平   363
加藤泰男   140, 422
Katzner, D.   170
川又邦雄   24, 75, 422
川島泰男   424
Kelley, J. S.   425
気賀健三   170, 295, 349, 424
Kirman, A.   421
清野一治   210, 297, 423
Klemperer, P. D.   234

小林孝雄　　193, 194, 232
小林好宏　　233, 423
Kohlberg, E.　232
Koopmans, T. C.　35, 60, 421
是枝正啓　　193, 424
Kramer, G. H.　323
Kreps, D. M.　232, 234, 248
Krishna, V.　248
久我　清　　296
熊谷尚夫　　58, 91, 421

L

Laffont, J.-J.　321
Lancaster, K. J.　250, 264, 423
Leinfellner, W.　389
Lin, S. A. Y.　295
Lindahl, E.　320
Lipsey, R. G.　233, 265
Little, I. M. D.　387, 424
Loeb, M.　321
Luce, R. D.　193, 194, 424

M

前原金一　　424
Malinvaud, E.　320
Margolis, J.　296
Marshall, A.　89, 94, 106, 117
丸山　徹　　24, 131, 421
Mas-Colell, A.　422
Maskin, E.　172, 247
Mathewson, G. F.　265
McKenzie, L. W.　24
Meade, J. E.　295
Mertens, J.-F.　232
Mieszkowski, P.　116
Milgrom, P.　248
Milleron, J.-C.　321
Mishan, E. J.　295, 350, 352, 425
宮本敏雄　　423

宮沢健一　　233
宮沢光一　　405
Modigliani, F.　233
Moore, J. C.　349, 350
Morgenstern, O.　423
Morris, D. J.　210
Mosak, J. L.　58
Moulin, H.　364
Mueller, D. C.　322
Muench, T. J.　321
村上泰亮　　395
Musgrave, R. A.　320
Muth, J.　117
武藤滋夫　　247

N

永田　清　　170, 295, 349, 424
中島　巖　　297
中山伊知郎　349, 422
南部鶴彦　　424
Nash, J. F. Jr.　402
根岸　隆　　59, 60, 117, 296, 422
Neumann, J. von　423
Newman, P.　117, 419
二階堂副包　24, 75, 419, 422
Nobay, A. R.　35
Nozick, R.　402, 405

O

Oates, W. E.　425
Ohlin, B.　92
Oi, W.　171
奥野正寛　　210, 247, 296, 297, 423
大山道広　　92, 351
長名寛明　　322, 387, 425

P

Panagariya, A.　117
Panzar, J. C.　140, 141, 210, 423

Pareto, V.   94, 324, 349, 421
Parkin, M.   35
Patinkin, D.   57
Pattanaik, P. K.   425
Pazner, E. A.   363, 364
Peacock, A. T.   320
Peleg, B.   389, 425
Perloff, J. M.   265
Phelps, E. S.   363
Phlips, L.   170
Pigou, A. C.   170, 295, 325, 349, 424
Plott, C. R.   295
Polinsky, A. M.   297
Pontryagin, L. S.   420
Porter, R. H.   247
Postlewaite, A.   247

R

Radford, R. A.   73
Radner, R.   131
Raiffa, H.   193, 194, 424
Ramsey, F. P.   165, 166, 171
Rawls, J.   401, 402, 405
Riley, J.   171
Robbins, L.   325, 349, 350
Roberts, D. J.   170, 247, 248, 321
Roberts, K. W. S.   388
Robinson, J.   140, 422
Rogers, J. D.   349
Rosefielde, S.   386
Rosenbluth, R.   265
Rosenthal, R. W.   404
Rothschild, M.   404
Roy, R.   89, 93
Rubinstein, A.   247
Ruffin, R.   210
Ruiz-Castillo, J.   352

S

Salop, S. C.   264, 265
Samuelson, P. A.   57, 92, 94, 320, 324, 343, 350, 351, 366, 367, 368, 369, 370, 376, 377, 386, 387, 421
Sandler, T.   319, 320, 425
Sansone, G.   420
佐藤隆三   386, 421, 424
Satterthwaite, M.   388
Scarf, H.   45, 59, 75
Scheinkman, J. A.   234
Schmeidler, D.   364, 389
Schwier, A. S.   421
Scitovsky, T.   60, 295, 324, 350, 351
Selten, R.   232, 404
Sen, A. K.   35, 317, 322, 323, 349, 387, 388, 389, 400, 402, 404, 405, 425
Shaked, A.   264
Sharkey, W. W.   140, 210, 423
Sheffrin, S. M.   117
Shephard, R. W.   92, 93
Sibley, D. S.   422
Silberberg, E.   92
嶋津 格   405
Simon, H.   404
Sinclair, P. J. N.   210
Slater, M. D. E.   210
Smith, B.   352
Sonnenschein, H.   170, 364, 389
Spence, A. M.   171, 265, 404
Starrett, D. A.   295, 296
Stephen, F.   352
Stigler, G. J.   247, 264
Stiglitz, J. E.   116, 265, 296, 425
Stolper, W. F.   92
Stubblebine, Wm. C.   295, 296
Sugden, R.   389
Sutton, J.   264

鈴木光男　　193, 232, 247, 424
鈴村興太郎　　36, 210, 297, 350, 388, 400,
　　405, 423, 425
Svensson, L. E. O.　　117
Sylos-Labini, P.　　216, 233, 423

T

田中成明　　401
寺尾琢磨　　60
Thisse, J.-F.　　264
Thomson, W.　　364
Tideman, T. N.　　321
Tirole, J.　　234, 423
Tompkins, C. B.　　419
Tschirhart, J.　　320
Tullock, G.　　321, 322

U

宇田川璋仁　　322

V

Varian, H. R.　　363, 364
Vickers, J. S.　　210
Vickrey, W.　　321

W

Walras, L.　　47, 57, 94, 106, 421
Ware, R.　　233
Weizsäcker, C. C. von　　210
Whalley, J.　　116
Williams, B.　　388
Williamson, O. E.　　171, 395
Willig, R. D.　　140, 141, 210, 423
Wilson, R.　　232, 248, 264

Y

矢島欽次　　405
山本英太郎　　233, 423
安井琢磨　　58, 91, 421

事項索引

あ行

相対取引　23
暗黙の契約　404
暗黙の結託　238
異時点間の資源の移転　119
一物一価の法則　60, 151
一括移転　358
一括型の税・補助金　30, 36, 68, 280
一般可能性定理　372, 377, 379
一般均衡分析　6, 94, 95　→部分均衡分析
エッジワース循環　194
エッジワースの極限定理　38, 40, 41, 43, 44, 72, 124, 308
エッジワースの契約曲線　12, 304
エッジワースの箱型図　9, 26, 38, 87, 122
エッジワース＝ボウリイの箱型図　80, 84

か行

外部(不)経済　129
外部性　129, 271, 274
　――と合併解　278, 285
外部性財　284, 285, 289, 290
価格機構の静学的機能　124
価格機構の動学的機能　124
価格受容的行動　7, 55, 308
価格戦争　192
可逆的な行動　212, 218
過剰生産能力　260
仮説的補償原理　130, 272, 324, 326, 337
寡　占　135, 173

価値基準財　15, 30
カラ脅し　214, 223　→確かな脅し
カルテル　182, 236
カルドア補償原理　326, 334, 338
環境基準　291
完全競争　4, 55, 125
完全(ナッシュ)均衡　212, 215, 223, 232, 240, 243
完全予見　113, 114
企業間の相互依存関係　174, 188
企業者機能　66, 72
企業者レント　66
基準化　15
ギッフェンの逆説　52
ギバード＝サタースウェイトの一般可能性定理　382, 384, 385, 386, 389
規範的アプローチ　269
規模の経済性　126, 137, 150, 197
基本単体　16
逆需要関数　143
逆淘汰　394　→情報の非対称性
「旧」厚生経済学　325
供給価格　107
競争均衡　9, 14
　――の一意性　22
　――のエッジワース的見方　4, 37, 40
　――の存在　18, 20, 124
　――のパレート的見方　4, 27, 37
　――のワルラス的見方　4, 14, 37
競争均衡価格　11, 14
競争均衡配分　3, 11, 14, 30, 31, 41, 43, 68
共通費用　165
競売機構　10, 11, 23, 56

共有地の悲劇　294
協力ゲーム　176, 236, 247　→非協力ゲーム
極限定理　→エッジワースの極限定理，クールノーの極限定理
局地化された競争　256, 265
金銭的(マーシャル的)外部経済　108
クールノー競争　234
クールノー＝ナッシュ均衡　139, 182, 195
クールノーの極限定理　196
くもの巣過程　110
クラーク＝グローブス機構　311, 314, 315, 385
クラーク税　311
クラブ財　319
繰り返しゲーム　239, 247　→スーパー・ゲーム
経済生物学　106
ゲームの樹　213
ゲームの理論　139, 174, 179, 193
結託　38, 71, 175
限界収入　142, 145
限界費用価格規制　162
限界便益　149
原初状態　401
限定合理性　194, 398
コア　38, 39, 41, 42, 43, 71, 308, 309
　——定理　40, 72
交換経済　5, 13, 18, 27, 61
公共財　129, 271, 299
公共的選択　315
攻撃的行動　226　→受容的行動
厚生経済学の基本定理　27, 30, 31, 33, 34, 66, 67, 68, 124, 125, 126, 147, 307
合成財　89, 90
　——の定理　6, 76, 89, 91, 148, 170
厚生主義　402, 403
厚生上の損失　97

合成生産要素　91
厚生の個人間比較　378
拘束力をもつ契約　176, 237
広範性　370, 373　→一般可能性定理
公平性　130　→資源配分の公平性
衡平性　363　→資源配分の衡平性
衡平性基準　348, 353, 361　→効率性基準
効用可能性曲線　328
効用可能性フロンティア　327, 328
功利主義　325, 401
効率価格ベクトル　29, 71
効率性基準　348, 353, 361　→衡平性基準
効率と衡平のジレンマ　357
合理的期待　111, 113, 114, 117
コースの定理　282
ゴーマン・パラドックス　343
個人の自由主義的権利　402, 403
固定価格均衡　59
個別化された価格　305, 309　→外部性
コミットメント　223
コモン・プールの外部性　293
コンテスタビリティ　195, 200, 206
コンテスタブルな市場　207
コンドルセの逆理　319

さ 行

最小最適生産規模　137, 200, 204, 260
最善の政策　162, 164　→次善の政策
最適な対応　177　→反応関数
再販売の可能性　152, 155
先物市場　118, 119, 120
サステイナブルな産業構造　202
　→コンテスタビリティ
差別価格　151
サミュエルソン補償原理　344, 345
産業組織論　197, 238

サンク・コスト　206, 207, 219
参　入　197, 206, 214
　──障壁　139, 197
　──阻止　216, 224
残余需要　183
シェパードの補題　92, 93
死荷重　97
　課税の──　163
　限界──　149
　独占の──　148, 162, 236
直物市場　119, 120
資源配分　9, 13, 66
　──の公平性　130, 355
　──の衡平性　354
　──の非効率性　196
自己充足的予想　113, 115, 179
自己選択　155, 159, 160, 394
事実解明的アプローチ　269
市場の失敗　126, 270, 278, 283, 285, 291, 300, 301, 392
市場の普遍性　5, 118, 270
自然独占　140
自然の状態　120　→ 不確実性
次善の政策　163, 164, 205　→ 最善の政策
実現可能な産業構造　202　→ コンテスタビリティ
私的限界費用　295
私的財　299
　──と公共財との双対性　302, 305
私的情報　393, 394
私的所有制経済　62
　──の競争均衡　63, 64, 67
私的な技術的限界代替率　278
　→ 外部性
支配戦略　175, 193
支配戦略均衡　174, 193
社会厚生関数　130, 273, 366, 368, 387
社会的決定関数　381

社会的限界費用　295
社会的選好順序　368
社会的選択　35, 272, 315, 400
　──ルール　369, 370
社会的な技術的限界代替率　278
　→ 外部性
社会的変形曲線　85
社会的無差別曲線　351
集計の超過需要関数　14, 15, 17, 65
自由財のルール　23
囚人のジレンマ　174, 193, 238
受益者負担の原則　164
シュタッケルベルグ均衡　189, 222
需要価格　107
需要・供給の法則　6
需要顕示機構　311　→ クラーク゠グローブス機構
受容的行動　226　→ 攻撃的行動
純粋公共財　299
　──のパレート効率的供給　300
条件付き債券　120, 122, 123, 131
消費者余剰　96, 149, 313
消費の集合性　271, 299
情報的効率性　371, 372, 373, 377, 378
　→ 一般可能性定理
情報の非対称性　127, 128, 155, 160
初期保有量　5, 9, 61
序数主義　379
自律系　417　→ 微分方程式
シロスの公準　216
「新」厚生経済学　324, 325, 326, 327, 353
垂直的差別化　251
水平的差別化　251
スーパー・ゲーム　179　→ 繰り返しゲーム
数理政治学　370
スキトフスキー・パラドックス　341
スキトフスキー・フロンティア　330,

事項索引　435

331, 332, 333, 334
スキトフスキー補償原理　342
スターレットの非凸性　289　→外部性
スペルナーの補題　419
スルツキー分解　49
スルツキー方程式　58
静学的期待　110
正義の原理　401
生産可能性フロンティア　85, 86
生産経済　6
生産者余剰　96
生産の契約曲線　84
製品差別化　135, 137, 226, 249
——曲線　251
製品メニュー　258
セット・アップ・コスト　206
競り人　56
線形料金　155
先導者　189, 223　→シュタッケルベルグ均衡
羨望　353, 354
戦略　174, 179　→ゲームの理論
戦略型表現　179, 213, 215, 232　→ゲームの理論
戦略的行動　225, 395
戦略的代替　210, 226, 234
戦略的補完　228, 234
戦略的連関　226, 230
操作不可能性　382　→社会的決定関数
双対性アプローチ　76, 89, 169
属性　250　→製品差別化
粗代替性　49, 51, 124

た 行

退出　206
確かな脅し　214, 223　→カラ脅し
多数決　315, 317

——ルール　373
ただ乗り　310, 319, 385, 386　→フリー・ライダー
だましうち　237
短期競争均衡　96
短期限界変形率　86
単峰性　316, 317, 322
地域的公共財　319
中位投票者定理　317, 318, 319, 322
超過供給　10, 11
超過需要　10, 11, 13
超合理性　194
超短期　107
追随者　189　→シュタッケルベルグ均衡
定常均衡　180
定常均衡価格　111
手番　213　→ゲームの理論
転嫁　101, 116
展開型表現　215, 217, 232　→ゲームの理論
投票のパラドックス　319
等利潤曲線　186　→反応曲線
独裁者　372　→一般可能性定理
独裁的ルール　382
特性アプローチ　250
独占　135, 142
独占禁止政策　197, 208
独占禁止法　182, 237
独占的競争　259
独占度　199, 208
独占力　125, 135, 142, 215
凸環境　5, 124, 137
トリガー戦略　240, 247
取引費用　45, 127, 131

な 行

ナッシュ均衡　139, 176, 179, 180, 182, 190, 195, 201　→完全(ナッシュ)均

衡
　——の安定性　185, 234
　——の一意性　234
　——の均衡経路　214
　——の非均衡経路　214
ナッシュ社会厚生関数　380
二重基準　342　→ スキトフスキー補償原理
2段階モデル　230　→ ゲームの理論
二部料金　155, 311

は　行

排除不可能性　271, 299　→ 外部性, 公共財
破壊的競争　140
パレート原理　25, 129, 270, 324, 368, 371, 373, 403
パレート効率　12, 26, 30, 31, 33, 67, 68, 83, 88, 129, 200
　——的配分　26, 30, 31, 33, 67, 68, 83, 88, 200
範囲の経済性　141
反応関数　183
反応曲線　184, 187
非可逆的な行動　212, 219, 225
比較静学　7, 98
非完備市場　131, 264
非完備情報のゲーム　396
轢き逃げ戦略　207
非協力ゲーム　176, 182, 238　→ 協力ゲーム
ピグー税　279, 280, 283, 285, 286, 287, 288, 295
非線形料金　155, 160
ヒックス補償原理　326, 334, 338, 339
非独裁性　372, 373　→ 一般可能性定理
微分方程式　416
　——の安定性　418

——の擬安定性　419
——の軌道安定性　419
——の均衡　418
——の小域的安定性　418
——の相対安定性　419
——の大域的安定性　418
非模索過程　54, 55, 124
標準型表現　193　→ 戦略型表現
平等処遇定理　41
平等＝等価配分　359, 360
評　判　246
費用-便益分析　324, 346
品　質　249　→ 製品差別化
フォーク定理　243, 247
付加価値税　99, 100
不確実性　118, 120, 127
不完全競争　57, 135
福　祉　399
複製経済　41, 42, 43, 44
物々交換過程　52
不動点　409, 410
　——定理　21, 409, 411, 413
部分均衡分析　7, 94, 95, 98　→ 一般均衡分析
部分ゲーム　215, 218, 232, 239
ブラウワーの不動点定理　21, 409, 411, 413
フリー・ライダー　310, 319, 385, 386　→ ただ乗り
プレイヤー　179　→ ゲームの理論
平均費用価格規制　165
ベイズ均衡　396
ベルトラン競争　226, 234
ベルトラン＝ナッシュ均衡　190, 201
ベンサム社会厚生関数　380
法的義務　291　→ 外部性
ボードウェイ・パラドックス　351
補償原理　→ 仮説的補償原理
ボルダ・ルール　377, 378, 381

事項索引　437

ま 行

マーシャル的安定条件　117
マーシャル的調整過程　107, 109
マーシャルの外部性　297
マクスミン利得　243
見えざる手　33
　——の静学的機能　6, 47
　——の動学的機能　6, 47, 55, 57, 73
無関連な選択対象からの独立性　387
　→ 一般可能性定理
無知のヴェイル　401
名　声　246
模索過程　47, 54, 55
モラル・ハザード　394　→ 情報の非対称性

や 行

誘因税　311, 314　→ クラーク＝グローブス機構
要素価格フロンティア　81, 82

ら 行

ラグランジュ乗数法　169
ラムゼイ最適　165, 205
ラムゼイ・ルール　166
立地モデル　253
利得関数　179　→ ゲームの理論
留保価格　253
留保需要　70, 92
リンダール均衡　305, 306, 307, 308, 309
劣加法性　140
連結(不)可能製品　251, 264
ローゼンサールのパラドックス　397
ロールズ社会厚生関数　380
ロワの恒等式　93, 169

わ 行

ワイエルシュトラスの定理　419
ワルラス的安定条件　117
ワルラス的調整過程　107, 109
ワルラス的模索過程　48, 107, 124
ワルラス法則　17, 19, 21, 49, 65, 99

■岩波オンデマンドブックス■

モダン・エコノミックス 2
ミクロ経済学 II

1988 年 12 月 5 日　第 1 刷発行
2009 年 10 月 5 日　第 19 刷発行
2015 年 9 月 10 日　オンデマンド版発行

著　者　奥野正寛　鈴村興太郎
　　　　（おくの まさひろ）（すずむら こうたろう）

発行者　岡本　厚

発行所　株式会社　岩波書店
　　　　〒101-8002　東京都千代田区一ツ橋 2-5-5
　　　　電話案内　03-5210-4000
　　　　http://www.iwanami.co.jp/

印刷／製本・法令印刷

© Masahiro Okuno and Kotaro Suzumura 2015
ISBN 978-4-00-730274-9　Printed in Japan